KB120310

북한의 권력과 일상생활

Domination and Resistance:
Everyday Life in North Korea

이 도서의 국립중앙도서관 출판시도서목록(CIP)은 서지정보유통지원시스템 홈페이지(http://seoji.nl.go
.kr)와 국가자료공동목록시스템(http://www.nl.go.kr/kolisnet)에서 이용하실 수 있습니다.(CIP제어번호:
CIP2013014874)

북한 일상생활연구 II

북한의 권력과 일상생활

지배와 저항 사이에서

| 홍민·박순성 엮음 |

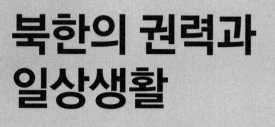

Domination and Resistance:
Everyday Life in North Korea

한울
아카데미

| 차례 |

프롤로그

2010년 출간한 『북한의 일상생활세계: 외침과 속삭임』에 이어 두 번째로 내놓는 북한 일상생활 연구 『북한의 권력과 일상생활: 지배와 저항 사이에서』는 북한체제의 지속과 변화, 안정과 동요의 문제를 다루고 있다. 일상생활연구가 북한체제의 동학에 대하여 새로운 관점과 분석을 제시해줄 것이라는 기대는 기존 연구의 한계 때문에 등장했지만, 이번 연구가 기대에 충분히 부응할 것이라는 자신은 없다. 오히려 새로운 시도가 불명확성과 모호성만을 두드러지게 보여주지 않을까 걱정이다.

북한 일상생활의 다양한 영역에 대한 이해를 통해 북한체제의 작동 방식을 파악하려는 이번 연구가 노정한 한계는 연구자들의 역량이 부족하기 때문일 수도 있지만, '일상생활'이라는 개념 자체의 다의성에서 그 원인을 찾는 것이 더 적절할 것이다. 하지만 역설적으로 바로 이 다의성이, 또 그로부터 오는 이번 연구의 불명확성과 모호성이 향후 북한연구에서 일상생활연구가 보여줄 가능성과 중요성의 근거가 될 것이다.

일상생활이라는 개념은 무엇보다도 먼저 "사람들은 원래 그렇게 살아왔어!"라는 말을 떠올리게 한다. 사람들이 함께 모여 서로 얽히고설킨 가운데 일하고 먹고 쉬고 가정을 꾸리면서 살아가는 방식, 언제부터 시작되었는지 알지 못하는 세상살이의 평범한 모습이 일상생활이라고 할 수 있다. 당연히 이러한 일상생활의 구체적 내용은 개별 사회에 따라 다를 것이고, 또 그러한 각각의 일상생활을 파악하는 일이 일상생활연구의 출발점이 된다. 그러나 일상생활의 일반적 특징을 파악하려는 관점에서는 시대와 지역을 넘어서 민중의 삶에서 공통적으로 나타나는 특징이 중요하다. 보통 사람들이 보여주는 일상생활의 특징은 비슷한 물질문명을 가진 거의 모든 사회에서 드러나는 인간의 제2 본성, 사회질서의 구체적 형태를 만드는 데에 바탕이 되는 질료라고 해도 과언이 아니다.

민중의 삶이 보여주는 공통된 방식이 인류 사회 전반에 걸쳐 존재한다고 하더라도, 민중의 일상생활은 경제체제나 사회정치체제의 영향에서 결코 자유로울 수 없다. 자본의 지배와 신분의 지배가 같을 수 없으며, 독재정치와 민주정치가 같을 수 없기 때문이다. 자연히 시공간의 경계를 넘는 일상생활의 공통된 특징보다 특정한 시대와 사회에서 나타나는 일상생활의 구체적인 모습이 민중의 삶을 더 정확하게 보여준다고 말할 수 있다. "그때 그 사람들은 그렇게 살았어!"라는 말은 민중의 삶이 시대와 사회에 따라 다르다는 것을 표현한다.

'잘 변하지 않고 오래 지속되는 일상생활'과 '사회체제나 질서로부터 영향을 받는 일상생활'이라는 두 개념 사이에서 일상생활연구는 동요할 수밖에 없다. 한편으로, 일상생활연구는 '장기 지속'의 성격을 지닌 일상생활의 관성이 지배의 질서나 체제에서 오는 압력에 어떻게 반응하는가를 살피는 작업에 중점을 둔다. 다른 한편으로, 생존의 유지를 위해 민중이 변화하는 체제의 요구에 맞추어 끊임없이 생활을 바꾸어가는 양상에 주목하는 것도 일상생활연구의 핵심 과제 중 하나이다. 체제 압력에 대한 저항과 체제 요구에 따르는 순응이라는 일상생활의 양면성은 사회 속에서 살아가면서 민중이 지배질서에 대해 거부와 수용이라는 두 가지 다른 행위를 동시에 할 수밖에 없는 모순적 상황을 반영한다.

일상생활의 양면성 또는 민중적 삶의 모순적 상황은 '생활 주체의 개별성 (또는 개인성)'과 '일상생활이 이루어지는 생활세계'라는 두 개념에 의해 더욱 부각된다. '사람 사는 게 다 다르지'라는 말로 표현되는 실제 일상생활의 개별 성은 체제/질서의 역동성을 보장해주는 한편, 내부 불안 요인으로 작용하기도 한다. 개별 민중의 일상생활 위에 서 있는 체제/질서는 언제나 불안정한 균형 상태로 유지된다. 모든 체제/질서가 본질적으로 직면하는 불안정한 균형은 체제/질서에 대해 근본적으로 자율과 예속, 독립과 식민이라는 이중관계를 유지하는 일상생활세계가 체제/질서의 바깥에 따로 존재하고 있다는 사실을 의미한다. 체제/질서와 일상생활세계 사이의 긴장관계는 모든 거대사회가 유지되는 방식인 것이다.

되돌아보면, 역사학과 사회과학 분야에서 그동안 거대서사/거대담론에서 무시되었거나 주목받지 못했던 민중의 삶을 복원하려는 시도는 일상생활에 대한 관심으로 나아갔다. 구체적 삶에 대한 작은 이야기나 해명을 통해 민중의 삶을 복원함으로써, 인간 사회의 역사와 동학은 새로운 방식으로 해석되었고 새로운 의미를 얻었다. 일상생활의 양면성 또는 체제-일상생활세계의 긴장관계 덕분에, 작은 공동체에서 살아가는 평범한 사람들의 일상생활 혹은 국가 질서를 지탱하는 하급 관료들의 일상생활은 국가나 사회의 효과적 작동 상태뿐만 아니라 기능 장애와 무기력을 동시에 보여준다. 체제와 질서로 설명되는 거대사회의 형성, 안정, 동요, 붕괴의 과정이 일상생활의 주체인 민중 개개인의 삶 속에서 고스란히 본래의 모습을 드러낸다. 민중의 일상생활세계가 사회 체제의 동학 자체를 여실히 보여주는 것이다.

이번에 출간하는 『북한의 권력과 일상생활: 지배와 저항 사이에서』가 이러한 일상생활연구의 문제의식을 북한연구에 제대로 적용하고 있는지, 또 가능성을 약간이나마 실현하고 있는지를 판단하는 것은 전적으로 독자 여러분께 맡겨놓는다.

이 책에 실린 글들은 '일상생활'이라는 화두로 엮인 글들이지만, 결코 일상생활에 대한 하나의 일관된 해석적 관점을 공유하지 않는다. 만약 이 책에서 일상생활연구에 대한 일관된 하나의 해석틀의 제시를 기대한 독자라면 실망할 수 있는 부분이다. 그러나 아마도 일관된 '무엇'을 벗어날 때 일상생활연구는 하나의 '가능성'이 될 수 있다는 믿음이 오히려 필자들이 연구과정에서 자연스럽게 공유하게 된 체험적 진실인지 모른다. 따라서 이 책의 장점을 굳이 찾는다면 일상생활이란 화두 속에서 다양한 색채와 질감의 북한사회를 보여주고 있는 점일 것이다.

이 책은 총 3부로 구성되어 있다. 각 부는 애초부터 의도된 구성이 아니었다. 일상생활과 체제동학 사이의 진동과 긴장이란 문제의식 속에서 이들 사이를 매개하는 개별 필자들의 연구 관심이 자연스럽게 모아진 결과이다. 제1부는 일상생활과 체제동학 사이의 긴장관계를 '의식', '정체성' 그리고 '저항'이란 차원에서 접근한다. 제2부는 노동일상의 목소리를 통해서 체제동학의 거시적 움직임과 일상의 미시적 흐름이 어떻게 노동의 일상성 속에서 만나며 사회적 드라마로 펼쳐지는지 보여준다. 제3부는 다양한 공간에서 경험되고 재구성되는 욕망과 일상성의 문제를 통해 일상생활과 체제동학의 긴장이 얼마나 다채로운 공간에서 나타나는가를 보여준다.

우선 제1부 첫 글에서 고유환은 2000년대 중반 이후 등장하기 시작한 북한 일상생활연구물들이 북한연구에서 갖는 위상과 의미를 연구방법의 차원에서 검토하고 있다. 교유환은 그간의 북한연구방법론의 변천과정을 개괄하며, 북한연구에서 일상생활연구방법이 수용된 배경과 계기를 기존 북한연구방법론의 문제점과 한계, 그리고 시대사적 변화의 계기를 통해 설명한다. 또한 북한연구가 지금까지 방법론적 예외주의와 이론적 고립주의, 그리고 이데올로기적 인식론 논쟁을 넘어서지 못하는 한계가 있었으며, 방법론적 다양성을 확보하지 못했던 부분을 지적한다. 이런 측면에서 일상생활연구방법은 상부구조

중심의 거대담론에 얽매였던 것에서 벗어나 일상생활의 층위를 통해 구조와 행위를 연계하여 사회의 역동성을 재발견해내는 데 기여할 수 있는 가능성이 있다고 강조한다.

그러나 두 번째 글에서 정영철은 이런 일상생활연구의 '가능성'에 대한 주의 깊은 경계를 주문하고 있다. 정영철은 기존 연구들이 북한주민의 의식 변화를 주장하고 있으나 그것이 현재 사회구조 전반의 변화로 나타나지 않는 이유는 무엇인지 묻는다. 다시 말해 의식의 변화가 집합행위로 나타나지 않는 것은 의식 변화가 구조의 변화를 담보할 수 있는 수준에 있지 않거나 일상의 변화를 과대해석해온 것이기 때문은 아닌지 질문하는 것이다. 정영철은 강제적 지배뿐만 아니라 사회에 대한 설득력, 구조의 일상에 대한 포용, 상징과 의례를 통한 문화·정치 등이 북한사회를 지탱하는 중요한 힘으로 여전히 작동하고 있다고 본다. 그래서 의식 변화 이면에서 작동하는 또 다른 일상의 구조에 대한 이해를 요구한다. 물론 이런 시각은 일상생활의 다의성, 가능성, 해석적 다양성의 측면에서는 논쟁이 될 수 있는 부분이다.

제1부의 세 번째 조정아의 글은 앞선 정영철의 문제제기에 대한 하나의 응답으로 볼 수 있는 글이다. 조정아는 '사회체제의 변혁을 도모하는 집단적 저항이 발생하지 않는다는 것이, 곧 그 사회의 구성원 모두가 사회질서를 전적으로 수용하고 이에 순응하는 것을 의미하는가'라고 되묻는다. 또한 '일상의 저항' 개념을 통해 다양한 수준과 형태의 저항이 존재함을 알린다. 즉, 약자의 저항은 순응의 언어로 포장된 저항이며, 그것은 구조적인 힘에 적응함과 동시에 외적 구조의 침투에 저항함으로써 정치세계에 참여하는 행위인 것이다. 조정아는 '저항'을 전략적 계획의 결과나 집단행동, 명백한 불복종만이 아니라 교묘하고 은폐된 형태로 이루어지는 지극히 일상적이고 소극적인 '동의 유보'를 포함하는 다중적 행위로 볼 것을 주문한다. 그리고 이러한 개념화를 통해 주민들이 행하는 저항을 크게 일상적 불평불만, 생존전략으로서의 일탈과 위법행위, 회피적 저항 등으로 나누어 살펴본다. 이를 통해 일상의 저항은 단기

적·국지적으로는 사회의 불안정성을 증가시키는 요소이기도 하고, 반대로 장기적·총체적으로 체제를 안정시키는 작용을 할 수도 있지만, 이런 저항의 일상적 퇴적이 역사적 계기를 통해 집단적 저항으로 진화할 수 있다고 본다. 이 글은 '일상의 저항'이란 개념을 통해 일상생활과 거시적 사회구조의 변화 사이에 존재하는 긴장에 주목한 글이라고 할 수 있다.

제2부의 첫 글은 국가의 전체주의적 기획과 일상이 만나는 지점, 그 기원을 역사 속에서 발견해내려는 시도이다. 김지형은 이 글에서 일상생활을 생산양식과 행정양식 차원에서 접근한다. 노동을 조직하고 생산을 하기 위해 지배세력이 일상을 점유해야 했고, 이 과정에서 이데올로기와 전체성의 강요가 주입되면서 노동의 일상생활이 재구성되었다고 본다. 북한에서는 노동과 생산공간이 지배의 공간이 된 것이다. 김지형은 일상생활의 공간을, '노동영웅'을 통해 구현되는 이데올로기, '대중운동'이란 이름으로 일상에서 전개되었던 생산증산 캠페인, 그리고 주택이라는 일상공간에 아로새겨진 일상의 전체성 등 세 가지 측면에서 꼼꼼한 사료 검토를 통해 살펴본다. 이 글은 체제와 일상의 긴장이 형성되는 역사적 기원에 대한 하나의 훌륭한 대답이 될 것이다.

두 번째 글은 체제동학과 일상생활의 긴장관계를 인구정치와 노동일상의 관계 속에서 찾는다. 홍민은 '인구정치'를 위로부터의 통치 목적으로 인구 증감에 대한 물리적 통제나 강제를 가하는 정치적 결정이자 제도, 담론, 그리고 이러한 위로부터의 기획을 일상적인 차원에서 전유하는 실천이 맞물리면서 만들어지는 과정이라고 본다. 홍민은 일제시기부터 현재에 이르기까지 북한 사회 내부적으로 격렬했던 인구의 흐름과 변화를 파악하고, 인구와 통치, 그리고 노동일상 사이에 어떠한 함수관계가 존재했는지, 그리고 인구를 통제하기 위한 통치 기술이 어떻게 구사되었고 일상에서 그것이 어떻게 수용, 변형, 전유되었는지를 분석한다. 이를 통해 지금까지 주목하지 않았던 북한 인구의 움직임, 인구에 대한 통치술, 그리고 노동일상의 관계를 새롭게 조명한다.

제2부의 세 번째 박영자의 글은 1990년대 시장화 이후 큰 변화를 보이는 노동일상에 주목한다. 박영자는 북한경제의 시장화는 화폐 역할과 임금 및 가격의 시장적 자율성 확장, 노동과 소비생활을 화폐 중심으로 꾸려가는 북한주민의 비공식적 생존노동의 증가, 이로 인한 삶의 방식의 변화를 초래했다고 본다. 이 글은 이러한 변화를 시장화의 진전과 신흥노동 다양화 차원에서 탈북자들을 대상으로 한 설문조사와 41명과의 인터뷰를 통해 미시적으로 꼼꼼하게 그려내고 있다. 이를 통해 아래로부터의 자발적 욕구 증대와 위로부터의 통제가 상호작용하면서 만들어진 북한의 시장화 경로를 탐색하고, 주변노동의 여러 유형과 팽창과정, 노동시장의 발전과 노동계층의 분화, 그리고 노동일상 구조의 변화가 어떻게 나타나고 있는지 미세한 터치로 보여준다. 이 글은 질서와 무질서의 상호작용이라는 '혼돈의 가장자리'에 있는 노동일상을 통해 체제와 일상이 어떻게 만나고 있는지 보여준다고 할 수 있다.

　제2부의 마지막 전영선의 글은 2000년 이후에 창작된 북한영화를 통해 북한의 경제문제, 특히 생활경제문제를 들여다본다. 전영선은 북한영화가 국가가 의도한 틀에서 벗어나기 힘든 결정적 한계가 있음에도 불구하고, 불가능한 현장조사를 대신하는 대체재로서 기능할 뿐만 아니라 내부에서 인민에게 읽혀야 하는 존재론적 특성을 가진다는 점에 주목한다. 그것은 북한영화가 당 정책과 인민이 만나는 지점에 존재하고 다양한 독해가 가능한 텍스트임을 의미한다. 북한영화는 당이 원하는 정책의 방향을 읽을 수 있는 것은 물론 내부의 고민과 문제를 드러내는 창이기도 한 것이다. 그런 측면에서 2000년 이후의 북한영화는 일상의 경제문제를 본격적으로 소재화한 귀중한 텍스트들이다. 전영선은 2000년 전후 영화들의 비교를 통해 국가 기획의 측면과 이면으로 드러나는 현장을 포착하여 일상의 경제문제를 심도 있게 분석한다.

　제3부 첫 글에서 김종욱은 북한관료들이 '고난의 행군' 이후 자신의 생존과 이익을 위해 일상생활세계에서 어떻게 살아가는지, 그리고 그 과정에서 축적

된 기억이 어떤 역할을 하는지 살펴본다. 김종욱은 '습관'은 일상생활세계에서 획득되어 기억에 축적되고 실천으로 나타난다고 본다. 바로 일상에서 체화된 습관이 관계문화를 변화시키고, 그 변화의 축적이 다시 체제 내부화되는 과정에 주목한다. 이 글은 북한관료들이 '고난의 행군'을 거치면서 체험한 기억과 이 기억의 실천과정에서 전개된 '지배공간'과 '저항공간'을 둘러싼 충돌과정을 어떻게 이론적으로 바라볼 것인지 우선 고민한다. 이를 통해 이들의 기억과 실천이 북한사회의 일상생활세계에 어떤 영향을 미쳤는지 분석한다. 관료들과 주민들의 일상이 내포한 창조성을 이론과 사례의 접목을 통해 보여주려는 시도라고 할 수 있다.

제3부의 두 번째 노귀남의 글은 이 책에서 독특한 위상을 지닌다. 필자가 직접 북중접경지역 현지조사를 하면서 경험한 내용이 그대로 녹아들어 있기 때문이다. 노귀남은 북중접경지역을 조선족, 한족, 화교, 한국인, 해외동포, 북한 사람 들이 상호 접촉하고, 그 접촉 속에서 새로운 '변경문화'가 만들어지는 공간이라고 본다. 특히 북중접경지역이 '시장'과 '공간경험'을 통해 변화하고 있는 북한 여성들의 의식 변화를 포착할 수 있는 공간이라는 점에 주목한다. 노귀남이 섬세한 터치로 접경지역을 통해 본 북한여성의 의식세계는 여러 겹으로 중첩되고 모순된 이중성을 띠고 있다. 그것은 시장에서 경험한 '자본주의 남한'에 대한 인식, 그리고 성공을 위해 기존의 가족 및 집단의 가부장성과 갈등하고 결탁해야 하는 현실을 내포하는 것이다. 그러나 이러한 현실적 제약에도 불구하고, 시장의 공간경험이 북한여성의 시야를 확장시키는 진보적 의식을 심어줄 수 있다는 것, 그리고 여성이 사회를 변화시키는 주도세력으로 성장할 수 있는 가능성에 주목해야 한다고 강조한다.

제3부의 마지막 글은 국가와 인민이 주기적으로 대면하는 생활총화의 시공간을 둘러싸고 형성되는 주민들의 감정을 통해 일상성의 단면을 드러내고자 한다. 한재헌은 이 글을 통해 일상적 삶에 대한 '자백'과 '상호비판'으로 이루어진 생활총화가 일종의 '죄의식'의 감정 상태를 조성함으로써 자발성을 동원하

는 권력의 기술이라고 본다. 한재헌은 생활총화를 통해 작동하는 지배담론의 감정코드들이 무엇인지를 살펴보고, 인민들이 경험하는 '반복', '의미 없음', '권태'의 감정 상태, 그 '곤혹스러움'에 대한 우리의 '이해'를 요구한다.

이 책의 마지막 부분에는 이 책에 참여한 주요 필자들의 좌담을 실었다. 일상생활에 대한 서로 다른 개념, 시각 그리고 연구 경력을 가지고 있지만, 일상생활연구의 가능성을 긍정하며 나름대로 북한 이해를 모색해온 필자들의 문제의식과 고민, 어려움을 연구 경험의 차원에서 솔직하게 의견을 교환하자는 취지로 기획되었다. 글에 담지 못한 연구의 어려움, 한계, 실망, 좌절 그리고 가능성 등이 교차하는 일상생활연구에 대한 애증 섞인 대목들을 발견할 수도 있을 것이다. 한편, 북한연구가 직면해왔던 어려움과 문제에 대한 소장 학자들의 비판적 문제의식이 다소 냉소적으로 비치는 대목도 있으리라고 본다. 변명이 될 수 있을지 모르지만, 바로 일상생활연구의 가능성은 그런 '성찰'에 있다고 본다. 거대하고 경직되어 있는 무엇을 끊임없이 허물며, 새로운 해석적 재구성을 모색하는 문제의식과 진지함 속에서 북한연구의 가능성을 볼 수 있다고 생각하기 때문이다.

독자 여러분의 관심과 비판을 감히 부탁드린다.

책을 내면서 용서와 감사의 말씀을 잊을 수 없다. 무엇보다도 이미 오래 전에 원고를 내어주신 필자들께, 그리고 오랫동안 원고를 기다려준 도서출판 한울에 너그러운 이해를 청하며, 또 깊은 감사의 말씀을 드린다.

2013년 7월
홍민 · 박순성

일상의 구조와 의식의 흐름

제1장
북한연구에서 일상생활연구방법의 가능성과 과제*

고유환
동국대학교 북한학과 교수

1. 머리말

북한연구에서 방법론적 예외주의와 이론적 고립주의, 그리고 이데올로기적 인식론 논쟁을 넘어서기 위해서는 다양한 방법론을 도입해서 북한의 실체를 정확히 이해하는 노력이 필요하다. 과학적이고 일관성 있는 북한연구를 위해서는 인식론, 방법론, 분석 수준, 분석 단위, 분석 기법 등 분석의 층위를 세분화하여 연구를 체계적으로 진행해야 할 것이다.

분단체제의 평화적 관리와 분단 극복의 논리를 개발하기 위해서는 방법론에 충실한 북한연구를 지속해야 한다. 이데올로기적·인식론적 제약과 자료 수집의 어려움 등에도 북한연구는 꾸준히 이어져왔다. 그리고 최근 북한연구방법에서는 전체주의 접근법, 비교정치 방법론, 내재적 접근법을 넘어 일상생활이

이 글은 ≪북한연구≫, 제7권, 제1호(2011)에 같은 제목으로 게재한 필자의 글을 수정, 보완한 것이다. 이 글의 일부는 고유환, 「북한연구 방법론의 현황과 과제」, ≪통일과 평화≫, 창간호(2009), 29~71쪽을 수정, 보완했으며, 일상생활연구 동향과 관련한 내용은 북한학연구소 홍민 연구교수의 도움을 받았음을 밝혀둔다.

제1부 | 일상의 구조와 의식의 흐름

론(everyday life theory)이 새로운 연구방법론으로 부각되었다. 글로벌 시대가 도래하면서 북한의 특수성을 인정하는 '내재적 접근'보다 인류의 보편가치에 입각한 '보편주의적 접근(외재적 접근)'과 지역학(area studies)으로서의 북한연구의 필요성도 제기되고 있다. 일상생활연구 역시 이러한 흐름에 맞춰 '국제적인 틀(international frame)' 속에서 이뤄져야 한다는 주장이 나오고 있다.[1]

"일상생활연구는 얼핏 사소해 보이는 것을 통해 사회 전체를 드러내는 전략이다."[2] "일상연구는 현실의 다양하고 세부적인 면들을 보여주지만, 이들 사이의 구조적 연관성을 밝히지 못한다는 비판이 존재"[3]한다. 하지만 사소한 일상연구를 통해서 사회 전체의 구조적 특성을 드러내는 노력이 북한연구에서 결실을 거두고 있다. 최근 북한연구에 본격적으로 도입된 일상생활연구는 상부구조 중심의 거대담론의 한계를 극복하고, 주민들의 일상생활을 통해서 사회의 구조적 특성과 동학을 밝히는 성과를 거두고 있는 것이다.

이 글에서는 지금까지의 북한연구 동향을 간단히 살펴보고, 최근에 북한연구에 본격 도입된 일상생활연구 또는 일상사연구의 가능성과 한계를 알아보고자 한다.

2. 북한연구방법의 시대적 변천과정

남북분단 상황에서의 북한연구에는 많은 제약이 따른다. 냉전시대 체제경

---

1) Ben Highmore, *Everyday Life and Cultural Theory: An Introduction*(London: Routledge, 2002), pp.174~178.

2) 정영철, 「일상에서 보물찾기: 일상생활의 사회학」, 박순성·홍민 엮음, 『북한의 일상생활세계: 외침과 속삭임』(서울: 도서출판 한울, 2010), 154쪽.

3) 안병직, 「'일상의 역사'란 무엇인가」, 안병직 외, 『오늘의 역사학』(서울: 한계레신문사, 1998), 78쪽.

쟁이 치열할 당시의 북한은 연구의 대상이 아니라 적대와 타도의 대상이었다. 반공·반북 이데올로기가 지배했던 냉전시기의 북한연구는 자료 접근이 가능한 소수의 '관변학자'에 의해서 북한을 비판할 목적으로 연구가 진행되어왔다고 해도 과언이 아니다. 지금도 그렇지만 냉전시대에는 북한이 극도의 폐쇄체제를 유지했기 때문에 현장 접근과 자료 획득이 어려운 가운데 주로 정책적 필요에 따라 제한적으로 연구가 진행되었다.

냉전이 한창 진행 중이던 1950~1960년대 북한연구는 주로 전체주의모델 접근법에 따라 지도자와 정치체제 그리고 이데올로기 중심으로 연구가 진행되었다. 이 시기의 북한연구는 주체사상, 지도자, 당, 헌법 등에 기초해서 위로부터 이루어지는 통치과정을 정태적(static)으로 분석했다. 이러한 접근법에 따른 연구는 주로 북한을 비판하는 데 치중했다. 김일성체제의 약점을 지적하는 전체주의 접근법은 북한 유일체제의 속성을 정태적으로 설명할 수는 있었지만, 엘리트 충원과정이나 이익집단의 갈등 등 정치과정의 동태성(dynamics)을 파악하는 데는 한계가 있을 수밖에 없었다.

전체주의 접근법의 한계가 드러나면서 1970년대부터 비교정치 연구방법을 북한연구에 적용하는 시도가 나타났다. 일부 동유럽 사회주의국가들에서 소련의 영향에서 벗어나려는 분화 움직임이 나타나고, 미·중 간 데탕트(détente) 움직임이 본격화하면서 사회주의체제 내에서의 변화에 대한 관심이 높아졌다. 이에 따라 서구 학자들 사이에서는 비교정치학 이론을 사회주의·공산주의 연구에 적용하려는 시도가 나타났다. 한국에서도 주로 서구에서 비교정치학이나 국제정치학을 전공한 학자들이 행태주의에 기초한 구조기능이론 등을 북한연구에 적용하여 정치과정의 동태적 측면을 파악하려고 했다.

소련 및 동구 사회주의권에서 개혁·개방을 본격화할 무렵인 1980년대 말, 북한에 대한 '내재적 접근방법'이 한국에 소개되면서 기존 연구와는 확연히 다른 인식론과 방법론이 북한연구에 적용되기 시작했다. 당시 한국사회에서 민주화 열풍이 고조되고 '북한바로알기운동'이 일어나면서, 재독학자 송두율에 의해 '내재적-비판적 접근법'이 북한연구에 소개되었다. 내재적 접근방법은 주체사상에 기초한 내적 작동논리에 대한 이해와 함께 비교 사회주의 방법론을 북한연구에 적용할 것을 강조했다. 내재적 접근방법에 대한 '친북' 논란이 제기되기도 했지만, 이는 북한사회주의체제의 내적 작동 논리를 파악하는 데 기여했다.

지금까지의 북한연구가 주로 위로부터의 연구라는 데 대한 반성에 기초하여 북한연구에 새롭게 도입된 연구방법이 일상사·일상생활연구방법이다. 주로 역사학이나 사회학연구에서 사용하던 일상사·일상생활연구방법이 북한연구에 도입됨으로써 아래에서 이루어지는 주민들의 일상이 상부구조에 어떤 영향을 미치는지 등에 대한 미시사적인 일상생활연구가 진행되었다. 극도로 폐쇄체제를 유지해왔던 북한에 대한 일상생활연구가 가능해진 것은 무엇보다 1990년대 중반 이후 급증한 탈북자들 때문일 것이다. 탈북자들의 면접조사가 가능해짐으로써 북한의 일상생활연구도 활기를 띠기 시작했다.

3. 북한 일상생활연구 동향[4]

1) 일상생활연구의 일반적 경향

일상(日常)은 '날마다 항상'이다. 우리가 삶을 유지하기 위해 하는 기본적 행위와 삶의 대부분을 차지하는 먹고, 자고, 일하고, 노는 시간이 일상에 해당한다. 일상의 특성은 반복이다. 일상성(everydayness)이란 날마다의 반복으로 습관 내지는 관례가 된 것을 지칭한다. 반복이라는 양적인 현상이 습관과

---

4) 자세한 내용은 박순성·고유환·홍민, 「북한 일상생활연구의 방법론적 모색」, 《현대북한연구》, 제11권, 제3호(2008), 9~57쪽을 참고.

관례라는 삶의 양식으로 질적인 변화를 함으로써 일상성을 형성한다. 일상생활연구가 주목받지 못한 것은 일상은 비과학적인 것이고 과학은 비일상적인 것이란 관념 때문일 것이다.[5] "일상이 신비한 것은 가장 늦게 변하면서도 가장 먼저 변화가 감지되기 때문이다. 일상이란 역사적 변화의 끝자락이면서 동시에 변화가 싹트는 곳이다. 역사가 의식의 영역이라면 일상이란 무의식의 영역이다."[6]

일상생활연구가 시작된 것은 1940년대 후반부터이고,[7] 활성화된 것은 1960년대 말 유럽에서이다. 1968년 반자본주의운동(반체제운동)이 정점에 이를 무렵, 프랑스 마르크스주의자 앙리 르페브르(Henri Lefebvre)가 『현대세계의 일상성』[8]이란 책을 통해서 현대 인간의 일상을 자본주의 소비문화와 관련하여 비판적으로 분석한 것을 계기로 일상생활연구가 본격화되었다.

일상생활연구는 크게 두 가지 경향으로 나누어볼 수 있다. 하나는 근대성에 대한 비판으로서 현대 자본주의의 일상생활에 대한 지배전략과 일상생활의 소외를 밝히고, 이에 대한 비판적 실천전략을 만들어내는 것이다. 대표적인 학자는 르페브르이다. 르페브르는 일상성이 현대성과 동전의 양면을 이룬다고 본다. 따라서 그의 일상생활 비판은 자본주의의 현대성에 대한 비판과 일상생활에서의 소외에 집중되었다. 그의 이러한 지적 전통은 마르크스주의

---

5) 김기봉, 「북한에 대한 일상사연구의 가능성과 의미」, 박순성·홍민 엮음, 『북한의 일상생활세계』(서울: 도서출판 한울, 2010), 116쪽.

6) 같은 글, 120쪽. 김기봉은 "일상은 가장 변하지 않는 곳이면서 한편으로 변화의 징조가 나타나는 곳이라는 점에서, 역사의 시작이며 끝"이라고 주장한다. 그는 "일상에서 역사를 변화시키는 혁명의 기운이 싹트고 혁명은 일상을 변화시키는 것으로 종결된다. 혁명의 일상화는 결국 혁명이 끝났다는 의미다. 일상사는 이 같은 일상과 혁명의 변증법적 관계에 주목해 역사의 잠재적 에너지를 일상으로부터 분출시키려 한다"고 주장한다(같은 글, 129쪽).

7) 앙리 르페브르의 Critique of Everyday Life: Volume I(일상생활 비판 1권)은 1947년 프랑스에서 초판이 발행되었고, 1957년에 재판이 발행되었다.

8) 앙리 르페브르, 『현대세계의 일상성』, 박정자 옮김(서울: 기파랑, 2005).

의 비판적 고찰과 관련된다.

또 다른 하나는 비판적 입장과 거리를 두고 그대로의 일상을 드러내는 것이다. 대표적인 학자로는 미셸 마페졸리(Michel Maffesoli)를 들 수 있다.9) 마페졸리는 르페브르의 일상생활 비판과는 정반대로 아무런 이데올로기적·비판적 입장을 취하지 않고, 일상생활을 있는 그대로 드러내는 데 집중한다. 르페브르가 일상생활연구를 통해 비판적 입장을 취하는 반면, 마페졸리는 아무런 전제도 없는 일상생활 그 자체의 드러냄과 지속성에 관심이 있다.10)

사회과학계에서의 일상생활연구는 1970년대 이전까지 그다지 주목받지 못했다. 사회과학에 깊게 각인된 합리주의와 실증주의는 과학이란 엄밀성에 강하게 집착한 나머지, 인간 존재의 따뜻함과 분열, 감정적 복잡성으로부터 스스로를 차단해온 측면이 강했다.11) 서구에서의 일상생활·일상사·미시사 연구는 주로 역사학과 사회학에서 문화연구12)와 함께 본격적으로 이뤄졌다.

마페졸리는 발터 베냐민(Walter Benjamin), 게오르크 지멜(Georg Simmel), 르페브르, 미셸 드 세르토(Michel de Certeau) 등으로 대표되는 일상생활연구자들의 연구는 다음과 같은 특성이 있다고 말한다.

(그들은) 일상의 현대성을 서로 다른 시간과 공간의 짜깁기(patchwork) 같은 것으로 보기 시작했다(Every day modernity begins to look like a patchwork of different times and spaces). 일상생활이론은 '등록되지 않은 것을 등록하는' 미학

---

9) 미셸 마페졸리, 「일상생활의 사회학」, 박재환 엮음, 『일상생활의 사회학』(서울: 도서출판 한울, 1994).

10) 정영철, 「일상에서 보물찾기: 일상생활의 사회학」, 140~141쪽.

11) Michel Maffesoli, "The Sociology of Everyday Life: Epistemological Elements," *The Sociology of Everyday Life, Current Sociology*, Vol.37, No.1(1989), p.1.

12) 일상생활과 관련한 문화이론에 대해서는 Ben Highmore, *Everyday Life and Cultural Theory: An Introduction*을 참고.

(a range of aesthetics for 'registering the unregistered')으로, ① 특수성 속에서 일반성을 찾아내는 변증법적 접근(dialectical approaches that reveal the general in the particular), ② 상이한 자료의 폭발적인 병렬(explosive juxtapositions of disparate material), ③ 연관된 현상들의 생산적인 집합(productive assemblages of related phenomena), ④ 특이한 삶에 대한 일반적인 시학(a general poetics of the singularity of living) 등을 문화이론의 관점에서 다룬다.13)

한국에서는 주로 역사학14)과 사회학15)에서 일상사·일상생활연구를 수용하고 발전시켜왔다고 할 수 있다. 역사연구의 새로운 경향으로 등장한 일상사연구는 1980년대부터 일기 시작한 기존의 사회사에 대한 비판적 인식과 관련이 깊다.16) 사회과학계에서 일상사연구가 본격화한 것은 1989~1991년에 진행된 사회주의권 붕괴가 계기가 되었다. '현실' 사회주의 국가들의 붕괴는 사회과학자들과 역사가들에게는 큰 충격이었다. 어느 누구도 사회주의권 붕괴를 정확히 예측하지 못했다. 동독이 무너지고, 소련이 해체되는 광경을 지켜

---

13) 같은 책, pp.174~175.
14) 역사학에서 일상사연구를 도입한 대표적인 연구로는 안병직 외, 『오늘의 역사학』이 있으며, 번역서로는 알프 뤼트케 외, 『일상사란 무엇인가』, 나종석 외 옮김(서울: 청년사, 2002)과 곽차섭 엮음, 『미시사란 무엇인가』(서울: 푸른역사, 2000) 등이 있다.
15) 사회학에서의 일상생활에 관한 대표적인 연구로는 박재환 외, 『일상생활의 사회학적 이해』(서울: 도서출판 한울, 2008)가 있다.
16) 역사의 과학화를 표방했던 사회사는 구체적인 인물의 행위보다는 그들이 속해 있던 구조와 과정을 중시하는 연구 경향이라고 할 수 있다. 사회사는 역사의 통일적이고 단선적 과정을 상정하여 역사를 근대화·산업화·합리화·도시화 등의 '중심통합적' 시각으로 파악하려는 경향이 있다. 이와 달리 일상사는 근대화 등의 현상을 일면적이고 단순한 것으로 파악할 것이 아니라 그 안에 있었던 개개인들의 저항의 모습, 또는 그러한 현상에 대한 암묵적 수용 등의 다양한 삶의 층위에 관심을 기울일 것을 강조한다. 한마디로 일상사는 '구조의 역사'에서 '인간의 역사'로 방향 전환을 강조한다[박원용, 「스탈린 체제 일상사연구의 현황과 쟁점」, 박순성·홍민 엮음, 『북한의 일상생활세계: 외침과 속삭임』, 16~17쪽; 안병직, 「일상의 역사란 무엇인가」, 30~41쪽].

보던 역사가들이 정신을 차리고 확인한 것은 역사를 만든 사람들이 민중이라는 것이다. 이를 깨달은 역사가들은 기존의 사회과학 이론과 모델을 적용하는 대신 일상사적인 연구로 눈을 돌렸다. 김기봉이 지적한 바와 같이 "김수영이 「풀」에서 노래했듯, 바람보다 먼저 누웠던 풀이 바람보다 먼저 일어나는 듯한 민중의 잠재 에너지를 규명하기 위해서는 '아래로부터의 역사'의 관점이 필요하다는 것을 알게 된 것이다. 일상사연구를 수행하면서 독재국가가 은폐한 현실사회주의의 속살이 보이기 시작했다".[17]

2) 북한연구에서의 일상생활연구방법의 수용

북한연구에서 일상생활연구방법을 본격 수용한 것은 최근의 일이다. 전체주의모델 접근법이나 내재적 접근은 주로 상부구조 중심의 체제운영 원리를 설명하는 데 치중함으로써 주민생활을 중심으로 한 북한사회의 본질을 제대로 파악하지 못한다는 한계를 노정했다. 이러한 한계를 극복하기 위해서 최근 들어 북한에 대한 미시적 접근을 강조하는 연구 관심이 높아지고 있다. 이들 연구는 주로 1990년대 이후 북한사회의 변화를 주민들의 일상생활 측면에서 조명하는 방식을 택하고 있다. 이 연구들의 공통적인 문제의식 중 하나는 기존의 북한연구가 정치지도자, 이데올로기, 거시적 노선이나 정책 등에만 집중한 나머지 미시적 차원에서 이루어지고 있는 역동적인 사회 변화를 온전히 이해하지 못한다고 보는 것이다. 또한 연구방법의 측면에서 김일성이나 김정일 담화 중심의 공식문헌에 의존한 분석이 '아래로부터' 주민들 차원에서 이루어지는 변화를 이해하는 데 한계가 있다고 보고, 탈북자 인터뷰 등 질적 연구를 통해 생생한 삶의 현장을 들여다보는 데 더 많은 관심을 기울이고 있다.

---

17) 김기봉, 「북한에 대한 일상사연구의 가능성과 의미」, 119~120쪽.

북한사회에 대한 일상사적 연구가 절실한 이유는 북한주민들의 내면을 드러낼 수 있기 때문이다. 북한의 일상에 대한 연구를 통해 우리는 무엇보다도 북한주민의 집단 무의식에 접근할 수 있다.[18]

북한연구에서 일상생활연구 경향이 나타난 배경은 다음 몇 가지로 짚어볼 수 있다.[19] 첫째, 기존 북한연구방법론이 가졌던 문제점과 한계에 대한 인식이다. 기존의 북한연구 관련 논의들이 주로 내재적/외재적의 이분법 속에서 인식론적인 공방에만 머물러 실질적인 연구의 질적 도약과는 무관한 측면이 있었다고 보고, 실제적인 방법론 차원의 기법과 분석틀 개발이 중요하다는 인식이 나타나기 시작한 것이다. 이를 위해 특정 전공 학문 위주의 이론적 탐색이 아니라 다양한 전공 분야에서 논의되거나 개발된 이론과 개념을 적용하려는 관심이 증대되어왔다. 이런 인식 변화의 배경에는 2000년대 들어 등장한 제4세대 북한연구자들[20]이 과거 연구 세대보다 북한과 관련한 이념적 폐쇄성에서 자유롭다는 측면이 있다. 이들은 이념보다는 실질적인 연구의 객관성과 깊이를 확보할 수 있는 접근법에 관심을 기울이게 된 것이다.

둘째, 1990년대 나타나기 시작한 북한사회의 급격한 변화에 대한 국내외의 관심이 증대되면서 좀 더 실체에 가까운 현실을 보고자 하는 기대가 높아졌다는 점이다. 특히 1990년대 중반 대규모 아사를 불러온 식량난과 북한체제의 무기력한 모습을 확인하면서 기존의 정치지도자, 이데올로기 연구로는 파악되지 않는 북한체제의 또 다른 실제에 관심이 모아지고 있다. 공식적 외관 이면에 있는 비공식적인 모습들이 북한체제를 이해하는 또 다른 중요한 열쇠가

---

18) 김기봉, 「북한에 대한 일상사연구의 가능성과 의미」, 116쪽. 김기봉은 "주체사상에 세뇌된 인민들은 스스로 사유할 수 있는 능력을 박탈당했다"고 보고, "북한주민들이 주체사상이라는 생체권력에서 해방되지 않고는 남북통일이란 불가능하며, 만약 돌발사태가 일어나 통일이 도둑처럼 찾아온다고 해도 그 결과는 비극적일 수밖에 없다"고 주장한다.

19) 고유환, 「북한연구 방법론의 현황과 과제」, ≪통일과 평화≫, 창간호(2009), 55~59쪽.

20) 제4세대 북한일상사 연구자로는 홍민, 조정아, 정영철, 김종욱 등을 꼽을 수 있다.

될 수 있으리라는 연구관심의 변화이다. 이런 접근은 대북 지원이나 경제협력 등 변화하는 남북관계를 반영하고 있기도 하다. 남북 간 접촉 기회가 많아지고 상호의존성이 증대되면서 관계를 매끄럽게 풀기 위해서는 실증적이고 객관적이며 미시적인 북한 이해가 필요하다고 보는 경향이 강해졌다.

셋째, 북한연구를 제약하던 연구 자료의 제한성이 탈북자들을 통해 일정하게 해소된 측면을 들 수 있다. 1990년대 중후반 이후 탈북자들이 늘어나면서 제한적이지만 질적 연구의 가능성이 높아진 것도 일상이나 미시적인 접근의 가능성을 높였다. 탈북자들을 통해 그들의 삶과 생활 곳곳의 사정을 파악하게 된 것은 기존에 문헌에만 의존하여 파악하던 북한사회와는 다른 면모를 발견할 수 있는 기회를 제공했다. 물론 아직까지 탈북자 인터뷰를 통한 질적 연구는 접근방법과 기법의 측면에서 부족한 점이 많지만 향후 지속적인 개선을 통해 북한연구의 자료 제한성을 일정 부분 극복해줄 수 있을 것으로 본다.

북한은 1990년대 들어와 식량난과 대규모 아사를 겪으며 아래에서부터 총체적인 변화에 직면해왔다. 일상생활세계에서 국가의존도의 약화와 시장의존도 증대, 관료문화와 실천코드의 변화, 공동체성과 개인 정체성의 변화, 사회적 연결망 및 정보유통의 활성화, 경제관념 및 심성의 변화, 부와 소유 관념의 변화, 장터문화의 형성, 빈부격차의 확대와 사회계층화, 가족 해체 및 가족구조의 변화, 노동 및 직장에 대한 태도와 심성 변화, 교육 혜택의 양극화, 세대 간의 가치 갈등, 도시 기능과 주거문화의 변동 등이 그것이다.

북한 일상생활에 대한 관심과 미시적 접근을 강조하는 연구들은 이런 북한사회의 변화에 주목하려는 경향이 있다. 최근 들어 북한의 도시, 사적 부문과 공적 부문의 관계, 시장화 수준 등을 주제로 삼는 연구에서 대규모 새터민 인터뷰를 통해 미시적인 사회 변화를 분석하는 경우가 있다.[21] 그럼에도 국내

---

21) 최완규 외, 『북한 도시의 위기와 변화: 1990년대 청진, 신의주, 혜산』(서울: 도서출판 한울, 2006).

북한연구에서 '일상생활세계'를 학문적으로 개념화하고 이론적 탐색을 통해 실제 연구에 적용한 사례는 사실상 드물다고 할 수 있다. 다만 북한사회 분야 연구라는 범주 차원에서 '일상'이란 용어가 일부 언급되거나 초보적인 개념으로 사용된 경우가 있다.

북한의 일상생활연구는 크게 세 가지의 경향으로 구분할 수 있다. 첫째, 특정한 개념화와 접근방법의 모색보다는 주민들의 일반적인 일상생활을 다룬 연구이다.[22] 둘째, 북한 일상생활세계를 개념화하고 접근방법을 이론적으로 모색하는 연구이다.[23] 셋째, 북한체제의 동학과 일상생활과 연계하여 체제 변화를 조망하는 연구이다.[24] 이들 연구의 공통된 특징은 우선 대부분이 1990년대 이후 북한사회의 변화에 초점을 맞추고 있다는 점이다. 특히 시장화의 확대, 주민 유동성의 증가, 가치의식의 변화 등을 주요 주제로 다루고 있다. 또한 탈북자 인터뷰를 중요한 연구 자료로 채택하고 있으며, 북한 공식문헌 중 일상을 간접적이나마 들여다볼 수 있는 대중잡지, 문학작품 등에 대한 활용이 두드러진다.

그러나 이 연구들은 일상생활세계를 독립적으로 개념화하는 연구라기보다

---

22) 서재진,『또 하나의 북한사회: 사회구조와 사회의식의 이중성 연구』(서울: 나남, 1995); 박현선,『현대 북한사회와 가족』(서울: 도서출판 한울, 2003); 서재진,『7·1조치 이후 북한의 체제 변화: 아래로부터의 시장사회주의화 개혁』(서울: 통일연구원, 2004); 임순희,『식량난과 북한여성의 역할 및 의식변화』(서울: 통일연구원, 2004); 조정아,『경제난 이후 북한 문학에 나타난 주민생활 변화』(서울: 통일연구원, 2006); 고유환 엮음,『로동신문을 통해 본 북한 변화』(서울: 선인, 2006); 세종연구소 북한연구센터 엮음,『북한의 사회문화』(서울: 도서출판 한울, 2006).

23) 홍민,「북한의 사회주의 도덕경제와 마을체제」(동국대학교 북한학과 박사학위논문, 2006); 김종욱,「북한의 관료체제와 지배구조의 변동에 관한 연구」(동국대학교 정치외교학과 박사학위논문, 2006).

24) 정세진,『'계획'에서 시장으로: 북한체제변동의 정치경제』(서울: 한울아카데미, 2000); 서재진,『7·1조치 이후 북한의 체제 변화: 아래로부터의 시장사회주의화 개혁』; 홍민,「북한의 사회주의 도덕경제와 마을체제」.

는 사회 분야 관련 주제의 근거자료로 일상생활을 부수적으로 채택하고 있어 본격적인 연구로 보기는 힘들다. 또한 일상 및 미시적 접근에 대한 연구 개념화와 일상과 관련한 다른 전공 분야의 이론적 성과를 도입하는 데서는 아직 미진한 측면이 있다. 나아가 일상을 연구하는 의미와 일상을 통해 북한의 사회구조를 좀 더 정밀하게 파악하고자 하는 시도는 아직 크게 활성화되지 못한 실정이다.

북한의 일상생활세계에 관한 종합적이고 체계적인 첫 연구는 동국대학교 북한학과 북한일상생활연구센터가 한국연구재단의 지원을 받아 수행한 연구과제인 '북한 일상생활세계의 아카이브 구축과 연구방법론 개발: 체제변화 동학과 일상생활세계의 연계모델'이다. 이 과제의 연구 결과와 함께 이미 역사학, 사회학 등 다른 분야에서 사회주의권 일상사 또는 일상생활연구자로 인정받고 있는 학자들의 글을 모아 발간한『북한의 일상생활세계: 외침과 속삭임』은 북한 일상생활연구의 이론과 실제 모두를 아우르는 선구적 연구물이라고 평가할 수 있을 것이다.

4. 일상생활연구의 가능성과 과제

1) 일상생활연구의 가능성

지금까지의 북한연구는 사회를 움직이는 실천을 심도 있게 천착하기보다는 주로 이데올로기와 공식담론의 '외침'을 통해 사회 변화를 파악하는 경향이 있었다. 이러한 문제점을 극복하기 위해서 북한연구에서도 일상생활연구방법을 도입하기에 이르렀다. "국가의 '외침'과 주민일상의 '속삭임'을 상호교차해서 보는 것이 의미 있는 북한 이해의 방법이 될 것"[25]이란 확신 속에 일상생활연구가 북한연구에서도 본격적으로 도입되었다. 이로써 주민을 공식담론의 피동적인 수용자로 보는 것에서 벗어나 주민의 일상적 실천과 삶의 전략이 지배집단의 공식담론에 어떠한 영향을 미치는지를 살펴볼 수 있게 되었다.

일상연구는 구조와 행위자, 거시와 미시를 연계해 파악하는 데 의미가 있다. 첫째, 구조-행위자를 연계하는 일상생활세계는 개인의 행위를 결정하는 물질적 조건·제도·질서·규범·규칙 등 구조적 조건이 관철되는 공간이기도 하지만, 개인들이 관계를 통해 그러한 물질적 조건·제도·질서·규범·규칙 등을 해석하고 나름의 방식대로 재전유하는 공간이기도 하다. 따라서 일상생활세계는 '구조적 강제'와 '행위의 실천'이라는 대립적인 힘이 상호작용하는 공간이다. 그런 면에서 일상생활세계는 구조가 재생산되는 미시적 상황과 구조를 변화시키는 행위의 가능성이 공존하는 공간이라고 할 수 있다.

이러한 맥락에서 일상연구는 사회를 구조화하는 다양한 계기들에 대한 하나의 횡단적인 독해를 가능하게 한다. 따라서 일상연구는 결코 보통의 비판처럼 구조를 의도적으로 배제하는 연구전략이 아니다. 일상이 사회 전체의 구조 속에서 조망되어야 한다고 보는 것이다. 일상을 증발시킨 사회구조의 분석이 전문적 용어의 나열에 그치거나 메마른 숫자의 조합에 머무르기 쉬운 것과 마찬가지로, 전체 사회구조에 대한 조망이 없는 일상의 분석은 잡다한 사실들의 모자이크에 불과할 뿐이다.

둘째, 일상생활세계는 거시와 미시를 매개하는 지점이다. 거시와 미시는 일종의 체제를 보는 연구의 관찰 배율의 문제라고 할 수 있다. 거시적 접근이 추상화 수준을 높여 특징을 추출하고 체제를 전체 맥락에서 조망하는 방식이라면, 미시적 접근은 추상화 수준을 낮추고 전체를 이루는 부분에 관심을 집중시켜 제도·정책·노선·권력이 생활세계에서 실천되거나 관철, 수용, 굴절되는 방식을 일상의 차원에서 바라보는 것이다.

---

25) 박순성·고유환·홍민, 「북한 일상생활연구의 방법론적 모색」, 박순성·홍민 엮음, 『북한의 일상생활세계: 외침과 속삭임』, 166쪽.

이처럼 일상생활세계야말로 인간의 기본적인 존재 기반이며, 가장 근본적으로 개인과 사회를 재생산하는 행위과정이 펼쳐지는 공간이다. 따라서 일상생활세계를 본다는 것은 위로부터 주어지는 제도나 정책의 객관적 외관과 함께 인간 공동생활의 주관적인 의미, 참여자들 스스로가 사회를 체험하는 방식, 그리고 특히 사회의 비공식적이거나 혹은 엄격히 제도화되지 않는 측면에 더 많은 주의를 기울이는 것이다. 이를 통해 구조의 객관적 조건과 행위의 주관적 측면이 상호작용하는 방식을 경험적으로 확인할 수 있다.

북한 일상생활세계에 관한 접근은, 우선 북한주민들에 관심을 가지며 이들이 가진 상식적인 지식과 실천에 주목한다. 물론 상층권력집단이나 엘리트, 관료 들의 일상생활세계를 배제하지 않는다. 단, 공식적 정책결정 활동에 주목하기보다는 이들의 성향과 주관에 영향을 미치는 생활세계와 비공식적 관행에 더욱 주목한다. 다음으로 외부에 있는 관찰자의 관점보다는 주민들 개인의 관점에서 일상생활세계를 이해하는 것이다. 즉, 그들의 경험세계, 주관적 의미 맥락, 행위를 포착하는 것이다. 끝으로 구조를 배제하고 주관적인 경험 영역만을 보지 않고 이 둘의 상호작용의 맥락을 강조한다.

북한 일상생활연구의 가능성은 북한주민생활의 실상과 사회구조적 특성을 파악하는 데 그치지 않고, 주체사상에 의해 '국가종교'화한 북한에서의 변화를 추동할 수 있는 카운트 헤게모니 투쟁을 벌이는 진지전전략 같은 처방을 제시하는 데 이론적 근거를 제시할 수 있다는 점이다.[26]

---

26) 김기봉은 북한전문가인 안드레이 란코프(Andrei Lankov) 국민대학교 교수가 "김정일 정권을 전복시키는 법"이란 제목으로 콘돌리자 라이스(Condoleesza Rice) 미국 국무장관에게 보내는 공개 비망록을 2007년 2월 외교전문지 ≪포린 폴리시(Foreign Policy)≫에 기고한 것을 '일상으로부터의 혁명'을 추동할 수 있는 소프트파워전략이라고 소개했다(김기봉, 「북한에 대한 일상사연구의 가능성과 의미」, 127~129쪽).

2) 일상생활연구의 향후 과제

엄격히 말하면 북한연구에서의 일상생활연구는 아직 도입단계라고 할 수 있다. 일상사 또는 일상생활연구방법론에 충실한 북한연구가 이루어지려면 먼저 이에 대한 충분한 이해가 전제되어야 한다. 다음으로 일상생활연구가 활성화되려면 북한주민들에 대한 접근이 용이해야 한다. '집합적인 경험'을 밝혀내기 위해서는 많은 북한주민을 접촉해야 한다. 하지만 북한체제의 특성상 접근이 쉽지 않다. 탈북자들을 면담하고 자서전이나 수기[27] 등에 의존하여 일상생활연구를 할 경우 대표성을 가지는 '집합적 경험'을 제대로 밝혀낼 수 있는가에 의문이 들 수도 있다.

북한연구에서 일상생활연구방법을 본격적으로 적용하려면 방법론적으로 충실한 이론화가 필요하다. 첫째, 북한 일상생활세계를 학문적으로 개념화·이론화할 필요가 있다. 개념화·이론화를 추구한다는 것은 일상생활세계를 단순히 특정 연구 주제의 설명변수로 취급하는 것이 아니라 독립적인 변수이자 다양한 연구 영역, 주제, 개념, 이론과 연계하여 다양한 북한체제 해석의 가능성을 연다는 것을 의미한다.

둘째, 인식론적·방법론적 측면에서의 개방이 필요하다. 기존 북한연구들이 다양한 전공 분야의 개념, 이론, 연구 성과 등을 수용하고 적용하는 데 인식론적 한계점을 지니고 있었다는 점을 지적할 필요가 있다. 따라서 북한 일상생활세계에 대한 인식론적·방법론적 틀을 구축하기 위해 다양한 학문 분과에서 이룩한 연구 성과, 개념, 이론 등을 적극적으로 검토하고 이를 창조적으로 수용하는 자세를 갖춰야 할 것이다.

셋째, 다루는 시기와 주제의 측면에서 외연과 깊이를 확장할 필요가 있다.

---

27) 김현식, 『나는 21세기 이념의 유목민: 예일대학교에서 보내온 평양 교수의 편지』(서울: 김영사, 2007).

시기의 측면에서 기존 연구들이 1990년대 이후를 주로 다루었다면 향후 일상생활에 대한 연구는 기본적으로 장기 지속적 관점에서 1990년대 전부터의 지속과 변화를 추적할 필요가 있다. 또 단순히 시간적 연장에 그치는 것이 아니라 장기 지속 속에 담긴 구조의 흐름과 행위의 상호작용을 역동적으로 볼 필요가 있다. 이와 더불어 중기 지속적 관점, 사건사적 관점 등 장기 지속 속에 있는 다양한 역사적 층위를 설정함으로써 일상생활세계를 입체적으로 조명하는 시도가 필요하다.

넷째, 자료의 활용 측면에서도 기존 문헌자료의 상투적인 인용, 새터민 인터뷰의 무분별한 인용 등을 지양하고, 일상생활세계 연구에 필요한 문헌자료, 구술자료, 양적 자료, 해외자료 등을 새롭게 발굴하거나 직접 생성하여 재해석하고 체계화할 필요가 있다. 특히 문헌자료에 대한 분석기법이 거의 개발되지 않은 북한연구의 실정을 감안하여, 문헌을 독해하고 재해석하는 분석기법의 개발, 구술자료 생성을 위한 구조화된 질문지 작성 방법, 양적 자료의 체계화, 해외 자료의 주제별 분류 등이 무엇보다 시급하다.

마지막으로 북한체제 변화와 일상생활세계와의 상관성을 더 정밀한 이론적 모델을 통해 구축할 필요가 있다. 기존 연구들이 체제 변화와 일상생활세계와의 관계에 관심을 두지 않거나 그나마 유사한 연구의 경우에도 모호한 개연성의 측면에서만 바라보았다면, 향후 연구들은 북한체제의 동학과 변화를 주요 단계별 변수의 설정을 통해 과거부터 향후 체제이행까지 일상생활세계와 연계시켜 이론화할 필요가 있다.

5. 맺음말

북한연구에서 일상생활연구방법이 본격적으로 활용된 것은 비교적 최근의 일이다. 기존의 전체주의모델 접근법이나 내재적 접근이 주로 상부구조 중심의 체제운영원리를 설명하는 데 편중되어 주민생활을 중심으로 한 북한사회의 본질을 제대로 파악하지 못한다는 한계를 노정했다. 북한에 대한 일상사·일상생활연구는 상부구조중심 연구의 한계를 극복할 수 있는 북한연구의 새로운 시도라고 할 수 있다. 아래로부터의 미시-행태연구를 통해서 거시-구조의 동학을 파악하는 일상사·미시사연구는 위로부터의 거시-구조연구의 한계를 극복하는 데 기여할 것이다.

북한사회에 대한 일상사적 연구가 절실한 이유는 북한주민들의 내면을 드러낼 수 있기 때문이다. 지금까지의 북한연구는 주로 이데올로기와 공식담론을 통해 사회 변화를 파악하는 경향이 있었다. 이러한 문제점을 극복하기 위해서 북한연구에서도 일상생활연구방법을 적극적으로 도입해야 한다.

북한연구에서 일상생활연구방법을 본격적으로 적용하려면 방법론적으로 충실한 이론화가 필요하다. 기존 북한연구는 다양한 전공 분야의 개념, 이론, 연구 성과 등을 수용하고 적용하는 데 미흡했다. 북한 일상생활세계에 대한 새로운 연구방법론을 구축하기 위해서는 역사학, 사회학 등 다양한 학문 분과에서 이룩한 연구들을 적극적으로 검토하고 이를 창조적으로 수용해야 할 것이다.

〈참고문헌〉

고유환 엮음. 2006.『로동신문을 통해 본 북한 변화』. 서울: 선인.

_____. 2009.「북한연구 방법론의 현황과 과제」.≪통일과 평화≫, 창간호.

곽차섭 엮음. 2000.『미시사란 무엇인가』. 서울: 푸른역사.

김기봉. 2010.「북한에 대한 일상사연구의 가능성과 의미」. 박순성·홍민.『북한의 일상생활세계』. 서울: 도서출판 한울.

김종욱. 2006.「북한의 관료체제와 지배구조의 변동에 관한 연구」. 동국대학교 정치외교학과 박사학위논문.

김현식. 2007.『나는 21세기 이념의 유목민』. 서울: 김영사.

뤼트케, 알프(Alf Lütdke). 2002.『일상사란 무엇인가』. 나종석 외 옮김. 서울: 청년사.

르페브르, 앙리(Henri Lefebvre). 2005.『현대세계의 일상성』. 박정자 옮김. 서울: 기파랑.

마페졸리, 미셸(Michel Maffesoli). 1994.「일상생활의 사회학」. 박재환 엮음.『일상생활의 사회학』. 서울: 도서출판 한울.

박순성·고유환·홍민. 2008.「북한 일상생활연구의 방법론적 모색」.≪현대북한연구≫, 제11권, 제3호.

박재환 외. 2008.『일상생활의 사회학적 이해』. 서울: 도서출판 한울.

박현선. 2003.『현대 북한사회와 가족』. 서울: 도서출판 한울.

서재진. 1995.『또 하나의 북한사회: 사회구조와 사회의식의 이중성 연구』. 서울: 나남.

_____. 2004.『7·1조치 이후 북한의 체제 변화: 아래로부터의 시장사회주의화 개혁』. 서울: 통일연구원.

세종연구소 북한연구센터 엮음. 2006.『북한의 사회문화』. 서울: 도서출판 한울.

안병직. 1998.「'일상의 역사'란 무엇인가」. 안병직 외.『오늘의 역사학』. 서울: 한겨레신문사.

임순희. 2004.『식량난과 북한여성의 역할 및 의식변화』. 서울: 통일연구원.

정세진. 2000.『'계획'에서 시장으로: 북한체제변동의 정치경제』. 서울: 도서출판 한울.

정영철. 2010.「일상에서 보물찾기: 일상생활의 사회학」. 박순성·홍민 엮음.『북한의 일상생활세계: 외침과 속삭임』. 서울: 도서출판 한울.

조정아. 2006.『경제난 이후 북한 문학에 나타난 주민생활 변화』. 서울: 통일연구원.

최완규 외. 2006.『북한 도시의 위기와 변화: 1990년대 청진, 신의주, 혜산』. 서울: 도서출판 한울.

홍민. 2006. 「북한의 사회주의 도덕경제와 마을체제」. 동국대학교 북한학과 박사학위
논문.

Highmore, Ben. 2002. *Everyday Life and Cultural Theory: An Introduction*. London:
Routledge.
Maffesoli, Michel. 1989. "The Sociology of Everyday Life: Epistemological Elements."
The Sociology of Everyday Life, Current Sociology, Vol. 37, No. 1.

제2장
의식의 변화 그리고 '소란과 행위'

정영철
서강대학교 공공정책대학원 조교수

1. 들어가며

1990년대 이후 북한주민의 의식이 변화했고, 지금도 변화하고 있다는 데에 대부분의 학자가 동의한다. 시장의 '범람'과 외부 정보의 유입 등으로 폐쇄적 공간의 삶이 바뀌면서 의식의 변화는 자연스러운 현상이 되었다. 이러한 변화는 대체로 자본주의적 이윤 관념의 증대, 일상적 삶의 방식의 변화, 외부 세계와의 비교 등이 가능해진 현실 때문이라는 것이 중론이다. 그리고 심심치 않게 이러한 의식의 변화가 주민들의 정권에 대한 태도에도 영향을 미치고 있다는 분석이 나오고 있다. 2만여 명의 국내 입국 새터민이 증명하듯이 1990년대 이후 북한을 나와 새로운 삶을 찾아 나서는 주민이 증가한 것은 이러한 의식 변화의 분명한 표징이라 할 것이다. 그런데 이러한 의식의 변화가 왜 집합행동으로 이어지지 않고 있을까? 의식의 변화가 집합적 행위를 가능케 하는 가장 중요한 전제조건이라고 할 때, 아직까지 북한에서 의미 있는 집합적 행위가 나타나고 있다는 증거는 발견되지 않고 있다. 기껏해야 '소란스러운' 일만이 보도되고 있을 뿐이다. 이 글은 바로 이러한 문제의식에서 출발한다. 1990년대 이후, 일상의 삶이 바뀐 북한의 주민들이 왜 일상을 둘러싼 구조를 바꾸어내지 못하고 있을까? 고전적인 '혁명 이론'에 의거해서 지배세력이 아직 건재하고, 혁명을 일으킬 만한 주체세력도 없고, 그럴 만한 조직도 갖추어지지 못했다는 것에서 해답을 찾아야 할까? 만일 그렇다면 북한주민들의 의식 변화는 아직까지 구조의 변화를 담보할 수 있는 수준이 아니라 그저 일상의 삶의 변화에 만족하는 수준에 머물러 있거나, 개인적인 의식 변화와 그에 따른 개인적 행동의 변화만으로 그치고 있는 것이라 할 것이다. 그렇지 않으면 주민의 일상생활의 변화는 자연스러운 현상일 뿐이며, 이를 바라보는 '제3의 눈'에 의해 과대 해석되고 있다는 분석도 가능할 것이다. 이미 20여 년에 걸친 변화가 관성화된 일상생활 그 자체가 되어버렸다는 해석이 가능한 것이다.

일상생활의 공간과 의식의 변화가 일상을 둘러싼 구조의 변화로까지 연결되지 못하고 있는 이유를 밝혀내는 것은 북한의 변화를 전망하는 데서 중대한 문제가 아닐 수 없다. 하지만 이 글은 현재 북한의 의식 변화의 수준이나 그 한계를 짚어보는 데 있지 않다. 그런 점에서 이 글은 이론적인 성격의 글도 아니고, 그렇다고 경험적인 분석으로 충만한 글도 아니다. 미시적 변화와 거시적 구조의 변화 사이의 투쟁을 북한에 적용한 시론적인 성격의 글이며, 희미하게나마 문제의식을 던지고 그에 대한 학문적 과제를 제기하는 것으로 만족하고자 한다.

2. 일상을 둘러싼 투쟁들

1) 일상연구의 의의와 현재의 상황

'일상'이라는 개념은 여전히 모호한 채로 남아 있다. 모호한 만큼 포괄적이며 동시에 의식하지 못하는 우리의 '생활' 그 자체라 할 것이다. 일상과 비일상 혹은 일상과 일탈의 이분법적 구성 역시 만족스럽지 못하다. 현대세계는 '일탈'이 곧 일상을 구성하는 하나의 '일상생활'이지 않은가? 그저 하루하루의 삶이 일상이라고 할 것이다. 그러하기에 일상은 대단히 보수적이며, 일상을 통해 '생산-소비'의 기본적인 생활양식이 구성된다.[1] 또한 일상은 역사를 갖지 않으며, 끊임없이 되돌아오는 회귀성이 있다. '거대한 사건'이 일상의 삶에 충격을 주고 일상적 삶의 양식을 바꾸어낼 수는 있지만, 곧바로 일상으로 회귀하는 것을 우리는 너무 자주 목격하게 된다. 오히려 조그마한 변화들이 축적되어 어느 순간 우리의 일상의 도구와 양식이 바뀌어 있는 것을 자각하게 된다. 일상에는 거시적 구조와 미시적 관계가 공존한다. 일상은 지배의 공간이면서도 동시에 저항의 공간이기도 하다. 그렇기에 일상은 단지 작은 것만을 의미하지 않으며, 동시에 거대한 구조가 투영된 공간만을 의미하지도 않는다. 이 모든 공간은 일상을 통해서만 작동하기 때문이다. 따라서 일상의 변화를 기획했던 사회주의에서도 결국 일상은 변함없이 작동했고, 거대한 권력 이면의 '인민'이 살아가는 모습은 역동성과 보수성, 순응성과 저항성을 모두 간직하고 있었던 것이다. 이런 점에서 본다면, 북한의 일상생활에 대한 연구는 북한사회의 실제 모습을 드러내는 것이자 동시에 지배와 저항의 숨은 공간을 탐구한다는 의미가 있다. 더구나 지금처럼 북한의 일상생활이 변화하고 있는 상황에서의 일상연구는 북한의 미래를 예측할 수 있다는 점에서도 커다란 의의가 있다고 할 수 있다.

1990년대 이후, 북한주민들의 일상생활은 커다란 변화를 겪어왔다. 이러한 일상의 변화는 공간과 시간, 그리고 삶의 주변을 둘러싼 제도의 변화 등으로 집약된다. 이미 많은 연구자의 분석을 통해 북한주민의 일상적 삶은 1990년대를 전후하여 완전히 달라졌음이 논증되고 있다. 또한 수많은 탈북자의 증언을 통해 그러한 일상 변화의 많은 모습이 전달되고 있다. 이러한 일상의 삶이 변

---

1)   정영철, 「일상에서 보물찾기: 일상생활 사회학」, 박순성·홍민 엮음, 『북한의 일상생활세계: 외침과 속삭임』(서울: 도서출판 한울, 2010), 132쪽.

화한다는 것은 곧 권력의 작동과 그에 대한 저항의 반응이 변화함을 의미한다. 오늘날 북한사회의 일상의 변화 역시 이러한 관점에서 조명될 수 있을 것이다. 북한사회의 거시권력의 그늘에 갇힌 참모습을 드러내는 것임과 동시에, 일상의 변화를 통해 북한사회의 진정한 변화를 추적해낼 수 있는 가능성의 영역이기도 한 것이다.[2] 사실 북한의 일상연구는 살아 있는 북한 그 자체에 대한 연구이기도 하다. '붉은 늑대'와 '악마'의 소굴로서의 북한 이미지를 걷어내는 한편, 북한의 공식 권력이 말하는 '지상 천국'의 화려함도 벗겨내는 작업이기도 하다. 특히, 오늘날 북한주민들의 일상생활의 삶이 바뀌고 있고, 그에 따른 여러 가지 변화가 목도되고 있는 상황에서의 일상연구는 북한사회에 대한 풍부한 이해를 넘어 '사람이 살고 있는' 북한의 참모습을 드러내는 동시에, '전체주의적' 선입견에 갇혀 아무런 역동성도 발견하지 못하는 북한연구에 또 다른 시각을 제공해줄 것이다.[3]

그러나 북한 일상에 대한 이러한 연구 의의에도 불구하고 실제 북한의 모습을 제대로 분석하고 밝혀내고 있는지에 대해서는 의문이다. 즉, 변화에 대한 많은 주장에도 추상적인 정치경제정책의 변화만을 말하거나 주민들의 의식의 변화를 말하면서도 그저 동일한 수사와 표현이 반복되고 있을 뿐이다.[4] 북한의 관료, 주민, 교육, 노동자, 농민 등의 삶의 모습을 일상을 통해 분석하는 글

---

2) 북한에서의 일상연구에 대한 의의에 대해서는 박순성·홍민 엮음, 『북한의 일상생활세계: 외침과 속삭임』을 참조할 것.

3) 사회주의에 대한 일상생활연구는 전체주의적 편견을 넘어서는 데 중요한 의의가 있다. 전체주의가 사회주의를 변화가 없는 정태적 세계로 가정하는 데 반해, 일상생활연구는 사회주의 역시 역동성과 변화를 가진 사회로 가정한다. 이에 대해서는 박순성·고유환·홍민, 「북한 일상생활연구의 방법론적 모색」, 박순성·홍민 엮음, 『북한의 일상생활세계: 외침과 속삭임』 참조.

4) 지금까지의 북한 일상연구의 의의를 부정하는 것은 아니다. 그러나 지난 20여 년간 북한주민들의 의식의 변화 혹은 북한사회의 변화에 대한 기술과 설명은 거의 동일한 패턴을 보이고 있다. 이러한 경향은 일상연구에서도 크게 다르지 않다. 일상의 연구가 오히려 획일화된 북한사회의 묘사에 그치고 있는 것은 아닌지 진지한 성찰이 요구된다.

역시 북한사회의 시장을 중심으로 한 변화, 그 이상을 말하지 못하고 있다. 정확히 말한다면, 변화가 아니라 그들의 실태를 전하고 있을 뿐이다. 대체로 탈북자들의 증언에 기초한 이러한 연구들은 북한 일상생활연구의 시작과 동시에 한계를 제공하고 있는 듯이 보인다. 그리고 여기에 소위 '미시권력' 혹은 '일상 투쟁' 등의 현란한 개념들이 동원되면서 오히려 일상의 삶을 가리기도 한다. 일상연구가 지나친 개념화를 통해 실제 일상의 모습을 감추고 있는 것은 아닌지 성찰할 때이다.

2) 북한 일상생활의 변화와 투쟁

지금까지 많은 연구자가 밝히고 있는 것처럼 북한사회의 변화는 쉼 없이 진행되어왔다. 북한정권 수립 이후, 북한사회에서는 사회주의적 기획에 따라 제도의 변화와 함께 '인민'들의 일상의 변화까지도 기획되었다.[5] 그리고 반봉건적 일상 구조의 청산 및 사회주의적 구조의 수립과 함께, '인민'들의 일상의 삶은 확연하게 바뀌었다. 결국 사회주의 고유의 일상의 문화를 만들어내었던 것이다. 그러나 이러한 변화에도 구조와 일상의 틈새에서 벌어지는 자율성마저 통제하지는 못했다.[6] 전체주의 이론이 상정하는 '정태적 사회관'이 '역동성이 소멸된 사회로서 사회주의'를 바라본다면, 실제의 사회주의 국가는 끊임없는 변화를 보여왔고, 특히 거대한 구조 속에서 '인민'들의 생활은 끊임없는 변화와 삶의 생생함을 간직해왔다.[7] 오늘날 북한의 '일상생활'이 새삼 조명되는 것은

---

5)   존 로버트(John Robert)는 '역사상 처음으로 노동자들이 사회 현실을 책임지게 되었다는 측면에서 러시아 혁명이 일상이라는 개념을 첨예한 정치문제로 제기하게 된 것'이라고 지적하고 있다[해리 하르투니언, 『역사의 요동: 근대성, 문화 그리고 일상생활』(서울: 휴머니스트, 2006), 169쪽. 정영철, 「일상에서 보물찾기: 일상생활 사회학」, 143쪽 재인용].

6)   정영철, 「일상에서 보물찾기: 일상생활 사회학」, 146쪽.

7)   전체주의에 대한 비판과 그 역사적 전개과정에 대해서는 Abbott Gleason, *Totalitarianism: The*

과거와 구분되는 변화가 진행되고 있고, 또 그러한 변화에 따른 구조와 제도의 변화가 관찰되고 있기 때문이다. 변화 그 자체가 아니라 과거의 변화와 구분되는 오늘날의 변화가 지금의 관심사인 것이다.

오늘날 북한 일상의 변화는 대체로 1990년대 이후의 '북한 위기'를 기점으로 하고 있다.[8] 이는 북한사회에 대한 연구가 1990년대 이후 폭발적으로 증가한 데서도 찾을 수 있지만,[9] 1990년대 북한체제의 위기와 그에 따른 변화가 외부에서도 쉽게 인지되고, 탈북자들의 증가에 따른 변화의 모습이 생생하게 전달된 것에서 찾을 수 있다. 1990년대 이후 북한의 변화는 '경제 위기'에서 출발한다. '경제 위기'에 따른 북한사회의 대응은 국가 통제 및 조직적 집단성의 약화 그리고 개인 생존을 위한 삶의 투쟁의 강화로 집약된다. 그리고 이러한 변화의 한가운데에 시장이 있다. 즉, 북한 일상생활의 변화의 가장 큰 요인으로는 주로 시장이라는 새로운 공간의 창출이 꼽힌다. 실제로 시장공간의 탄생은 주민들의 삶의 공간의 변화, 새로운 관계의 창출, 새로운 사회적 영역의 탄생을 의미한다.[10] 그리고 이러한 시장의 탄생은 곧 시장을 둘러싼 투쟁을 촉발시켰다.

시장은 외부 정보의 유입을 촉진했고, 새로운 정보의 유입은 새로운 사고의 가능성을 확대시켰다. 즉, 외부 정보의 유입은 문화적·이데올로기적 충격, 물질적 가치관의 확산, 현 체제에 대한 비판 의식의 증대 등 체제 불안정 요인

Inner History of the Cold War(New York, Oxford: Oxford University Press, 1995)를 참조할 것. 반면 사회주의-스탈린 체제에서의 일상생활에 대해서는 Sheila Fitzpatrick(ed.), *Stalinism: New Directions*(New York: Routledge, 1999)를 참조할 것.

8) 이렇게 본다면, 북한의 변화를 마치 '새로운 그 무엇'으로 전제하고 있는 듯한 기존의 연구 역시 재고되어야 한다. 이는 자칫 역사성을 상실한 연구로 전락할 것이다.

9) 북한연구의 동향에 대해서는 고유환, 「북한연구 방법론의 현황과 과제」 참조.

10) 인간의 삶에서 공간의 변화는 커다란 변화를 강제한다. 근대 자본주의 태동기의 공간 구조의 변화는 새로운 일상의 삶의 양식을 제공하게 되었다. 근대와 공간의 문제에 대해서는 이진경, 『근대적 시·공간의 탄생(제2판)』(서울: 푸른숲, 2008) 참조.

으로 작용할 수 있는 것이다. 이보다 중요한 것은 이러한 외부 정보의 유입이 북한주민들의 일상적 의식의 변화를 꾸준히 변화시켜온 주된 요인이라는 점이다.11) 그리고 이러한 의식의 변화는 개인주의적 가치관의 증대(집단주의적 가치관의 약화), 물질적 가치관의 증대(사상적 가치관의 약화), 이윤 관념의 확대(집단이익 관념의 약화) 등으로 집약된다. 또한 외부 정보에 대한 접촉이 증대되면서 북한체제를 외부 세계와 비교하는 경험이 많아지고, 북한체제를 돌아보는 기회가 늘어났다. 국가 권력의 일방적 주입 혹은 교육에 의해 유지되어왔던 세계관의 변화인 것이다. 그리고 이러한 세계관의 변화는 가치관의 변화와 더불어 정체성에도 일정한 정도의 변화를 가져왔다.

이러한 변화는 일상생활을 둘러싼 지배와 저항의 공존과 투쟁의 새로운 양식을 만들어내었다. 즉, 일상을 통해 지배권력-거시권력이 작동했다면, 1990년대 이후의 변화는 거시권력이 부과하는 미시권력의 작동에 변화를 일으켰다. 배급제의 붕괴와 국가 공급 능력의 약화 그리고 당-국가 체제에 따른 지배권력의 작동이 미시적인 장(field)에서 질서를 제공하지 못하게 됨으로써 주민들은 생존을 위한 자체의 질서를 만들어나가야 했다. 그리고 이 과정은 기존 질서와는 다른 규칙과 질서가 형성되는 과정이었다. 즉, 시장에서의 거래, 불법적인 상거래 질서의 형성, 관료 부패의 증가 등 비사회주의적 행위의 증대와 동시에 가치관의 변화를 동반한 새로운 인적 네트워크의 형성, 기존 제도의 형해화, 형식화된 조직생활과 공적 생활 및 사적 생활의 분리 등이 나타났다. 이 모든 것은 곧 주민들이 기존의 일상적인 삶에서 탈피하여 새로운 일상적인 삶을 체험하고, 이를 자신들의 일상으로 구성하는 과정이었다고 할 수 있다. 그리고 이는 '위로부터 주어진 질서'와 '아래에서 형성된 질서'의 공존이자 투쟁이었다.

---

11) 북한주민의 삶의 변화에 대해서는 조정아 외, 『북한주민의 의식과 정체성: 자아의 독립, 국가의 그늘, 욕망의 부상』(서울: 통일연구원, 2010); 조한범 외, 『북한의 체제위기와 사회갈등』(서울: 통일연구원, 2010) 등을 참고할 것.

이러한 과정에서 주민들의 의식의 변화가 현저하게 발생했다. 앞서 말한 세계관의 변화였다. 당과 국가에 대한 관념의 변화, 물질적 가치관의 추구, 개인주의적 가치관의 증대였다. 이로부터 북한의 공식적인 거시권력과는 달리 미시권력은 일상을 통한 지배전략을 바꾸지 않을 수 없었고, 이는 일련의 개혁·개방 조치들로 나타났다.[12] 그리고 이러한 변화는 북한의 전통적인 구조에도 균열을 불러왔다. 즉, 계층 간 차별화가 발생하고, 빈부격차가 확대되고, 지역 간 균열이 일어났다. 또한 위로부터의 통제전략도 변화되었다.[13] 아래로부터의 변화와 위로부터의 변화가 모두 함께 발생하고 있으며, 양자 사이의 끊임없는 투쟁이 현재의 북한사회의 모습이라 할 것이다.

결국 북한의 일상생활의 변화는 곧 투쟁의 과정이었고, 이러한 투쟁은 거시권력이 부과한 미시적 작동의 균열과 해체 혹은 변형을 의미하는 것이라고 할 수 있다. 나아가 일상의 변화가 거시권력의 대응 — 지배전략 — 에도 영향을 미치게 되었다. 이에 따라 시장이 합법화되고, 물리적·사상적 통제를 넘어서 시장을 통한 통제 등 통제전략의 변화도 초래되었다. 과거의 물리적 힘을 통한 통제전략에 경제적 합법칙성을 동원한 전략이 더해지고, 그에 따라 강압적 방식과 동시에 체제 내화를 위한 통제 기제의 변화도 발생하고 있다.[14] 그리고 이러한 과정은 지금까지 지속되고 있다.

---

12) 2002년의 '7·1 조치'와 '시장의 합법화' 등은 이러한 아래로부터의 변화를 수용 혹은 반영한 정책이라고 할 수 있다.

13) 북한의 통제 유형에 대해서는 정영철, 「북한의 사회통제와 조직생활」, 『북한의 사회』(서울: 경인문화사, 2006), 북한의 통제기구에 대해서는 전현준, 『북한의 사회통제기구 고찰: 인민보안성을 중심으로』(서울: 통일연구원, 2003)를 참조할 것.

14) 북한의 시장에 대한 통제가 물리적 통제만이 아니라 경제적 통제를 동원하고 있다는 것에 대해서는 정영철, 「북한에서 시장의 활용과 통제: 계륵의 시장」, ≪현대북한연구≫, 제12권, 제2호(2009); 박희진, 「북한의 시장: 전진과 후퇴」, 『기로에 선 북한, 김정일의 선택은?』, 현대북한연구회 학술회의 자료집(2010.8.24) 등을 참조할 것. 박희진은 2002년의 '7·1 조치'는 국가가 '아래로부터의 변화'를 '위에서 수용'한 결과였으며, 동시에 이러한 국가의 수용은 국가가 변화에 대한 통제력을 완전히 상실하지 않았음을 의미하는 것이라고 진단한다.

3) 일상에 갇힌 의식: 대안 담론의 부재

북한사회의 변화는 일상의 변화와 함께 주민 의식의 변화를 '강제'했다.[15] 주민의식의 변화는 앞서 말한 가치관의 변화이자 정체성의 변화를 동반했다. 가치관의 변화는 개인주의의 증대, 물질주의적 가치관의 확대, 이익 관념의 확산 등으로 요약된다. 정체성의 변화는 주로 그동안의 국가의 '온정주의적 보호'에서 벗어나 자신의 힘과 능력을 발휘하여 삶을 영위해야 한다는 자각을 의미한다.[16] 즉, 실리주의의 확산인 것이다. 실리에 대한 강조는 자신의 능력에 대한 재발견을 의미했고, 능력에 따른 성취를 당연한 것으로 받아들이도록 했다. 일종의 근대주의적 가치관과 정체성의 재발견이라 할 것이다. 이러한 가치관과 정체성의 변화는 그동안 당연시했던 당원으로서의 의식과 행위, 조직에서의 의식과 행위 이외에도 집단적 삶과 개인적 삶에 대한 성찰과 새로운 삶에 대한 희구, 새로운 기회의 획득 및 개인행동의 변화를 가져왔다.[17]

조정아는 이러한 의식의 변화를 잭 메지로(Jack Mezirow)의 '관점전환학습 (transformational learning theory)'의 이론적 틀을 빌려 설명한다.[18] 이 연구는

---

15) 여기서 '강제'라는 표현은 의도적인 변화라기보다는 생존을 위한 삶의 투쟁과정에서 획득하게 되었다는 것을 의미한다. 물론, 현재에는 이러한 변화가 지속되면서 '강제'가 아닌 학습과 자발적 선택이라고 하는 것이 올바른 것으로 여겨진다.

16) 북한의 '온정주의적 보호'에서의 변화에 대해서는 정영철, 『북한의 개혁·개방: 이중전략과 실리사회주의』(서울: 선인, 2004)를 참조할 것.

17) 탈북자들의 증언을 근거로 북한주민들이 '자본주의화'되었거나 혹은 이미 사회주의체제 혹은 북한체제에 대한 정당성을 철회했다는 분석이 여기저기서 쏟아지고 있다. 그러나 이러한 연구는 증언에 대한 구체적인 검증보다는 소개에 머무를 뿐이며 그에 따른 분석은 빈약한 것이 현실이다. 증언은 분석과 인과관계를 설명해주지 않는다. 증언이 분석을 대체할 수는 없다.

18) 이에 대해서는 조정아 외, 『북한주민의 의식과 정체성: 자아의 독립, 국가의 그늘, 욕망의 부상』, 2쪽. 메지로는 '학습이란 경험의 의미를 새롭게 개정해나가는 과정' 즉, '행동의 지침으로서 현재의 경험의 의미를 해석하는 새로운 또는 개정된 체계를 구축하기 위해 이전의 해석을 사용하는 과정'으로 정의한다[J. Mezirow, "Learning to think like an adult: Core concepts of transformation theory," J. Mezirow(ed.), *Learning as Transformation*(San Francisco: Jossey-base, 2000),

탈북주민들의 생애사 연구를 통해 이들에게서 '관점전환학습'이 발생하게 되
는 계기와 그에 따른 행동의 변화를 여러 분야에 걸쳐 조사한 것이다. 그 결과
북한주민들의 의식의 변화에 사회 불평등 구조, 외부의 문화적 충격 그리고
남한사회의 존재가 가장 큰 영향을 미친 것으로 분석되었다.[19] 이러한 분석
에 기초한다면, 북한주민들의 일상 의식의 변화와 이에 대응하는 행동은 북한
내부를 향하는 것이기보다는 외부로의 탈출로 귀결될 가능성이 높다.[20] 시민
사회의 미형성, 정치 활동의 자유가 없는 상황에서 북한주민들의 의식 변화가
행동으로 이어지기 어렵고, 내부에서의 대안을 찾기 어려운 상황에서 남한으
로의 탈출이 선택된다는 것이다.[21] 이러한 설명은 북한주민들의 의식 변화에
도 그에 따른 합당한 행동이 나타나지 않는 이유의 하나를 설명한다. 그러나
다른 한편, 이러한 설명은 북한에서의 집합행동이 현 체제가 유지되는 한 가
능하지 않다는 것을 암묵적으로 전제하는 것처럼 보인다. 과연 그럴까?

　현재 북한주민들의 의식 변화는 분명하며, 이에 따른 여러 가지 사회적 병
리 현상과 일탈적 행동 역시 분명하게 나타나고 있다. 그럼에도 이러한 의식
의 변화가 파편화되어 있고 개인차가 심한 것 역시 사실이다.[22] 또한 미시적
인 영역에서 여전히 국가 파시즘적 지배전략이 유효하게 작동한다는 지적을

---

　　p.5. 조정아 외, 『북한주민의 의식과 정체성: 자아의 독립, 국가의 그늘, 욕망의 부상』, 2쪽 재인
　　용. 이런 점에서 '관점전환학습'이란 '자신의 의미관점에서 타인과 다른 점을 발견하거나 일상적
　　으로 문제해결이 곤란한 전환점을 맞이할 때 의미관점의 재검토와 전환'이 일어나는 것을 의미
　　한다. 즉, 기존의 준거 틀의 변화와 의미관점의 변화가 일어나는 전환을 말한다.
19)　조정아 외, 『북한주민의 의식과 정체성: 자아의 독립, 국가의 그늘, 욕망의 부상』, 357쪽.
20)　의식의 변화에 따라, 그에 합당한 일상생활의 구조를 바꾸는 것이 아니라 남한으로의 탈출을
　　선택하게 되는 것이다. 이는 과거 해방 정국 당시 북한지역의 수많은 기독교인 및 지주, 그리
　　고 우익 인사가 월남을 선택한 것과 유사하다.
21)　조정아 외, 『북한주민의 의식과 정체성: 자아의 독립, 국가의 그늘, 욕망의 부상』, 57쪽.
22)　이무철은 탈북자 증언을 정리하면서, 사회적 인식에 대해서 개별 구성원들의 정보 수준과 경험
　　의 차이에 따라 차이를 보인다고 주장한다(이무철, 「북한주민들의 경제관과 개혁·개방 의식:
　　북한이탈주민 면접 조사를 통한 추론」, ≪북한연구학회보≫, 제10권, 제2호(2007), 194쪽].

간과할 수 없다.[23] 전영선이 적절히 지적했듯이, 각론에서의 다양화 속에서 총론의 획일화가 유지되고 있다고 할 것이다.[24] 국가는 여전히 체제 수호의 논리를 고수하면서도 한편으로는 일상문화의 다양화를 '허용 가능한 범위' 안에서 내적으로 수용하고 있는 것이다.[25] 이런 조건에서 북한주민의 의식과 행동의 변화를 한 방향으로만 해석하는 것은 자칫 미시적 변화만을 절대화시키는 오류를 범하게 될 것이다. 또한 위의 논의들을 종합하면, 북한주민들의 의식의 변화가 '일상의 삶'에 갇혀 있다고 보는 것이 더 적절하다는 것을 의미한다. 여기서 '일상에 갇힌 의식 변화'는 변화한 의식의 목표가 자신들의 일상적 삶에 지향된 것으로서 구조의 변화에 대한 것으로 직접 향하고 있지 못하고 있음을 의미한다. 이는 의식의 변화가 있음에도 집합적 행위가 일어날 수 있는 대안 담론의 창출과 이를 이끌 수 있는 주체의 형성이 미진한 상황임을 말한다. 대안 담론의 부재는 단지 대안 담론을 만들어내지 못하는 '능력'의 문제가 아니라 이를 창출할 수 있는 종합적 인식과 시각의 결여를 의미하며, 대안 담론을 형성할 집단적 주체가 아직 형성되지 않았다는 것을 보여준다. 안토니오 그람시(Antonio Gramsci)의 논법을 빌리자면, 지배권력과 지배담론에 맞서는 저항권력과 저항담론의 부재이자 동시에 이를 수행할 수 있는 '유기적 지식인'의 부재인 것이다.

담론 투쟁에서의 패배는 결국 '인민'들의 의식의 변화를 제한하고 행동의 범위를 축소시킨다. 특히, 변화하는 의식이 거시적 구조에 대한 불만과 불평으로 그칠 뿐 대안을 상상해내는 것을 어렵게 만든다. 이런 견지에서 보면, 현재 북한주민들의 의식 변화는 분명하지만, 그리고 일부에서는 이러한 새로운 사회의식의 형성에 기초하여 체제와 구조적 변화를 열망하지만, 이를 체계화

---

23) 강진웅, 「북한의 국가권력에 대한 미시적 접근」, ≪한국사회학≫, 제44집, 제2호(2010).
24) 전영선, 「최근 북한의 사회문화변화와 의미」, ≪아태지역동향≫, 통권 제163호(2005), 13쪽.
25) 같은 글, 13~17쪽.

하고 기존의 담론 질서를 대체할 수 있는 대안 담론을 형성하지는 못하고 있다. 대안 담론은 그저 일상의 삶의 공간에서의 불만과 개인적 일탈 등의 지극히 미시적인 공간에서만 공유되고 있다고 할 것이다.[26] 사실 고전적인 집합적 행위의 발생에는 집합적 이익 및 개인이익의 동기가 마련되어야 한다.[27] 공동의 행동에는 곧 공동의 이익을 규정하는 '대안 담론'이 요구된다.[28]

따라서 북한주민들의 의식이 변화했는데도 왜 행동하지 않는가에 대한 대답은 단순히 북한의 억압적 체제의 문제가 아니라, 행동할 수 있을 만큼의 공동이익에 대한 공유와 그를 집합적으로 이끌어낼 수 있는 대안 담론이 형성되지 않았다는 데서 찾아야 할 것이다. 일상의 변화가 거시권력의 지배구조의 균열에 분명히 영향을 미치고 있지만, 아직까지는 잠재력으로서만 의의가 있을 뿐 일상을 넘어서는 구조의 변화를 향하지는 않고 있는 것이다. 혹은 최소한 그러한 변화까지 이끌어내지 못하고 있다. 일상의 변화 그 자체가 '파편화'되고 '불균형'한 채로 진행되고 있기 때문이다.

---

26) 이러한 이유로 북한사회에서 여러 가지 일탈적 행위, 불법적 거래, 뇌물, 결탁 등의 현상이 나타나고 있지만, 이를 곧바로 체제에 대한 의식적 반(反)행동으로 해석할 수 없게 한다. 또한 이러한 행위 자체가 개인적 수준에 한정됨으로써 일상공간의 변화에 대한 적응의 성격을 띠고 있다. 이런 점에서 일상의 변화가 거시적 변동을 가져오는 데는 한계가 있다고 할 수 있다.

27) 찰스 틸리, 『동원에서 혁명으로』, 양길현 외 옮김(서울: 서울프레스, 1995), 10쪽.

28) '대안 담론'의 형성은 단순히 불평과 불만의 요구를 정리하거나 종합하는 것이 아니다. 대안 담론이 형성되기 위해서는 일반주민들의 변화 요구가 지식인들과의 결합을 통해 하나의 이론적 체계 혹은 공식화된 구호 등으로 제시되어야 할 것이다. '대안 담론'의 형성에는 대중-지식인의 결합이 중요하다. 이런 점에서 그람시의 '유기적 지식인'이나 레닌의 '혁명적 지식인' 집단과의 결합 등이 요구된다. 하지만 현재 북한에서 이러한 모습은 보이지 않는다. 소련 및 동유럽 사회주의의 붕괴에 엘리트 그룹의 분열이 결정적인 역할을 했다는 사실을 생각할 때(권만학, 「탈국가사회주의의 여러 길과 북한: 붕괴와 개혁」, ≪한국정치학회보≫, 제35권, 제4호(2001) 참조), 북한의 구조적 변화에 지식인 또는 엘리트의 역할이 얼마나 중요한지 추측할 수 있다. 이에 대해 북한에 대한 대부분의 분석은 북한 지식인이 북한체제에의 순응을 선택하고 있다고 말한다.

3. 의식의 변화와 행위의 통제

1) 손가락질과 돌팔매질

일상에서의 변화는 사회를 어떻게 변화시킬까? 일반적으로 행위는 의식의 변화를 전제한다고 한다. 그러나 의식이 곧바로 행위로 연결되는 것은 아니다. 또한 행위가 항상 목적의식성을 띠는 것도 아니다. 맨커 올슨(Mancur Olson)은 "하나의 대규모 집단 내의 모든 개인이 합리적이거나 이기적이라 할지라도, 그리고 한 집단으로서 그들이 공통이익이나 목표를 달성하기 위해 행동할 때 그들의 개인적인 이익도 함께 얻을 수 있다 하더라도 그들은 여전히 그러한 공통이익이나 집단이익을 달성하기 위해 자발적으로 행동하진 않을 것이다"라고 진단한다.[29] 즉, 집단행동을 통한 개인이익 달성이 가능한 상황에서도 쉽게 행동하지 않는다는 것이다. 그럼에도 우리는 세계 여러 곳에서 집단행동이 빈발하는 것을 쉽게 관찰할 수 있다. 다만 이러한 집단행동을 거시적인 행동 자체에만 초점을 맞추어 분석함으로써 왜 그러한 집단행동이 가능했는지에 대해서는 간과하는 경우가 많다. 집단행동을 가능하게 했던 이데올로기, 정치적 상황, 사회구조적 불평등에만 초점을 맞추어 이를 해석하는 것이다. 그러나 집단행동은 개개인이 함께 행동하는 것을 의미한다. 따라서 개개인이 집단행동에 참여하는 것의 동인을 분석하는 것 역시 필요하다. 물론 개개인의 행동의 요인이 모두 '투철한' 것으로 드러나지는 않는다. 때로는 집단행동을 위한 개인들의 동인에 굳이 '목적의식'이 개입될 여지가 없는 경우도 존재하기 때문이다.[30]

---

29) M. 올슨, 『집단행동의 논리』, 윤여덕 옮김(파주: 한국학술정보, 2003), 14쪽.

30) 이러한 주장은 잠정적이다. 필자가 읽은 프랑스 혁명에 대한 논문에 따르면, 당시 프랑스 사람들은 프랑스 혁명에 대한 대의 ― 자유, 평등, 박애의 정신 혹은 사회혁명의 이데올로기 등 ― 와는 무관하게, 자신과 밀접하게 연관된 동료, 마을(neighborhood) 사람들의 행동에 동조하는 과정에서 집합행동에 참여하는 경우도 발견된다.

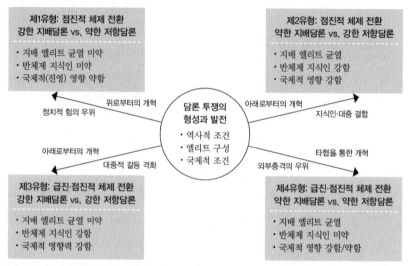

〈그림 1-2-1〉 담론 지형에 따른 체제전환의 유형 비교

제1유형: 점진적 체제 전환
강한 지배담론 vs. 약한 저항담론
· 지배 엘리트 균열 미약
· 반체제 지식인 미약
· 국제적(진영) 영향 약함

제2유형: 점진적 체제 전환
약한 지배담론 vs. 강한 저항담론
· 지배 엘리트 균열
· 반체제 지식인 강함
· 국제적 영향 강함

위로부터의 개혁
정치적 힘의 우위

담론 투쟁의
형성과 발전
· 역사적 조건
· 엘리트 구성
· 국제적 조건

아래로부터의 개혁
지식인·대중 결합

아래로부터의 개혁
대중적 갈등 격화

타협을 통한 개혁
외부충격의 우위

제3유형: 급진·점진적 체제 전환
강한 지배담론 vs. 강한 저항담론
· 지배 엘리트 균열 미약
· 반체제 지식인 강함
· 국제적 영향력 강함

제4유형: 급진·점진적 체제 전환
약한 지배담론 vs. 약한 저항담론
· 지배 엘리트 균열
· 반체제 지식인 미약
· 국제적 영향 강함/약함

* 이 그림은 '담론 지형'을 중심으로 체제전환의 유형을 분석한 것이다. 여러 변수를 통제한 단순한 도식임을 밝힌다.

북한의 상황은 1990년대 이후 여러 측면에서 의식의 변화가 발생했고, 외부의 관찰자들은 이를 개인주의적 · 자본주의적 변화의 중요한 계기로 평가했다. 그러나 아직까지 북한사회에서 의미 있는 집단행동이 발생했다는 보고는 들리지 않는다. 일상에서 부딪히는 소란은 있지만 구조에 대항하는 구체적인 행동은 아직 없는 것이다. 또한 앞서 지적했듯이 행동은 개인적 수준을 넘어서지 못하고 있다. 사실 한 사회에 불만은 항상 존재한다. '억압이 있는 곳에 저항이 있다'라는 북한식 주장을 받아들인다 하더라도 개인적 수준을 넘어서는 행동이 있기 위해서는 억압 그 자체 외에도 여러 가지 매개 변수와 그를 가능케 할 조건이 요구된다. 현재의 북한 상황은 아직 북한사회에서는 이러한 매개 변수와 조건이 충분하지 않다는 것을 반증한다. 〈그림 1-2-1〉에 의하면, 매개 변수로는 지식인 집단의 대중과의 결합, 국제적인 조건(외부의 영향)의 형성 등을 들수 있고, 내부에서의 '사건화'된 행위의 확산이 있어야 할 것이다.[31]

불만에 대한 표출과 사회적 변화를 위한 행동은 구분되어야 한다. 권력과 제도에 대한 '손가락질'은 일상의 삶에서 얼마든지 가능하지만, 대상에 대한 '돌팔매질'은 쉽지가 않은 것이다. 북한주민들의 의식 변화에 따른 행동은 이러한 '손가락질'의 수준에 머물러 있다. 더구나 의식의 변화가 '일상의 공간에 갇힌 것'이라면 '손가락질' 역시 일상의 삶에 관계된 것이거나 혹은 나아가 일상의 삶에서 관찰되는 제도와 권력에 대한 것으로 한정될 가능성이 높다.

고전적 집단행동의 이론에 따른다면, '일상의 불만'과 '행위의 주저'가 나타나고 있는 것이다. 또한 불만을 행동으로 표출하는 것은 개인적인 차원 혹은 일상 공간에서의 소란으로 나타나고 있다. 손가락질은 하지만 돌팔매질은 감히 엄두도 내지 못하고 있는 것이다. 이러한 현실은 북한체제의 억압적 도구가 여전히 강력하게 작동하면서 시민사회가 형성되지 못한 것, 그리고 개인의 불만을 조직화된 요구와 행동으로 만들어낼 수 있는 조직과 담론이 부재한 상황이 원인이다. 그러나 다른 한편으로는 주민의 불만과 의식의 변화가 개인적인 탈출구로 한정되고 — 탈북도 포함 — 자신들의 삶의 공간 내에서만 이루어지고 있다는 것을 들 수 있다. 시장에서의 수많은 활동과 이를 위한 다양한 개인적 선택은 거꾸로 집합적 행위가 아닌 개인적 행위로 그칠 가능성이 높다. 대부분의 사회에서 불만은 개인적으로 해결하는 경향이 강하다. 거의 대부분의 사람은 사회적 행위에서 '이중성'을 아주 자연스럽게 받아들이기 때문이다.[32] 이러한 불만의 축적이 새로운 '기회구조'를 만들어내기도 하지만, 이를 위해서는 앞서 말한 여러 가지 조건이 충족되어야 한다. 아직까지 북한에서 이러한 조건이 충족되었다고 보기는 어렵다.

---

31) 현재 우리가 목도하는 중동의 민주화의 경험은 심층적인 분석이 있어야 하지만, '계기적 사건'이 중요한 변수가 되었다는 점은 분명하다.

32) 어빙 고프먼(Erving Goffman)의 연극이론을 따르면, 대부분의 사람은 무대 뒤에서의 무질서와 자율성의 향유와 함께, 무대 전면에서는 사회적으로 부과된 질서와 규칙에 순응하는 '이중성'을 아주 자연스럽게 소화하고 받아들인다.

2) 소란과 행위

강진웅은 북한의 현재 상황을 다음과 같이 진단한다.

치명적인 경제위기에도 불구하고 북한은 주민들의 과거의 증오의 정치와 강렬한 애국적인 전사정신을 고무시켜 정권을 유지시켜왔다. 1990년대 이후 북한의 호전적 민족주의에서의 반미권력은 주민들의 일상의 정치에서 다양하게 실행되었고, 과거의 확고부동한 미시파시즘의 동학은 부분적으로 해체되고 모순적인 갈등을 겪는 변화를 보여왔다. 그럼에도 불구하고 다수 주민들에 의해 미시파시즘의 기본 동력은 지속되어왔고, 따라서 북한정권은 민족의 최대 위기를 극복해올 수 있었던 것이다.[33]

이는 거시권력의 미시적 공간에서의 지배력이 약화되고, 부분적으로 해체되었다고 할지라도 여전히 체제를 향한 지배적 정당성은 유지하고 있음을 의미한다. 이런 조건에서 북한주민들의 의식의 변화와 일정한 일탈적 행동을 '집합적 행위' 혹은 체제와 결부된 행위로 해석하는 것은 과도한 것일 수 있다. 뇌물, 불법 거래, 타협 등의 일탈적 행동이 존재하고, 주민들의 불만이 행동으로 표출되고 있지만 이는 여전히 '소란'에 머물러 있는 것이다. 집합적 행위로까지 발전하지 못하는 '소란'은 북한의 역사에서 항상적으로 존재했던 것이다. 하지만 이러한 소란이 과거와 달라진 것만은 분명하다.

강진웅의 관찰에 따르면, 개인은 기존체제에의 불만, 시장을 매개로 한 자본주의적 가치관의 침습, 외부 정보와의 접촉에 따른 '다른 세계'에의 희구 등의 의식 변화를 경험했지만, 다른 한편에서는 기존체제에서의 사회화 효과,

---

33) 강진웅, 「북한의 국가권력에 대한 미시적 접근」, 177, 189쪽.

적에 대한 적개심의 존속과 체제의 지속적인 통제 그리고 위로부터의 부분적인 수용 등을 통해 일상의 미시권력은 여전히 거시권력의 정당성을 뒷받침하고 있는 상황이라고 할 수 있다.

그러나 행동을 불러일으킬 수 있는 '대안 담론'의 창출이라는 측면에서는 아직까지 별다른 변화를 보이지 않는다는 점이 중요하다. 대안 담론은 불평불만의 요약이나 집약이 아니라 불평불만에 내재한 체제에 대한 저항이 집약되고 대안적인 체제를 제시함으로써 창출되며, 이를 수행할 수 있는 주체는 지식인과 일반주민들의 결합이어야 할 것이다. 대안 담론 그 자체는 기존 이데올로기를 대체하는 대안 이데올로기이자, 이러한 이데올로기를 담아내는 대안적인 정치·문화의 역할을 수행하게 된다. 탈북자의 증언에 기초하면, 불만이 주민 전체에 편재해 있다고 하더라도 이를 효과적으로 모을 수 있는 마땅한 조직과 주체는 보이지 않는다. 대부분은 '끼리끼리'의 '속닥거림' 수준에서 멈추어 있다.[34] 북한의 엘리트 집단이 기존체제에 불만이 있는데도, 현 체제의 유지에 더 강한 열의를 보이는 상황에서 대안 담론의 창출은 요원한 것으로 보인다. 그렇다면 일상의 불만은 '속닥거림' 이상으로 발전하기 어렵고, '소란스러운' 행위로 드러나거나 혹은 개인적 탈출과 같은 선택으로 향하게 될 것이다. 혹은 일상에서 개인적 이익을 추구하는 것으로 제한될 것이다. 현재 북한에서 관찰되는 '변화'의 모습에 의하면 바로 이러한 '일상 속의 매몰'에서 아직까지는 빠져나오지 못한 것으로 판단된다.

그럼에도 일상의 '소란'은 저항의 가능성을 품고 있다. 미셸 드 세르토(Michel de Certeau)의 분석은 이러한 일상의 저항 가능성을 잘 보여준다.[35] 거시권력

---

34) 조정아의 분석에 따르면, 불평과 불만은 가까운 동료나 가족단위에서 공유되거나 개인적인 수준으로 회귀한다. 그리고 이러한 상황에서 개인적인 탈출구를 모색하게 되고, 그 결과 탈북을 감행하게 된다.

35) 이에 대해서는 김종욱, 「북한관료들의 일상생활세계: 회색의 아우라」, 박순성·홍민 엮음, 『북한의 일상생활세계』, 256~259쪽 참조.

에 대한 저항이 단지 거시적인 저항만이 아니라 일상에서의 '다르게 하기' 등으로 저항의 잠재성이 드러나는 것이다.36) 과거 사회주의 국가에서도 거대권력의 짓누름에도 일상에서의 불평, 엿보기, 태업 등을 통해 거시권력의 균질적인 일상 지배전략이 사실은 그렇게 일사분란하게 관철되었던 것만은 아니었다는 것이 밝혀지고 있다.37) 따라서 일상에서의 저항 혹은 불만의 확산은 체제의 변화에 커다란 잠재력으로 기능할 수도 있는 것이다. 이런 점에서 보면, 북한에서 발생하고 있는 일상의 불만, 태업, 뇌물 수수, 태만 등의 확산은 체제를 위협할 수 있는 잠재적 요인으로 충분하다 할 것이다. 더구나 북한처럼 지배의 수직적 체제를 갖춘 사회적 구조에서의 균열은 커다란 효과를 발휘할 수도 있는 것이다. 따라서 '손가락질'에 그친 현재의 행동 — 개인적 수준의 불만, 다르게 행동하기, 탈출 등 — 을 작은 변화만으로 치부할 수는 없다. 하지만 현재의 조건 그리고 이러한 일상의 탈출이 집단행동으로 이어지기 위해서 요구되는 '매개변수'의 역할을 할 여타의 요인은 잘 발견되지 않는다. 기껏해야 아직까지 '소란'만이 관찰될 뿐이다. 그리고 이러한 '소란'은 어느덧 일상생활의 한구석을 차지하고 있는 듯이 보인다. 시장에서의 일상적인 거래와 조직을 벗어난 개인적 활동의 일상화 속에서 소란은 오히려 시끄러운 일상생활의 일부분이 되어버린다.38) 일탈과 소란이 '일상' 그 자체가 되어버리는 경우를 우리는 주변에

---

36) 제임스 스콧(James C. Scott)은 평범하지만 지속되는 투쟁으로서 '농민저항의 일상적 형태'를 추적했다. 농민들은 일상생활세계에서 느릿느릿 걷기, 하는 체하기, 도망치기, 거짓된 순종, 훔치기, 모르는 척하기, 비방, 방화, 사보타주 등 다양한 방식으로 대응했다. 이것이 '권력 없는 집단의 일상적 무기'였다고 한다[같은 글, 259쪽 재인용].

37) 박원용, 「스탈린 체제 일상사연구의 현황과 쟁점」, 박순성·홍민, 『북한의 일상생활세계』; 북한의 노동자들의 일상연구에 대해서는 같은 책의 차문석, 「북한의 붉은 공장과 노동일상세계: '아우라' 없는 노동일상에 관한 접근」을 참조할 것.

38) 시장 경험이 있는 수많은 탈북자의 증언은 국가 권위의 위로부터의 억압을 증명하지만, 역으로 그러한 억압 또한 일상의 당연한 요소가 되어 있고, 그에 대한 반응 역시 20여 년의 시간이 흐르면서 일상적인 활동의 하나로 정착되고 있는 듯이 보인다.

서 쉽게 확인할 수 있다. 광고나 여행 등 현대인의 일상 탈출과 같은 소위 일탈적 행위 자체가 현대인의 일상으로 전환되고 상품화되어 버리는 것처럼, 북한에서의 '소란'이 시장이라는 새로운 공간에서의 일상적 의식과 행위의 결과물로 그치고 있다면, 이는 행동의 가능성을 잠재하고 있을 뿐 그 자체를 일상의 구조를 변화시키는 '집단행동'으로 규정하기는 힘들 것이다.

3) 개인과 조직: 일상과 구조

북한주민의 의식의 변화가 어느 수준이며, 무엇을 요구하고 있는지 그리고 행동할 준비가 되어 있는지를 정확히 판단하는 것은 매우 어렵다. 북한의 일상을 읽어내는 것 자체가 어려운 것처럼, 의식의 변화를 읽어내는 것 또한 어렵기 그지없다. 현재로서는 대체로 탈북자들의 증언에 기초한 '간접적 독해'를 바탕으로 북한의 일상을 읽어내고 있다.[39] 그리고 이러한 독해에 기초한 북한의 현실은 해체와 균열, 위기와 버팀으로 묘사된다. 이러한 조건에서 구조의 위기가 양산한 일상의 변화는 곧바로 구조가 주입한 의식에 변화를 발생시킬 수밖에 없었다. 그리고 이러한 의식의 변화는 구조에 영향을 미쳐 아래로부터의 변화를 위에서 수용하는 현상이 발생했다. 헌법이 수정되고 형법 등 관련 법규가 개정되는 사례도 나타났다. 이러한 것들은 구조와 일상의 변화가 만들어낸 제도적 변화라 할 것이다. 실제 일상생활에서는 규정된 규칙이 더욱 느슨한 형태로 시행되고 있는 모습이 발견되고 있다. 즉, 일상의 변화에 대한 북한체제의 타협인 것이다. 이러한 모습들은 일상의 변화가 추동한 구조의 변화라 할 수 있다.

일상의 변화가 그만큼의 구조적 변화를 가져오고 있지만, 근본적인 체제 변

---

39) 탈북자 증언에 대한 여러 가지 방법론이 최근 논의되고 있다. 이에 대해서는 조정아 외, 『북한주민의 의식과 정체성: 자아의 독립, 국가의 그늘, 욕망의 부상』, 서문을 참조할 것.

화를 위한 '집합행위'를 만들지는 못하고 있다. 그것은 일상의 변화가 개인의 의식과 행동의 변화를 이끌어내었지만, 구조의 변화를 위한 의식적인 행위의 결집으로까지 발전하지는 못한 것이다. 이 지점에서 일상과 구조의 관계에 대한 신중한 접근이 요구된다. 즉, 일상과 구조의 관계에서 어느 하나의 변화가 다른 하나의 변화에 인과적 필연성을 가져오지는 않는다는 것이다.[40] 이는 곧 일상에서 저항이 발견되고 그 잠재력이 존속한다고 할지라도, 그 자체가 구조의 변화를 향하는 것은 아니라는 점이다. 이는 역으로 구조의 변화가 일상의 삶과 변화에 영향을 미치지만, 일상 그 자체에 대한 새로움의 기획이 쉽게 성취되기 어렵다는 점과 마찬가지이다. 과거 사회주의 국가는 '새로운 사회의 기획'을 통해 위로부터 일상을 변화시키려 했지만, 기획의 틈새에서 발생한 자율성까지 통제할 수는 없었으며 일상의 삶에 대한 전일적인 지배를 관철하기도 쉽지 않았다.

이와 동시에 사회주의 국가의 붕괴 이후 드러난 '일상'의 저항성에도, 일상에 파묻힌 저항에의 욕구는 쉽게 행동으로 발현되지 않는다는 점도 지적되어야 할 것이다. 마치 연극 무대 뒤에서는 '시끄러운' 소란이 일고 있는데도, 정작 무대에서는 무대의 규율에 복종하는 것과 유사하다고 할 수 있다. 이는 사회가 부과한 의례와 상징에 대한 개인들의 '이중성'에서도 드러난다. 정병호는 "극장국가의 상징적 공연에 배우와 관객으로 직접 참여하는 화려한 경험과 그와는 현격하게 대비되는 어려운 일상생활의 경험을 되풀이하면서 '공적/사적 영역'과 '공식/비공식 상황'을 구획화(compartmentalization)하는 행동패턴을 익힌다. 실제로 여러 문화권에서 공식적 연기와 비공식적 행위의 이중성은 모순

---

40) 사회과학에서 미시-거시의 관계에 대해 오랜 논쟁이 있었다. 거시적 구조의 미시적 기초에 대한 탐구, 미시적 행위의 거시적 구조에 대한 영향력 등의 다양한 논쟁에 대해서는 정태석, 『사회이론의 구성』(서울: 도서출판 한울, 2002) 참조. 앤서니 기든스(Anthony Giddens)는 구조와 행위에 대한 '구조화 이론'을 통해 양자의 관계를 설명한다. 이에 대해서는 앤서니 기든스, 『사회이론의 주요쟁점』, 윤병철·박병래 옮김(서울: 문예출판사, 1991)을 참조할 것.

없이 공존하고 있다"고 지적한다.[41] 결국 모든 모순적 상황에서도 무대의 전면에서는 이를 수용하는 뛰어난 연극배우인 것이다.[42] 이런 틀로 북한의 일상과 구조의 변화를 바라보면, 북한주민들은 뛰어난 배우로서 가장 합리적이고 이기적인 선택을 통해 '일상'의 삶에서 행동하고 있다고 할 수 있다. 어려운 일상생활의 경험과 희망찬 국가의 담론 사이에서 이중적인 행위를 수행하고 있는 셈이다. 이 과정에서 불평불만과 소란, 손가락질이 나타나지만, 공식 영역을 뛰어넘는 혹은 이를 부정하는 의식과 행위에 대해서는 아직 주저하고 있는 것이다.

결국 의식의 변화 ― 자본주의적 방향으로의 변화 ― 가 수없이 논의되지만, 의미 있는 집합행위가 없는 북한의 모습은 무대 뒤에서의 '소란'과 '손가락질'에도 불구하고, 무대의 장치에서 빠져나오지 못하는 연극배우와 같은 모습이라 할 것이다. 연극배우가 무대를 떠나는 것은 연극 자체를 거부할 때이거나 새로운 무대를 찾아 나설 때일 것이다. 아직 북한의 주민들은 자신들에게 맡겨진 무대 위 배우로서의 역할을 과감히 포기하지는 못하고 있는 것으로 보인다. 물론 그 가능성이 열려 있기는 하지만 말이다.

4. 나가며

미국의 캐럴 메들리코트(Carol Medlicott)는 북한의 상징과 의례 등을 분석하면서, 북한처럼 미묘하고 복잡한 국가에서 이러한 것들에 대한 세심한 평가 없이는 국가의 목표와 열망에 대한 이해에 도달할 수 없다고 주장한다.[43] 그

---

41) 정병호, 「극장국가 북한의 상징과 의례」, ≪통일문제연구≫, 통권 제54호(2010), 34쪽.
42) 정병호는 북한 정치권력의 문화적 작동원리를 검토하면서, 정치적 상징과 의례와 공연 등이 북한체제를 가동시키는 주된 동력이라고 밝히고 있다(같은 글, 2쪽).

녀는 북한의 상징과 의례 등을 통해 북한이 유지될 수 있는 이유를 분석하는데 정치문화적 접근을 시도했고, 이러한 상징, 의례와 아버지로서의 권위 등이 매일매일의 삶에 호소력을 가지고 있다고 주장했다. 그녀의 분석은 최근 북한의 변화와 관련해서 많은 시사점을 던져준다. 의식, 일상적 공간과 시간, 그리고 일부 제도적 변화 등이 북한사회에서 목도되고 있지만, 북한사회를 감싸고 있는 거대한 구조의 그늘이 완전히 드러나거나 혹은 이를 대체하는 새로운 무엇이 아직 탄생하지 못하고 있는 원인에 대한 통찰력을 제공해주기 때문이다. 강제적 지배만이 아니라 사회에 대한 설득력, 거대한 구조 내에서의 일상의 삶에 대한 포용 그리고 상징과 의례 등에 의해 유지되는 문화적 · 정치적 장치 등은 여전히 북한사회를 지탱하는 중요한 힘이 되고 있다. 강제와 동의의 지배권력이 소진되거나 심각한 도전에 직면하고 있지는 않은 것이다.

북한의 일상연구를 통해 주민들의 의식의 변화가 확인되고, 또한 이에 따라 여러 가지 '손가락질'과 '숙덕거림', '소란'이 발생하고 있지만, 이를 대체할 수 있는 '돌팔매질'과 '행위'가 나타나지는 않고 있다. 이의 원인을 단순히 북한체제의 강압적 성격에서만 도출하기는 어렵다. 오히려 우리가 판단하는 의식 변화의 이면에서 작동하고 있는 또 다른 일상의 구조를 이해하지 못하고 있지 않은가 되돌아보아야 할 것이다. 미시적 행위가 곧바로 거시적 구조의 변동으로 연결되지 않는 것은 수많은 역사적 경험을 통해 확인되었다. 또한 거시적 구조의 변동이 곧바로 일상의 거대한 변화를 강제하고 전일적인 지배를 성공시키지도 못했다. 이처럼 북한의 주민 의식의 변화, 일상적인 삶의 변화가 곧바로 거시적 행동으로 연결되지 못하고 있는 것은 사실이다. 기껏해야 남한으로의 탈출 등과 같은 개인적 수준의 행동으로 표출되고 있을 뿐이다.

지금까지 수많은 연구가 북한주민의 의식의 변화와 시장을 중심으로 한 삶

---

43) Carol Medlicott, "Symbol and Sovereignty in North Korea," *SAIS Review*, Vol.XXV, No.2
    (2005), p.76.

의 구조의 변화 등을 지적하고, 이에 대한 분석 결과를 내놓았다. 그 결과 북한사회는 전체주의가 상정하듯 움직이지 않는 '거대한 감옥'이 아니라 오히려 내부에서는 역동적이고 치열한 생존경쟁이 벌어지는 곳으로 묘사되었다. 그럼에도 왜 북한에서는 의미 있는 '집합행위'가 나타나지 않고 있을까? 그것은 아직까지 무대 위에 서기를 거부하지 못하고 있는 것과 함께, 여전히 무대 장치의 강력한 힘이 주민들을 배우로서의 역할에 만족하도록 유지시켜주고 있기 때문이다. 비록 무대의 뒤편에서는 정해진 규칙과 질서에 대한 저항과 일탈이 횡행하지만, 이것이 무대를 전면적으로 부정하고 거부하는 것으로 나아가지 못하고 있다. 북한의 '주민'들은 아직까지 배우로서의 '이중성'에 충실하다 할 것이다.

일상연구는 북한의 일상을 그대로 '드러내는 것'에 일차적 목적을 두고 있다. 하지만 과연 그대로 '드러내고' 있는지 의문이다. 아직 우리가 목도하지 못하는 일상의 삶과 구조까지 들여다보지 못하고 있는 것은 아닐까? 물론 '집합행위'의 가능성이 높아지고 있고, 그에 따른 북한사회의 변화 가능성은 여전히 남아 있다. 그러나 현재까지 북한주민들은 여전히 자신이 지켜온 무대 위에서 묵묵히 연극을 수행하고 있다. 과연 언제까지 이것이 가능할까? 우리는 일상의 역동성에 주목하면서 그 가능성을 더 깊이 파헤쳐 나가야 할 것이다.

〈참고문헌〉

강진웅. 2010. 「북한의 국가권력에 대한 미시적 접근」. ≪한국사회학≫, 제44집, 제2호.

고유환. 2009. 「북한연구 방법론의 현황과 과제」. ≪통일과 평화≫, 창간호.

권만학. 2001. 「탈국가사회주의의 여러 길과 북한: 붕괴와 개혁」. ≪한국정치학회보≫, 제35권, 제4호.

기든스, 앤서니(Anthony Giddens). 1991. 『사회이론의 주요쟁점』. 윤병철·박병래 옮김. 서울: 문예출판사.

김종욱. 2010. 「북한관료들의 일상생활세계: 회색의 아우라」. 박순성·홍민 엮음. 『북한의 일상생활세계』. 서울: 도서출판 한울.

박순성·고유환·홍민. 2010. 「북한 일상생활연구의 방법론적 모색」. 박순성·홍민 엮음. 『북한의 일상생활세계』. 서울: 도서출판 한울.

박원용. 2010. 「스탈린 체제 일상사연구의 현황과 쟁점」. 박순성·홍민 엮음. 『북한의 일상생활세계』. 서울: 도서출판 한울.

박희진. 2010. 「북한의 시장: 전진과 후퇴」. 『기로에 선 북한, 김정일의 선택은?』. 현대북한연구회 학술회의 자료집(2010.8.24).

올슨, M(M. Olson). 2003. 『집단행동의 논리』. 윤여덕 옮김. 파주: 한국학술정보.

이무철. 2007. 「북한주민들의 경제관과 개혁·개방 의식: 북한이탈주민 면접 조사를 통한 추론」. ≪북한연구학회보≫, 제10권, 제2호.

이진경. 2008. 『근대적 시·공간의 탄생(제2판)』. 서울: 푸른숲.

전영선. 2005. 「최근 북한의 사회문화변화와 의미」. ≪아태지역동향≫, 통권 163호.

전현준. 2003. 『북한의 사회통제기구 고찰: 인민보안성을 중심으로』. 서울: 통일연구원.

정병호. 2010. 「극장국가 북한의 상징과 의례」. ≪통일문제연구≫, 통권 제54호.

정영철. 2004. 『북한의 개혁·개방: 이중전략과 실리사회주의』. 서울: 선인.

_____. 2006. 「북한의 사회통제와 조직생활」. 『북한의 사회』. 서울: 경인문화사.

_____. 2009. 「북한에서 시장의 활용과 통제: 계륵의 시장」. ≪현대북한연구≫, 제12권, 제2호.

_____. 2010. 「일상에서 보물찾기: 일상생활 사회학」. 박순성·홍민 엮음. 『북한의 일상생활세계』. 서울: 도서출판 한울.

정태석. 2002. 『사회이론의 구성』. 서울: 도서출판 한울.

조정아 외. 2010. 『북한주민의 의식과 정체성: 자아의 독립, 국가의 그늘, 욕망의 부상』.

서울: 통일연구원.

조한범 외. 2010. 『북한의 체제위기와 사회갈등』. 서울: 통일연구원.

틸리, 찰스(Tilly Charles). 1995. 『동원에서 혁명으로』. 양길현 외 옮김. 서울: 서울프 레스.

Fitzpatrick, Sheila(ed.). 1999. *Stalinism: New Directions*. New York: Routledge.

Gleason, Abbott. 1995. *Totalitarianism: The Inner History of the Cold War. New York*. Oxford: Oxford University Press.

Medlicott, Carol. 2005. "Symbol and Sovereignty in North Korea." *SAIS Review*, Vol.XXV, No.2.

제3장

일상의 저항과 북한체제의 변화

조정아

통일연구원 연구위원

1. 서론: 왜 일상의 저항에 주목하는가?

　최근 학계에서 북한주민의 '일상'에 대한 관심과 관련 연구물이 증가하고 있다. 일상에 관한 연구물의 증가는 한편으로는 북한체제의 변화와 관련된 '아래로부터의 사회 변화' 관점의 확산과 관련되고, 연구방법론과 자료 활용 측면에서는 탈북자 대상의 심층면접을 통한 북한 자료 수집 및 활용이 증가하고 있는 최근의 변화와 관련된다. 일상에 대한 관심은 거대한 공식담론에 의해 가려진 "일상 차원에서의 정상적인 사회적 긴장관계"를 엿볼 수 있는 계기를 제공하고,[1] 구조와 정책 담론의 이면에 존재하는 보통 사람들의 행위와 삶을 복원한다. 일상의 관점에서 바라본 북한사회는 위로부터의 명령에 의해 일사불란하게 움직이는, 정치권력의 지배가 빈틈없이 관철되는 모습이 아니라, 삶의 공간 도처에서 지배의 손길을 피해 체제가 요구하는 규범에서 벗어나고자 하는 일탈과 일상적 저항의 움직임으로 생동하는 모습을 보여준다. 북한주

---

[1]　박순성·고유환·홍민, 「북한 일상생활연구의 방법론적 모색」, 박순성·홍민 엮음, 『북한의 일상생활세계: 외침과 속삭임』(서울: 도서출판 한울, 2010), 165쪽.

민들의 일상에 관한 연구는 거시구조와 공식 담론 분석을 중심으로 이루어져 왔던 기존 연구의 한계를 넘어 은폐된 내부세계를 들여다볼 수 있는 통로를 제공한다는 점에서 의의가 있다.

그럼에도 일상에 대한 분석은 "생활세계적인 구조들의 복합성에 대한 개념을 보유"[2]하면서 북한사회의 재생산과 변화의 기제를 총체적으로 설명하는 데까지 나아가지는 못하고 있다. 특히 경제난이 가져온 일상생활세계의 변화와 북한체제 변화와의 연관성은 아직 풀리지 않은 중요한 문제로 남아 있다. 이에 이 글에서는 북한주민들의 일상적 행위양식의 특성을 '일상의 저항(everyday resistance)'이라는 관점에서 살펴보고, 이에 영향을 미치는 제도적·구조적 조건과의 상호작용에 관해 탐구함으로써 일상의 저항과 거시적 사회구조의 변화 사이의 연결고리를 찾아보려 한다.

북한주민의 행위양식을 분석하기에 앞서, 우선 이 글에서 사용하는 '저항' 개념을 명료화해야 할 필요가 있다. 일반적으로 '저항'이라는 개념은 행위주체가 체제의 전복이나 체제 자체에 대한 명백한 반대를 의도하는 경우, 또 그러한 반대 의도가 공식적인 장에서 행동을 통해 밖으로 드러나는 경우, 대부분의 경우 개인적이기보다는 집단적인 행동으로 옮겨짐으로써 사회적 파급력을 갖는 경우에 적용될 수 있을 것이다. 그렇게 때문에 저항의 정치에 관한 대부분의 기존 연구는 사회혁명이나 이에 버금가는 급격한 사회변동으로 귀결되는 집단저항 사건에 초점이 맞추어졌다. 그러나 달리 생각하면 인류 역사의 긴 과정에서 이와 같은 스펙터클한 저항의 시간은 순간에 가까울 정도로 짧다. 대규모의 저항적 사건 사이의 긴 공백을 우리는 어떻게 설명할 것인가? 사회체제의 변혁을 도모하는 집단적 저항이 발생하지 않는다는 것이 곧 그 사회의 구성원들이 모두 사회질서를 전적으로 수용하고 이에 순응하는 것을 의미

---

2) 데틀레프 포이케르트, 『나치 시대의 일상사: 순응, 저항, 인종주의』, 김학이 옮김(서울: 개마고원, 2003).

하는가? 체제 전체를 문제시하지 않는 개별적인 또는 집단적인 규범의 위반, 체제에 순응하지 않는 일상적 태도나 사적인 공간에서 이루어지는 체제에 대한 노골적인 비판, 합법의 경계를 아슬아슬하게 비켜서는 의도적 위법행위 등을 어떻게 볼 것인가?

제임스 스콧(James Scott)의 농민저항 연구와 일상사학자들의 나치체제하 저항과 순응 연구, 수정주의 사학자들의 스탈린체제 및 스탈린 사후 소련주민들의 저항에 관한 연구가 이러한 질문에 대한 답을 찾는 데 시사점을 준다. 스콧은 농민저항 연구를 통해 진정한 저항과 형식적·우발적 저항을 구분하는 일반적 견해에 이견을 제시하고, 농민 저항의 양식으로 '일상의 저항'이라는 개념을 제시했다. 스콧에 따르면, 일반적으로 '진정한 저항'은 조직화되어 있고 체계적이고 협동적이며, 원칙에 입각한 사심이 없는 것이며, 혁명적 결과를 불러오며, 지배구조의 기초 자체를 부정하는 생각이나 의도가 있는 것이다. 이에 반해 '우발적·형식적 저항'은 비조직적·비체계적·개인적이며, 기회주의적이고 제멋대로이며, 혁명적 결과를 가져오지 않으며, 지배 체계를 수용하려는 의도를 내포하는 개념이다. 그는 후자의 유형이 궁극적으로 사소한 것이라는 일반적인 관점에 반대한다. 스콧은 행위의 결과뿐만 아니라 행위자의 의도와 행위자가 자신의 행위에 부여하는 의미, 의도하지 않은 역사적 결과 또한 중요하다는 점을 강조하고, 개인적 행동과 규율화된 집단행동 간의 구분이 사회역사적 상황에 따라 때로는 매우 모호하며, 양자 모두에서 저항의 근원으로 작용하는 것은 행위자의 자기이익이라는 점을 적시한다. 또한 공식적 저항/비공식적 저항, 개인적 저항/집단적 저항, 공적 저항/익명적 저항, 지배구조에 도전하는 저항/사소한 이해를 목적으로 하는 저항 등 다양한 수준과 형태의 저항이 존재한다는 점을 강조하고, 특히 농민저항의 양식으로 '일상의 저항'에 주목한다. 그는 지배계층이 피지배계층에게 부과하는 것을 완화하거나 거부하는 의도로 행하는, 또는 자신의 주장을 개진하는 피지배계층 구성원(들)의 행위(들)를 통틀어 저항이라고 본다.

스콧에 따르면, 1970년대 말레이시아 세다카(Sedaka)지역의 농민들은 노동, 조세, 지대 등을 수취하려는 지배계층에 대해 일상적 노동과 생활 속에서 꾸물거리기, 위장, 거짓 순응, 절취, 모르는 척하기, 비방, 방화, 사보타주(sabotage) 등의 '약자의 무기'를 사용하여 저항했다. 이러한 일상의 저항은 공적이고 상징적인 목표에 대한 '암묵적' 부정을 특징으로 하며, 비공식적이고 은밀하게 행해지며, 주로 즉각적·실질적 이익을 목표로 한다는 특징이 있다. 일상적 형태의 농민저항의 목적은 지배체제의 직접적인 변형이나 전복보다는 체제 내에서의 생존이다. 즉, 체제 내에서 자신들이 받는 불이익을 최소화하는 것이다. 물론 지배계급에 대한 지속적인 침식이 예상보다 큰 결과를 초래하여 착취 완화나 수취관계에 대한 재조정 등 일련의 과정을 통하여 체제 전복에 기여할 수도 있지만, 농민이 처한 사회경제적 조건 속에서 무엇보다 절박한 요구는 생존의 유지이다. 이와 같이 매일매일의 삶을 통해 이루어지는 농민들의 저항을 스콧은 '일상의 저항'이라고 명명했으며, 영구적·지속적 전략이라는 의미에서 '원초적 저항(primitive resistance)'이라고도 했다.[3]

　'일상'이라는 단어가 그 사회의 일반적인 개인 또는 집합적 존재가 영위하는 생활이며, 특정한 사건이 아닌 장기간 반복되는 생활을 의미하는 것처럼, 일상의 저항은 익명성을 띠고 있으며 장기간에 걸쳐 반복적으로 이루어지는 저항이다. 조직적이고 공식적인 저항의 도구를 갖는 것이 생존의 위협으로 직결될 수 있는 억압구조하에서, 힘없는 피지배계층의 행동으로 드러나는 동조의 이면에는 무수한 익명의 저항이 존재한다. 약자의 저항은 순응의 언어로 포장된 저항이며, 이 경우에 저항과 계산된 순응 간의 간극은 그다지 크지 않다. 농민들은 자신들의 통제를 넘어서는 구조적인 힘에 적응함과 동시에 외적 구조의 침투에 저항함으로써 정치세계에 참여해온 것이다. 외견상 평온해 보

<hr>

3)　J. Scott, *Weapons of the Weak: Everyday Forms of Peasant Resistance*(New Haven: Yale Univ. Press, 1985), pp.29~33, 273, 290~295.

이는 정상적인 시기에조차 농민의 일상적 저항의 정치세계는 지속되고 있으며, 이것은 어떤 의미에서 조직적·집합적이며 투쟁적인 저항의 사전적 존재형태로 간주될 수 있는 측면도 다분히 내포하고 있다.[4] 이런 점에서 농민저항은 '적응적 저항(adaptive resistance)'이라고도 할 수 있다.[5]

'일상의 정치화'가 이루어지는 전체주의적 사회에서도 저항과 비저항의 구분은 매우 모호하다. 나치시대의 일상사를 연구한 데틀레프 포이케르트(Detlev Peukert)는 '인민저항'이라는 개념을 사용하여 나치시대 제3국 주민들 속에서 나타난 저항의 특성을 분석한다. '인민저항'은 게슈타포(Gestapo)가 범주화했던 범법행위의 하나로, 나치 국가가 부여한 의무를 수동적으로 거스르는 행위를 의미하기도 하지만, 넓게는 나치 국가의 전복을 지향하던 아래로부터의 포괄적인 반대행위를 의미한다.[6] 포이케르트는 주민들 속에서 나타난 일탈행위의 형태를 〈그림 1-3-1〉과 같이 체제 비판 폭과 행위공간이라는 두 축을 사용하여 구분했다.

체제에 순응적이지 않은 단순한 행위(비순응)는, 만일 그것이 체제의 규정 하나를 위반한 것이 아니라 관공서의 명령을 의식적으로 도외시한 것이라면 한걸음 더 보편적인 수준으로 상승하게 되고(거부), 그로써 체제에 대한 정치적 대립의 의미를 내포한다. 항의는 비순응이나 거부보다 나아간 행위로, 정부의 개별적인 조치와 관련될 수도 있지만 체제에 대한 전면적인 거부에 좀 더 접근하는 경향이 있다. 저항은 나치체제 전체를 거부하고 개별적인 행위주체가 나치체제의 전복을 준비하는 행위이다. 전자 쪽으로 갈수록 개인적 행

4) S. Stern, "New Approaches to the Study of Peasant Rebellions and Consciousness: Impli-
    cations of the Andean Experience," in S. Stern(ed.), *Resistance, Rebellion and Consciousness in the
    Andean Peasant World, 18th to 20th Centuries*(Madison, Wisconsin: University of Wisconsin
    Press, 1987), p.11.

5) 박길성, 「일상적 저항의 정치」, ≪경제와 사회≫, 통권 제23권(1994), 245쪽.

6) 데틀레프 포이케르트, 『나치 시대의 일상사: 순응, 저항, 인종주의』, 71쪽.

<그림 1-3-1〉 포이케르트의 일탈행위 형태 구분

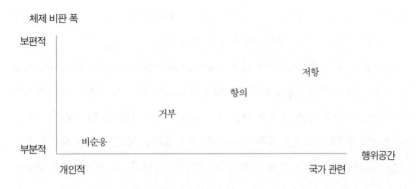

위공간에서, 후자 쪽으로 갈수록 국가 관련 행위공간에서 이루어지는 행위이다. 또 전자 쪽으로 갈수록 체제 비판의 폭이 부분적이며, 후자 쪽으로 갈수록 체제 일반에 대한 보편적 비판을 의미한다. 비순응에서 저항에 이르기까지 다양한 형태와 특성을 포괄하는 일탈행위는 넓은 의미의 저항의 범주에 포함된다. 일상적인 일탈행위 유형의 대부분은 통상적으로 사적인 영역에서 이루어지는 비정치적인 행위이다. 보통의 체제에서는 그런 행위들이 허용된다. 그러나 나치즘은 기존의 사적인 영역에 정치적인 요구를 부과함으로써 사회를 정치화시켰다. 나치의 정치화 요구에 대해 흔히 취해지던 대응 방식은 비정치적인 것으로 간주되던 사적인 영역으로의 후퇴, 즉 그 어떤 공적이고 정치적으로 책임 있는 행위로부터도 소심하게 뒷걸음치는 것이었다.[7]

스탈린체제 및 스탈린 사후 소련체제 연구자들에 의하면, 일상적 삶의 영역에서 소련체제에 대한 저항과 수용은 표면적으로 드러나는 행위나 언어를 기준으로 규정할 것이 아니라 그 내면에 깃들어 있는 다양한 사회관계, 심적 상태 등을 고려하여 평가해야 한다. 어떤 면에서 체제에 대한 저항의지를 분명

7) 같은 책, 120~121쪽.

하게 드러내지 않는 행동처럼 보인다 하더라도 그 시대 삶의 전체적 맥락에서 그 행동은 최대한의 저항 표시일 수 있으며, 행동 당사자는 인식 못하는 일상적 노동이 체제의 공고화에 기여할 수도 있다.[8]

　코즐로프, 피츠패트릭, 미로넨코(Kozlov, Fitzpatrick, and Mironenko)는 스탈린 사후 1950~1970년대 소련주민들에게서 나타난 대중적 저항행위를 분석하고 대중들의 광범위한 일상의 저항이 체제에 미치는 영향을 탐구했다.[9] 이들은 소련체제전환에 대한 기존의 연구가 주로 엘리트 중심의 반체제운동에 초점을 두었다는 점에서 한계가 있음을 지적하고, 엘리트가 아닌 일반 대중의 일상생활에서 보편적으로 나타났던 저항행위인 '크라모라(kramora)'[10]에 주목했다. '크라모라'는 대중들의 불평불만, 음주, 지도자에 대한 비방, 익명의 비난편지 등 주로 일상생활과 생존의 문제와 관련된 대중적 불만 표시나 일탈행위로, 소련주민들 사이에서 나타난 일상의 저항이라고 볼 수 있다. 특히 레오니트 브레즈네프(Leonid Brezhnev) 집권 후기인 1970년대 후반에는 소련 사회 내부적으로 대중들의 불평불만 문제가 인텔리(intelligentsia)들의 반체제행위보다 더욱 중요한 문제로 대두되었다. 이 시기 점심시간, 공공장소, 버스 정류소나 기차역 등에서 정치적 주제의 대화는 소련주민들의 일상생활의 한 부분이었다. 물건을 사기 위해 상점 앞에 늘어선 줄과 상점의 텅 빈 진열대, 소비품의 낮은 품질, 불필요한 관료적 요식, 엘리트 특권 등이 정권에 대한 풍자적 비판의 주요 내용을 이루었다. 코즐로프 등에 따르면 반체제의 성격을 띠기보다는 일상의 절박한 쟁점을 중심으로 이루어졌던 대중들의 불평불만은 일관성이 없고 절충적이며, 그 지향성은 평등주의적인 동시에 가부장적이었다. 하

---

8)　박원용, 「스탈린 체제 일상사 연구의 현황과 쟁점」, 《동북아 문화연구》, 제16집 (2008), 764쪽.

9)　V. A. Kozlov, S. Fitzpatrick, and S. V. Mironenko, *Sedition: Everyday Resistance in the Soviet Union under Khrushchev and Brezhnev*(New Haven & London: Yale University Press, 2011).

10)　영어로 sedition과 같은 의미이다.

지만 소련체제의 붕괴에 반체제운동에 버금가는 중요한 역할을 했다.

북한 역시 억압적인 강제기구와 이데올로기적 국가기구가 주민들의 일거수일투족을 통제하고 있어, 주민들이 정치적 불만을 노골적으로 표현하거나 조직적·집단적 저항을 도모하는 것이 극히 어려운 사회이다. 따라서 엄밀하고 좁은 의미의 저항 개념보다는 위에서 살펴본 '일상의 저항' 개념을 적용할 때, 우리는 북한주민들의 관측 가능한 삶의 실재에 한 걸음 더 다가갈 수 있을 것이다. 이에 이 글에서는 '저항'을 전략적 계획의 결과나 집단행동, 명백하고 적극적인 불복종만을 의미하는 것이 아니라, 교묘하고 은폐된 형태로 이루어지는 지극히 일상적이고 소극적인 '동의 유보'의 상태를 포함하는 행위를 의미하는 개념으로 사용한다. 이어지는 절에서는 북한주민들의 일상생활 속에 나타난 저항의 유형과 성격을 탐색하고, 북한체제의 향방과 관련하여 다양한 일상의 저항행위들을 어떻게 해석해야 하는지를 논의하고자 한다.

2. 북한주민들의 저항: 유형과 성격

최근 북한주민들의 일상에서 가장 보편적으로 나타나고 있는 저항의 양상을 유형별로 구분하면 일상적 불평불만 표출, 생존전략으로서의 일탈 및 위법행위, 과도한 음주와 마약, 점술, 자살, 탈북과 같은 회피적 저항의 세 가지 유형으로 나누어볼 수 있다.[11]

---

11) 이 절은 이교덕·김국신·조정아·박영자, 『북한체제의 행위자와 상호작용』(서울: 통일연구원, 2009) 중에서 필자가 집필한 「북한주민들의 행위 규칙」 부분의 일부 내용을 보완하여 재구성한 것임을 밝혀둔다.

1) 일상적 불평불만 표출

북한주민들의 일상생활에서 가장 보편적으로 나타나고 있는 저항행위 중 하나는 사적인 공간에서 여러 가지 종류의 불만을 토로하고 이를 주위 사람들과 공유하는 것이다. 북한에서는 사소한 생활상의 불만이나 정책에 대한 비판, 외부 세계에 대한 동경의 내용을 담는 대화도 자칫하면 반체제행위로 지목되어 큰 처벌을 받을 수 있기 때문에 가족이나 아주 가까운 지인들끼리가 아니면 이와 같은 불평불만을 공유하는 것이 쉽지 않았다. 그러나 최근에는 시장과 연계된 상행위가 확산되고 간부들의 부정부패가 심화되면서 시장과 같은 공적 장소에서 푸념 형태로 정부 정책과 당 간부의 행태를 우회적으로 비난하거나 고위 간부와 지도자 등에 대해 소문을 내는 행위, '신소(申訴)'와 같이 공식적으로 허용된 통로를 통한 불만 제기, 주민생활이나 상행위 관련 개인적 · 집단적 항의와 같은 형태의 저항이 두드러지게 나타나고 있다.

이 중에서도 가장 일반화된 것은 푸념과 신세한탄의 형태로 일상적 · 개인적 불만을 토로하는 것이다. 경제난 이전 시기에는 이러한 개인적 불만조차도 정치적 비판으로 간주되어 가족 이외의 사람들이 모인 자리에서 쉽사리 토로하지 못했지만, 경제난 이후에는 생활이 어렵다보니 "살기 힘들다는 소리는 다 한다".[12] 일반주민들은 물론 단속을 해야 할 위치에 있는 사람들도 "세월이 그런 것을 뻔히 알기" 때문에 이런 말에 대해서는 "많이 눈을 감아준다".[13] 그런데 같은 의미를 담고 있는 말이라도 "이러다간 우리 조선 사람들 다 굶어 죽겠다", "이놈의 고생 언제면 끝이 나겠는지, 망하면 빨리 망하든지", "중국은 개도 이밥을 먹는다는데, 우리는 사람이 푸대죽도 못 먹으니 어떻게 살겠는가?", "우리 공화국은 날이 갈수록 더 곤란해진다", "딸네 지역은 다 죽게 생겼

---

12) 40대 남성, 인민위원회 부원, 평안북도 온천 출신, 2008년 탈북.
13) 40대 여성, 협동농장원, 함경북도 회령 출신, 2005년 탈북.

더라" 등의 말들은 국가와 당에 대한 비판으로 간주되어 처벌 대상이 된다.[14]

처벌의 위험성으로 인해 주민들의 불만 표현은 직접적인 불평과 비판보다는 우회적·풍자적·반어적·중의적 형태를 띤다. 예를 들어 "전쟁이나 콱 일어났으면 좋겠다"는 말은 이 체제하에서는 더 이상 먹고살기가 힘이 드니 전쟁이라도 일어나서 세상이 뒤집혔으면 좋겠다는 바람을 담고 있는 말이지만, 주위에서 이를 문제 삼으면 "전쟁이 일어나면 우리 인민군대가 단번에 승리할 텐데"와 같은 말을 덧붙여 순식간에 그 의미를 전도시켜버린다.[15] 대화하는 상대방과 "심금이 통할 때는" "그놈이 원수요"라고 하면서 최고지도자에 대한 불만의 감정을 공유하다가, 누가 옆에서 들으면 "미국 놈이 원수지, 죽일 것이 미국이오"라고 덧붙여 처벌을 피해 간다.[16] 또 시장에서 물건을 팔면서 "야, 우리 정일 동지 최고야. 장마당 쫙 열고 돈 벌잖아. 이게 얼마나 좋나"라고 지도자를 칭송하지만, 이는 반어적인 표현으로, 말하는 사람이나 주위에서 이에 호응하는 사람들 모두 이를 지도자에 대한 칭송이 아닌 비판과 조롱으로 받아들인다.[17] 표면적으로는 개인적 불평불만이고 신세한탄이지만, 그 이면에는 국가와 최고지도자, 사회체제에 대한 비판과 도전을 내포하고 있는 경우가 허다하다. 북한주민들은 불만과 비판의 언어를 다양한 해석의 여지를 제공하는 이중적 의미를 지니는 순응의 언어로 포장하여 표현함으로써 국가의 감시와 처벌로부터 자신을 방어하면서, 동시에 대화의 상대방에게 자신의 의사를 효과적으로 전달하고 상호 공감대를 형성하는 것이다.

불평불만과 함께 당 간부나 정치지도자를 비방하거나 이들과 관련된 소문을 주고받는 일도 일상적으로 이루어지고 있다. 출처를 확인하기 어려운 소문

---

14) 좋은벗들, ≪오늘의 북한소식≫, 제282호(2009.6.9).
15) 40대 남성, 노동자, 함경북도 청진 출신, 2008년 탈북; 40대 남성, 인민위원회 부원, 평안북도 온천 출신, 2008년 탈북.
16) 40대 남성, 노동자, 함경북도 청진 출신, 2008년 탈북.
17) 50대 남성, 교원, 황해북도 사리원 출신, 2008년 탈북.

을 주고받으면서 주민들은 당 간부나 지배계층에 대한 경멸과 반감을 표현한다. 비방, 인신공격, 별명 붙이기, 소문내기 등은 상징적 저항으로, 부재중인 제3자에 대한 이야기가 일단 회자되기 시작하면 출처를 확인할 수 없는 수많은 이야기가 계속 첨부된다. 저항의 형태로서의 소문내기는 공개된 저항이 위험을 가져올 수 있는 억압 상황에서 약자가 낼 수 있는 일종의 민주적 목소리이다.[18]

사적·공적인 장소에서 이루어지는 불평불만과 소문내기는 국가가 여론을 통제하고 있는 북한사회에서 일종의 '제2 여론'의 기능을 한다고 볼 수 있다. 구 사회주의 국가의 체제전환과정에서 국가가 주도하는 공식적 여론과 구분되는 제2 여론은 시민사회 형성과 사회변동에서 일정한 힘을 발휘했다. 동독의 경우 집회와 공연장에서 조성된 여론은 '분장된 가짜 여론'과 차별화되어 동독인들의 정체성 형성에 영향력을 행사했으며, 이를 통해 커뮤니케이션 공동체가 형성되고 정치시스템에 대한 저항적 정체성이 조성되었다. 1980년 후반에 접어들면서 커뮤니케이션 공동체는 제2 여론이 갖는 경계선을 넘어서기 시작해 저항여론으로 전환되었다. 이러한 움직임은 유인물 제작과 집회를 통해 나타났다.[19]

북한에서 국가는 학교와 대중조직 등 이데올로기적 기구를 동원한 사상교양과 언론방송매체의 통제를 통해 '분장된 가짜 여론'을 만들어낸다. 그럼에도 사회적 행위자들은 개인적 불평불만을 담은 사적 담론을 만들어냄으로써 사회현실에 대한 비판적 인식을 공유한다. 국가에 의한 공식적 정보 유통의 차단은 비공식적 정보 유통의 경로를 상대적으로 발달시키고 다양화하며 비공식성의 은밀함과 함께 친밀한 유대감을 두텁게 한다. 이를 통해 제한적이지만 가까운

---

18) J. Scott, *Weapons of the Weak: Everyday Forms of Peasant Resistance*, p. 282.

19) 이우승, 「유언비어와 제2 여론의 개념: 북한사회에 적용을 위한 이론적 논의」, ≪북한연구학회보≫, 제8권, 제2호(2004), 122~124쪽.

사람끼리 또는 믿는 사람끼리 정보를 매개하는 관계가 가능해진다.[20] 특히 시장이 활성화된 이후 시장, 개인 단위 사업, 개인 경작지, 매대 등의 판매시설, 당구장, 게임장 등의 여가시설이 사적 담론 형성의 공간으로 등장했다.[21] 지배적 담론과 분리되어 사적 영역에서 형성되는 사적 담론은 사회적 행위자들 간의 정보 전달과 공유의 과정을 통해 일종의 대항 담론으로 작용할 가능성을 획득한다. 그러나 북한에서 사적 공간을 중심으로 형성되고 있는 사적 담론이 시민사회의 기반이 되는 공론장으로서의 성격을 갖추는 단계에 이르렀다고 보기는 어렵다. 그럼에도 탈북자 상당수가 공식 담론과 대비되는 비판적 의견을 타인과 공유한 경험이 있다고 말하는 점[22]은 사적 담론이 대항 담론으로 발전하고 시민사회 형성의 기초로 작용할 수 있는 가능성을 보여준다.

사적·공적 공간에서 이루어지는 개인적인 불만 표출 이외에 제도 적용이나 행정적 절차를 비롯한 여러 가지 요소들에 대한 주민들의 불만을 수렴하는 공식적 공간이 존재한다. '신소'청원제도가 그것이다. 북한의 신소청원제도는 북한의 기관, 기업소, 단체의 행정처분이나 활동에 대한 북한 공민의 이의제도로 고안된 것이다.[23] 북한은 1948년 제정헌법에서부터 신소청원제도를 규정했고, 1998년에는 「신소청원법」을 제정했다. 북한의 「신소청원법」 제2조는 "신소는 자기의 권리와 리익에 대한 침해를 미리 막거나 침해된 권리

20) 홍민, 「사회변화와 주민의 생활: 일상생활과 의식구조의 변화」, 『국가인권위원회 자료집』(서울: 국가인권위원회, 2007), 95쪽.

21) 이우영, 「북한체제 내 사적 담론 형성의 가능성: 공적 담론 위기를 중심으로」, ≪현대북한연구≫, 제11권, 제1호(2008), 130~134쪽.

22) 탈북자 122명을 대상으로 실시한 한 설문조사에서 "북한에 있을 당시 주위 사람들과 체제에 대한 불만이나 정세에 대해 이야기하거나 토론한 적이 있는가"라는 질문에 대해 48%의 응답자가 있다고 대답했다. 또한 "북한에 있을 당시 반체제, 반정부적 집회에 대한 정보를 들은 적이 있는가", "비공식적·불법적 출판물을 본 적이 있는가"라는 질문에 대해 각각 15%가 있다고 응답했다[이우영 외, 『북한주민 인권 실태 조사』(서울: 국가인권위원회, 2008), 165쪽]

23) 양영희, 「북한의 신소청원제도」, 『통일사법정책연구(2)』(서울: 법원행정처, 2008), 187쪽.

와 리익을 회복시켜줄 것을 요구하는 행위이며, 청원은 기관, 기업소, 단체와 개별적 일군의 사업을 개선시키기 위하여 의견을 제기하는 행위"라고 규정하고 있다. 북한주민들은 신소청원을 할 일이 발생하면 구역·군 당위원회의 신소과, 군 인민위원회를 통해 신소를 제기한다. 이는 시 당위원회 신소과 및 시 인민위원회, 도 당위원회 신소과 및 도 인민위원회를 거쳐 해당 당 기관, 내각, 인민보안부 등의 특수기관에 제출되고 최종적으로는 중앙당 조직지도부 신소처리과에서 처리된다. '1호 신소'라 하여 김정일에게 직접 신소를 청원하는 경우도 있다.[24]

최근 북한주민들이 제기하는 신소의 내용은 간부들의 부정부패나 비법행위에 대한 고발이 주를 이룬다.[25] 탈북자들의 증언을 들어보면 신소를 통해

---

24) 이금순·전현준, 『북한주민 인권의식 실태연구』(서울: 통일연구원, 2010), 110~111쪽. 「신소청원법」 제22조는 신소청원 처리 기관에 관해 다음과 같이 규정하고 있다. "1. 최고주권기관 사업, 최고주권기관 일군의 사업방법, 작풍과 관련한 신소청원의 료해처리는 최고인민회의 상임위원회가 한다. 재판 또는 법적제재를 받은 것과 관련하여 제기된 신소청원, 인민생활이나 위법행위, 인권유린행위와 관련하여 제기된 신소청원의 료해처리는 최고인민회의 상임위원회가 직접 할 수 있다. 2. 인민생활, 행정경제사업, 행정경제일군의 사업방법, 작풍과 관련한 신소청원의 료해처리는 내각과 지방정권기관, 해당 기관, 기업소, 단체가 한다. 3. 검찰사업, 검찰일군의 사업방법, 작풍과 관련한 신소청원의 료해처리는 검찰기관이 한다. 4. 재판, 중재, 공중과 관련한 신소청원, 재판, 중재, 공중일군의 사업방법, 작풍과 관련한 신소청원의 료해처리는 재판기관이 한다. 5. 인민무력, 인민보안, 국가안전보위사업과 관련한 신소청원의 료해처리는 해당 기관이 한다. 6. 대외사업과 관련한 신소청원의 료해처리는 해당 기관이 한다."

25) 구체적인 예를 들면 다음과 같다. "간부들과 돈이 있는 사람들의 생활은 점점 좋아지고, 대중들의 생활은 점점 못해진다. 중앙당에서는 이 문제를 하루 빨리 해결해야 할 것이다."(강원도 문천, 40대 남성); "사민(일반주민)들의 비법행위는 거의 하나도 빼놓지 않고 책벌하지만, 간부들의 비법행위에 대해선 제때 타격하지 못하고 있다. 먹고 살기 위해 백성들이 직장 출근을 제대로 못하면, 담당 보위부원들이 오라 가라 하면서 문초하고, 심지어 단련대 대원 신세가 되고 있으나, 간부들의 비법행위는 정당한 것처럼 인정되고 있다. 법을 집행할 때는 누구에게도 공정해야 한다."(강원도 원산, 50대 남성); "우리 시와 다른 도내 도시에서 요직을 차지한 많은 간부들은 호화 주택 꾸리기 경쟁을 하며, 틀어진 권력을 리용하여 자기들의 사리사욕을 챙기는 데 열중하고 있다. 풍족하고 사치한 생활을 하는 데만 신경을 쓴다. 그러나 일반 백성들의

제기된 불만이 반영되는 경우는 그리 많지 않은 듯하다. 불만의 대상이 간부를 비롯하여 권력을 가진 개인이나 집단이기 때문에 오히려 신소를 제기한 당사자가 신소의 대상이 된 간부들에게 보복을 당하는 경우도 있다. 그렇지만 민심에 큰 영향을 미치고 있는 사건이거나 간부들 간의 정치적 파워게임과 결부되어 신소에서 제기된 내용이 크게 다루어지기도 한다. 특히 최근에는 간부들의 부정부패나 비법행위에 대한 주민들의 불만을 반영하여 간부들에 대한 전국적인 검열총화사업을 실시하고 있다고 한다. 2009년 상반기에 실시된 비사검열 결과 80여 명의 간부들이 구류되어 예심을 받고, 이 중 일부는 직위 해임과 철직, 재산 몰수, 교화, 추방 등의 형을 받았다는 소식도 전해지고 있다.

사회주의 사회에서 신소와 같은 청원제도는 여러 가지 사회적 기능을 수행한다. 신소 내용에 대한 시정 여부와 관계없이 주민들의 고충을 털어놓도록 하는 사회적 환기구 역할을 하고, 일반주민들의 관심, 갈등, 고통을 확인하고, 주민들에게 어떤 것이 가능하고 어떤 것이 가능하지 않은지를 알려주며, 진정한 관심의 일치를 찾아가는 정치적 대화의 과정이기도 하다.[26] 특히 이는 사회적 불만과 저항을 제도화된 형태로 표출할 수 있도록 하고, 일부를 반영함으로써 사회적 행위자 개개인에게 일종의 "숨구멍을 열어주는"[27] 동시에 사회적으로 용인되지 않는 저항행위가 확산되는 것을 막는 기능을 한다.

개인적인 불평불만을 하는 것에서 더 나아간 저항의 형태는 시장 단속을 비롯하여 주민의 생존과 직결되는 정부 당국의 정책 집행과정에서 발생하는 개인적·집단적 항의이다. 예를 들어, 시장에서 안전원이 골목장마당을 폐쇄하라는 지침을 집행하기 위해 골목에서 장사를 하는 상인들을 단속할 때, 상인

생활 질고에는 무관심하다. 백성들의 원성이 날로 커지고 있다"(강원도 원산, 40대 여성)[(좋은벗들, ≪오늘의 북한소식≫, 제293호(2009.8.25)].

26) Mary Fulbrook, *The People's State*(New Haven and London: Yale University Press, 2005), p.274.
27) 30대 여성, 연구사·장사, 평양 출신, 2007년 탈북.

들은 안전원에게 "안전원 동지요, 돈 달라요. (돈 주면) 매일 우리 (시장에) 안 나가요. 개고생하면서 살겠어요?", "먹고살기 위해 하는 짓이 비사현상이면, 대체 어떤 것이 사회주의란 말이야?"[28]라는 식으로 항의를 하는 것이다. 안전원이 벌금을 징수하겠다고 하면 "내가 번 다음에 줄게요"라고 대응한다. 안전원이 단속과정에서 노인을 폭행하기라도 하면, "너는 이 새끼, 어미도 없냐? 너는 무슨 밥 처먹기에 노인을 괄시하고, 여기 와서 우리 장사질 하는 거 이렇게 하냐?" 하고 항의한다.[29] 이러한 항의에 사용되는 어휘들 역시 이중적인 의미를 함축한다. 예컨대, 하급간부에게 하는 "너는 무슨 밥 처먹기에"라는 말은 "너는 김정일이네서 따로 배급을 받아먹지 않느냐?"라는 뜻으로, 국가가 배급을 주지 않는 데 대한 항의 표시이자 생계유지를 위해 장사를 할 수밖에 없는 자신들의 정당성을 주장하는 말인 것이다.

그러나 이러한 항의의 언술들은 국가 시책에 대한 노골적 반발이나 정권, 지도자에 대한 비판을 표면에 드러내는 수준으로 행해지지는 못한다. 국가 시책을 정면으로 비판하면 크게 처벌을 받기 때문에, 주민들은 국가와 정권에 대한 비판으로 해석되어 처벌을 받을 위험에 처하지 않을 정도의 수준에서 우회적인 언술로 국가를 대리하는 하급간부들에게 자신들의 불만을 표출한다.

개인적인 항의가 때로는 주위의 사람들이 가세하면서 집단적인 항의로 발전하기도 한다. 특히 상행위를 단속하는 과정에서 개인적 마찰이 집단적 항의로 발전하는 상황이 흔하게 벌어진다. 시장에서 안전원이 시장판매금지품을 단속하면서 상품을 쌓아놓은 것을 발로 차서 무너뜨리면 "장꾼들이 일어나서 번진다". 상인들이 몰려들어 "말로 그러지 왜 물건들을 발로 차고 그러냐"며 집단적으로 항의하면 안전원이 그 자리에서 잘못했다고 사과하는 사례가 빈

---

28) 50대 남성, 교원, 황해북도 사리원 출신, 2008년 탈북; 좋은벗들, ≪오늘의 북한소식≫, 제269호 (2009.3.10).

29) 40대 남성, 노동자, 함경북도 청진 출신, 2008년 탈북.

번하게 발생한다고 한다.30) 이와 같은 집단적인 항의는 계획된 것이라기보다는 예기치 않은 상황에 의해 발생하는 우발적인 것이다. 그렇지만 때로는 시장 축소와 같은 국가 정책에 대한 반대 의사를 집단적으로 표출하는 형태도 나타나고 있다. 좋은벗들과 같이 북한 내부소식을 수집하여 전하는 NGO나 탈북자단체가 보고한 집단적 항의의 대표적인 사례로, 2008년 함경북도 청진시에서 발생한 사건이 있다. 2008년 3월, 청진에서 여성 상인들이 각 구역의 시장관리소에 찾아가 집단적으로 항의하는 사건이 발생했다. 이에 신고를 받고 출동한 청진시 보안서와 각 구역 보안원들이 항의 군중을 설득하여 해산시켰다고 한다.31) 이와 유사한 집단항의 사태는 같은 해 8월에도 반복되었다. 시장 통제가 강화된 가운데 순찰대원들이 한 여성 상인을 단속하는 과정에서 주위의 여성 상인들이 가세해서 집단적으로 항의를 벌이는 소동이 일어난 것이다.32)

2009년 11월 말 단행된 화폐개혁 조치로 주민들의 생활고가 더욱 심각해지고 당과 국가에 대한 원망과 불신이 고조되면서, 이를 집단행동으로 표출하는 사례도 보고되었다. 2010년 1월 30일 강원도 원산시에서는 6·25전쟁에 참전했던 노인들이 동사무소로 몰려가 주민들의 생활상을 이야기하면서 식량을 제공하라고 시당에 항의했다고 한다. 국가적 우대대상인 이들의 집단적 항의는 직접적인 성과를 거두었다. 이들이 매일 집단적으로 항의 방문을 하고 이에 합류하는 주민들이 생겨나자 동사무소에서 당 간부들이 식량과 땔거리를 공급해 줄 수밖에 없었다고 한다.33) 함경남도 단천시에서도 같은 해 2월에 일부 주민들이 시당 건물 앞에 모여 "강성대국의 문을 연다고 하는 지금 돈 교환 이후 다

---

30) 50대 남성, 교원, 황해북도 사리원 출신, 2008년 탈북.
31) 좋은벗들, ≪오늘의 북한소식≫, 제115호(2008.3.12).
32) 좋은벗들, ≪오늘의 북한소식≫, 제206호(2008.9.8).
33) 좋은벗들, ≪오늘의 북한소식≫, 제331호(2010.2.16).

굶어 죽게 생겼다"면서 거세게 항의하는 소동이 벌어졌다고 한다.[34] 현재 북한 사회에서 이와 같은 집단적 항의 사태는 조직적이기보다는 우발적이지만, 사회불안정을 증대하는 요인으로 작용하고 있다. 한편, 때로는 이와 같은 우발적 행동이 특정한 정치사회적 상황에서 폭동과 같은 격렬한 사회적 저항으로 증폭될 가능성도 완전히 배제할 수 없다.

2) 일탈과 위법행위

북한주민들의 일상적 저항의 또 다른 유형으로는 절도를 비롯한 일탈과 위법행위가 있다. 어느 사회나 사회의 존속을 위해 제도화된, 또는 제도화되지 않았다고 하더라도 사회적으로 강제되는 행동의 규범체계가 있다. 일탈이란 그 체계에서 벗어나는 행위를 말하며, 그중에서도 법으로 명문화된 규범을 어기는 것은 범죄로 분류된다. 따라서 북한에서 일어나는 각종 일탈행위와 범죄행위 중 어떤 행위를 '저항'으로 볼 수 있으며 그 근거는 무엇인지를 살펴볼 필요가 있다.

이 문제를 해결하는 데 다시 한 번 스콧의 고전적 저술을 참조하자. 스콧은 세다카 농민의 절도행위를 일상적 저항의 대표적 사례로 들면서 절도의 양식에 주목할 필요가 있다고 지적했다. 그는 농민 절도의 대상은 대부분 부유한 가구였기 때문에 절도는 부의 분배구조라는 양식을 취하고 있었음을 강조한다. 또한 농민 중 일부는 곡물 수확, 운반, 이삭 줍기 등의 생산과정에서 이루어졌던 사소한 절취행위를 절도로 여기지 않고, 자신에게 지불되어야 마땅한 임금과 선물을 대체하는 것으로 여겼다는 점에 주목한다. 그는 절도행위의 대상과 성격, 농민 스스로 자신의 행위에 부여하는 의미를 고려하여 농민들의

---

34) 좋은벗들, ≪오늘의 북한소식≫, 제329호(2010.2.2).

절도행위를 지배계층의 전유를 무산시키거나 전유의 정도를 경감하려는 방어적인 노력, 즉 일상의 저항으로 해석했다.[35]

북한에서 절도를 비롯한 사회적 일탈행위가 북한주민들의 보편적인 행위규칙으로 등장한 것은 배급과 공장 가동이 중단되는 등 국가가 주민의 생존을 책임지지 못하는 상황이 벌어진 경제난 시기였다. 사회주의 국가 북한에서 국가가 주민들에게 배급과 임금을 지급하지 못했을 때 주민들이 가장 먼저 할 수 있었던 일은 자신이 다니던 공장의 기계와 자재, 원료 등 국가 소유의 재산을 절취하는 것이었다. 공공재산의 절취와 유용은 한편으로는 개인적 대처기제(coping mechanism)인 동시에, 다른 한편으로는 사회적으로 가용한 재화를 재분배하는 의미가 있다고 볼 수 있다.

북한주민들은 이와 같은 행위를 스스로 범죄행위로 인식하기보다는 생존을 위한 자구책으로 해석한다. "불법행위를 하지 않고는 단 하루도 먹고살 수 없다"는 북한주민들의 말은 공공 규범에 대응하는 자신들의 행위를 정당화하는 논리로서, 주민들의 '생계윤리'를 단적으로 보여주는 말이다. 현재 북한주민들 사이에서는 임금을 받기 위해서가 아니라 공장의 자재와 원료를 절취해서 시장에 내다 팔기 위해서 공장에 출근한다고 말할 정도로 생계윤리가 적극화되었다. 공공재산의 절도는 시장 통제 조치나 기타 요인으로 인해 식량 수급 사정이 악화되고 생활고가 가중되는 시기에 더욱 증가한다. 북한 내부자 정보에 바탕을 두고 북한사회의 소식을 전하고 있는 좋은벗들은 화폐개혁 직후 함경북도 청진시의 김책제철소에서는 노동자 중 40% 정도가 공장의 원료와 자재를 절취, 판매하여 생계를 이어가고 있다고 보도한 바 있다.[36]

국가가 주민들에게 최소한의 생계를 보장하지 않거나 억압할 때 '생계윤리'는 적극화된다. 이것이 범죄라는 양태를 띨 때, 국가에 대한 가시적 저항을 의

---

35) J. Scott, *Weapons of the Weak: Everyday Forms of Peasant Resistance*, pp. 266~269.
36) 좋은벗들, ≪오늘의 북한소식≫, 제333호(2010. 2. 23).

미하지는 않지만 본질적으로는 범죄라는 수단을 통해 표현된 생계윤리의 심성, 즉 '일상의 정치'이자 '저항의 범죄'라는 성격을 갖는다. 그것은 고도의 도덕적 이상으로 무장한 공식 담론과 비도덕적이며 부패한 현실 사이의 괴리가 커질수록 범죄의 방식으로 적극화될 가능성이 높다는 것을 의미한다. 일탈과 범죄가 공식적 규범의 정당성이 약화되는 지점에서 대안적인 행동양식으로 나타나고 있는 것이다.[37]

주민들 스스로 '자력갱생'이라고 명명하는 일탈형 생존 방식은 '고난의 행군' 이후에 자생적 시장화가 확대되는 과정에서 더욱 뚜렷한 경향으로 자리를 잡아가고 있다. 절도뿐만 아니라 장사를 통한 영리 추구, 국가 재산의 유용, 지식·기술·노동의 사적 판매, 개인 경작, 편의 제공의 대가로서의 뇌물 수수 등 합법의 테두리를 벗어나는 행위가 주민들의 생존방법으로 활용되고 있다. "국가에 손을 내미는 사람은 반역자"이고, "어떤 수단과 방법을 다 해서라도 살아남는 게 애국자"라는[38] 인식이 보편화되었다. 이제 각종 일탈과 위법 행위는 단순히 생계유지만을 목적으로 하는 것이 아니라, 상행위와 관련된 거래관계를 통해 더 큰 이익을 창출하기 위한 적극적인 전략 차원에서 행해지고 있다. 예를 들어, 중국과의 합법적인 무역 거래는 항상적으로 수출입이 허가된 품목 이외에 금속, 골동품, 자동차, 마약 등과 같은 불법적인 품목의 거래를 수반하는데, 이는 이러한 불법 거래가 더 큰 이윤을 보장하기 때문이다. 도소매상인들의 경우, 상인들 간의 경쟁에서 살아남고 더 많은 수익을 남기기 위해 북한 당국이 금지하는 품목을 취급하는 경우가 많고, 지역 간 이동에 필요한 증명서 발급이나 사업 허가권을 받기 위해 간부들에게 크고 작은 뇌물을 주고 장사의 편의와 안전을 제공받는다. 북한주민들은 합법적인 틀 안에서의

---

37) 조정아·임순희·노귀남·이희영·홍민·양계민,『북한주민의 의식과 정체성: 자아의 독립, 국가의 그늘, 욕망의 부상』(서울: 통일연구원, 2010), 199~244쪽.

38) 40대 남성, 기업소 관리자, 함경북도 출신, 2004년 탈북.

상행위만으로는 생계유지를 위한 영세한 규모를 넘어서는 일정 규모의 자산을 결코 축적할 수 없다. 당국이 금지하는 불법행위일수록 더 많은 수익을 얻을 수 있기 때문에 주민들은 장사과정에서 불법행위가 적발될 경우 금전적 뇌물을 써서 처벌을 면제받는다. 뇌물을 쓸 수 있는 경제적 능력은 감수할 수 있는 위험의 수준 및 자산 축적의 가능성과 비례한다. 경제적 부를 축적한 사람은 큰 규모의 불법행위를 하는 경우가 대부분이다.

북한주민들의 의식 속에서 합법행위와 '비법(非法)'이라고 부르는 불법행위의 경계가 모호하다는 점은 이러한 일탈행동을 보편화·정당화하는 요인으로 작용한다. 한 탈북자는 불법행위에 대한 자신의 생각을 다음과 같이 말한다.

> 비법에는 걸리는 것이 있고, 안 걸리는 것이 있고요. …… 바치면 안 걸리는 것이고, 안 바치면 걸리는 것이고요. …… 장사하는 것도 실제는 똑같은 일인데, 법에 걸리는 사람이 있고 안 걸리는 사람이 있고 그러잖아요. 그리고 생산물도 국가에서 대주는 물건이 아닌데 그것은 개별적으로 장사를, 천을 사다가 하는 건데 국가에다가 몇 프로라도 바치지 않으면 법에 걸리고 바치면 괜찮고 그런 거지요. 다 비법은 같은 비법행위인데, 국가에 조그마한 이득이라도 주면 괜찮은 거고 그래요.[39]

경제난 시기 절도 등의 일탈과 위법행위를 정당화하는 주민들의 논리가 생계윤리였다면, 시장관계가 확산된 2000년대 이후에는 국가 또는 자신이 소속된 집단에 대한 금전적 기여가 불법행위를 정당화하는 논리로 대두되었다. 불법행위는 이윤을 창출하는 것이 자신의 생계를 책임지는 행위일 뿐만 아니라 관련된 여러 사람을 먹여 살리고 결과적으로 국가적 이익을 증대시키는 행위

---

39) 50대 남성, 공장 노동자, 함경북도 무산 출신, 2007년 탈북.

라는 논리를 통해 정당화된다. 7·1조치로 공장과 기업소의 독립채산제와 기업소 이윤에 대한 자체 처분권이 강화된 이후 무역회사 사장 또는 소위 개인기업의 지배인으로 성공하여 부를 축적한 사람들이 지역마다 두각을 나타내고 있다. 이러한 신흥부자의 성공사례는 시장경제활동과 관련된 일탈행위를 통한 사적 이익 창출이 최근 북한주민들의 삶을 움직이는 주요한 행위의 규칙으로 작용하고 있음을 보여준다. 북한 내부인들의 제보로 만들어지는 소식지의 한 통신원은 "현시대 기업가의 주요한 조건은 나라가 비법이라 정하는 바로 거기에 리윤 날 사업이 있다는 방향 감각을 소유하고 툭하고 짧은 삶의 방식을 즐겨야 하는 것이며, 보이지 않는 '개인업자'들은 100프로 그렇다고 해도 과언이 아니다"라고 전하고 있다. 최근 북한지역에서 기업가로 성공한 사람들은 군사 복무, 육체적·심리적 극한훈련의 체험, 외국생활 경험, 교화생활과 같은 범법행위 경험으로 인해 "국가 통제품에도 손을 내밀고 주무르며, 보안원, 군인 등으로 신분을 위조하고 렬차를 타는 등 상식 이하의 초활동을 대담하게 수행"할 수 있으며, 그러한 불법적 활동이 궁극적으로는 큰 이익의 창출로 이어진다는 것이다.[40] 이들 성공한 기업가들은 고용을 창출하고, 지역 경제를 발전시킴으로써 자신이 창출한 이익을 공유하고, 주민들에 대한 배급 지급과 선물 보장 등 국가가 하지 못하는 일을 함으로써 주민들의 신망을 얻고 있다. 또한 한편으로는 시장활동을 통해 창출한 이익의 일부를 관련 간부에게, 당과 행정기구와 국가에 헌납함으로써 국가가 허용하는 시장활동의 범위를 벗어나는 영리추구활동의 합법성을 보장받는다.

그러나 시장활동에 수반되는 다양한 차원의 일탈행위와 위법행위를 뇌물공여라는 불법행위로 무마하는 것에는 항상 위험을 감수해야 하는 불안정성이 내재한다. 생존을 위한 사회적 일탈행위가 정당화될 수 있는 여지와 그러

---

40) 손혜민, 「박기원 그 순천사람」, ≪임진강≫, 제5호(2009), 51쪽.

한 행위에 대한 처벌 가능성 사이의 간격은 그다지 크지 않으며 상황의존적이다. 그렇기 때문에 북한주민들은 일상적으로 생존을 위한 일탈행위를 하지만, 한편으로는 매순간 사적 관계망, 정치적 상황, 사회적 통제의 정도와 같은 환경적 요소를 고려하여 위험을 감수할 수 있는 범위를 타산하고 자신의 행동을 그에 맞게 조율한다.

합법과 불법의 경계를 넘나드는 일탈형 저항은 체제 전반에 대한 비판과 반대라기보다는 생존을 위한 사적이고 개별적인 대응이다. 이는 공동의 규범을 위반하는 행위이지만, 대부분 약간의 타협과 흥정의 절차를 거친다면 용인 가능한 범위 내에서 이루어진다. 그런 점에서 이러한 유형의 저항은 생존전략 차원의 저항인 동시에 변형된 체제순응 행위이기도 하다. 그럼에도 일상의 유지와 생존을 위한 일탈형 저항이 중요한 문제가 되는 것은 사회적으로 정의되는 일탈행위가 대다수 주민에게 공통적인 행위양식이 되었을 때 그것은 더 이상 정상 규범으로부터의 일탈이 아니라 일상이 되기 때문이다.

북한사회에서 보편적으로 나타나고 있는 또 한 가지 일탈적 저항은 국가가 금지하고 있는 행위를 사적인 영역에서 즐기는 것이다. 그 대표적인 예가 남한 드라마와 영화를 보는 것이다. 공적인 장소에서의 행위는 항상 주목의 대상이 되기 때문에 국가의 공식적 규범에 반하는 행동을 하는 것이 어려운 반면, 상대적으로 감시와 통제가 쉽지 않은 사적 공간에서의 일탈은 용이하기 때문에, 이와 같은 일탈적 저항은 지역에 따른 차이는 있지만 상당히 보편적으로 이루어지고 있다. 특히 2000년대 중반 이후에는 당국의 강력한 통제가 지속되고 있음에도 불구하고,[41] 중국 상인을 통해 비디오와 CD 기기가 대중

---

41) 통제 강화의 일환으로 북한에서는 2004년 개정 헌법 제6장 '사회주의 문화를 침해한 범죄'에서 1999년 형법에는 없었던 퇴폐적인 문화반입 유포죄(제193조), 퇴폐적인 행위를 한 죄(제194조), 적대방송 청취, 인쇄물, 수집, 보관, 유포죄(제195조)와 같은 항목을 추가했다. 관련 조항은 다음과 같다. ① 제193조: 퇴폐적인 문화반입 유포죄(퇴폐적이고 색정적이며 추잡한 내용을 반영한 음악, 춤, 그림, 사진, 도서, 록화물과 씨디롬 같은 기억매체를 허가 없이 다른 나라

적으로 보급됨에 따라 지방의 대도시와 국경연선지역을 중심으로 남한 영화와 드라마 등을 접하는 주민들이 급속히 증가하고 있다.

남한 영화나 드라마를 시청하는 주민이 얼마나 되는지에 대한 정확한 수치를 제시하기는 어려우나, 탈북자의 증언을 종합하면 상당히 많은 주민이 남한 문화에 노출된 경험이 있는 것으로 보인다. 특히 양강도 혜산시, 함경북도 회령시와 같은 접경지역의 큰 도시에서는 주민 전부가 남한 영상물을 시청한다고 말하고 있으며[42], 평안북도 내륙지역에서도 60~70% 정도의 주민이 이를 접하고 있다는 증언[43]이 있다. 북한 당국이 통제를 강화해도 "은밀히 숨은 기계들이 다 작동하고 살아서"[44] 외부에서 유입되는 자본주의문화와 남한문화를 향유하는 것이다. 반면에 농촌지역에서는 도시지역에 비해 당국의 통제가 비교적 잘 작동되는 듯하다. 농촌지역에서 온 탈북자 중에는 남한의 영상물은 "보기 바쁘다(어렵다)"거나 "가만가만 본다는데 잘 모르겠다"고 증언[45]한 사례가 있다. 남한 영상물은 적발 시 강도 높은 처벌의 대상이 되기 때문에 시장에서 드러내놓고 팔지는 못하지만, 구매를 원하는 사람은 누구나 시장에 가서 손쉽게 구매할 수 있다는 점에서 은밀하지만 공공연하게 유통되는 것으로 파

에서 들여왔거나 만들었거나 유포한 자는 2년 이하의 로동단련형에 처한다. 정상이 무거운 경우에는 4년 이하의 로동교화형에 처한다). ② 제194조: 퇴폐적인 행위를 한 죄(퇴폐적이고 색정적이며 추잡한 내용을 반영한 음악, 춤, 그림, 사진, 도서, 록화물과 씨디롬 같은 기억매체를 여러 번 보았거나 들었거나 그러한 행위를 한 자는 2년 이하의 로동단련형에 처한다. 정상이 무거운 경우에는 5년 이하의 로동교화형에 처한다). ③ 제195조: 적대방송 청취, 인쇄물, 유인물 수집, 보관, 유포죄(반국가 목적이 없이 공화국을 반대하는 방송을 체계적으로 들었거나 삐라, 사진, 녹화물, 인쇄물, 유인물을 수집, 보관했거나 유포한 자는 2년 이하의 로동단련형에 처한다. 정상이 무거운 경우에는 5년 이하의 로동교화형에 처한다).

42) 30대 남성, 기자, 양강도 혜산 출신, 2004년 탈북; 40대 여성, 의사, 함경북도 회령 출신, 2007년 탈북; 30대 남성, 장사, 양강도 혜산 출신, 2008년 탈북.
43) 40대 남성, 지방 관료, 평안북도 출신, 2008년 탈북.
44) 40대 남성, 노동자, 함경북도 청진 출신, 2008년 탈북.
45) 70대 남성, 의사, 함경북도 출신, 2007년 탈북; 40대 여성, 장사, 함경북도 무산 출신, 2007년 탈북.

악된다. 또한 학교, 아파트 등의 공간을 통해 교환·확산되고, 친한 친구나 가까운 직장동료들끼리 모여서 같이 보기도 한다.

남한 영화와 드라마 시청은 당국의 강력한 통제 대상이기 때문에 적발될 경우 처벌의 위험을 감수해야 한다. 그럼에도 북한주민들은 남한을 비롯한 외부 세계에 대한 호기심과 흥미, 정보 획득 등을 이유로 남한의 영상물을 시청한다. 국가의 간섭에서 벗어나 가족이나 친구 등 개인적으로 친밀한 사람들끼리 국가가 통제하는 내용의 여가생활을 즐기는 것은 매우 사적이고 비정치적인 행위이다. 이는 포이케르트의 분류에 비추어보면, 거부, 항의, 저항의 수준에 이르지 못한 개인적 행위공간에서 이루어지는 비순응 행위에 불과하다. 그러나 남한 영상매체에 노출되는 것은 북한주민의 심리와 의식에 직접적인 영향을 줄 수 있기 때문에, 북한 당국의 입장에서는 매우 위험한 일탈행위가 아닐 수 없다. 북한주민들은 영상매체를 통해 전달되는 남한사회의 발전상을 기존에 사상교육을 통해 알고 있었던 선(先)지식과 비교하고, 남북한의 경제적 격차를 절감한다. 일부 주민은 남한사회의 민주적이고 자유로운 사회상을 통해 자유의 의미를 생각하거나 이를 동경하게 된다. 더군다나 이러한 개인적 공간은 주민 개개인이나 가족에 국한된 형태로 닫혀 있는 것이 아니라 사적·공적 연결망을 통해 연결, 공유, 교류되고 있기 때문에, 밀폐된 개인적 공간을 넘어서 공적 영역에서 의미를 갖는 저항행위로 진화할 가능성이 있다.

일탈 혹은 위법행위를 통해 생계를 도모하거나 경제적 이윤을 추구하는 행위보다 더욱 두드러지게 특정 사회정책에 대한 저항 의도를 표현하는 일탈행위도 찾아볼 수 있다. 그 대표적인 사례가 2009년 말 화폐개혁 이후에 여러 지역에서 보고된 바 있는 구화폐 소각행위이다. 갑작스러운 화폐개혁으로 구화폐의 가치가 100분의 1로 떨어지고, 일정액 이상의 구화폐를 교환하는 것도 불가능해지자 구화폐를 불에 태우거나 오토바이를 타고 다니면서 길거리에 뿌리거나 자루에 넣어 버리는 일이 발생했다. 좋은벗들에 의하면, 함경북도에서 화폐개혁 직후 한 달간 40여 건의 화폐 소각행위가 적발되었다. 도 보안당

국은 구화폐를 소각하거나 공공장소에 버리는 행위가 '민족 반역죄, 역적죄'에
해당한다며 강경하게 처벌하겠다고 엄포를 놓았으며, 12월에 청진시에서는
구화폐를 불태운 주민이 반동죄 명목으로 공개처형된 일도 있었다.[46] 이와
같은 일탈행위는 생계형 일탈행위에 비해 행위자의 저항적 의도가 명백하게
드러나기 때문에 북한사회에서 쉽게 찾아볼 수는 없지만, 주민들의 삶에 결정
적인 영향을 줄 수 있는 정책이나 사회적 사건과 같은 특정한 계기에 집중적
으로 표출될 수 있는 형태라고 할 수 있다.

3) 회피 저항

일상의 저항의 또 다른 유형은 현실을 회피하거나 현실로부터 도피하는 '회
피 저항(avoidance protest)'이다. 회피 저항은 사회적 약자들에게 위험한 공개
적 대립보다 효과적이고 매력적인 대응 방법이다.[47] 이는 로버트 머튼(Robert
Merton)의 분류에 따르면, 사회에서 통용되는 문화적 목표와 인정되는 수단을
모두 거부하되 새로운 문화적 목표를 창출하려고 하지 않는 회피주의(retreat-
ism)에 해당하는 행위 유형이다.[48]

회피 저항은 민주적 방법에 의한 제도, 규범, 사회문화의 변화와 개혁이 어

---

46) 좋은벗들, ≪오늘의 북한소식≫, 제316호(2009.12.15); 좋은벗들, ≪오늘의 북한소식≫, 제
321호(2010.1.15).

47) J. Scott, *Weapons of the Weak: Everyday Forms of Peasant Resistance*, p.245. 농민 저항 연구자들은
농민 저항의 한 형태로 수동적인 회피 저항을 언급한 바 있다. 아다스는 식민지 지배 이전 시
대의 미얀마와 자바지방의 농민들 사이에서 나타났던 회피적 저항으로 도주, 종교운동, 광대
쇼, 산적 등에 관해 서술했다(박길성, 「일상적 저항의 정치」, 248쪽 재인용).

48) 머튼의 아노미 이론에 의하면 새로운 문화적 욕구와 목표를 제약하는 제도적 규범에 대응하는
유형에는 다섯 가지가 있다. 제도적 규범을 순응하는 순응 유형과 의례주의 유형, 제도적 규범
을 거부하고 새로운 규범을 창조하고자 하는 혁신 유형과 반란 유형, 순응과 거부 모두를 포기
한 회피주의 유형이 그것이다. 은둔생활이나 떠돌이생활을 하는 것 등이 회피주의의 대표적
인 예이다[Robert Merton, *Social Theory and Social Structure*(New York: Free Press, 1968)].

렵고, 다양한 문화적 욕구와 규범이 체제 내에서 수용되기 어려운 억압적 국가에서 전형적으로 나타난다. 1950년대부터 체제전환기에 이르기까지 소련 사회에서도 회피 저항이 광범위하게 나타났다. 1956년 헝가리에서 일어난 대규모 반소운동 이후 소련 사회에는 종말론이 횡행했으며, 노동수용소 수감자들 사이에서는 전쟁이 일어날 것이라는 예측과 기대가 높아졌다. 브레즈네프 전성기인 1970년대 말에는 대중 소요는 한 건도 보고되지 않았으나 회피적 저항의 형태가 두드러지게 나타났다. 정부에 등록된 알코올중독자 수가 200만 명에 이르고 술 소비량이 1960년대의 두 배에 달할 정도로 알코올중독이 전 사회적으로 성행했다.[49]

북한에서는 1990년대 중반 이후 국가가 주민들의 삶의 기본적인 조건을 책임지지 못하고 주민이 이전 시기와는 다른 방식으로 스스로의 생계를 영위해야 하는 상황이 되면서, 새로운 생존 방식에 적응하지 못한 사람들에게서 회피 저항에 해당하는 행위가 눈에 띄게 증가하고 있다. 알코올중독, 도박, 마약을 통해 생활고에서 도피하려고 하는 경향이 대표적이다. 그 실태에 관한 정확한 통계자료를 제시할 수는 없으나 최근 도박과 마약에 대한 단속이 강력하게 시행되고 있다는 점과 탈북자들의 증언, 북한 내부 상황을 알리는 매체의 소식 등을 종합하면 알코올중독, 도박, 마약 투약 등 회피 저항으로 분류할 수 있는 일상의 저항이 증가하고 있음을 알 수 있다.

특히 마약을 생산하거나 중국과의 마약 거래가 이루어지는 일부 지역에서는 많은 주민이 마약 제조, 유통, 밀수에 연루되어 있고, 판매를 하면서 자신도 투약을 하기 때문에 사회적 피해 정도가 상당히 심각한 것으로 추정된다. 좋은벗들의 보고에 의하면 주요한 마약 제조지인 함경남도 함흥시의 경우, 마약 관련 정신질환으로 시 병원에 입원한 환자 수가 2007년 월평균 40~50명

---

49) V. A. Kozlov, S. Fitzpatrick and S. V. Mironenko, *Sedition: Everyday Resistance in the Soviet Union under Khrushchev and Brezhnev*, p.59, 110.

정도였는데, 2008년에는 50~60명, 2009년에는 80~90명, 2010년에는 100여 명을 넘는 수준으로 증가했다.[50] 마약 실태와 관련해서 탈북자들은 "국경지대에서는 마약을 다 한다",[51] "열다섯 살 되는 아이부터 시작해서 회령시 인구의 한 15%는 지금 마약을 한다. …… 중국에 팔기보다 국내에서 소비하기 더 쉽다"[52], "안전원들, 당기관이나 이런 모모한 사람들은 한갓 일거리로, 한갓 심심풀이로 집에 가 다 한다"[53]고 말하고 있다. 2007년 탈북 직전에 구류장에 수감되었던 경험이 있는 한 탈북자는 당시 구류장 수감자 열 명 중 아홉 명은 마약과 관련되어 수감된 사람들이었다고 증언한다.[54]

이들이 마약을 복용하는 이유는 마약의 환각 및 마취 효과 때문이다. 마약의 효과에 젖어 있는 동안은 잠시나마 일상생활의 힘겨움을 잊고 행복한 기분에 취할 수 있으며, 때로는 질병으로 인한 고통도 잊을 수 있기 때문이다. 많은 주민이 북한에서 가장 보편적인 마약류인 '빙두'를 만병통치약으로 생각하거나, 뇌출혈, 뇌혈전, 노화 등을 방지하고 피부 미용에도 효과가 있는 의약품으로 생각한다.[55]

경제난과 시장관계의 확산으로 삶의 안정성과 예측가능성이 현저하게 떨어지면서 점술도 인기를 끌고 있다. 손금이나 관상을 통해 운세를 봐주고 복채를 받다가 당국에 적발된 사례들이 전해지고 있다.[56] 점술은 북한에서 금지된 행위이기 때문에 적발 시에는 사람들의 정신을 마비시키고 비사회주의

---

50) 좋은벗들, ≪오늘의 북한소식≫, 제380호(2010.12.8).
51) 30대 남성, 노동자, 함경북도 회령 출신, 2009년 탈북.
52) 50대 남성, 무역회사 지도원, 함경북도 회령 출신, 2008년 탈북.
53) 40대 여성, 장사, 함경북도 무산 출신, 2007년 탈북.
54) 40대 남성, 노동자, 함경북도 회령 출신, 2007년 탈북.
55) 40대 여성, 장사, 함경북도 무산 출신, 2007년 탈북; 좋은벗들, ≪오늘의 북한소식≫, 제380호(2010.12.8).
56) 좋은벗들, ≪오늘의 북한소식≫, 제183호(2008.8); 좋은벗들, ≪오늘의 북한소식≫, 제386호(2011.1.19).

사상을 전파했다는 죄목으로 처벌받는다. 그렇지만 주민들은 연초, 또는 집안에 우환과 근심이 있을 때 지역에서 이름난 점술인을 찾아가곤 한다. 장사를 하는 사람들은 큰 투자나 거래를 하기 전에 점술인을 찾는 경우가 많다고 한다. 시장 통제 정도와 품목 변경 등 북한 당국의 잦은 정책 변화로 경제적 상황을 예측하기 어렵고, 더군다나 큰 이윤을 남기는 장사는 항상 불법적 요소를 많이 포함하고 있어 적발 시 경제적 손실은 물론 정치적으로도 처벌을 받을 가능성이 높기 때문이다.

이보다 단호하고 절박한 형태의 회피 저항으로는 북한에서 탈출하여 새로운 삶의 근거지를 찾거나 더 이상 살아갈 수 없어 스스로 목숨을 끊는 것이다. 자신이 몸담고 살고 있는 사회체제 내에서 일상적인 생활이 불가능할 때 선택할 수 있는 한 가지 대안은 그 사회에서 벗어나 다른 사회로 이주하는 것이다. 북한의 일반주민들에게는 외국으로의 이주가 공식적으로 허용되지 않기 때문에 이주를 한다는 것은 곧 생명의 위험을 무릅쓰고 북한에서 '탈출'하는 것을 의미한다. 북한사회에서 탈북이 급증한 계기는 1990년대 중반의 경제난이다. 그 당시 북한 땅에서는 도저히 생계를 유지할 방도를 찾지 못했던 많은 주민이 국경을 넘어 중국을 비롯한 다른 사회로 나와 살아갈 방도를 모색했고, 그중 일부가 남한으로 건너왔다. 고난의 행군기를 지나 경제적 상황이 어느 정도 호전되고 국가 배급이 아니더라도 주민들 각자가 생존의 방도를 찾게 되자, 생계유지를 위한 탈북은 크게 줄어들었다. 그 대신 다른 이유에서 국경을 넘나드는 주민들이 늘어났고, 탈북의 동기와 의미가 다양해졌다.

2000년대 이전의 탈북이 식량난을 피해 양식을 구하는 생존을 위한 선택이었다면, 2000년 이후 탈북에는 좀 더 나은 경제적 삶의 모색, 체제에 대한 불만, 처벌 위험으로 인한 도피 등 삶의 질적 차원을 높이는 것과 관련된 동기가 작용한다.57) 북한주민들의 탈북은 동기 면에서 크게 두 가지 유형으로 나눌 수 있다. 첫째, 1990년대 중반과 마찬가지로 생활고를 해결하기 위한 탈북이고, 둘째, 정치적·경제적 측면에서 더 나은 삶을 추구하기 위한 대안으로서의 탈북이다. 이러한 상황에 대해 한 탈북자[58]는, 탈북을 선택하는 사람은 두 가지 부류가 있는데 "하나는 정말 먹고살기 힘들어서 뛴 사람들이고, 또 한 부류는 북한보다 더 동경하는 사회에 대해 알아서 뛴 사람들"이라고 말한다.

전자에 해당하는 사람은 주로 사회적 극빈층이다. 최근까지도 국가적 배급체계와 의료, 교육 등 기본적인 사회안전망이 원활하게 작동하지 못함에 따라 극빈계층의 생활고는 해결되지 않고 있다. 배급이나 임금으로 살아갈 수도 없고, 장사를 할 장사밑천이나 수단도 없는 극빈층 중에서도 가장 심각한 경우는 고리대로 빚을 지고 식량을 꾸어서 먹는 사람들이다. 보통 고리대는 이자가 월 30~40%에 달하며, 식량으로 갚을 경우 봄에 빌린 식량의 세 배를 가을에 갚아야 한다. 그렇기 때문에 한번 고리대에 의존하기 시작하면 나중에는 살던 집도 팔고 부랑자가 되거나 탈북하는 길을 택하게 된다.

후자의 유형은 북한사회에 대한 불만이나 외부 세계에 대한 동경, 후대 교육이나 더 나은 삶의 모색 등의 정치사회적 동기, 구직이나 경제적 부의 축적 등 경제적 동기에서 탈북을 하는 경우이다. 남한을 비롯한 외부 세계에 관한 정보 유입이 증가하면서 북한사회와 외부 세계를 비교하고, 더 자유롭고 풍요로운 삶을 살기 위해 탈북하는 경우가 증가하고 있다.[59] 일부 지식인 계층에

---

57) 최대석 · 조영주, 「탈북자 문제의 주요 쟁점과 전망」, ≪북한학보≫, 제33권, 제2호(2008), 93 ~ 96쪽.
58) 40대 여성, 민주여성동맹 선전대, 함경북도 온성 출신, 2008년 탈북.
59) 다음과 같은 탈북자(30대 여성, 의사, 함경북도 청진 출신, 2000년 탈북)의 증언이 그러한 예에 해당한다. "그렇게 넘어온 것들(남한 드라마) 많이 봤어요, 사실. 그걸 보고 저렇게 살고 싶다는 생각이 들어요. 너무 있잖아요, 세상에 저렇게 자유스럽고 그리고 모든 게. …… 북한에 있을 때도 저한테, 가정에서 내가 얘기를 해요, 너 참 답답하다고. 정부도 그렇고, 정말 있잖아 너무, 나란 존재가 너무 없으니까 답답하다고. 내가 하고 싶은 대로도 못하고, 막 말하고 싶어도 정말 참고 못하고. 그리고 부모자식 간이니까 막 이렇게 얘기를 했거든요. 우리 엄마, 아빠가 너 입조심하라고, 너무 조마조마해 가지고. 그러다가 어디 잡혀갈까 봐 무섭대요. 나가서는 안 그런데 부모님 앞이니까 얘기를 한다고. 나 좀 어디 있잖아 훨훨 날아갔으면 좋겠다고. 막 그렇게 얘기를 하고 그랬어요."

서는 자신이 갖고 있는 정보에 비추어 북한사회와 자신, 가족의 발전 전망을 평가해보고 더 나은 미래를 찾기 위해 탈북하는 경우가 나타나고 있다.[60]

그런데 모든 종류의 탈북이 북한사회로부터의 영구적인 탈출을 의미하는 것은 아니다. 일시적인 구직이나 경제적 이익 창출을 위해 탈북하는 주민들은 많은 경우 탈북을 체제에 대한 전면적 거부라기보다는 생존을 위한 일시적 월경으로 이해한다. 중국 등 제3국에 불법체류하고 있는 탈북자 중 상당수는 경제적 목표 달성 등 일정한 조건이 충족되면 다시 북한으로 돌아가기를 원하는 경우가 많으며, 실제로 적지 않은 사람이 탈북과 재입국, 재탈북을 반복하기도 한다. 이러한 유형의 탈북자들은 난민 또는 정치적 망명자로서의 특성보다는 지금보다 나은 경제적 조건을 찾아 국경을 넘는 이주노동자적 특성을 지닌다고 볼 수 있다.

북한사회로부터의 완전한 탈출이든 일시적인 대안의 모색이든, 또 정치사회적 동기 혹은 경제적 동기가 근본적 동기로 작용하든, 탈북은 북한사회에서 공식적으로 금지된 위법행위이며, 더군다나 탈북 후 남한을 비롯한 다른 나라로 이주하는 것은 형법상 반국가범죄에 해당하는 범죄행위이다. 그러나 대다

---

[60] 다음과 같은 탈북자들의 증언이 그러한 유형의 대표적인 사례를 보여준다. "사실 제가 탈북한 조건이 하나 있었는데 교육 조건, 이 나라는 안 되겠구나. …… 우리 같으면 자료가 먼저 들어오거든요. 제가 그때 보니까 안 되겠더라고요. …… 우리 같은 경우는 굶지 않았거든요. 그러니까 그때는 난 대학도 졸업하고 남들이 부러워하는 직업도 있고 배급도 타는. 근데 내가 생각한 게 우리 아이의 미래는 어디로 갈까? 이게 지금도 계속 생각, 그런 생각이. 자다가도 이거 내가 북한이 아닌가, 그 생각이 아직도 맺혀 있단 말이에요. 근데 내가 그때 느낀 게 나 만한 나이 때 이 아이의 능력은 얼마만큼 될까? 내가 보니까 장기전이더라고요, 북한하고 미국하고. 이건 내가 그저 뜨든가, 다른 방도는 없다"(40대 남성, 관리직, 평안남도 남포 출신, 2002년 탈북); "저는 북한에서 탈북하기 전까지는 이 사회가 곪을 대로 곪아가지고 이건 상처로 보았을 때 수술해도 고치지 못하는 이런 사회다, 한 5년 뻗치겠는가. 이렇게 생각했습니다. 북한 사회 있을 때는 다 썩었는데 꼭대기부터 밑에까지 다 썩었는데 협잡하는 것도 많고 간부들은 권력으로 사람들한테 그저 막 빼앗고, 그저 뭐 마약 하고 그렇게 썩은 사회라고 생각하고 저는 한 5년 가겠나 생각하고 탈북했습니다"(50대 남성, 무역회사 지도원, 함경북도 회령 출신, 2008년 탈북).

수의 북한주민들은 탈북을 국가를 배신하는 행위로 받아들이지 않는다. 북한 주민들도 탈북에 대해 "나라를 배반하고 갔다고 욕하는 사람들은 극소수"이고, 일반적으로는 "가겠으면 가고 오겠으면 오고, 그거에 대해서 관심이 크게 없다"고 한다. 오히려 최하층의 주민들은 "하루를 살아도 잘 먹고 잘 살다 갔으면 그렇게 하는 것도 옳다"고 인식하고 있다고 한다.[61]

대량탈북 사태는 곧 사회 내부가 그만큼 불안정하며 격렬한 사회적 변화가 발생할 수 있을 가능성을 예견하는 지표이다. 그러나 다른 한편으로 생계의 곤란과 사회적 불만을 북한사회 체제 자체의 변화를 통해 해결하기보다는 개인적으로 북한사회 외부로 탈출함으로써 해결할 수 있는 길이 열려 있다는 것은, 역설적으로 적절한 수준에서 탈북이 통제될 수만 있다면 북한 내부 체제의 안정적 유지에 도움이 된다는 것을 의미한다. 그렇기 때문에 북한정부도 북한 내부의 식량 사정과 대외관계 등에 따라 주민들의 탈북에 대해 일시적 묵인 · 방조와 강력한 단속을 오가는 대응을 하고 있다.

북한사회를 탈출하는 시도조차 하기 어려운 사람들은 자살이라는 극단적인 선택을 하기도 한다. 북한에서 자살은 국가 반역행위에 해당하기 때문에 금기시되지만, 생활고 등을 이유로 자살을 하는 사례가 종종 보고되고 있다. 최근 발생하는 주민들의 자살은 대부분 생활고가 주요한 원인이었지만, 이에 더하여 잘못된 정부정책이나 사회에 대한 항의 의사를 명백히 드러내는 경우도 있었다. 김일성, 김정일 관련 사적지에서 자살을 하는 경우가 그 대표적인 예이다. 2010년 2월, 함경북도 회령시의 김정숙 사적지에서는 한 노동자가 화폐개혁 이후 심화된 생활고로 인해 자살하는 사건이 발생했다. 이 사건 이후 그가 정치에 대한 불만 때문에 사적지 안에서 죽음을 택했다는 소문이 일대 주민에게 유포되었다고 한다.[62] 2008년 가을, 황해북도 봉산군에서 생활고로

---

61)   40대 여성, 민주여성동맹 선전대, 함경북도 온성 출신, 2008년 탈북.
62)   좋은벗들, ≪오늘의 북한소식≫, 제334호(2010.3.2).

인해 자살한 한 노인은 자살하기 전에 마을 사람들이 모인 자리에서 자신이 기거하던 움막을 아무 대책도 없이 강제로 철거한 당국에 강한 불만을 제기했다고 한다. 이 노인의 죽음으로 인해 황해북도 당에서는 각 지역의 철거민 실태를 파악하고 살림집 건설 및 입주 대책을 강구했다고 한다.[63] 한 노인의 죽음에 이르는 회피 저항이 자신과 같은 처지에 있는 몇몇 주민의 삶의 터전을 마련해준 것이다.

3. 일상적 저항의 제도적 토대

북한주민들의 저항은 왜 '일상의 저항' 형태로 나타나는가? 이에 답하기 위해서는 북한사회에서 가능한 저항의 형태를 규정짓는 사회구조적 특성은 무엇인가에 대한 고찰이 필요하다. 저항의 형태에 영향을 미치는 구조는 단순히 사회통제 제도나 기구만을 의미하는 것이 아니다. 그것을 포함하여 특정한 사회구조 아래에서 주민들의 저항 경험이 역사적으로 어떻게 구조화되어왔는가에 대한 고찰이 필요하다. 그러나 이를 본격적으로 다루기 위해서는 별도의 깊이 있는 연구가 필요하기에, 이 글에서는 제도적 측면의 특성을 중심으로 살펴보도록 한다.

저항의 형태에 영향을 미치는 가장 중요한 구조적 요인 중의 하나는 지배집단의 억압 수준일 것이다. 강제적이고 폭력적인 억압이 일상화되어 있는 사회에서는 탄압을 불러일으킬 수 있는 공개적 저항의 대안을 찾는 것이 쉽지 않다. 저항에 대한 탄압이 일상화된 사회에서 자신의 안전을 도모하는 가운데 저항 의사를 표현하거나 저항의 의도를 관철시킬 수 있는 가장 효과적인 방법

---

63) 좋은벗들, ≪오늘의 북한소식≫, 제210호(2008.9.12).

은 저항의 주체를 드러내지 않는 소극적 방식의 은밀하고 모호한 일상의 저항이다. 저항과 복종의 경계가 불명확한 익명의 저항행위는 공개적 저항행위에 비해 저항 정도의 측정과 처벌의 적용이 어렵기 때문이다.

일반적으로 가장 강력한 억압은 형벌제도, 경찰, 군대 등 강제와 물리적 폭력을 동반한 것이다. 이는 북한의 경우에도 동일하게 적용된다. 북한은 비대한 억압적 국가기구(Repressive State Apparatus)를 통해 저항에 대한 처벌의 공포를 조장하고, 표면에 드러난 사회적 저항행위를 처벌한다. 경찰을 비롯한 감시조직의 활발한 활동, 정치적 행위를 금지하는 법률, 예비적 저항행위에 대한 경고, 허용 가능한 저항의 선을 넘은 사람들에 대한 체포와 처벌 등을 통해 공개적 저항의 가능성을 최소화시킨다.

북한에서 주민 통제를 위해 물리적 억압을 수행하는 대표적인 조직은 당, 국가안전보위부, 인민보안부이다.[64] 당은 김일성과 김정일의 지도력을 옹호하고 행동으로 옮기는 핵심적인 역할을 하며, 당원은 주민들을 통제하고 김정일에 대한 충성을 동원한다. 국가안전보위부는 반김정일 등 반혁명 세력, 정치범을 색출하고 처벌하는 임무를 띠며, 정치범 수용소를 관리한다. 국가안전부위부의 역할은 반당·반체제 주민, 사상적 이단자, 간첩, 반정부행위자 등에 대한 감시와 색출, 특정지역 내 주민들의 동향 감시, 공항·항만 등의 출입통제, 수출입품 검사와 밀수·밀매 단속, 해외정보 수집 및 공작, 정치범수용소 관리, 김정일 및 고위 간부 호위 등이다. 특히 김정일 우상화 작업과 체제유지는 이 기관의 중요한 역할이다.[65] 인민보안부는 주로 일반 범죄를 관할

---

64) 북한 당국은 2010년 4월에 인민보안성을 인민보안부로 개편하여 주민 통제기구로서의 위상을 강화했다. 또한 주민들의 도강과 탈북이 증가하여 거주지 파악에 어려움이 있고 이를 뇌물로 무마하는 사례가 증가함에 따라 인민보안성 산하 주민등록처를 2010년 1월에 국가안전보위부로 이관하고 주민등록 재확인사업을 통해 행방불명자·탈북자 파악활동을 강화했다.

65) 김종욱, 「북한의 정치 변동과 '일상의 정치': '김정일체제' 이후」, ≪북한연구학회보≫, 제11권, 제4호(2007), 16쪽.

하는 반면, 정치 범죄는 국가안전보위부에서 관할한다.

인민보안부는 일상생활에서 비사회주의적 요소를 색출하고 감시하는 역할을 수행한다.[66] 주민들과 직접적인 접점을 형성하면서 주민 통제에서 일선 업무를 담당하는 인민보안부의 임무는 매우 광범위하다. '혁명의 수뇌부'로 일컬어지는 수령옹호보위, 조선노동당과 북한정권의 보안사업옹호 보위, 인민의 생명과 재산 보호, 치안질서 유지 등이 기본 업무이다. 인민보안부는 또한 체제 및 정권 수호를 위해 주민들의 사상 동향을 감시하는 업무를 수행하며, 최근에는 시장 요소의 확산과 외부문화 유입에 따른 비사회주의적 일탈행위와 범죄를 적발하기 위한 업무를 국가안전보위부 등과 합동으로 진행하고 있다. 인민보안부는 중앙에 인민보안부, 각도·직할시 보안국, 시·군·구역 보안서, 리·동 단위의 분주소로 조직되어 있으며, 2003년 기준으로 약 31만 명의 인원으로 구성되어 있다.[67]

당, 국가안전보위부, 인민보안부 등 통제 조직은 주민들 속에서 일상적인 감시와 통제 업무를 수행하기 위해 직장별, 조직별로 정보원을 두고 있다. 각 기관에서 파견된 기관원이 아니라 일반주민 중에서 출신성분이 좋은 사람들에게 비밀리에 임무를 부여하여 정기적으로 주민동태 보고서를 제출하도록 한다.[68] 정보원 조직은 비밀리에 이루어지기 때문에 감시의 주체를 알 수 없는 가운데 주민들의 행동에 대한 일상적 감시와 통제가 이루어지는 것이다.

또한 북한에서는 형법을 비롯한 각종 법률과 형사처리 기제를 통하여 일반 주민들의 저항행위를 단속한다. 형법에서는 다양한 공개적 사회저항을 '반국가 및 반민족범죄'로 규정하고, 이에 대해 무거운 형벌을 가한다. 2004년 개정

---

66) 이금순·김수암, 『북한인권 침해 구조 및 개선전략』(서울: 통일연구원, 2009), 66~68쪽.

67) 전현준, 『북한의 사회통제 기구 고찰: 인민보안성을 중심으로』(서울: 통일연구원, 2003), 23~27쪽, 39쪽.

68) 이금순·김수암, 『북한인권 침해 구조 및 개선전략』, 68쪽.

형법의 '반국가 및 반민족범죄' 조항을 보면, "반국가목적으로 정변, 폭동, 시위, 습격에 참가했거나 음모에 가담한 자, 반국가목적으로 간부들과 인민들을 살인, 랍치했거나 그들에게 상해를 입힌 태로 행위를 한 자, 반국가목적으로 선전선동행위를 한 자, 공민이 조국을 배반하고 다른 나라로 도망쳤거나 투항, 변절했거나 비밀을 넘겨준 조국반역행위를 한 경우, 반국가 목적으로 파괴, 암해행위를 한 자, 공화국과 다른 나라와의 관계를 악화시킬 목적으로 공화국에 체류하는 다른 나라 사람의 인신, 재산을 침해한 자" 등을 반국가범죄 행위자로, "조선민족으로서 제국주의의 지배 밑에서 우리 인민의 민족해방운동과 조국통일을 위한 투쟁을 탄압했거나 제국주의자들에게 조선민족의 이익을 팔아먹은 민족반역행위를 한 자" 등을 '반민족범죄'행위자로 규정하고 있다. 또한 반국가 및 반민족 범죄에 대한 은닉죄, 불신고죄, 방임죄도 별도로 명시했다. 이와 같은 범죄에 대해서는 5년 이상의 로동교화형에 처할 수 있으며, 죄질이 무거운 경우 무기로동교화형 혹은 사형 및 재산몰수형을 선고할 수 있도록 하고 있다.

이외에도 「사회안전단속법」을 통해 '반국가 및 반민족범죄'보다 경미한 일상의 저항 범주에 속하는 일탈행위에 대한 처벌을 규정하고 있다. "사회질서를 문란시키는 행위(제8조), 국가의 정치적 안전에 위험을 주는 행위(제9조), 설비, 원료, 자재, 생산물의 부실 관리, 유용, 낭비, 불법 처분, 계획 허위 보고, 수출입질서 위반행위(제10조), 상품의 불법 판매행위 등 상업 질서 위반행위(제11조), 외화벌이, 외환관리질서 위반행위(제12조), 무단결근, 노동시간 미준수 등 노동행정질서 위반행위(제13조), 퇴폐적인 음악, 춤, 그림, 사진, 도서, 녹화 · 녹음물의 불법적 유입, 복사, 유포행위(제14조), 패싸움, 공공시설물 파손 등 사회공중질서를 위반하는 행위(제15조) 등이 「사회안전단속법」으로 규제된다.[69]

저항행위를 규제하고 처벌하는 각종 법률이 자의적으로 해석되고 적용될 수 있다는 점 또한 주민들의 공개적인 저항을 어렵게 하는 요소로 작용할 수 있다. 북한에서는 2004년 형법 개정에서 유추해석 조항을 삭제하고 죄형법정주의를 형법상으로 사실상 수용함으로써 형사처리과정에서 자의성을 완화할 수 있는 조치를 취했다. 범죄조항을 세부적으로 명시하고 범죄의 구성 요건을 명확히 하는 조치를 취함으로써 자의적 해석이 감소될 수 있는 방향으로 법률을 개정한 것이다. 그럼에도 여전히 일반 범죄에 대해 사회적 교양을 위주로 하고 법적 제재를 결합한다고 규정하고 있어, 사회적 교양 처분과 법적 제재를 결정하는 판단 기준의 모호성이 남아 있다. 또한 기본적으로 정치적 요소의 영향에 의한 자의적 해석의 여지는 여전히 크다고 볼 수 있다.[70]

실제 법을 적용하는 과정에서는 더욱 문제가 많아 정당한 법 절차를 거치지 않고 피의자를 구금하거나 고문을 자행하는 등 비인간적인 처우가 만연하다. 일반 형사범은 대부분 심의와 재판 절차를 밟아서 교화소에 보내고 있으나, 정치사상범은 사법기관인 검찰소나 재판소에서의 재판과정을 거치지 않고 국가안전보위부가 비공개, 단심제로 형벌을 결정하고 있다. 특히 김일성·김정일의 교시나 당의 정책을 어겼을 때는 처벌의 가혹함을 주민들에게 주입시키기 위해 범죄 용의자의 초보적 인권까지 유린하고 있는 것이다.[71] 공개재판과 처형도 적절한 사법절차를 거쳐서 이루어지기보다는 '반국가 범죄'에 대한 사회적 경종을 울리기 위해 특정 시기 집중적으로 실시하는 경향이 있다. 적법한 절차를 거치지 않고 주민들 앞에서 드라마틱하게 연출되는 공개재판과 처형은 금지된 행위의 대가로 받게 될 처벌에 대한 공포를 극대화시킴으로써 저항을 미연에 방지하는 효과를 갖는다.

범죄자 수용시설로는 인민보안부 산하에 각 시·군마다 집결소를 두고, 각 도에는 교화소가 있다. 집결소에는 수사가 진행 중인 범죄가담자나 6개월 미

69) 김수암, 『북한의 형사법제상 형사처리절차와 적용 실태』(서울: 통일연구원, 2005), 67~69쪽.
70) 같은 책, 143~137쪽.
71) 박영호·김수암·이금순·홍우택, 『북한인권백서』(서울: 통일연구원, 2010), 90, 117쪽.

만의 경범죄자, 교화소에는 1년 이상 15년 미만의 중범죄자를 수감하고 있다. 1956년 이후 정적을 숙청하는 과정에서 처형을 면한 대상자들을 산간오지에 집단수용하여 특별 관리해왔으며, 1966년 4월부터 새로운 성분 분류에 따라 적대계층을 특정지역에 집단수용하기 시작했다. 특히 반체제 범죄행위자들은 정치범수용소에 수용하고 있다.[72] 북한의 정치범수용소는 함경남도, 함경북도, 평안남도, 평안북도 및 자강도 등 동북부 지역에 설치되어 있으며, 수용인원은 약 20만 명으로 추정된다. 북한주민들은 정치범수용소가 일인·일당독재체제에 위배되는 행동이나 발언을 하는 주민들을 '정배살이'를 시키는 곳이라고 인식한다.[73] 저항행위를 한 당사자뿐만 아니라 그 가족들까지도 사회로부터 격리된 채 평생 인간답지 못한 삶을 살게 된다는 공포는 반체제 혐의를 받을 수 있는 말이나 행동을 표출하지 못하게 만드는 주된 요인으로 작용한다.

지배계층은 물리적 폭력 이외에도 학교와 같은 각종 이데올로기적 국가기구를 통해 주민들의 의식구조를 형성하고 사회통제를 지속한다. 이는 억압적인 국가기구가 제공하는 엄폐물 뒤에서 이루어진다.[74] 북한은 강제적 국가기구뿐만 아니라 이데올로기적 국가기구 또한 다른 어떤 사회 못지않게 정교하게 발달되어 있다. 북한 당국은 학교 등의 교육기관, 언론 및 출판, 문화적 제도 등을 통해 지배적 규칙에 대한 동의를 창출하고, 주민들이 자신의 고유한 생각과 신념체계를 형성하는 것을 방지하는 상징적 풍토를 조성한다. 핵심적인 이데올로기적 국가기구인 교육기관, 언론매체뿐만 아니라 주민들과 직접 접촉하고 그들을 장악하고 있는 당 기구, 대중단체, 기업소와 협동농장 등 생산단위들이 이데올로기적 국가기구로서 중요하게 작동하고 있다. 주민들이

---

72) 통일연구원, 『2009 북한 개요』(서울: 통일연구원, 2009), 338쪽.

73) 박영호·김수암·이금순·홍우택, 『북한인권백서』, 120쪽.

74) 마이클 애플, 『교육과 이데올로기』, 박부권·이혜영 옮김(서울: 한길사, 1985), 13쪽.

일상생활을 영위하는 일터와 마을에서 당, 대중단체, 생산조직이 결합되어 사회의 안정적 유지에 필수적인 이데올로기 재생산 기능을 수행하고, 이를 통해 주민들의 적극적 저항행위를 사전에 예방한다.

집단적이고 적극적인 저항행위에 대한 예방은 학교나 대중단체와 같은 이데올로기적 통제기구와 공식적 제도뿐만이 아니다. 주민들이 일생에 걸쳐 치르고 접하는 각종 의례와 문화적 상징은 일상생활에서 공식적 규범을 자연스럽게 체화하도록 만든다. 정병호는 클리퍼드 기어츠(Clifford Geertz)의 극장국가(theater state) 개념을 원용하여 북한체제를 분석했는데,[75] 그에 의하면 북한의 정치체제는 훨씬 폭넓은 영역에서 상징과 의례를 통해 정통성과 권위를 재생산하면서 일상적인 동의와 동원을 이끌어내는 상징권력에 기반을 둔 극장국가체제이다. 북한주민의 일상은 아침마다 지도자의 얼굴이 새겨진 배지를 가슴에 '모시고' 벽에 걸린 사진에 인사를 하는 상징적인 의례로 시작된다. 또한 그들의 일생은 극장국가 북한의 상징체제의 일원으로 사회화되는 '통과의례(rite of passage)'와 '순례(pilgrimage)'의 과정이기도 하다. 북한주민들의 일상과 일생을 통한 상징적 의례·행사는 수령과 국가와 민족과 자신의 운명을 동일시하는 믿음 체계를 내면화시킨다. 다른 한편으로, 그들은 극장국가의 상징적 공연에 배우와 관객으로 직접 참여하는 화려한 경험과 그와는 현격히 대비되는 어려운 일상생활의 경험을 되풀이하면서 '공적-사적 영역'과 '공식-비공식' 상황을 '구획화'하는 행동패턴을 익힌다.[76] 상징적 의례를 통해 지배계층의 신념체계를 수용하고 내면화한다는 측면뿐만이 아니라, 주민들이 일생을 통해 상징적 공연에 참여하는 과정 자체가 곧 공적·공식적 영역에서 자신이

---

75) 극장국가는 물리적 강제력보다 주기적으로 의례화된 공연의 연출 등 상징적 권력에 기반을 둔 정치체제를 의미한다(정병호, 「극장국가 북한의 상징과 의례」, ≪통일문제연구≫, 제54호(2010), 3쪽.

76) 같은 글, 33~34쪽.

연출해야 하는 행위와 무대 뒤에서 은밀하게 사적이고 비공식적으로 수행할 수 있는 행위의 구분을 형성하고 재생산한다는 사실이 중요하다.

1990년대 중반의 경제난으로 이데올로기적 국가기구를 통한 통제는 한동안 상당히 이완되었다. 당과 근로단체의 생활총화와 정치교육의 출석률이 급격하게 저하되고 회의와 교육도 형식적으로 진행되었다. 이완이 최고조에 달했던 1990년대 후반~2000년대 초반을 거쳐 2000년대 중반기에 들어서면서 정치교육 체계가 재정비되고 통제도 강화되고 있지만, 이미 주민의 삶을 책임지지 못하는 국가에 대한 불신과 시장화 확산이 가져온 다른 방식의 삶에 대한 기대는 이데올로기적 국가기구의 효과성을 크게 떨어뜨렸다.[77] 이와 같이 이데올로기적 국가기구의 영향력이 축소되는 것이 북한주민들의 저항의 정도와 형태에 미치는 영향에 대해서도 세밀한 고찰이 필요하다.

---

[77] 정치교육 강화 추세에도 조직생활이나 정치교육은 경제난 이전과 같은 정도로 복구되지 못하고 있다. "10년간 조직생활을 하지 않았다"는 사람부터 "한 달에 한 번씩 얼굴 보이고 돈을 주고" 생활총화 참석을 대신하는 사람, "참여하기 싫어서 기어서 간다"는 사람에 이르기까지 참여도의 스펙트럼은 다양하다. 정치교육과 생활총화가 진행된다고 하더라도 충실하게 이루어지지 못했다. 함경북도 농촌지역에서 2005년 말까지 조선농업근로자동맹 강사로 일했던 한 북한이탈주민은 당시 정치학습이나 생활총화의 평균적인 참석률이 50% 이하였다고 증언한다. 생활총화 회의 대신 각자 생활총화 내용을 적어서 제출하라고 해서 검열을 대비한 기록만 남기는 경우도 있고, "위원장이 그냥 한마디 하고는 그냥 사는 얘기, 수다를 앉아서 떨다가 오는" 경우도 많다고 한다. 2007년 기준으로 한 달에 몇천 원에서 1만 원 정도를 내면 민주여성동맹 등의 조직생활에 불참하는 것을 허락받을 수 있다는 증언도 있다(40대 여성, 사무직, 평안북도 출신, 2006년 탈북; 40대 여성, 농장원, 함경북도 청진 출신, 2005년 탈북; 40대 여성, 노동자, 함경북도 회령 출신, 2007년 탈북; 40대 여성, 교원, 함경남도 함흥 출신, 2005년 탈북; 70대 남성, 의사, 함경북도 출신, 2007년 탈북; 40대 남성, 기업소 관리자, 함경북도 출신, 2004년 탈북).

4. 일상의 저항과 북한체제 변화와의 관계: 두 가지 쟁점

북한주민들의 일상의 저항은 북한체제에 어떠한 영향을 미칠 것인가? 이 질문과 관련하여 일상의 저항이 북한체제의 유지에 기여하는가, 변화에 기여하는가 하는 문제와 시장화의 확산이 주민들의 저항에 어떤 영향을 미칠 것인가 하는 점을 살펴보도록 하겠다.

1) 일상의 저항은 북한체제의 유지에 기여하는가? 변화에 기여하는가?

'일상의 저항이 북한체제의 유지에 기여하는가? 변화에 기여하는가?'라는 질문에 답하기 위해서는 우선 일상의 저항의 특성을 확인해야 한다. 생존전략 차원의 저항행위는 동시에 체제순응행위이기도 하다는 이중성을 지닌다. 또한 행위자 개인의 삶에서 체제에 대한 저항, 수동적 합의, 참여의 요소가 명확하게 나뉘지도 않는다. 린 비올라(Lynne Viola)는 스탈린 집권기의 소련 사회에 대한 분석을 통해 스탈린 집권기 주민들의 저항은 "스탈린주의에 대한 사회적 대응이라는 광범위한 연속체의 일부일 뿐이며, 사회활동상의 대응에는 수용, 적응, 순응, 무관심, 내면으로의 도피, 기회주의, 적극적 지지가 망라되어 있으며, 이러한 태도들은 시간이 흐름에 따라 한 개인의 내부에서도 변할 수 있다"고 지적한 바 있다.[78] 북한주민의 일상의 저항 역시 명료하고 적극적인 저항이기보다는 부분적 협력과 동조, 순응, 타협, 묵인, 유보적 회의[79]의 태도와 무시, 거리두기, 거부, 항의 등의 일상적 형태의 저항이 혼재

---

78) Lynne Viola(ed.), *Contending with Stalinism : Soviet power and popular resistance in the 1930s*(Ithaca: Cornell University Press, 2002), p.1.

79) '유보적 회의'는 뤼트케가 나치 지배하의 노동자들의 일상을 분석하면서 사용했던 용어로, 노동자들이 일상에서 가급적 정치와는 거리를 두고 독자적인 자기 영역을 구축하며 자신의 개인적 이익을 추구하고 욕구를 만족시키려는 태도를 의미한다(알프 뤼트케. 「붉은 열정」이 어디

하는 모습을 띤다.

또 한 가지의 특징은 생산과 재생산의 영역에서, 행위와 사회적 관계와 의식의 차원에서, 지배와 일상의 저항은 편재해 있고 동시적으로 작동한다는 것이다. 지배가 있는 곳에 저항이 있다. 저항의 목적은 국가체제 또는 지배관계 자체의 변화라기보다는 생존의 안전 확보, 의식주 보장, 적절한 소득 등 더 즉각적인 일상적 요소의 개선이거나 일상생활의 유지와 생존이다. 일상의 저항은 '아무것도 아닌 것'이 아니지만, 또한 모든 일상의 저항이 조직적 반체제행위 이전 단계 또는 사회운동의 맹아인 것도 아니다.

일상의 저항에 대해 국가권력은 다양한 방식으로 대응한다. 주민들의 자발적 순응을 유지하기 위해 현실적 기대에 부분적으로 부응하거나 순응에 대한 긍정적 인센티브를 강화할 수도 있고, 개별적 저항을 물리력을 이용해 효과적으로 분쇄하는 동시에 강압적 통제 혹은 이데올로기적 통제를 강화할 수도 있다. 주민들의 입장에서는 작은 승리를 얻을 수도 있고, 단기적으로 억압구조의 악화라는 의도하지 않은 결과를 얻을 수도 있다. 어떤 대응이든 간에 일상의 저항은 국가의 정책 선택지를 변화시키거나 좁히는 결과를 가져온다.[80]

거시적 사회구조의 변화에 미치는 일상의 저항의 영향은 단선적인 것이 아니다. 일상의 저항은 단기적·국지적으로는 사회의 불안정을 증가시키는 요소이지만, 이것이 반드시 북한체제를 위협하는 요인으로 작용한다고 볼 수는 없다. 일상의 저항은 한편으로는 지배집단의 의도를 교란시키고 지배전략의 효과성을 떨어뜨림으로써 북한체제의 성격을 변형시키고, 경우에 따라 급격한 사회 변화를 일으킬 수 있는 잠재요소가 될 수 있다. 소련의 체제전환과정에서 볼 수 있듯이 특정한 역사적 조건하에서 사회체제를 변화시키는 원동력이 되거나 변화의 촉진요인으로 작용할 수도 있다. 일상의 저항의 경험이 광

있었던가?」, 『일상사란 무엇인가』, 나종석 옮김(서울: 청년사, 2002), 368쪽].

80)   J. Scott, *Weapons of the Weak: Everyday Forms of Peasant Resistance*, pp. 34~36.

범위하게 공유되면, 저항행위와 경험을 공유한 집단이 이에 부여하는 의미가 지속적으로 상호작용하면서 상승작용을 일으킬 가능성이 있다. 고립된 일상적 저항과 비판은 개인적 불만과 환상에 그칠 뿐이지만, 그것이 집단화되면 공개적 저항행위와 변화의 대안을 모색하는 방향으로 나아갈 수도 있을 것이다. 현재 북한의 상황에서 제한된 수준의 개혁개방이 진행되면서 공개적 정치행위에 대한 법적 보호가 이루어지거나 비민주적인 강제적 억압기구가 축소되는 등 사회적 민주화가 점진적으로라도 이루어질 경우, 또는 이와 반대로 과도한 억압과 물질적 빈곤의 심화로 인해 주민들이 "더 이상 자신의 일상성을 지속시키지 못할 때"[81] 일상의 저항의 양질전환이 시작될 수 있을 것이다.

그러나 이와 반대로 일상의 저항은 장기적·총체적 측면에서 오히려 체제를 안정시키는 요소로 작용할 수도 있다. 주민들이 생존을 도모하는 과정에서 벌어지는 다양한 형태의 일상의 저항은 국가가 완전히 담보하지 못하는 주민들의 생계 보조와 고용 창출, 심리적 불만 해소 등의 사회적 기능을 하기 때문이다. 북한의 경우 다양한 일탈행위는 최소한의 생계유지와 일상생활에서의 욕구 충족의 통로로 작용한다. 일상의 저항이 사회주의체제와 강압적 사회 통제의 구조 속에서는 생존할 수 없는 사회적 행위자들의 숨구멍을 트이게 함으로써 체제 변화의 안전판을 마련하는 것이다. 오히려 지배집단이 체제의 유지에 크게 위협이 되지 않을 정도의 일상의 저항의 가능성을 열어놓음으로써 저항의 정치적 진화를 성공적으로 차단할 수도 있다. 북한 당국이 비공식적·비

---

81) 특정의 생산관계 안에는 생산과 소비, 구조와 상부구조, 인식과 이데올로기 사이에 일시적이고 잠정적인 균형인 피드백이 있다. …… 일상생활은 이 피드백의 사회적 장으로서 정의된다. 흔히 무시되고 있는, 그러나 결정적인 이 장은 두 개의 측면에서 모습을 드러낸다. 즉, 그것은 잔재(사회적 실천으로부터 抽象해낼 수 있고, 또 고찰의 대상인 특정의 미세한 행위들의)이고 사회 전체의 생산물이다. 균형의 장이고, 동시에 불균형의 위협이 노정되는 장이다. 이렇게 분석되는 사회 안의 사람들이 더 이상 자신의 일상성을 지속시키지 못할 때, 그때 혁명이 시작된다. 오로지 그때만이다. 사람들이 일상생활을 영위할 수 있는 동안 예전의 관계는 언제나 재형성된다[앙리 르페브르, 『현대세계의 일상성』, 박정자 옮김(서울: 기파랑, 2005), 90~91쪽)].

합법적 활동과 행위를 일정한 한계 내에서 묵인하거나 허용하는 한편, 이러한 상황이 지나치게 확산되어 체제전복적 기능을 수행하지 않도록 끊임없는 이데올로기적 통제와 제도적 규제를 가하는 것은 이 때문이다.

일상의 저항의 이중성과 편재성으로 인해 체제의 안정과 붕괴 사이의 간격은 그다지 크지 않다. 일상적 저항이 궁극적으로 체제에 어떤 방향의 영향을 미치게 될지는 주민들의 개별적 저항의 경험이 공유되는 구조를 창출하려는 시민사회의 힘과 이를 효과적으로 방지하고 분쇄하는 국가의 능력 간의 균형에 달려 있다.

2) 시장화의 확산은 북한주민들의 저항에 어떻게 작용할 것인가?

북한주민들의 일상의 저항이 이루어지는 행위공간 중 가장 공적인 특성이 강한 행위공간은 시장이다. 일반적으로 일상의 저항이 주로 사적인 공간에서 다른 행위자와 별다른 상호작용이 없는 가운데 개별적으로 이루어지는 데 비해, 시장이라는 공간에서 이루어지는 사적 담론이나 소문의 교환은 사회적 상호작용을 전제한 것이라는 점에서 차이가 있다. 시장에서는 때때로 비순응이나 거부 형태를 넘어 항의 형태의 저항이 이루어지며, 이러한 저항이 상황에 따라 집단적 항의로 발전되기도 한다. 저항의 내용 또한 상거래행위 단속에 대한 항의와 함께 당국의 경제적 조치나 정책에 대한 불만과 비판을 포함하고 있다. 이와 같은 점을 고려할 때 향후 북한주민들의 저항 양상이 어떻게 진화할 것인지 방향을 결정짓는 데, 여론 소통의 장이자 주민들 간의 관계망 확장의 장인 시장의 역할에 주목할 필요가 있다.

경제난 이후 자생적 시장화가 진행되는 과정에서 당 조직, 근로단체, 인민반 등과 같은 공식적 관계망은 상당히 약화되었고, 사적 인맥과 같은 비공식적 관계망이 이를 대체했다. 현재 북한에서 발전하고 있는 사적 관계망은 시장의 상거래관계를 중심으로 하는 새로운 질의 관계망이다. 이는 기본적으로 혈연을 중심으로 한 연고관계라는 전통에 기반을 두고 있는 관계이지만 경제적 이득이라는 근대적 관계 속에서 작동하고 있다는 점에서 이중적이다.[82]

시장 중심의 관계망은 북한 내에서 각종 정보가 생산되고 유통되는 네트워크의 기본 구조를 형성한다. 가내 수공업품 생산자, 원료 제공자, 도소매상인, 외국과의 무역업자, 시장과 거래하는 공장과 기업소의 담당자 등 시장을 중심으로 상행위에 연결되어 있는 각각의 주민들이 이 사회적 연결망을 구성하는 기본적인 노드(node)들이다. 이들 간의 거래관계는 연결선이 되고, 시장은 점과 선이 만나 형성하는 새로운 관계의 면을 구성하는 장이 된다. 시장이 설치되어 있는 각 지역 사이를 중간상인들이 오가면서 북한 시장경제의 전국적 네트워크를 형성한다. 이 선을 따라 상품과 함께 각 지역의 소식과 정보가 이동하고, 그것은 전국 각지에 퍼져 있는 관계망의 면, 즉 시장을 통해 끊임없이 공유되고 유통되고 갱신된다. 한 탈북자는 지역상인들을 통해 전달되는 정보의 전달 속도는 상상할 수 없을 정도로 빠르다고 말한다. 중국으로 수출하는 농토산물의 가격이 해관에서 해안지역과 산골마을에 전달되는 데 하루면 충분하다는 것이다. 이 연결망은 주로 사람을 통해 연결되는 것이기 때문에 시장가격만이 아니라 각 지역의 동향, 정부정책에 대한 주민들의 불만과 유언비어 등도 같이 전달된다.[83] 각 지역에 산재한 시장에서 사회적 네트워크를 이루는 무수한 점과 선이 만나고 진화한다. 시장은 사적 담론이 형성되는 공간이자, 공론화된 사적 담론이 사적 관계망의 공간적 확장을 통해 전국적으로 확산될 수 있는 가능성의 공간이다.

특히 우리가 주목해야 할 것은 북한주민들에게 시장은 무엇보다 국가권력에 대항하여 자기 공간의 형성을 상징적으로 체험하는 데 중요한 공간이라는

---

82) 이우영, 「북한체제 내 사적 담론 형성의 가능성: 공적 담론 위기를 중심으로」, 137쪽.

83) 이교덕 · 김국신 · 조정아 · 박영자, 『북한체제의 행위자와 상호작용』(서울: 통일연구원, 2009), 116~118쪽.

점이다. 시장에서 주민들은 일상에서는 접할 수 없는 정보의 유통에 참여하고, 세속적인 권력과 규칙의 강제성에 대한 저항과 도전을 시도한다. 장터와 장터 바깥의 공간은 공권에 의한 질서와 규범을 두고 판이하게 나뉜다. 즉, 장터 안에서는 일상세계를 지배하는 국가권력과 법규, 규범문화가 무시된다. 일상을 지배하던 규범과 비일상적 세계의 엄격한 경계선은 모호해진다. 이러한 시장의 의미와 기능 때문에 국가는 시장의 분위기에 주목하며 시장에서 교환되고 거래되는 물자의 내용과 규모에 관여하려 든다. 곧 시장은 국가와 사회가 만나는 접점이며 가장 은밀하고도 심각한 긴장과 경쟁을 벌이는 공간이다.[84] 이러한 점에서 시장은 주민들의 개별적인 일상의 저항이 집단적 의미를 지니는 것으로 진화하는 발원지가 될 가능성이 있다.

다른 한편으로 시장관계가 확산됨에 따라 사회적 관계의 원자화가 진행되고 개개인은 소비생활을 비롯한 사적 공간으로 침잠하여, 저항행위에 필수적인 유대관계의 형성이 차단될 가능성도 있다. 외부세계와의 접촉면 확대와 시장관계 확산이라는 사회적 변화는 한편으로는 국가와 주민의 심리적 분리를 초래했고, 다른 한편으로는 욕망을 실현하기 위한 정신적·물질적 자원을 제공함으로써 북한주민의 내면에 억압되어왔던 사적 욕망을 일깨우고 표출시키는 계기로 작용했다. 시장을 비롯하여 개인 식당, 당구장, 노래방, PC방 등 시장화와 함께 새롭게 출현하거나 번성하고 있는 사회적 공간은 주민들의 욕망이 표출되고 공유·교환되고 사회적으로 인지되는 곳이다.

시장의 확대는 돈만 있으면 기존에는 얻기 어려웠던 다양한 상품을 구할 수 있는 합법적인 통로를 보장함으로써 주민들의 소비 욕구를 창출하고 충족시키는 결과를 가져왔다. 시장의 활성화와 상거래 공간의 확대로 인해 일부 계층의 생활수준은 상당히 높아졌고, 이는 소비 욕구의 분출과 소비 수준의 향

---

84) 김광억, 「중국연구를 위한 인류학적 패러다임 시론: 문화접점론과 국가-사회의 관계를 중심으로」, ≪국제·지역연구≫, 제11권, 제3호(2002), 39~40쪽.

상으로 이어졌다. 소비의 욕구는 먹는 것, 입는 것, 주거 공간을 꾸미는 것 등으로 표현되었다. 현재 북한주민들은 경제적 능력에 따라 상당히 다른 소비양상을 보이며, 특히 경제적 상층의 경우에는 고급 소비주의 행태가 나타나고 있다. 이는 새로이 형성되는 경제적 불평등체계 내에서 하층에 대하여 우월한 '경제적 지위'를 과시하기 위한 자기차별화 전략의 일환이다.[85] 계획경제와 배급제하에서 물자의 제한과 결핍은 소비를 통해 자신을 다른 사람과 차별화할 수 있는 가능성을 극히 제한된 계층에 한정시켰다. 시장의 팽창은 집단주의적 방식의 소비생활에서 억제되었던 차별화된 소비 욕구를 충족시킬 수 있는 물질적 조건을 형성했고, 이로 인해 자신의 경제적 부나 사회적 지위를 물질적 상징의 소유를 통해 확인하고 과시하고자 하는 주민들의 욕망이 차별화된 소비 행태를 통해 드러나게 된다. 소비생활의 팽창과 소비를 통한 사회적 지위의 과시행위는 사회주의 체제전환기 또는 개혁개방이 이루어지고 있는 사회주의 국가에서 일반적으로 볼 수 있는 현상이다. 경제난 시기에 가장 낮은 차원의 '생리적 욕구'와 '안전의 욕구'를 충족하는 데 급급했던 북한주민들에게, 2000년대 이후 날로 확장되는 시장공간은 다양한 욕구를 표현하고 창출하는 장이 되었다. 그뿐만 아니라 이전 시기에는 좋은 출신성분을 가진 특정 계층의 주민들에 한해 혁명적 담론의 틀 내에서만 충족될 수 있었던 '자존감의 욕구'와 '자아실현의 욕구'가 지금은 시장활동을 통한 자산의 축적과 소비 행위를 통해 충족되고 표현되고 있다.

이와 같은 변화는 주민들의 관심을 체제에 대한 불만과 비판보다 주어진 체제 내에서의 경제적 이익 추구 및 소비와 욕망의 실현으로 집중시킬 가능성이 있다. 소비생활을 중심으로 하는 사적인 영역으로의 침잠은 잠재적 저항을 억제하고 주민들을 정치적으로 둔감하게 만듦으로써 일상의 저항 이면의 수동적

85) 최봉대, 「계층구조와 주민의식 변화」, 정영철 · 고성호 · 최봉대, 『1990년대 이후 북한사회변화』(서울: 한국방송공사, 2005), 213~215쪽.

합의의 기반을 강화시키는 방향으로 나아갈 수도 있다. 이러한 가능성은 역사적으로 나치체제하 주민들의 불평불만을 비롯한 '인민저항'이 나치체제의 거시적 변화에는 별다른 영향을 미치지 못했다는 점에서도 확인할 수 있다. 나치체제하에서 거의 모든 주민 집단이 체제에 대한 비판 행렬에 가담했지만, 그들은 진정으로 저항적인 하나의 전체로 결집하지 못했고 서로 고립된 채 수동적 태도에 함몰되거나 특수 이익에 갇혀 있었다. 주민 사이에서 잠재적인 저항을 억제하고 체제 변화에 둔감하도록 만들었던 것은 바로 사적인 영역으로의 후퇴였다. 공적인 영역과 검열의 대상이 되지 않는 사적인 영역의 분리와 대립은 합리적인 의사 형성의 가능성을 침해했다. 사적인 영역으로의 후퇴는 자기중심성과 자기만족, 무감각과 쾌락 추구의 혼합으로 이어졌다. 심리적이고 도덕적인 사회적 결속은 단절되고 모든 사회적 관계 및 의미연관으로부터 벗어난 개인의 자아중심성으로의 퇴행이 진행되었다.[86] 체제의 동원에 대한 반작용으로서 사적 영역으로의 후퇴라는 주민들의 대응이야말로 체제를 안정시키는 주요한 요인이 되었던 것이다.

5. 결론

이 글에서는 최근 북한주민들의 일상에서 나타나고 있는 저항의 양상을 일상적 불평불만 표출, 생존전략으로서의 일탈 및 위법행위, 회피적 저항이라는 세 가지 유형으로 나누어 그 특성을 탐색했다. 또한 북한사회에서 집단적이고 공개적인 저항보다 일상의 저항이 주를 이루고 있는 사회적 요인으로 강력한 통제·억압 기구와 이데올로기 재생산 기제에 대하여 살펴보았다.

---

86) 데틀레프 포이케르트, 『나치 시대의 일상사: 순응, 저항, 인종주의』, 89~114쪽.

이중성과 편재성이라는 특성으로 일상의 저항이 체제에 미치는 영향은 복합적이다. 일상의 저항은 단기적·국지적으로는 사회의 불안정을 증가시키는 요소이지만, 장기적·총체적으로는 체제를 안정시키는 작용을 할 수도 있고, 이와 반대로 특정한 역사적 계기를 만나 적극적인 집단적 저항으로 진화할 수도 있다. 2000년대 이후 진행되고 있는 시장화도 향후 주민들의 비판적 담론이 소통되고 일상적 저항의 연대가 이루어지는 네트워크 형성의 방향으로 기여할 수도 있고, 아니면 주민들을 소비 등의 사적 생활로 침잠시키는 요인으로 작용할 수도 있다.

현재 북한사회에서 사회적으로 의미 있는, 즉 체제 변혁에 영향을 줄 수 있는 정도의 비공식적 사회 조직의 존재를 기대하기는 어렵다. 시민사회의 역사적·문화적 경험도 부재하고, 통제로부터 자유로운 사회 조직도 존재하지 않는다.[87] 그렇기 때문에 현재와 같은 조건에서 일상의 저항이 북한정권이나 정치체제의 변화로 곧바로 연결될 것이라고 보기는 어렵다. 다만 이러한 주민 의식의 변화가 사회 저변에서 의사소통의 활성화와 네트워크의 증가, 비판적인 대항 담론의 형성 등의 형태로 더욱 진전된다면, 외부 환경의 급격한 변화나 내부 정책의 '조그만' 변화의 계기를 통해 북한체제의 전환을 추동하는 힘으로 이어질 가능성은 배제할 수 없다.

이 연구는 북한의 일상에 대한 미시적 접근과 사회구조적 변화에 관한 탐구를 접목시키는 시론적 연구에 불과하다. 일상의 저항이 내포하는 두 가지 방향의 가능성 중 어떤 것이 역사적으로 실현될 수 있을지 밝히기 위해서는 행위자들의 저항행위의 다양한 선택지를 구조화하는 사회구조적 요인에 대해 본격적으로 탐색할 필요가 있다. 이는 물질적 생산관계나 정치적 구조만을 의미하는 것이 아니라 주민들의 사고와 행위를 규정짓는 문화적 가치와

---

87) 이우영, 「북한에서의 국가와 사회: 시민사회론은 적용 가능한가?」, ≪현대북한연구≫, 제4권 (2001), 233~243쪽.

사고방식, 신념체계가 어떻게 역사적으로 형성되고 변화되고 있는가에 대한 분석을 포함해야 한다.[88] 비교역사사회학적 관점에서 어떠한 사회구조적 조건에서 일상적 저항이 광범위한 사회운동으로 전환되는가에 관한 사례연구도 필요하다.

또한 주민들의 삶의 공간적 단위가 되는 지역사회에서 일상적 저항의 표출을 촉진하거나 억압하는 지역 내의 권력관계와 네트워크가 어떻게 형성, 변화되고 있는지에 대한 분석도 요구된다. 이것은 지역 내에서 직장, 당과 대중단체, 친족관계, 교우관계, 거래 등에 의해 형성되는 다양한 관계들이 어떻게 지배-피지배관계를 가로지르며 주민들의 행위에 영향을 미치고 미시권력과 미시저항에 균열을 만들어내는가 하는 문제이다. 좀 더 미시적 분석으로 개개인을 협력으로부터 적극적인 저항 사이의 광범위한 스펙트럼상에 정치(定置)시키는 구체적인 계기, 행위자의 행동이 비순응적 태도로부터 거부행위를 거쳐 항의 및 저항으로 발전하는 경로에 대한 세밀한 탐색도 계속되어야 할 것이다.[89]

---

88) 이와 같은 분석의 예로, 코즐로프 등은 1950~1960년대 소련 사회에서 공개적이고 혁명적 형태의 대중 저항이 부재했던 근본적인 원인을 소비에트 사회의 가부장적 구조, 지배자와 피지배자가 공유했던 사고의 가부장적 형식과 공동의 가치체계로 설명하고 있다(V. A. Kozlov, S. Fitzpatrick and S. V. Mironenko, *Sedition: Everyday Resistance in the Soviet Union under Khrushchev and Brezhnev*, p.116).

89) 조정아 등은 이와 같은 연구의 일환으로 북한주민들의 생애사에 나타난 의미관점의 전환과 경험의 재해석에 관한 연구를 진행한 바 있다(조정아·임순희·노귀남·이희영·홍민·양계민, 『북한주민의 의식과 정체성: 자아의 독립, 국가의 그늘, 욕망의 부상』, 21~78쪽).

〈참고문헌〉

김광억. 2002. 「중국연구를 위한 인류학적 패러다임 시론: 문화접점론과 국가-사회의 관계를 중심으로」. ≪국제 · 지역연구≫, 제11권, 제3호.

김수암. 2005. 『북한의 형사법제상 형사처리절차와 적용 실태』. 서울: 통일연구원.

김종욱. 2007. 「북한의 정치 변동과 '일상의 정치': '김정일체제' 이후」. ≪북한연구학회보≫, 제11권, 제4호.

뤼트케, 알프(Alf Lüdtke) 외. 2002. 『일상사란 무엇인가』. 이동기 외 옮김. 서울: 청년사.

르페브르, 앙리(Henri Lefebvre). 2005. 『현대세계의 일상성』. 박정자 옮김. 서울: 기파랑.

박길성. 1994. 「일상적 저항의 정치」. ≪경제와 사회≫, 통권 제23호.

박순성 · 고유환 · 홍민. 2010. 「북한 일상생활연구의 방법론적 모색」. 박순성 · 홍민 엮음. 『북한의 일상생활세계: 외침과 속삭임』. 서울: 도서출판 한울.

박영호 · 김수암 · 이금순 · 홍우택. 2010. 『북한인권백서』. 서울: 통일연구원.

박원용. 2008. 「스탈린 체제 일상사 연구의 현황과 쟁점」. ≪동북아 문화연구≫, 제16집.

손혜민. 2009. 「박기원 그 순천사람」. ≪임진강≫, 제5호.

애플, 마이클(M. Apple). 1985. 『교육과 이데올로기』. 박부권 · 이혜영 옮김. 서울: 한길사.

양영희. 2008. 「북한의 신소청원제도」. 『통일사법정책연구(2)』. 서울: 법원행정처.

이교덕 · 김국신 · 조정아 · 박영자. 2009. 『북한체제의 행위자와 상호작용』. 서울: 통일연구원.

이금순 · 김수암. 2009. 『북한인권 침해 구조 및 개선전략』. 서울: 통일연구원.

이금순 · 전현준. 2010. 『북한주민 인권의식 실태연구』. 서울: 통일연구원.

이우승. 2004. 「유언비어와 제2여론의 개념: 북한사회에 적용을 위한 이론적 논의」. ≪북한연구학회보≫, 제8권, 제2호.

이우영. 2001. 「북한에서의 국가와 사회: 시민사회론은 적용 가능한가」. ≪현대북한연구≫, 제4권, 제1호.

_____. 2008. 「북한체제 내 사적 담론 형성의 가능성: 공적 담론 위기를 중심으로」. ≪현대북한연구≫, 제11권, 제1호.

이우영 외. 2008. 『북한주민 인권 실태 조사』. 서울: 국가인권위원회.

전현준. 2003. 『북한의 사회통제 기구 고찰: 인민보안성을 중심으로』. 서울: 통일연구원.

정병호. 2010. 「극장국가 북한의 상징과 의례」. ≪통일문제연구≫, 제54호.

조정아 · 임순희 · 노귀남 · 이희영 · 홍민 · 양계민. 2010. 『북한주민의 의식과 정체성: 자아의 독립, 국가의 그늘, 욕망의 부상』. 서울: 통일연구원.

좋은벗들. 2008.3.12. ≪오늘의 북한소식≫, 제115호.

_____. 2008.8. ≪오늘의 북한소식≫, 제183호

_____. 2008.9.8. ≪오늘의 북한소식≫, 제206호.

_____. 2008.9.12. ≪오늘의 북한소식≫, 제210호.

_____. 2009.3.10. ≪오늘의 북한소식≫, 제269호.

_____. 2009.6.9. ≪오늘의 북한소식≫, 제282호.

_____. 2009.8.25. ≪오늘의 북한소식≫, 제293호.

_____. 2009.12.15. ≪오늘의 북한소식≫, 제316호.

_____. 2010.1.15. ≪오늘의 북한소식≫, 제321호.

_____. 2010.2.2. ≪오늘의 북한소식≫, 제329호.

_____. 2010.2.16. ≪오늘의 북한소식≫, 제331호.

_____. 2010.2.23. ≪오늘의 북한소식≫, 제333호.

_____. 2010.3.2. ≪오늘의 북한소식≫, 제334호.

_____. 2010.12.8. ≪오늘의 북한소식≫, 제380호.

_____. 2011.1.19. ≪오늘의 북한소식≫, 제386호.

최대석 · 조영주. 2008. 「탈북자 문제의 주요 쟁점과 전망」. ≪북한학보≫, 제33권, 제2호.

최봉대. 2005. 「계층구조와 주민의식 변화」. 정영철 · 고성호 · 최봉대. 『1990년대 이후 북한사회변화』. 서울: 한국방송공사.

최완규 · 노귀남. 2008. 「북한주민의 사적 욕망」. ≪현대북한연구≫, 제11권, 제2호.

통일연구원. 2009. 『2009 북한 개요』. 서울: 통일연구원.

포이케르트, 데틀레프(Detlev Peukert). 2003. 『나치 시대의 일상사: 순응, 저항, 인종주의』. 김학이 옮김. 서울: 개마고원.

홍민. 2007. 「사회변화와 주민의 생활: 일상생활과 의식구조의 변화」. 『국가인권위원회 자료집』. 서울: 국가인권위원회.

2000~2009년 탈북자 면담 자료.

Fulbrook, M. 2005. *The People's State*. New Haven&London: Yale University Press.

Kozlov, V. A., S. Fitzpatrick and S. V. Mironenko. 2011. *Sedition: Everyday Resistance in the Soviet Union under Khrushchev and Brezhnev*. New Haven & London: Yale

University Press.

Merton, R. 1968. *Social Theory and Social Structure*. New York: Free Press.

Scott, J. 1985. *Weapons of the Weak: Everyday Forms of Peasant Resistance*. New Haven: Yale University Press.

Stern, S. 1987. "New Approaches to the Study of Peasant Rebellions and Consciousness: Implications of the Andean Experience." in S. Stern(ed.), *Resistance, Rebellion and Consciousness in the Andean Peasant World, 18th to 20th Centuries*. Madison, Wisconsin: University of Wisconsin Press.

Viola, L.(ed.). 2002. *Contending with Stalinism: Soviet power and popular resistance in the 1930s*. Ithaca: Cornell University Press.

| 제2부 |

일상의 정치와
노동의 사회적 드라마

제1장

일상생활의 생산: 전후 북한의 전체주의와 일상

김지형

미국 듀크대학교 아시아중동학과 연구교수

1. 서론

일상생활은 생산물이다. 여기서는 정치세력이나 종교 등 헤게모니적 형태가 만든 건강하고 도덕적인 일상성뿐만 아니라 평범하고 반복적이고 사건이 없는 일상성도 포함하고 있다. 둘 다 만들어졌고, 헤게모니의 작용을 감추면서도 보여주는 이데올로기의 구조를 지니고 있다. 이 글은 일상생활을 생산양식과 행정양식으로 간주한다. 전후 북한에서는 부분적이었지만, 다수의 탈식민(postcolonial) 국가와 같이 노동과 생산이 인간의 본질을 표상하게 되었고, 이로 인해 노동과 생산은 인간통제의 범위가 되었다. 노동을 조직하고 생산을 가동하기 위해 지배세력은 일상을 점유해야 했으며, 이 과정에서 이데올로기와 전체성의 강요가 주입되면서 일상생활은 재제조되었다.

일상생활의 생산은 역사적 과정이었다. 북한의 일상생활 생산에 필요한 정치적·경제적·사회적 조건들은 역사 속에서 구축되었다. 한편으로 이 조건은 당의 노동조합 장악, 잔여 민간기업의 국유화, 농업의 집단화, 농민의 임금노동자로의 전환을 통한 모든 잉여의 국가에 의한 전유가 포함된 경제적 토대를 말한다. 다른 한편으로 이것은 김일성과 만주빨치산파(이하 만주파)가 김일성과 만주파의 역사에 도전하는 자들을 제거하며, 입법과 군사 부문에서 절대적인 세력으로 등장하는 정치적 조건을 말한다. 1950년대 북한은 생산과 권력의 독점을 이루면서 국가사회주의의 정치적 · 경제적 기반을 다졌다.

20세기 사회주의를 정의하기는 쉽지 않다. 동유럽과 아시아의 공식 사회주의 국가들도 '사회주의'란 개념 자체를 무의미하게 할 정도로 지역과 시기마다 그 개념이 다르다.[1] 북한이 1950년대 말에 설립했던 국가의 형태는 카를 마르크스(Karl Marx)와 프리드리히 엥겔스(Friedrich Engels)의 글에 나오는 해방의 관념에 관련하면 이해하기 어렵다. 민족주의가 너무 강하게 존재해 통제의 도구로 조작되었고, 민주주의가 제대로 실행되기에는 한 인간의 세력이 너무 강했다. 또한 노동조합과 입법부가 노동자와 시민을 대변해서 독립적으로 행동하기에는 당이 너무 지배적이었고, 노동자들을 노동 자체에서 자유롭게 하기에는 노동이 지나치게 강렬했고 경쟁적이었다. 북한에서의 노동과 생산 공간은, 마르크스가 구상했던 '소외적이고 착취적인 노동이 아닌 삶 속으로 돌아간 노동'이 아니라 지배가 작동하는 기제이자 공간이었다. 북한에서의 노동과 생산 공간은 지배의 공간이다. 마르크스가 구상했던 "인간세계와 인간관계를 인간자신으로 복구 …… 개인이 일상생활 속에서, 노동과 관계 속에서 종적인-존재(species-being)"[2]로서의 해방은 북한의 시스템에서는 (다른 사회주의국가 시스템에서도) 분명하게 확인할 수 없다.

그러나 사회주의를 이데올로기적 측면보다 생산과 사유재산의 측면에서 접근하면 — 생산의 통제 주체와 사유재산의 여부를 물을 때 — 우리는 더 선명한 상황을 볼 수 있다. 마르크스와 엥겔스가 『공산당선언』에서도 명백하게 지적

---

1)   Andrew Roberts, "The State of Socialism: A Note on Terminology," *Slavic Review*, Vol.63, No.2 (2004), pp.349~366.

2)   Karl Marx, *The Marx-Engels Reader*, Robert Tucker(ed.)(New York: W. W. Norton, 1978), p.46.

하듯, 사회주의를 정의하는 요소 중 '생산'은 중요하며, 따라서 노동자계급의 혁명의 첫 단계에서는 모든 생산도구에 대한 국유화가 필요하다. 구체적인 대책은 사유재산의 폐지, 국영은행을 통한 신용의 중앙집권, 통신과 운수의 중앙집권, 국가 소유의 기업과 생산도구의 확장, 그리고 농업과 산업의 통합 등이다.[3]

생산수단과 사유재산의 관점에서 볼 때, 1950년대 말 북한은 사회주의체제였다. 좀 더 정확하게 말하면 북한은 국가가 주도하는 국가사회주의체제였다. 모든 생산수단과 잉여는 국가가 전유했으며, 더욱 중요한 점은 잉여의 유용을 당이 결정한다는 것이었다. 물론 생산자들을 대표하는 조직으로 노동조합이나 협동조합이 있었으나 1950년대 말 그들의 기능은 당의 결정을 수행하는 것에 지나지 않았다. 소규모의 채소밭과 작은 가축의 사육은 허용되었지만 대부분의 배급과 소비는 국가가 운영하는 운송·배급시스템으로 통제되었다. 모든 생산과 배급의 부문에서 시장의 힘과 논리는 형식적으로나마 제거되었다.

당-국가의 생산에 대한 독점은 사회주의 경제의 기반을 마련했지만, 이는 정치의 독점이 있었기에 가능했다. 1950년대 말 만주파는 당, 내각, 입법부를 장악하면서 정치를 독점했다. 김일성과 만주파는 소비에트계, 남로당파, 연안계를 체계적으로 숙청하고, 국가의 이데올로기, 정책, 법을 만드는 기관들을 통제함과 동시에 출판과 교육을 통해서 대중으로부터 정당성을 인정받았다. 김일성은 이 과정에서 사회주의적·민족주의적 이상을 구체화하는 절대적인 정치적 인물이자 문화적 상징으로 부상했다.

1960년대에 들어서면서 김일성과 만주파가 장악하고 조정한 정치적·생산적·사상적 시스템의 등장을 볼 수 있다. 이러한 등장을 우리는 구체적으로 어떻게 볼 수 있을까? 이와 같은 지배체계는 일상생활의 공간에 수렴되었으며

---

3) 같은 책, p.490.

구체적인 어젠다가 실행되었다. 이 글에서 줄곧 언급될 앙리 르페브르(Henri Lefebvre)는 일상생활을 여러 통제시스템의 궁극적인 현장이라고 보았고 "법, 계약, 교육학, 재정, 보안 등 현존하는 시스템의 공통분모"라고 설명했다.[4]

전후 북한의 일상생활을 이 글에서는 세 가지 측면에서 접근한다. 첫째, '반복'의 개념을 기반으로 한 이데올로기적 측면이다. 일상공간 속의 반복을 통해서 노동영웅의 비범한 노동행위가 평범한 노동자들 사이에서 역사적 의미를 획득하는 과정을 살펴본다. 둘째, 모든 산업 분야에서 발생한 '생산증산' 캠페인의 관행이다. '대중운동'이라 불리는 이 캠페인들은 노동의 경쟁성, 근면성, 애국성을 강조했다. 대중운동의 핵심은 노동 현장의 일상공간에서 즉흥적이며 자발적인 행위라는 점이었다. 가장 잘 알려진 대중운동은 1959년에 시작한 '천리마작업반운동'인데 오늘까지 이어지는 문화 아이콘으로 정착했다. 셋째, 사회와 국가의 필요성이 일제히 충족되는 일상공간에서 목격되는 전체성이다. 특히 사회주의 시스템에 중요한 부분을 차지했던 주택의 이데올로기와 관행을 통해서 일상의 전체성을 살펴본다.

2. 반복의 이데올로기

'통제한다'는 것은 현실적으로 '일상생활을 통제한다'는 것임을 누구보다도 잘 알았던 사람은 김일성이었다. 그와 만주파가 1950년대 말에 달성한 북한의 정치제도와 경제 발전에 대한 직접적인 통제 능력은 구체적으로 당, 국가 관료와 기관에 대한 권력이었다. 한편, 시민 1,000만 명에게 권력을 행사하기 위해서는 일상 속에서 이루어지는 헤게모니적인 지배 스타일이 필요했다. 김일

---

4)   Henri Lefebvre, "The Everyday and Everydayness," *Yale French Studies*, Vol. 73(1987), p.9.

성의 당내 권력이 상실될 뻔한 '8월 종파사건'이 있은 지 불과 1년 후인 1957년 12월에도 김일성은 일반인민들을 다루는 것은 노멘클라투라(nomenklatura)를 다루는 것과 다르다는 점을 의식하고 있었다. 당과 입법부가 만주파의 충신들로 채워지기 시작한 이 파라노이아(paranoia)와 숙청의 시기에, 김일성은 황해제철 노동자들에게 흥미로운 연설을 했다.

더 많은 철을 생산하기 위하여서는 로동자들의 생활을 잘 돌봐주어야 합니다. …… 로동자들이 생활을 문화적으로 꾸리도록 하여야 하겠습니다. …… 집과 마을을 깨끗이 꾸리고 생활을 명랑하게 하여야 합니다. …… 벽이 떨어지면 제때에 바르고 집 안팎을 알뜰히 거두며 집 주위에는 과일나무를 심어 경치도 좋고 살기도 좋게 하여야 합니다. 거리와 마을도 깨끗이 거두어야 합니다. …… 당단체들과 사회단체들에서는 가정부인들에 대한 교양사업을 강화하여 그들이 살림살이를 잘하고 가정을 알뜰하게 꾸리도록 하여야 하겠습니다.[5]

이 연설에서 우리는 김일성의 지배 스타일을 언뜻 볼 수 있다. '전략적인 정치가'이자 '인민의 지도자'였던 김일성은 모순적인 지배전략을 구상했다. 우선, 당과 국가의 최종적인 권력자로서 김일성의 지배 스타일은 직접적이었지만 추상적이었다. 누구나 숙청할 수 있고, 어떤 정책이든 만들 수 있기 때문에 직접적이었고, 모든 숙청과 정책은 민족과 같은 명분 위에서 이루어졌기 때문에 추상적이었다. 그래서 8월 종파사건의 주모자인 윤공흠, 최창익, 서휘, 그리고 대부분의 연안계 인사가 관료세계에서 숙청된 이유는 김일성을 반대했기 때문이 아니라 민족과 혁명의 이상을 반대했기 때문이라고 기록되어 있다. 다른 한편, 인민의 지도자로서 김일성의 지배는 간접적이었지만 구체적이었

5) 김일성, 「황해제철소 지도일군 및 모범노동자들과 한 담화(1957.12.25)」, 『김일성저작집 제11권』(평양: 조선로동당출판사, 1980), 479~480쪽.

다. 인민의 충성과 개인숭배에 의지했기에 대체로 비강제적이었고, 이 때문에 간접적인 성격이 강했다. 또한 더 나은 주택, 깨끗한 거리, 정리된 조경, 그리고 행복한 가정이라는 인민의 일상과 직접 연관된 수사에 의지했기에 구체적이었다.

다르게 말하면, 당-국가의 통제는 추상적인 이유로 직접적이었고, 사회적 통제는 구체적인 이유로 간접적이었다. 이 두 방식은 항상 엇갈리지만 '직접적인 지배/추상적인 이유,' '간접적인 지배/구체적인 이유'의 개념적인 관계 구분은 가능하다. 왜 이런 구분을 해야 하는가? 간접적이고 구체적인 통제, 자발적이면서 지배받는 존재 조건 등 상호 모순되는 요소들의 동시적인 현존이 일상생활의 전형적인 모습이기 때문이다. 구체적인 현실이자 개념이고, 지배와 가능성이 공존하는 일상생활을 다루기 위해서인 것이다. 행복하고 요구를 따르는 사람들이 살고 있는 일관성 있는 세계, 지배계급이 이상화하면서 건설한 일상의 세계를 이해하기 위해서이다.[6]

북한의 대중잡지 ≪천리마≫에는 독자가 보낸 편지 형식으로 주민의 일상이 소개되었는데, 1961년 6월 호에 한경화라는 독자가 자신의 작업반장 전창옥에 대해 편지를 썼다.[7] 이 편지를 통해서 우리는 전창옥이 누구보다 일찍 하루를 시작하며, '사과나무는 봄에는 꽃을, 가을에는 사과를 생산한다'는 김일성의 조언을 따라서 새벽과 저녁에 사과나무를 가꾸고 있다는 점을 알 수 있다. 한경화는 "우리는 싱싱한 사과나무를 바라볼 때마다 …… 수상 동지의 교시를 실천하기 위하여 끝까지 앞장서 싸워나가는 당원 전창옥 작업반장의 모습을 눈앞에 그려보며 그처럼 살려는 일념으로 불타" 오른다고 썼다.[8] 이 편지에 등장하

---

6). 시민들의 독재체제에 대한 자발적인 지지는 근대 독재의 특징이다. 이 아이디어는 임지현의 '대중독재' 개념에 잘 담겨 있다. 임지현, 김용우 엮음, 『대중독재 1: 강제와 동의 사이에서』(서울: 책세상, 2004) 참조.

7) 한경화, 「우리 작업반장을 두고」, ≪천리마≫, 제9호(1961), 85~86쪽.

8) 같은 글, 86쪽.

는 작업반장 전창옥은 다른 사람들에게 영감을 주는 모범노동자일 뿐만 아니라 국가의 요구 이상으로 실행하는 이상적인 노동자이다. 여기서 특히 중요한 점은 전창옥은 자신의 고의적이면서 일상적인 행동을 통해 자신의 미래를 만드는 주체로서, 김일성의 지시에 순응하며 그 지시를 실현한다는 것이다.

생산의 양식이면서 동시에 사회 관리의 양식인 일상생활, 이것은 르페브르의 독창적인 생각이다.[9] 모호하면서 모순된 일상은 필요를 생산하고 충족하며, 동시에 "비극적인 것들"이 감춰지는 "착취와 지배의 토대"이다.[10] 전창옥의 근면한 노동은 생산의 요구를 받아들이면서 정당화된다. 그의 자결의 순간은 바로 지배의 순간이다. 일상공간에서 감춰지는 것은, 전창옥의 자결적인 위치가 복종의 조건에서 생산된다는 '비극적인' 현실이다. 르페브르는 지배 조건을 감추고 주체의 경험을 드러내는 일상생활의 이 같은 모습을 지적하면서 "일상은 스크린과 같다. …… 보여주면서 동시에 숨긴다"라고 말했다.[11]

대중에 대한 관리적 · 생산적 통제는 일상생활 속에서만, 일상생활 자체로서 가능했다. 헤게모니가 경험을 기반으로 한 사회적 중요성을 갖추기 위해서는 가장 평범한 생활로 보여야만 했다. 일상이 아니라면 어디에서 헤게모니가 평범하게 나타날 수 있을까? 일상생활이 아니라면 어디에서 반복적인 노동이 초인간적인 의미를 가질 수 있을까? 김일성은 1954년에 "희천기계공장의 한 청년작업반장은 전쟁 시기에 한 팔을 잃은 영예군인임에도 불구하고 자기 계획을 매일 평균 170~250%로 넘쳐 수행하고 있습니다. 이 동무야말로 진정한 애국자입니다"라고 말했다.[12] 일상생활이 아니라면 어디에서 평범하고 반복

---

9)   Henri Lefebvre, "Toward a Leftist Cultural Politics: Remarks Occasioned by the Centenary of Marx's Death," in Nelson, Cary and Lawrence Grossberg(eds.), *Marxism and the Interpretation of Culture*(Urbana and Chicago: University of Illinois Press, 1988), p.80.

10)   같은 책, p.80.

11)   같은 책, p.78.

12)   김일성, 「기계제작공업을 발전시키기 위한 몇 가지 과업: 희천자동차부속품공장 지도일군 및 로

적인 행동이 추상적인 애국 개념과 만나겠는가? 김일성은 그 젊은 노동자의 되풀이되는 생산적 기량을 칭찬했다. 그 노동자는 반복하기 때문에 애국자이다. 일상생활의 평범함은 바로 반복을 통해서 비범하게 된다. 이런 일상생활은 거대한 반복 속에 갇혀 있는 역사 그 자체이다.[13] 르페브르를 통해서 우리는 일상생활은 생산과 관리의 양식이라고 주장할 수 있다. 어떻게 이 작용이 유지되는가에 대한 답은 반복에 있다. 평범함과 관련 있는 개념으로, 반복은 일상의 이데올로기적 측면의 열쇠이다.

　　노동과정에서 반복은 가장 실증적이면서 지배계급이 관심을 두는 행동 중 하나이다. 하지만 다른 의미에서 반복은 상징적 체계 속 인간 행동의 확정 자체를 의미한다. 이 지점에서 자크 라캉(Jacques Lacan)의 정신분석학과 라캉의 개념으로 사회적·문화적·정치적 현상들을 분석하는 슬라보예 지젝(Slavoj Žižek)의 반복에 대한 생각을 살펴보자. 우선, 라캉은 "반복은 재생산이 아니다"라고 말했다.[14] 재생산은 원형에서 소외된 자명한 행동이고, 재생산의 목표는 재생산 자체이다. 반면, 반복은 "체계의 요소가 항상 포함되어 있는" 행동이다.[15] 독일어로 반복은 'wiederholen'인데 'haler(끌어당기다)'라는 단어가 어근이다. 라캉이 말하는 반복은 "빠져나올 수 없는 길에 들어가는 주체, 끌려 들어가는 주체"와 아주 가깝다.[16] 여기서 라캉이 말하는 반복의 역할을 볼 수 있는데, 반복은 주체를 빠져나올 수 없는 길로 인도한다는 점이다. 반복을 통해 주체는 벗어날 수 없는 역사와 언어의 상징적 체계 속으로 들어간다.

<hr>

　　동자협의회에서 한 연설(1954.4.10)」, 『김일성저작집 제8권』(평양: 조선로동당출판사, 1980), 361쪽.
13)　강정석, 「일상생활 비판과 삶의 변혁: 불안한 일상에 던지는 불온한 문제제기」, ≪비평≫, 제18권(2008), 94쪽.
14)　Jacques Lacan, *The Seminar of Jacques Lacan Book XI: The Four Fundamental Concepts of Psychoanalysis* (New York: W. W. Norton, 1998), p.50.
15)　같은 책, p.50.
16)　같은 책, p.51.

어떤 행동의 첫 순간은 상징적 체계 속에 기명되지 않는데, 이 순간은 지금까지 평범한 노동자가 영웅노동자로 변하는 믿을 수 없는 초인적인 행동의 순간이다. 어느 행위의 반복은 그 행위의 기명이다. "반복을 통해서만 비범한 사건의 상징적 필요성이 인식된다"[17]라고 지젝은 지적한다. 반복은 변칙이었던 비범한 사건을 역사적 가능성으로 허용하며, 이리하여 사건이 "상징적 네트워크 속에 자리 잡게 되고 상징적 질서에서 실현된다".[18] 이것은 초인적인 노동량이 어떻게 현실적인 측량으로 변형되고 새로운 노동량의 기준으로 책정되는지 그 과정을 개념적으로 설명한다. 따라서 지젝이 말하는 '반복을 통한 인식(recognition-through-repetition)'은 항상 비범한 행동이 일상적 효력을 획득하는 실제적인 기능을 하도록 한다. 하지만 이 과정은 간단하지 않다. 반복을 통한 인식의 과정에서 반복이 역사적 기능을 획득하면서 본래의 행동에 대한 착오가 발생하는데, 이것은 지젝의 근본적인 포인트이다. 그는 "반복은 객관적인 역사적 필요성의 인식론적인 차원에서 나이브한 전제에 의지한다"라고 말한다.[19] 여기에서 '나이브한 전제'는 인식오류(misrecognition)를 가리킨다. 반복의 관념 속에서 잊히는 것은 "어떻게 역사적 필요성이라는 것이 인식오류를 통해서 구성되는가이다".[20] 노동자에게 가해지는 국가의 헤게모니적인 권력은 반복을 통해서 오인된다. 반복을 통한 인식은 실질적으로 반복을 통한 인식오류라는 점을 지젝은 분명히 한다. 노동자의 본래의 행동은 민족과 사회를 위한 영웅적인 행동이라는 역사적 의미를 담보하고 있다고 오인된다. 동시에 노동자는 본질적으로 국가의 생산도구라는 객관적 현실은 잠시 가려진다.

요컨대 일상생활은 항상 평범하고 반복되는 양상들로 이루어져 있다. 그러

---

17)   Slavoj Žižek, *The Sublime Object of Ideology*(London: Verso, 1989), p.61.

18)   같은 책, p.61.

19)   같은 책, p.61.

20)   같은 책, p.61.

나 반복은 중요한 기능을 가지고 있는데, 재생산과 다르게 반복은 어떤 행동을 역사와 언어의 체계와 상징적 질서 속으로 삽입하는 역할을 한다. 하지만 이 상징적 인식에는 본래의 행동을 객관적 현실로서 인식하지 못하는 인식오류의 흔적이 남아 있다. 인식오류의 관념이 우리의 반복의 이해에 추가됨으로써, 일상생활의 반복의 이데올로기적 모습을 다루기 위해서 우리는 르페브르로 다시 돌아가야 한다. "일상생활 속에서 깊고 객관적인 관계가 실제로 보이는 직접적이고 즉시적인 관계로 변장된다"라고 르페브르는 말한다.[21] 객관적인 관계의 변장은 바로 역사적 현실에 나타나는 인식오류이다. 이 도식에서, 반복은 '즉시적인 관계', 최초의 행동, 일상을 현실로 나타나게 한다. 바로 이 시점이 르페브르의 이데올로기적 순간이다. 르페브르는 이렇게 말하고 있다. "일상생활은 여러 모습으로 작용하는데, 이 모습들은 신비화하는 이데올로기들의 결과물이 아니라 신비화하는 이데올로기 작용에 필요한 조건들이다."[22] 모습은 항상 보이는 것 이상이다. 모습은 일상생활 속 인식오류과정의 반복을 통해서 상징적 질서 안으로 던져진 행동이다.

반복의 인식오류과정을 필자는 '반복의 이데올로기(ideology of repetition)'라고 표현한다. 이데올로기는 변증법적 행동과정의 인식오류를 수반한다. 반복의 이데올로기는 객관적인 관계의 변증법적 인식오류를 주목하고, 동시에 일상생활의 반복 조건이 만들어낸 역사적 현실의 모습을 가리킨다.

북한의 일상생활의 체계적 기반은 한국전쟁 이후부터 1960년대 초에 걸쳐 건설되었는데, 여기서 일상생활은 법적 조치, 생산적 조건, 국제 정치경제, 역사적 기억, 산업정책, 그리고 노동자들의 생산성 등 다양한 요소의 혼합이었다. 진정한 시민은 힘들고 반복적인 노동을 꾸준히 수행하는 사람이었다. 이

---

21) Henri Lefebvre, *Critique of Everyday Life, Volume 2: Foundations for a Sociology of the everyday* (London: Verso, 2008), p.165.

22) 같은 책, p.165.

를 위해서는 일상생활 자체가 지배체제가 되어야 했다. 일상생활은 혁명의 투쟁 현장이면서 동시에 대립되는 존재물들이 겉으로는 화합을 이루는 공간이어야 했다. 지배체제로서 일상생활은 인민의 욕구를 채우면서 자체의 요구인 잉여 축적을 성취해야 했다. 국가권력을 확장하면서 국가권력을 사회적 현실로 만들어야 했다. 가장 추상적이면서 가장 구체적이어야 했다. 다르게 말하자면, 일상생활은 대립을 조화로 만드는 이데올로기 자체를 수반했다. 1970년대의 수령과 주체사상의 시대가 오기 전에 일상과 반복의 이데올로기의 시대가 있었다.

3. 대중운동과 노동영웅

반복의 이데올로기는 대중운동을 통해 일상생활에서 구체적으로 실현되고 실행되었다. 일상생활은 실제로 생산의 방법이었는데, 본질적 요소인 반복은 생산과 생산성을 증대하려는 국가가 주도하는 캠페인들의 기구였다. 1950년대 중반은 북한의 10년간 성장의 시작이었다. 1946~1969년 연평균 성장률은 42%였고, 1969년의 산업 생산은 1946년의 21배였는데, 이 절대적인 성장은 노동자들의 헌신과 희생을 포함한 다양한 요인이 작용한 결과였다. 이 중에 대외 원조, 낮은 출발점, 중공업 발전, 농업의 집단화, 농민의 산업노동자로의 전환, 공교육, 높은 식자율, 공장관리와 노동조합에 대한 당의 개입, 대중운동 등을 들 수 있겠는데, 특히 대중운동은 생산에 영향을 주는 비강제적인 방법 중의 대표적인 것이었다. 여러 비강제적인 방법이 존재했지만 대중운동이 가장 포괄적이었고 가장 선전되었다. 대중운동은 현실적으로 일반사람들을 대상으로 국가나 당이 주도한 캠페인들이었지만 공식 기록에 나오는 시작과 원인은 작업반이든 개인이든 항상 일반사람들이었다.

대중운동은 '경쟁을 통한 생산 증가'라는 목표가 분명했다. 이 과정에서 대중운동은 노동윤리를 높이고, 개인의 노동을 민족주의나 애국주의 등 추상적이고 초개인적인 개념과 연결시켜 생산성이 높은 개인과 팀에게 특권을 주고, 생산 기준을 높이는 시도를 했다. 여기서 기본적인 방식은 일상생활의 공간에서 전개되는 경쟁적이고 강도 높은 노동의 반복이었다. 이 공간에서 생산수단의 절대적인 소유자인 국가와 노동력의 근원인 시민 사이의 대립은 잊혔다.

이 시기 가장 두드러진 대중운동은 1956년에 시작되었다고 하지만, 공식적으로는 1959년에 '천리마작업반운동'이라는 이름으로 개시된 '천리마운동'이다. 하지만 경쟁과 생산의 증가를 위한 대중운동의 아이디어와 실행의 시작은 1948년 조선민주주의인민공화국이 성립되기 전으로 거슬러 올라간다. 1945년 해방 이후부터 노동자들은 생산성을 높이기 위해서 작업반 단위에서 공장 단위까지 다양한 캠페인을 벌이고 있었다. 이런 대중운동들을 당과 국가가 '대중노선'과 '군중노선'이라는 정책 방식으로 채택했고, 전국적인 캠페인으로 확대되었다. 동시에 전국적인 캠페인들은 노동자들의 특정한 상황 속에서 변형되었다. 대중노선은 마오주의적인 개념이었고, 노동당 내부에서는 연안계가 처음 시작했다. 1946년 12월 6일에 시작된 '생산돌격운동'이 처음으로 전국적으로 당이 주도한 대중운동이었고, 이 시기에 기관사 김회일이 첫 노동영웅으로 탄생했다.[23] 김회일은 북한의 '스타하노프'[24]로 여겨졌고 1950년대에는 철도상의 자리까지 올랐다.

대중운동의 이름은 끊임없이 달라졌고, 각 캠페인은 수많은 작은 캠페인을 일으켰다. 전반적으로 당이 주도한 대표적인 캠페인들은 다음과 같다. 1946~1957년에는 '생산돌격운동', '생산증산돌격운동', '생산증산운동', '생산증산경쟁운동', '생산증산절약운동'이 있었고, 1957~1961년에는 '집단혁신운동', '천리마

---

23) 서동만, 『북조선사회주의 체제성립사 1945~1961』(서울: 선인, 2005), 321~322쪽.
24) 알렉세이 그레고리예비치 스타하노프는 소비에트 연방의 광부이자 사회주의노동의 영웅이었다. 소련에서는 그의 이름을 딴 대중운동이 전개되기도 했다.

작업반운동', '비날론속도운동'이 있었다. 기업과 작업반 차원에서의 작은 캠페인들은 실로 많았고 다양했다.[25] '생산의 날 운동', '공급이 없는 날 운동', '솜한 번 더 줍기 운동', '장작때기 운동', '굴뚝으로 날아가는 연가루 잡기 운동', '매 동작에서 1초 단축 운동', '500삽 뜨고 허리 쉬기 운동', '1,000삽 뜨고 허리쉬기 운동'을 예로 들 수 있겠다.[26]

명칭은 달랐지만 모든 대중운동에는 경쟁이라는 공통점이 있었다. 경쟁은 개인 노동자와 산업 전체의 생산성 증대에 영향을 미친다는 원칙하에 장려되었다. 기업 차원에서는 선진기업이 낙후한 기업을 도와주면서 산업 분야의 전반적인 생산을 올린다는 원칙이었다.[27] 개인적인 차원에서는 앞서 가는 노동자와 뒤떨어지는 노동자를 공개적으로 비교하면서 경쟁적 열정을 자극한다는 원칙이었다.[28] 대중운동을 통한 경쟁의 목적은 개인 노동자의 일상 차원에서 경쟁을 구체적으로 실행함으로써 전체적인 산업 생산을 향상시킨다는 것이었다. 예를 들어 함경북도 당위원장 한상두는 '집단혁신운동'은 "브리가다, 째흐, 나아가서 전체 기업소의 성원들을 생산 혁신자들이 달성한 높은 수준에까지 끌어올리기 위한 대중적 사회주의 경쟁운동이다"라고 말한다.[29] 이를 위해서 한상두는 "기술일군들은 날로 …… 발전하는 현실에 눈을 뜨고 생산 현장에 깊이 들어가서 대중의 무진장한 힘을 믿고 그들과 같이 의논하며 그들과 함께 기술적 문제를 해결하는 기풍을 배양하여야 할 것이다"라고 당부한다.[30] 따라서 대중운동의 중요한 모습은 땀과 고생이 존재하고, 혁신과 경쟁의 원천인

---

25) 차문석, 「21세기에 천리마 운동?」, ≪통일한국≫, 제30권(2009), 32~35쪽.

26) 같은 글, 32~35쪽.

27) 박철, 「증산 경쟁 운동에서의 몇 가지 문제」, ≪근로자≫, 제105호(1954), 90쪽.

28) 같은 글, 93쪽.

29) 한상두, 「사회주의 건설을 촉진시키기 위한 집단적 혁신 운동의 발전을 위하여」, ≪근로자≫, 제151호(1958), 54쪽.

30) 같은 글, 60쪽.

생산현장에서 탄생한 일상적인 노동과정의 조직화였다.

작업현장에서 대중운동의 실제 상황은 부조화했다. 경쟁은 관료, 관리자, 노동자 각 층위에서 노동과정의 불일치를 초래했다. 경쟁적인 노동의 표준화는 이행하기 어려웠고, 박철이 지적하듯이 "월말, 분기 말에 가서는 작업을 돌격식 방법으로 진행함으로써 기계 설비를 혹사하며 자재와 로력을 랑비하는 등 비경제적 현상"이 줄곧 있었다.[31] 그리고 뒤떨어지는 기업들은 새로운 기술과 노동방식을 재대로 수용하지 못했다. 노동영웅을 탄생시킨 기업에서도 노동영웅의 노동방식 수용이 순조롭지 않았다. 함경북도의 중요한 광산인 아오지탄광은 한국전쟁 중 '복식 련속 발파법'을 개발한 노동영웅 김직현을 배출한 생산현장이다. 하지만 이 방법은 표준화되지 않아 노동자들에게 전해지지 않았고, 김직현이 탄광을 떠나자 아무도 그의 방법을 실행하지 못했다.[32] 대중운동과 경쟁의 원칙은 실행과 달랐는데, 단순히 모순적이었다기보다 일상생활이 고유의 변증법적인 리듬을 만들어낸 것이라고 할 수 있다.

대중운동은 노동영웅제도와 병행되었다. 다른 노동자들보다 성과가 우수한 노동자의 삶을 인정, 선전, 공부, 부양하는 시스템이었다. 우수한 노동자의 발탁은 해방 후 인민위원회 시기부터 있었는데, 일본 노동자들이 노동영웅으로 선정되는 경우도 있었다. 이 시기의 노동영웅은 명예를 얻었고 상금을 받았으며, 다른 노동자들이 따라야 할 모범노동자로 만들어졌다. 이는 1950년 6월 30일 '공화국영웅'제도가 생기고 1년이 지난, 1951년 7월 17일에 '노동영웅(노력영웅)'제도가 신설되면서 국가가 관리하는 공식체제로서 자리 잡았다. '노동영웅'과 '공화국영웅'의 칭호는 최고인민회의 상임위원회가 결정했고, 김일성 생일(4월 15일), 조선민주주의인민공화국 창건기념일(9월 9일), 노동당 창건기념일(10월 10일) 등 주요 공휴일에 수여되었고 신문에 보도되었다.

---

31) 박철, 「증산 경쟁 운동에서의 몇 가지 문제」, 91쪽.
32) 같은 글, 95쪽.

노동영웅은 많은 특권을 누렸다. 공동체에서 날마다 받는 존경은 물론이고, 무료 대중교통권, 빠른 승진, 평균보다 높은 수준인 마지막 임금의 60~100%에 해당하는 퇴직연금을 받았다. 그들은 고위급 당원을 위한 의료시스템을 이용했고, 그들의 자녀는 학교 입학과 관련해 우대를 받았다. 하지만 특혜를 받는 시민을 만드는 이 제도는 동시에 그들을 헤게모니의 기구로 만들었다. 노동영웅에 대한 이미지와 이야기를 통해서 국가는 일반 노동자들에게 민족과 사회를 위한 헌신, 충성, 그리고 정직한 노동의 이상을 심어주었다. 차문석은 "노동영웅은 자기 재생산 능력이 결여된 북한사회가 '노동 신화'를 통해서 자신을 재생산하고 유지하기 위해 도입한 사회주의만의 독특한 존재들 — 생산성을 위한 십자군들 — 이다"라고 말한다.[33] 노동영웅을 생산하고 이상화하는 방식은 일방적이었고, 일반 노동자들은 적극적인 주체가 아니라 영웅들을 흉내 내야 하는 수동적인 객체가 되었다. 다시 한 번 차문석의 글을 빌리면, 이 구조는 "영웅 모델과 일반 노동자 간의 대화를 허용하지 않을 뿐만 아니라 (바로 대화의 대립물 혹은 적대성) 생산성을 최고의 욕망으로 삼는 국가가 아무런 방해도 받지 않고 사회에 행하는 자신에 관한 담론"이다.[34] 우수한 노동자들의 발탁과 생산성 증대를 위해 그들을 일방적으로 이용하는 것은 분리할 수 없다. 노동영웅제도에서는 인간의 가능성과 국가 헤게모니가 같은 일상공간을 점유했다.

가장 선전되었던 대중운동은 천리마운동이었다. 이 운동의 정신과 실질적인 성과는 북한의 사회와 문화에 광범한 영향을 미쳤고, 2009년에 전국적인 캠페인으로 다시 등장해 오늘까지 계속되고 있다. 천리마운동은 1957년의 5개년경제계획과 함께 시작되었다고 한다. 특별히 "당·국가 경제기관 지도일

33) 차문석, 「북한의 근대 정치경제와 노동 영웅: 영웅 탄생의 정치 경제적 메커니즘」, 성균관대학교 동아시아 유교문화권 교육연구단 엮음, 『근대 극복을 꿈꾸는 동아시아의 도전』(서울: 청어람미디어, 2004).
34) 같은 글.

군들이 일상적으로 하부에 침투하며, 특히 비당원 대중들 속에서 군중공작을 강화"한다는 1956년 12월 11~13일의 당 전원회의 결정이 중요했다.[35] 그리고 아니나 다를까 천리마운동의 탄생 과정에는 김일성과 대중과의 만남이 포함되어 있다. 공식기록에는 12월의 전원회의 이후 김일성과 지도자들은 어느 이름 모를 공장에 내려가 노동자들에게 당의 결정을 전달했다고 한다. 1963년에 출간된 『천리마 기수 독본』에는 당이 천리마의 정신으로 당의 결정을 수행해 달라고 요구했다고 설명되어 있다.[36]

북한 당국이 천리마운동의 탄생을 5개년경제계획의 시작과 같이하는 것으로 지정하고 싶었던 만큼, 대중운동을 말하는 '천리마'는 1957년 이전에는 찾아볼 수 없다. 김일성은 1934년에 '천리마'라는 말을 언급하지만, 이때는 대중운동이 아니라 그의 만주빨치산 시기를 비유하는 말이었다. 조선민주주의인민공화국의 공식적인 역사가 시작되고 천리마운동은 1957년에 탄생한다. '천리마'라는 말이 들어간 대중운동은 '천리마작업반운동'으로 1959년에 본격화되었지만, 이 운동도 5개년경제계획을 1년 앞서 끝내려는 1958년 9월 당 중앙위원회의 결정으로 기획된 캠페인이었다. 이 순간은 엄청난 권력 통합의 순간이었다. 조선민주주의인민공화국 설립 10주년에 임박하여 농업의 집단화는 거의 완성되었고, 남아 있던 소규모 민영사업들은 전부 국유화되었으며, 당·국가·노동 부문은 김일성의 만주파와 이를 지지하는 세력이 장악하고 있었다. 이 권력 통합이 가져온 결과 중 하나는 5개년경제계획의 목표를 급히 달성하기 위한 노동의 총동원이었다. 다르게 말해, 노동의 동원은 총생산에 대한 국가의 직접적인 지배였다.

경제계획의 목표 달성을 위한 구체적인 실행이었던 천리마작업반운동은

---

35) 국사편찬위원회, 「인민경제계획에 대하여(전원회의 결정, 1956.12.11~13)」, 『북한관계사료집 30』(과천: 국사편찬위원회 출판사, 1998), 806쪽.
36) 조선직업총동맹, 『천리마기수독본』(평양: 조선직업총동맹 출판사, 1963), 13쪽.

강선제강소와 밀접한 연관이 있다. 1959년 3월 9일, 김일성의 두 번의 현지 지도 이후, 용해공(용광로 종업원) 진응원이 이끄는 작업반은 5개년경제계획을 1년 내에 끝내겠다고 결의하면서 공장 내 생산증산운동을 시작했다.[37] 이 작업반은 8일 후, 당 중앙위원회로부터 '천리마작업반'이라는 새로운 칭호를 받았다. 이 운동은 생산증산을 위한 전국적인 경쟁운동을 야기했으며, 1960년 말에는 작업반 2만 2,083개, 노동자 38만 7,412명이 운동에 참여하고 있었다.[38] 1963년 말에는 300만 명 이상이 운동에 참여하고 있었고, 1만 3,626개의 작업반이 천리마 작업반이라는 칭호를 받았다.[39] 진응원은 1960년 8월 노동영웅이 되었다.

4. 일상생활의 전체 공간

1950년대 후반부터 반복적인 노동과 대중운동으로 구성된 일상은 노동과 생활의 관계를 다시 그리는 엄청난 사회적 결과를 가져왔다. 이런 일상에는 평범한 활동에 역사적 의미를 부여하는 반복의 이데올로기가 작용하고 있었다. 전국적인 생산증산 캠페인은 모든 인민을 국가가 통제하는 생산체제 안으로 끌어들였다. 이러한 포섭은 법과 대중동원을 통한 간접적인 통제 방식이었기에 형식적이고 행정적이고 관료적이었다. 진정한 사회 통제는 불가능한 사업이었지만, 여전히 형식적일지라도 사회의 필요와 국가의 필요를 결합시키는 생활과 노동의 전체성이 등장했다. 따라서 일상생활의 생산은 동시에 일상

---

37) 차문석, 「21세기에 천리마운동?」, 35쪽. 한국전쟁에 참전하고 UN군에 포로였던 진응원은 천리마작업반운동의 시작과 연결되어 북한에서 가장 유명한 노동영웅 중 한 명이 되었다.
38) 조선직업총동맹, 『천리마기수독본』, 26쪽.
39) 같은 책, 30쪽.

생활의 전체성의 생산이었다.

사회와 국가의 필요의 결합은, 담론과 실행의 양 측면에서 이데올로기, 의식, 행정, 생활의 일관성을 수반했다. 다르게 말하면, 일상생활의 전체성 속에서 천리마작업반운동은 다양한 생활활동을 지탱하는 전체 사회시스템의 일부였다. 이 전체 시스템은 한편으로는 폭넓은 인프라 구축을 포함했다. 휴전 3년 이내에 북한은 수천 개의 학교와 수백 개의 병원, 진료소, 탁아소, 영화극장, 체육시설을 복구하거나 건설했다. 해방 전에는 대학교 한 개와 기술전문학교 세 개밖에 없었던 북한에 1958년 말까지 대학교 22개와 기술전문학교 121개, 그리고 여러 도서관과 박물관이 세워졌다.[40] 1957년까지 1,358개의 신문, 잡지, 책이 출판되었고, 총 판매량은 2억 3,000만 권이었다.[41]

다른 한편, 이러한 전체 시스템에는 의식을 바꾸는 시도, 즉 교육을 통한 노동자들의 계급의식의 강화가 포함되어 있었다. 소비에트계이면서 1960년 숙청되기 전 최고재판소의 부소장이었던 김동철은 의식 강화 사업의 필요성을 피력했다. 그는 노동자들의 의식 속에는 낡은 이데올로기의 흔적이 남아 있다고 보고, 계급 교육은 "부르죠아적 및 소부르죠아적 잔재 의식을 숙청하고 새로운 선진적 사상, 즉 사회주의적 사상으로 그들을 더욱 철저히 무장시키는 것을 의미"한다고 말했다.[42] 이는 전후 북한 지도자 대부분의 생각을 대표적으로 보여준다. 이데올로기 교육은 항상 실용적이었다. 그래서 1958년부터는 모든 기술학교에서 '50% 학습과 50% 생산노동'을 시작했으며, 매년 한 달 반 동안 노동 동원 사업을 조직했다.[43]

---

40) 박명준, 「인민 생활 향상을 위한 당과 정부의 확고한 정책」, ≪근로자≫, 제154호(1958), 88쪽.

41) 같은 글, 88쪽.

42) 김동철, 「근로자들 속에서의 부르죠아적 및 소부르죠아적 잔재 의식의 극복을 위하여」, ≪근로자≫, 제116호(1955), 76쪽.

43) 류영술, 「기술 혁명 수행에서의 중등 및 기술 의무 교육제 실시의 의의」, ≪근로자≫, 제156호(1958), 15쪽.

전체성의 실행에 대해 더 살펴보기 전에, 전체성 자체를 좀 더 심도 있게 살펴보도록 하자. '전체성' 개념을 어떻게 이해해야 하는가? 이 지점에서 다시 르페브르로 돌아가 보자. 그는 '생산물이자 행정과 생산의 방식이고, 이데올로기적 현장인 일상생활을 실용적 전체 시스템'으로 보았다. 모든 국가의 활동은 전체성을 향하며 모든 의식, 지식, 행동을 요구한다. 국가는 "지식을 계획하고 지도하고 탐구하며, 내재적인 체계로 지향하며, 파워를 요망한다"라고 르페브르는 말한다.[44] 국가는 법, 교육, 주택, 대중캠페인, 공공사업 등을 통해 전체성을 모색한다. 하지만 르페브르는 국가의 전체성에 대한 강요는 인간의 기본적인 행동에 기초한다고 말한다. 이는 부서진 전체성을 되찾으려고 하는 '전체성에 대한 의지'를 지적하는 것인데, 이런 의지는 "지식을 프락시스(praxis)의 일부로 만들고 프락시스 안의 분열을 저지한다"라고 르페브르는 말한다.[45] 이 과정을 르페브르는 '본질'이나 '본체'의 존재론적인 전제가 없는 프락시스로 이루어진 '전체적 인간 현상'으로 묘사한다. 그러면 전체적 인간 현상에 기여하는 프락시스는 무엇으로 구성되어 있는가? 일상의 철학자로서 한결같은 르페브르는 전체적 인간 현상에서 세 가지의 범위를 제시하는데, 즉, 필요(need), 노동(labor), 쾌락(pleasure)이다. 나아가서 필요, 노동, 쾌락의 실행과 상호관계는 다름 아닌 '비커밍(becoming)'과 '역사성(historicity)'과정의 기반을 구성한다.[46]

르페브르는 필요, 노동, 쾌락을 일관된 트리플리시티(triplicity)라고 부른다. 요컨대 인간의 필요가 일반적인 필요와 구분되는 부분이 '노동의 중재'이다. 인간의 필요는 사회화됨으로써 사회적 노동을 통해서 능력과 권력으로 변화

---

44) Henri Lefebvre, *Critique of Everyday Life, Volume 2: Foundations for a Sociology of the everyday*(London: Verso, 2008), p.185.

45) 같은 책, p.188.

46) 같은 책, p.189.

한다. 하지만 필요와 노동은 각각 단독으로는 설 수 없다. 쾌락이 없으면 필요는 결핍과 불만으로 존재하고, 노동은 생산성과 근면이 지배하는 물신(fetish)으로 변한다. 그래서 필요와 노동은 분명하게 쾌락을 요구한다. 르페브르는 "인간이 자연을 전유하기 위해서는 노동이 없어서는 안 되지만 쾌락만이 이 전유를 효력 있게 만든다"라고 말한다.[47] 세 가지의 범위는 전체적 인간 현상을 결정하지만 이 전체성은 지식과 실행의 연결을 나타내는 현상일 뿐이다. 개인의 레벨에서 전체성은 완벽하지도 명확하지도 않다. 전체적 인간 현상은 항상 미달이고 실망스럽다. 르페브르의 전체성은 자체를 충족하는 원형이 아니라 "역사를 가로지르고 역사성을 성립하는 나선형이다".[48] 이것이 결정적인 부분이다. 사회적 실행의 차원에서 전체성을 위한 투쟁은 다른 활동들과 대립되며 그들의 종속을 요구한다. 따라서 전체성은 특수한 행동과 특수한 표상의 우세이다.[49] 한마디로 전체성은 근본적으로 불완전하다. 르페브르는 다음과 같이 말한다.

> 전체화의 순간은 또한 내적 실패가 드러나는 순간이다. 체계는 내부에 부정의 씨앗을 담고 있으며 해체의 시작이다. 성취는 위축의 신호이다. …… 전체화는 의심, 결렬, 붕괴를 강요한다. …… 전체화의 모든 시도는 − 더 이상 축소할 수 없는 잔여 침전물(irreducible residual deposit)인 일상이 요구, 지위, 존엄을 점유하기 전에, 일상을 전체성의 차원으로 끌어올리기 전에 − 시험을 거쳐야 한다.[50]

르페브르는 전체성이 상상도 아니고 순전한 억압도 아니라는 점을 알려준

---

47) 같은 책, p. 191.
48) 같은 책, p. 192.
49) 같은 책, p. 182.
50) 같은 책, p. 182.

다. 오히려 전체성은 기본적인 인간 국면인 필요, 노동, 쾌락을 포함하는 지식과 실행에 없어서는 안 되는 특성이다. 전체성은 투쟁을 통한 특수한 행동이며, 그러므로 투쟁을 핵심으로 한다. 이런 의미에서 전체성은 불완전한 현상이며 투쟁의 실체는 만족을 가로막는다. 사회적 프로젝트로서 전체성은 특별한 활동의 우세의 출현이다. 하지만 전체성의 출현은 일상에서만 확인되는 현실이다. 모든 투쟁이 전개되고 모든 사회 프로젝트를 시험하는 '더 이상 축소할 수 없는 잔여 침전물'인 일상에서 말이다. 여기서 우리는 한 걸음 더 나아간 일상생활의 이해에 도달한다. 일상생활은 생산과 행정의 실용적인 현장이며 동시에 상징적 건설이 이루어지는 이데올로기적 현장이다. 이 두 가지 모습이 사회의 필요와 국가의 필요가 직면하는 전체적 현실을 발생시킨다. 전체성은 일상생활의 현상으로서 사회적 행위의 확정과 부정이 동시에 존재한다. 이런 이중적 특질은 어떠한 전체라도 지니고 있는 근본적으로 미완성된 핵심에서 나온다. 투쟁과 대항의 핵심, 바로 대립(antagonism)의 핵심이다. 이러한 이해는 북한의 일상에서 전체적 순간과 이의 해체를 구별할 수 있게 도와준다. 북한의 전체성의 구체적 모습을 계속 살펴보자.

국가의 전형적인 일상적 정체성 프로젝트는 '주택'과 관련되어 나타난다. 형식적으로 주택은 여가, 문화, 가족의 공간으로서 노동과 분리된다. 주택은 노동자가 작업 현장을 떠난 후 들어가는, 잉여 생산이 없는 환경이다. 그리고 생산만큼 중요한 소비의 영역으로 주택은 일상생활의 연속이다. 반복이 공장현장에서 이데올로기적 기능을 하게 되면서, 이 기능은 소비행위를 통해 주택공간에서 연속적으로 수행된다. 그러나 국가에 의해 기획·생산되어온 일상생활 전체성의 일부로서, 주택의 비생산적인 면이 생산체제에서 분리되어 있다는 의미는 아니었다. 오히려 주택은 ― 교육, 예술 등을 비롯해서 ― 생산체제의 비경제적인 면을 상징했고, 이미 잘 알려진 생산수단의 재생산과정에 필수적인 역할을 했다.

북한의 주택은 도시와 농업협동조합지역을 포함하는 도시계획의 일부였고,

도시와 시골의 동시 개발정책과 일치했다. 도시계획의 가장 중요한 목표는 도시를 사상교육의 현장으로 변화시키는 것이었던 만큼 어느 도시나 김일성의 동상과 학습실이 가장 먼저 계획되고 건설되었다.[51] 주택은 생활 장소뿐만 아니라 이데올로기적·문화적 교육의 장소였다.[52] 김일성은 "우리가 건설하는 주택은 민족적 형식에 사회주의적 내용을 가진 것으로 되여야 합니다. 사회주의적 내용이란 무엇입니까? 그것은 인민들에게 편리하게, 쓸모 있게 하라는 말입니다. 우리는 보기 좋고 알뜰하고 쓸모 있고 인민들에게 편리한 문화주택을 건설하여야 하겠습니다"라고 주택을 정의했다.[53]

그러나 한국전쟁 당시 100만 가구 중 50%가 살 곳을 잃었음에도 산업화를 우선에 두었기 때문에 주택 건설과정은 단계적으로 진행되었다. 5개년경제계획 시기[54]에는 13.4%의 총 건설 예산을 이용해 60만 가구를 계획하고 건설했다.[55] 그리고 다음 주택 건설 단계는 1970년대의 6개년경제계획(1971~1976)시기였으며 80만 가구가 지어졌다. 제3차 7개년경제계획 시기(1987~1993)에도 수만 가구가 건설되었다.[56] 이런 노력에도 주택 수가 절대적으로 부족한 것이 북한의 현실이다. 1995년 북한에서는 300만 가구가 주택을 배급받았고, 이는 주택보급률 60%에 해당된다.[57]

북한에는 공식적으로 두 가지의 주택이 있다. 영구주택은 국가가 계획하고 건설하며, 도시에는 아파트, 농촌에는 연립주택 형태로 건설된다. 반면, 임시

---

51) 김진선, 「사회주의 국가의 도시계획에 관한 연구: 북한을 중심으로」(건국대학교 행정대학원 도시개발학과 박사학위논문, 1998), 65~66쪽.

52) 같은 글, 76쪽.

53) 김일성, 「제1차 5개년계획을 성과적으로 수행하기 위하여: 조선로동당대표자회의에서 한 결론 (1958.3.6)」, 『김일성저작집 제12권』(평양: 조선로동당출판사, 1981), 119쪽.

54) 1957년에 시작되어 1961년 종료되었다. 이는 본래 계획에서 1년 앞당겨진 것이다.

55) 김진선, 「사회주의 국가의 도시계획에 관한 연구: 북한을 중심으로」, 83쪽.

56) 같은 글, 83~84쪽.

57) 같은 해에 남한의 주택보급률은 86%였다.

주택은 국가의 계획 없이 건설된다.[58] 전쟁 전 지어진 주택을 제외한 모든 주택은 영구주택과 임시주택에 상관없이 조립식으로 건설되었다. 평양의 80%, 중형도시의 20~40%가 영구주택이고, 소형도시나 공업단지는 90%가 임시주택이다.[59] 헌법에 따라서 개인이 건물을 소유할 수 없기 때문에 모든 주택은 국가나 협동조합이 소유하고 있다. 부동산을 매매할 수 없기 때문에 모든 거주자는 임대료를 낸다. 직업과 지위에 따라 주택이 배급되며 평양의 가장 좋은 주택은 당, 정부, 군사의 고위급 간부들에게 돌아간다. 가장 낮은 단계의 주택 구성은 1,000~2,000명이 모여 사는 '군'이고, '소구역'은 4~5개의 군으로 이루어져 있으며, 그다음으로 '구역'은 4만~5만 명이 살고 있는 단위이다.[60] 가장 큰 주택 구성은 여러 구역이 모인 '지역'이며 인구를 15만 명까지 수용한다.

1950년대 말에 조성된 거주지역의 대표적인 예로 평양의 '소구역 87'을 들 수 있다.[61] 총면적은 23,000m²로, 절반 이상의 면적에 아파트 빌딩이 지어졌고, 구역 내에 학교, 탁아소, 봉사기관, 경영 뜰, 공공녹지, 체육장이 있다. 다른 곳보다 모든 면에서 나았겠지만 소구역 87은 북한의 전형적인 주택 형태였다. 노동자들이 여가의 시간을 즐기고, 유아들이 보살핌을 받고, 어린이들이 교육을 받는 공간인 동시에 노동자들이 다음 날을 위해 체력을 회복하고, 여성들이 가정에 남아야 하는 이유가 없는 공간이었다. 여성의 해방과 여성 노동력의 활용이라는 두 모습의 열쇠는 유아 보육을 도맡는 탁아소에 있었다. 소구역 87이 대표하는 주택 시스템은 특히 여성을 신경 썼다. 1958년에 소비에트계이며 한때 함경북도 인민위원장이었고 당시 노동부상이었던 김영수는 여성의 해방과 이를 촉진시키는 제도와의 관계를 다음과 같이 말했다. 그는

---

58) 서우석, 「북한의 거주실태와 주택정책에 대한 평가」, ≪월간 복지동향≫, 제24호(2000), 42쪽.
59) 같은 글, 41쪽.
60) 김진선, 「사회주의 국가의 도시계획에 관한 연구: 북한을 중심으로」, 77쪽.
61) 같은 글, 78쪽.

기술 혁명과 사회주의 건설이 여성 해방을 가져온다고 보고, "그러면 오늘 우리 녀성들은 직장 진출을 위한 모든 조건들이 원만히 갖추어지는 날을 기다려야 할 것인가? 아니다. …… 녀성들은 하루속히 직장에 진출하여야" 한다고 말하고, "유치원도 식당도 세탁소도 녀성들이 적극적으로 직장에 진출함으로써 더 많이 건설되"어야 한다고 강조했다.[62]

주택 체계는 실로 전체적인 특성을 가진 일상생활의 관행이었다. 휴식, 여가, 육아로 분류할 수 있는 사회적 필요와 생산 증산, 근로로 분류할 수 있는 국가적 필요를 동시에 충족하는 생활공간이었다. 그러한 만큼 전체적인 면에서는 불가능성을 나타냈다. 전체성의 순간은 또한 분열의 순간이었다. 주택 체계에서 분열의 순간은 두 방향에서 볼 수 있다.

첫째, 구체적 사회적 관행의 차원에서 주택과 탁아소는 항상 부족했다. 북한의 주택보급률은 낮았고 불균형했다. 김일성도 평생 주택 부족의 문제를 언급했다. 소규모 도시와 시골의 사람들에게 주택은 그들이 알아서 처리하는 문제였다. 북한을 떠난 많은 사람이 입증하듯이 주택 배급은 느린 과정이었고, 일자리가 없는 사람은 주택을 배급받지 못했다. 그래서 여러 가족이 방이 두 개 딸린 주택을 같이 사용하는 일이 흔히 있었다.[63]

둘째, 이데올로기 차원에서 여성을 가사노동에서 구제함으로써 여성 해방을 진전시킨다는 주장은 여성 억압의 기원에 대한 이데올로기적 인식오류였다. 가사노동의 부담을 덜어준다는 것은 올바른 방향이었지만 가부장제의 억압적인 구조에서의 구제는 없었다. 더구나 노동현장에 들어간다는 것은 생산 체제가 만든 또 다른 지배 영역에 들어가는 것이었다.

이런 식으로 전체성의 실패는 사회적 관행과 이데올로기 두 수준에서 발생했다. 주택은 분명히 일상적 전체성의 전형적인 프로젝트였지만, 중심은 가부

---

62) 김영수, 「사회주의 건설의 현 단계와 공화국 녀성」, ≪근로자≫, 제155호(1958), 61쪽.
63) 좋은벗들, 『북한사람들이 말하는 북한이야기』(서울: 정토출판, 2000), 56쪽.

장제와 잉여의 전유 등 전체성의 분열을 예상케 하는 대립적인 관계들로 구성되어 있었다.

5. 결론

이 글은 북한의 일상생활을 반복의 이데올로기, 대중운동과 노동영웅, 전체성이라는 세 가지 측면에서 검토했다. 평범함과 반복성은 일상을 통제와 지배의 궁극적인 공간으로 정립하는 메커니즘이었다는 것이 이 글의 중점이다. 개념적으로 볼 때, 북한의 일상생활은 대중운동과 반복되는 노동을 통해서 사회의 필요와 국가의 필요를 만나게 하는 전체성을 수반했다. 반복적인 노동, 대중운동, 그리고 주택, 교육, 여가의 인프라는 일상생활 공간에서 담론과 관행의 일관성을, 사는 것과 일하는 것의 일관성을 창설하기 위해 합류했다.

여기에서는 일상생활의 한결같은 이미지를 그리고자 하는 것이 아니다. 이 글의 분석에서 중심적인 위치를 차지하는 철학자 르페브르는 일상을 '더 이상 축소할 수 없는 잔여 침전물(irreducible residual deposit)'이라고 보았다. 일상의 전체성은 투쟁과 대립을 핵심으로 한다. 그러므로 주택을 포함하여 모든 전체성의 형태는 담론적·관행적으로 분열을 예상케 한다. 일상생활의 이데올로기적·관행적 통제는 당-국가의 목표인 산업화와 사회주의 건설을 완수하기 위해서 필요한 것이었다. 이 통제는 중대한 과제였고, 전후 10년은 중대한 시기였다. 이 시기의 북한은, 모순과 실패의 내재적 조건에도 불구하고 내부 사람들에게는 물론이고 외부 사람에게도, 일종의 인류적 진보를 향해 움직이는 하나의 기계같이 보였다.

〈참고문헌〉

강정석. 2008. 「일상생활 비판과 삶의 변혁: 불안한 일상에 던지는 불온한 문제제기」. ≪비평≫, 제18권.

국사편찬위원회. 1998. 「인민경제계획에 대하여(전원회의 결정 1956.12.11~13)」, 『북한관계사료집 제30권』. 과천: 국사편찬위원회 출판사.

김동철. 1955. 「근로자들 속에서의 부르죠아적 및 소부르죠아적 잔재 의식의 극복을 위하여」. ≪근로자≫, 제116호.

김영수. 1958. 「사회주의 건설의 현 단계와 공화국 녀성」, ≪근로자≫, 제155호.

김일성. 1980. 「기계제작공업을 발전시키기 위한 몇 가지 과업: 희천자동차부속품공장지도일군 및 로동자협의회에서 한 연설(1954.4.10)」. 『김일성저작집 제8권』. 평양: 조선로동당출판사.

_____. 1981. 「황해제철소 지도일군 및 모범노동자들과 한 담화(1957.12.25)」. 『김일성저작집 제11권』. 평양: 조선로동당출판사.

_____. 1981. 「제1차 5개년계획을 성과적으로 수행하기 위하여: 조선로동당대표자회의에서 한 결론(1958.3.6)」. 『김일성저작집 제12권』. 평양: 조선로동당출판사.

김진선. 1998. 「사회주의 국가의 도시계획에 관한 연구: 북한을 중심으로」. 건국대학교 행정대학원 도시개발학과 박사학위논문.

류영술. 1958. 「기술 혁명 수행에서의 중등 및 기술 의무 교육제 실시의 의의」. ≪근로자≫, 제156호.

박명준. 1958. 「인민 생활 향상을 위한 당과 정부의 확고한 정책」. ≪근로자≫, 제154호.

박철. 1954. 「증산 경쟁 운동에서의 몇 가지 문제」. ≪근로자≫, 제105호.

서동만. 2005. 『북조선사회주의 체제성립사 1945~1961』. 서울: 선인.

서우석. 2000. 「북한의 거주실태와 주택정책에 대한 평가」. ≪월간 복지동향≫, 제24호.

조선직업총동맹. 1963. 『천리마 기수 독본』. 평양: 조선직업총동맹 출판사.

좋은벗들. 2000. 『북한사람들이 말하는 북한이야기』. 서울: 정토출판.

차문석. 2004. 「북한의 근대 정치경제와 노동 영웅: 영웅 탄생의 정치 경제적 메커니즘」. 성균관대학교 동아시아 유교문화권 교육연구단 엮음. 『근대 극복을 꿈꾸는 동아시아의 도전』. 서울: 청어람미디어.

_____. 2009. 「21세기에 천리마 운동?」. ≪통일한국≫, 제30권.

한경화. 1961. 「우리 작업반장을 두고」. ≪천리마≫, 제9호.

한상두. 1958. 「사회주의 건설을 촉진시키기 위한 집단적 혁신 운동의 발전을 위하여」, ≪근로자≫, 제151호.

Marx, Karl. 1978. *The Marx-Engels Reader.* New York: W. W. Norton.

Lacan, Jacques. 1998. *The Seminar of Jacques Lacan Book XI: The Four Fundamental Concepts of Psychoanalysis.* New York: W. W. Norton.

Lefebvre, Henri. 1987. "The Everyday and Everydayness." *Yale French Studies*, Vol.73.

_____. 1988. "Toward a Leftist Cultural Politics: Remarks Occasioned by the Centenary of Marx's Death." in Nelson, Cary and Lawrence Grossberg(eds.), *Marxism and the Interpretation of Culture.* Urbana and Chicago: University of Illinois Press.

_____. 2008. *Critique of Everyday Life, Volume 2: Foundations for a Sociology of the everyday.* London: Verso.

Roberts, Andrew. 2004. "The State of Socialism: A Note on Terminology." *Slavic Review*, Vol.63, No.2, pp.349~366.

Žižek, Slavoj. 1989. *The Sublime Object of Ideology.* London: Verso.

제2장

북한의 인구정치와 식량체제: 인구학적 변화 속의 주민 일상*

홍민 |
동국대학교 북한학연구소 연구교수

1. 1970년, 인구학적 변화 속에 숨겨진 북한 역사

한국전쟁 이후 가파른 증가세를 보이던 북한의 출산율이 1970년부터 급격한 감소세로 돌아섰다. 이 출산율의 곤두박질은 1980년까지 이어져 최저점을 찍은 이후 지금까지 저출산 추세가 길게 이어지고 있다. 도대체 1970년을 기점으로 나타난 이 인구학적 변화에는 어떤 역사가 있는 것일까? 이 시기 인구 변화와 관련한 실재(reality)는 북한 당국의 침묵 속에 아직도 비밀스러운 역사의 한 부분으로 남아 있으며, 연구자들의 관심도 받아오지 못했다. 물론 1960년대부터 북한 최고지도자들의 인구 증가에 관한 다소 근심 어린 언급이 없었던 것은 아니다. 그러나 이러한 담화는 당시 고취된 사회주의 우월성의 낙관적 목소리에 비하면 작디작은 소리였을 뿐만 아니라 인구학적 변화의 실재를 보여주기에는 턱없이 부족하다. 그러나 이 불투명해 보이는 영역, 기록

---

*   이 글은 저자가 2003년 수행한 동국대학교 자유연구과제 연구결과에 일부 기초하고 있으며, 「북한 인구정치의 기원과 식량체제」, ≪통일정책연구≫, 제22권, 제1호(2013)에 게재된 원고를 대폭적으로 수정, 보강하여 작성된 것이다.

이 불충분하여 관찰하기 힘든 영역인 '인구' 밑에 북한의 또 다른 역사가 펼쳐져 있는 것은 아닐까.

1970년을 기점으로 북한 인구 통계 추이에서 뚜렷하게 발견되는 출산율의 극적인 감소는 어떻게 설명해야 할까? 우선 전염병, 내전, 극심한 정치적 혼란 등으로 인한 인구의 치명적 손실이나 출산 기피를 생각해볼 수 있다. 그러나 아직까지 북한 역사에서 그런 흔적은 발견되지 않았다. 또한 이 갑작스러운 변화를 서구나 소위 일부 개발도상국이 경험했던 소득 수준의 향상이나 의식의 변화, 삶의 질 차원에서의 자발적인 출산 억제로 설명하는 것도 힘든 건 마찬가지이다. 왜냐하면 최소한 이들 국가의 경험은 상대적인 차이는 있겠지만 어느 정도 '완만함'이란 변화의 미덕이 있었기 때문이다.

그렇다면 한국전쟁 이후 길게 이어졌던 베이비붐(1953~1970), 그리고 늘 노동력 부족을 토로하며 '인구 증식'을 공공연하게 강조해왔던 북한에서 무슨 일이 있었던 것일까? 자발적 또는 타의적으로 출산을 억제할 만한 갑작스러운 사회경제적 불안 또는 인구정책상의 변화에서 실마리를 찾을 수밖에 없다. 우선 출산율 억제를 위한 국가의 인구에 대한 전면적 개입과 통제, 즉 인구가 통치의 화두로 정책 표면에 등장했었는지 살펴볼 필요가 있다. 만약 그런 개입의 흔적이 있다면, 그 배경을 추적해보아야 할 것이다. 이것은 1970년을 전후해 인구와 정치경제라는 두 방향의 운동이 어떻게 교차하고 있었는가를 분석하는 것이며, 한편으로 이 두 운동이 통치의 전략 안에서 어떻게 인식되고 재조정되기 시작했는지를 들여다보는 것이다. 바로 이런 인구와 정치경제, 그리고 통치전략의 교차 속에서 우리는 북한주민의 일상(everyday life)이 어떻게 구성되어왔는가를 새롭게 인식해볼 필요가 있다.

2. '인구정치'가 말하는 것들

인구는 국가 또는 정치와 불가분의 관계를 맺고 있다. 특정한 사람들을 '인구'로 범주화하고 수를 세는 것, 인구를 문제화하고 정치화·사회화하는 인구 관련 담론의 창출, 그리고 인구에 대한 통제와 관리라는 일련의 '사회기술적 실천들(socio-technical practices)' ― 결정, 법, 제도, 도덕적 언명, 행정적·의학적·기술적 조치와 과정 ― 이 모두 '인구정치(population politics)'에 해당한다.[1] 인구정치는 '통치'의 측면에서 보면 인구에 대한 국가의 부단한 '돌봄(caring)'이 가닿을 수 있는 범위와 수준을 결정한다. 인구에 대한 '돌봄'은 수와 지표로 대상화되는 인구에 대한 관리와 내밀한 개인의 생리적 욕구에 대한 관리라는 전체와 개별 모두를 대상으로 한다.[2] 이 전체와 개별이 만나는 지점에 통치와 일상이 놓여 있다고 볼 수 있다. 1970년을 전후로 북한에서 나타난 출산율 변화의 역사에는 바로 이런 인구정치의 흔적들이 있다. 최고지도자 또는 국가가 그들의 '입'과 통계를 통해 인구의 수를 말하고, 인구를 문제화하고, 인구에 대한 조치를 내리고, 마침내 주민들의 육체 속에 통치의 전략을 기입한 일련의 흔적들이다.

바로 이 역사를 추적하기 위해서는 결국 '통치'에 주목해야 한다. 왜 인구와

---

[1] '인구정치'는 크게 두 가지로 설명할 수 있다. 하나는 '위로부터' 통치의 목적으로 인구 증감에 대한 물리적 통제나 강제를 가하는 정치적 결정이나 조치, 법, 제도, 담론, 기술적 과정 등을 포괄하는 것을 의미한다. 다른 하나는 미시적이고 일상적인 차원에서 위로부터의 조치에 대응해 그것을 일상적으로 전유(appropriation)하는 행위들이다. 이 둘은 분리된 행위 영역이라 기보다는 상호구성적인 것이라 볼 수 있다.

[2] 인구를 통치 대상화하는 안전메커니즘에 대한 푸코의 논의로는, 미셸 푸코, 『안전, 영토, 인구』, 오르트망 옮김(서울: 난장, 2011) 참조. 미셸 푸코의 통치성(governmentality) 개념을 인구정치학의 차원에서 개념화하고 있는 연구로는, 오경환, 「모아진 몸: 프랑스 제3공화국 인구감소 논쟁으로 본 푸코의 개인, 인구, 통치」, ≪서양사론≫, 제103호(2009), 125~127쪽; Bruce Curtis, "Foucault on Governmentality and Population: The Impossible Discovery," *The Canadian Journal of Sociology*, Vol.27, No.4(2002), pp.505~533 참조.

관련한 통치전략상의 변화가 나타났는가? 그것은 일차적으로 국가의 인구에 대한 돌봄의 가장 기초가 되는 '먹는 문제'에 대한 검토를 요구한다. 즉, 식량의 생산, 공급, 배급을 둘러싼 문제이다. 그런데 이 식량문제는 단순히 인구를 먹여 살릴 수 있는 농업 생산량이나 생산능력만을 의미하지 않는다. 보유한 자원(물질-에너지) 전반의 조건과 환경뿐만 아니라 정치경제적 제도 및 관리·운영체계, 대외적 관계 등이 복잡하게 연동되어 '문제화'된다. 특히 현존했던 사회주의체제는 당과 지도자가 계획경제라는 시스템을 통해 인민의 물질적 삶 전반을 직접적으로 관장하고자 하는 욕망을 드러내왔다는 점에서 더욱 그렇다. 또한 여기에 식민지 경험, 전쟁, 그리고 '냉전'은 사회주의국가의 인구와 식량에 지대한 영향을 미쳤다. 따라서 우리는 북한 인구정책상의 변화를 이해하기 위해 이런 전반의 요소들을 살펴볼 필요가 있는 것이다.

그것은 근대의 질곡으로부터 식민과 전쟁, 그리고 사회주의 산업화를 거치면서 나타났던 인구의 상승과 하강 또는 급격한 내부 이동의 과정에 도사린 사회경제적 요인의 변화를 보는 것이다. 그런 측면에서 인구의 변화와 이동은 전근대적 산업구조와 식민지 전시체제의 유산, 전쟁, 사회주의 산업화와 도시화, 냉전 등이 식량, 기근, 질병과 어떠한 함수관계에 있었는가를 보여주는 지표라고 할 수 있다. 그것은 인구의 변화와 이동이라는 거시적 역사 흐름 아래 놓여 있었던 노동세계의 미시적 질서를 보는 것이기도 하다. 결론부터 말하면, 일제 강점기와 북한의 역사를 관통하며 흐르는 노동세계에서 일관되게 발견되는 특징과 질서는 바로 '먹는 문제'와 '빈곤'이었다. 북한주민의 일상은 바로 '먹는 문제'와 '빈곤'이란 길고 질긴 '장기-지속' 속에 있었다고 볼 수 있다.

이러한 측면에서, 북한에서 인구와 식량 사이의 긴장은 북한 지도부의 정책 결정, 체제 운영방식, 법과 제도, 주민 일상 및 신체 등에 지대한 영향을 미쳤다고 볼 수 있다. 다시 말해 인구와 식량의 긴장을 해소하거나 봉합하기 위한 다양한 조치와 모색은 지금 우리가 북한체제의 특징으로 언급하는 다양한 모습과 밀접하게 관련되어 있으며, 북한주민들의 일반적인 삶의 양태를 결정짓는 중요한 요인이었다는 점이다. 이는 1960~1980년대를 지나면서 인구가 '먹는 문제'를 통해 새롭게 인식되고 정의되었으며, 국가의 행정적 · 기술적 개입 및 관리의 대상이 되었다는 것을 의미한다. 이런 측면에서 이 글은 자칫 토머스 맬서스(Thomas Malthus)가 예언한 인구학적 재앙을 북한을 통해 증명하는 것으로 비칠지도 모른다. 그러나 그보다는 인구학적 통계에 나타난 극적인 변화 아래 있는 '정치'와 '일상'의 리얼리티를 찾는 것이다. 이는 소위 최고통치자의 권력투쟁사나 생애사, 경제정책의 연대기적 나열로 설명되어온 북한 이해에서 벗어나 체제와 일상이 만나는 지점을 '인구정치'를 통해 새롭게 조명하는 것이다.

이 글은 1990년대 북한 식량난 이전 인구와 식량 사이의 긴장이 고조되었던 1960~1980년대에 주목하여, 이 시기를 전후하여 펼쳐졌던 북한의 인구정치와 식량체제(food regime)의 형성을 설명하고, 그 속에서 구성된 주민 일상을 살펴보는 데 목적이 있다. 이를 위해 첫째, 일제 강점기를 시작으로 해방 이후 1980년대까지 북한의 인구 변천과정을 추적하여 사회주의 산업화와 인구 증감 사이의 긴장관계를 파악한다. 둘째, 1970년대 출산율의 급격한 감소 속에 있는 인구에 대한 국가의 개입과 관리를 담론, 정책, 인구기술적 조치 등의 차원에서 살펴본다. 셋째, 1970년대 전후로 인구정치의 이면에 존재했던 식량의 생산 · 분배 · 소비를 둘러싼 사회경제적 위기를 파악하고, 마지막으로, 이 시기 인구와 식량 사이의 긴장관계가 북한체제에 남긴 결과를 설명하고자 한다.

3. 인구학적 전환과 격렬했던 인구이동

한반도에서 근대적인 의미의 '인구학적 전환(demographic transition)'[3]이 시작된 시점은 1920년대라고 볼 수 있다. 조선 후기까지의 다산다사(多産多死)

형태의 인구구조가 다산소사(多産少死)로 정착되기 시작한 것이 1920년대부터이다. 1920년대 이후의 인구 변화는 크게 사망률의 감소와 함께 내부적 인구이동 추이가 주목을 끄는 부분이다. 우선 사망률 감소는 근대적 위생관념이 도입된 결과로 볼 수 있고, 내부 인구이동의 변화는 일본의 경제수탈에 따른 노동력 이동의 결과라고 볼 수 있다. '토지조사사업'(1910~1918)과 '산미증식계획'(1920~1934)은 조선에서의 지주제를 더욱 강화하는 기폭제가 되었고,[4] 이는 곧 농민층 대부분을 차지하던 소규모 자작농 및 영세 소작농, 고용농 등이 설 자리를 잃게 하는 농민층 분해의 가속화를 의미했다.[5] 이로 인해 농촌에는 생계 방편을 잃은 과잉인구가 퇴적했다.[6]

1930년대 중반에 이들 농촌에 퇴적된 과잉인구는 계절적 노동에 종사하거나 새로운 노동시장을 찾아 도시로 이동해야만 했다.[7] 비록 1920년대에 근대적 공장제도가 점차 이식되면서 경공업을 중심으로 공업 생산이 증가하고 있었으나, 규모가 영세하여 이들 인구가 공장노동자로 곧바로 전환될 수는 없었다. 따라서 농촌에서 유출된 인구의 대부분은 도시의 근대적 공업 부문에 고

---

3) '인구학적 전환'은 사망률과 출산율이 모두 높은 단계에서 사망률이 낮은 단계로 인구가 이행하는 기간을 의미한다. 인구전환의 기간과 강도는 경우별로 다양하게 나타난다.

4) 일제는 '토지조사사업'과 '산미증식계획' 등에 의해 쌀 생산량을 지속적으로 증가시켰다. 농산물의 양적 증대를 통한 일본으로의 이출이 농업정책의 주 초점이었기 때문에 그 과정에서 야기되는 조선 농촌의 빈곤문제는 그들의 관심사가 아니었다. 토지조사사업은 농촌을 대지주와 소작농의 양대 계급으로 분리시켰으며, 그 과정에서 대부분의 자작농을 소작농으로 하향 전락시켜 고율의 소작료를 물게 함으로써 농업에서 '식민자본주의의 수탈구조'가 형성되었다[유숙란, 「일제시대 농촌의 빈곤과 농촌 여성의 출가」, ≪아시아여성연구≫, 제43집, 제1호(2004), 69쪽].

5) 강태훈, 「일제하 조선의 농민층 분해에 관한 연구」, 『한국근대 농촌사회와 농민마을』(서울: 열음사, 1988), 203쪽.

6) 곽건홍, 『일제의 노동정책과 조선노동자: 1938~1945』(서울: 신서원, 2001), 34쪽.

7) 권태환, 「일제시대의 도시화」, ≪한국의 사회와 문화≫, 제11집(1990), 268쪽. 1930~1935년 농촌에서 도시로 이동한 농민은 연평균 6만 명이었으며, 1935~1940년에는 연평균 22만 명이었다고 한다.

〈표 2-2-1〉 일제 강점기 한반도 북부지역 인구

연도	북부 인구(천 명)	전국 합계(천 명)	북부 인구 비율(%)
1920	5,296	17,264	30.7
1925	6,160	19,524	31.6
1930	6,742	21,058	32.0
1935	7,429	22,899	32.4
1940	8,224	24,326	33.8
1945	8,789	25,900	33.9

자료: 건설부국립지리원 엮음, 『한국지지: 총론』(서울: 건설부국립지리원, 1980), 29쪽.

용되지 못하고 도시외곽에 정착하여 도시빈민층을 형성했다.[8] 이들은 대체로 도시외곽에 토막집이나 움막을 치고 생활했으며, 불결함, 실업, 가난, 질병 등과 맞물려 일제 식민정부는 이들을 '부랑성', '자유로움', '게으름'의 상징으로 지목하기도 했다. 운 좋게 공장에 취업한 경우에도 강도 높은 노동은 농민적 심성이 몸에 배어 있는 이들에겐 맞지 않는 것이었다.[9]

1930년대 중반에는 일본 독점자본의 광공업 부문에 대한 조선 진출과 맞물려 북부지역의 빈약한 노동력을 수급하기 위해 '지역간노무수급조정책(地域間勞務需給調整策)'(1934)이 본격화되면서 북부지역으로 격렬한 인구 유입이 일어났다.[10] 일제 강점기 인구이동은 크게 두 가지 유형, 즉 하나는 남부에서 북부로의 이동이고 다른 하나는 농촌지역에서 도시지역으로의 이동이었다.

이에 따라 1936~1940년 도시인구는 120만 명 정도 증가했으며, 연평균 약 21만 명이 도시로 이동했다. 이들은 거의 남부지역의 농촌출신자였는데, 특히 경상도와 전라도 출신이 다수를 차지했다. 이 때문에 '함경선 초만원'이라는

---

8)　곽건홍, 『일제의 노동정책과 조선노동자: 1938~1946』, 36쪽.

9)　이에 관한 연구로는, 강만길, 『일제시대 빈민생활사 연구』(서울: 창작과 비평사, 1987) 참조.

10)　1938년 말 현재, 농민의 계층 구성은 자작농 18.1%, 자소작농 23.9%, 소작농 51.9%였으며, 기타 화전민·농업노동자 6.1%였다. 이들 빈농층, 농업노동자는 대체로 80% 정도가 남부지역에 분포했으며, 총인구의 4분의 1을 차지했다.

〈표 2-2-2〉 연변 조선인 인구수(1931~1944)

(단위: 만 명)

연도	1931	1936	1937	1938	1939	1940	1941	1942	1943	1944
인구수	39.5	45.8	47.1	52.3	54.8	58.5	61.7	62.1	63.4	63.1

자료: 유중걸·심혜숙, 『백두산과 연변 조선족: 지리학적 연구』(서울: 백산출판사, 1993), 215쪽. 조혜종, 『새인구론: 인구의 공간적·사회적 접근』(서울: 푸른길, 2006), 97쪽 재인용.

현상이 빚어지기도 했다.[11] 전시 총동원체제 시기 등록된 노동자는 1941년 5월 말 현재 33만 2,246명, 그 가운데 조선인은 27만 8,160명이었으며, 1944년 5월 말 현재 조선인 등록자 수는 40만 5,067명이었다.[12] 이 시기 일제의 수탈 정책과 전시체제로 인해 발생한 인구이동은 열악한 근대적 공장 노동의 경험, 즉 불안정한 고용, 저임금, 그리고 빈곤이 결합된 것이었다.

여기서 주목할 점은 높은 노동이동률과 짧은 근속기간이다.[13] 노동이동의 원인은 첫째, 생활고와 관련된 임금문제였다. 임금조건이 좋은 신설공장이나 일당이 높고 단기 작업을 하는 토목공사장, 농촌 등으로의 이동이[14] 주를 이루었다. 특히 '반농반노(半農半勞)'적 성격의 계절적 이동이 두드러졌다. 둘째, 노동조건과 관련한 부적응이다. 주로 장시간 노동, 야간작업과 열악한 작업환경 등을 이유로 이동했는데, 이런 조건은 그들이 지닌 농민적 성향과 맞지 않았기 때문이다. 농촌에서 낮 노동에 익숙했던 이들은 야간작업, 장시간의 어두운 작업장 생활에 적응하지 못했다. 셋째, 질병이 노동이동에 직접적 원인을 제공했다. 피로의 누적, 영양부족, 질병, 부상 등은 노동이동, 작업장 이탈

---

11) ≪매일신보≫, 1939년 3월 15일 자.

12) 곽건홍, 『일제의 노동정책과 조선노동자: 1938~1946』, 92쪽.

13) 1941년 후반 공장노동자의 업종별 월평균 노동이동률은 식료품(여자) 15.2%, 방적(여자) 6.5%, 화학 8.3%, 금속 5.8%, 기계 5.2%였다. 평균적으로 공장 남성노동자의 월평균 노동이동률은 7.1%였으며, 1940년대 초 공장노동자의 출근율은 매일 평균 80% 정도였다. 공장노동자의 노동이동은 대체적으로 일용노동자를 제외한 미숙련 노동자가 대다수를 차지했고, 직종별로는 방직업이 높았다. 근속기간도 짧았다. 공장노동자의 근속기간은 평균 1년 안팎이었다.

14) 곽건홍, 『일제의 노동정책과 조선노동자: 1938~1946』, 128쪽.

이라는 개인적 · 집단적 형태로 나타났다.[15] 따라서 이 시기 노동이동은 실질임금 감소, 노동시간 연장, 노동재해 격증 등 '감옥'이라 불린 작업환경과 식량부족, 병영화된 노동통제에 그 원인이 있었다고 볼 수 있다.[16]

1910~1945년에 사망력 저하로 초래된 인구의 빠른 자연증가는 토지에 대한 인구의 압력을 가중시켰다. 특히 일본의 식민지 경제정책에 따라 농촌의 경제상태가 점점 악화되자 대규모의 이농현상이 나타났다. 이 시기에 농촌을 떠난 농민들의 이동 목적지는 주로 만주, 일본, 러시아 등이었다. 1910~1920년에 만주 지방으로 이주한 조선인은 19만여 명에 달했다. 또한 1931년 만주사변을 계기로 만주 침략이 노골화되면서 일제는 노동력 착취를 위한 만주 이동을 적극 추진했다. 1930년대 이후에 만주로의 이동은 경상도를 비롯한 남쪽의 이농민이 그 주류를 이루게 된다. 1942년에 만주 조선인은 151만 1,570명으로 파악되었다. 한편 1931년 연변 조선인은 39만 5,000명에 달했고, 1944년에는 63만 1,000명으로 두 배 가까이 증가했다.[17]

1920년 이후에는 일본으로의 노동이동이 이루어졌다. 1922년 '자유도항제(自由渡航制)'가 시행되자 한국인 노동자가 일본으로 이동하는 경우가 급증하기 시작했다. 자유도항제는 값싼 노동력 활용을 위한 인력 확보 차원에서 실시되었다. 1939~1945년에 일본 본토, 사할린, 남양(南洋) 등지로 강제 동원된 한인 노동자 수는 72만 4,787명인데, 여기에 군인 · 군속 36만 5,263명을 합하면 강제 동원된 수는 100만 명을 넘는 것으로 추산된다.[18] 1913년 3,952명이

---

15) 1944년 말, 1945년 초 조선질소비료공장 노동자의 퇴직 사유를 보면, 전체 퇴직자 가운데 장기 무단결근이 무려 51%였으며, 흥남금속공장의 경우 퇴직 사유 가운데 사망이 무려 29.7%, 질병이 18.9%로 매우 높은 비중을 차지했다(곽건홍, 같은 책, 132쪽).

16) 곽건홍, 같은 책, 107쪽.

17) 조혜종, 『새인구론: 인구의 공간적 · 사회적 접근』, 96~97쪽.

18) 이문웅, 『세계의 한민족(일본)』(서울: 통일원, 1996), 65~68쪽. 조혜종, 『새인구론: 인구의 공간적 · 사회적 접근』, 100쪽 재인용.

었던 재일 조선인은 1945년에 210만 명으로 531배 증가했으며, 일본 식민지 통치기간인 35년 동안 실제로 약 200만의 인구유출이 있었다고 추산된다.[19]

한편, 1905년을 기점으로 러시아로의 이동이 활발해졌다. 1908년 4만 5,397명이었던 러시아 프리모르스키 주(연해주) 거주 조선인은 1926년 18만 8,480명으로 급증했다. 초기에는 주로 순수 농민 이주였으나 일본의 식민 통치 이후에는 그에 따른 정치적 이유로 이주가 늘어났다. 1937년 소련은 프리모르스키 주에 거주하던 한인들을 중앙아시아로 강제이주시켰다. 3만 6,422가구, 17만 1,781명이 카자흐스탄(9만 5,256명), 우즈베키스탄(7만 6,525명)에 이주한 것으로 기록되어 있다.[20]

4. 한국전쟁, 인구학적 긴장의 조성

인구학적 긴장은 인구의 급격한 변화와 사회적 변화 사이에서 형성되는 긴장을 뜻한다. 즉, 단기간에 발생한 인구의 갑작스러운 증가나 손실, 이동 등의 변화가 야기하는 사회적 변화를 의미한다. 이런 변화는 인구의 재생산, 당대에 제기되는 산업적 필요 인구, 식량 및 주택 공급 등에 직접적으로 영향을 미치며 다양한 사회적 긴장을 만들어낸다. 한반도의 인구는 일본의 침략 및 한국전쟁 등으로 인한 자발적 이동과 강제적 이동, 정치적 이유의 이동, 대규모 사망자 발생 등으로 인해 여러 측면에서 혼란스러운 사회적 변화를 겪었다. 한반도에서의 격심한 인구변동은 크게 일제 강점기 만주를 비롯한 세계 여러 지역으로의 이출(emigration) 및 제2차 세계대전 직후의 귀환 이동(return migration), 한국전쟁 격변기의 남북이동과 사망, 1960년대 이후 산업화와 도시화 등을 통

---

19) 박재일, 『在日 朝鮮人に關する綜合調査硏究』(1957). 같은 책, 101쪽 재인용.

20) 같은 책, 98쪽.

해 나타났다.[21]

북한에서 인구학적 긴장의 시작은 해방 이후 인구 유입과 한국전쟁을 통한 인구 손실 등에서 비롯되었다. 전쟁 기간 발생한 인구 손실은 북한의 전후복 구와 산업화에 필요한 노동인구의 절대적 부족을 의미했다. 또한 주목할 부분 은 전쟁 직후 남북한에서 공통적으로 나타난 출산율 급증과 베이비붐 세대의 형성이다. 한국전쟁은 인구 손실과 전후 출산율 급증이라는 인구학적 '출렁거 림'을 만들어 이후 인구와 식량 사이의 긴장을 형성하는 요인이 된다.

우선 해방 직후인 1946년 북한지역 인구는 토지 개혁, 남한 이주, 만주 지역 동포 편입 등 각종 정책 실시와 정세 변화에 따른 이동 변수를 포함해서 925 만 7,000명에 달했다.[22] 180만~250만 명 정도가 만주와 일본에서 한반도로 다시 유입된 것으로 추정된다.[23] 이 중 남한으로의 이주는 46만~74만 명 정 도로 추계되고 있다.[24] 대체로 과거 일제시기 남한지역에서 이주했던 사람들 이 다시 귀향하는 경우가 많았고, 한편으로는 북쪽지역에서 전개되었던 '친일 반동분자'에 대한 재산 몰수와 처벌, 사회개혁 등을 피해 이주한 경우이다.[25] 이어 발생한 한국전쟁으로 북한 인구는 113만 명이 감소해 1953년 정전 직후 849만 명이 되었다.[26]

---

21) 같은 책, 95쪽.
22) 김두섭 외, 『북한 인구와 인구센서스』(서울: 통계청, 2011), 19쪽.
23) 권태환은 약 180만 명으로 추정하고 있으며[Kwon, Tai-Hwan, *Demography of Korea: Population Change and Its Components 1925~66*(Seoul: Seoul National University Press, 1977), p.177], 박 경숙은 약 250만 명으로 추산하고 있다[박경숙, 「식민지 시기(1910~1945) 조선의 인구동태와 구조」, 《한국인구학》, 제32권, 제2호(2009), 52쪽].
24) 김두섭의 경우 74만 명(김두섭 외, 『북한 인구와 인구센서스』, 18쪽), 박경숙의 경우 46만~65 만 명으로 보고 있다[박경숙, 『북한사회와 굴절된 근대: 인구, 국가, 주민의 삶』(서울: 서울대학 교출판부, 2013), 58쪽].
25) 이 시기 북쪽지역 친일파 청산과 관련해서는, 홍민, 「북한의 친일파 청산」, 《노동사회》, 통 권 제64호(2002), 138~141쪽 참조.
26) 이 숫자는 북한의 중앙통계국의 공표인구이다(김두섭 외, 『북한 인구와 인구센서스』, 18쪽).

전쟁 기간의 인구 손실과 함께 전쟁 이후 인구변동의 외부 요인들도 주목해 볼 필요가 있다. 첫째, 해외에 있던 조선인들의 귀국이었다. 소련에서 약 6만 명, 중국에서 약 20만 명,[27] 그리고 1959년 12월~1984년 184차에 걸쳐 재일교포 9만 3,340명이 각각 북송됨으로써 인구변동의 외부요인으로 작용했다.[28] 눈여겨볼 부분은 이들 북송된 재일조선인의 거의 전원이 남한 출신이었다는 사실이다(재일조선인 97%가 남한 출신이었다).[29] 대부분이 그때까지 본 적도 없고 친지나 친척도 없는 땅으로 건너간 것이다. 냉전 시기 자본주의 진영에서 공산주의 진영으로 갔던 자발적인 대량 이주의 대표적 사례라고 할 수 있다. 이들의 북송은 남북한 체제경쟁의 결과이기도 했지만 사회주의 경제건설에 필요한 노동력 부족을 해소하기 위한 차원에서도 이루어졌다. 이들의 북송 시기가 주로 중공군(인민지원군) 철수 이후 사회주의 경제건설이 한창이던 시기였다는 점에 주목할 필요가 있다.

인구변동의 두 번째 외부 변수는 한국전쟁 이후 1958년까지 북한 내 잔류했던 중공군이다. 북한에 잔류하고 있던 중공군은 37개 사단 약 40만 명 전후였다. 이처럼 많은 수의 중공군이 잔류한 표면적인 이유는 '조선정세의 안정'과 '복구건설 지원'이었다.[30] 중공군의 노동력은 전쟁에서 많은 인구 손실을 입고 다수의 월남인이 발생하여 노동력 부족에 시달리던 북한에게는 물자원

---

27) 박종철, 「귀국자를 통해서 본 북한사회」, JPI정책포럼 세미나 발표자료(2012.12.3), 2쪽.

28) 森田芳夫, 『數字が語る在日韓國·朝鮮人の歷史』(明石書店, 1996). 이들 총 9만 3,340명 중 재일조선인은 8만 6,603명, 그 배우자 혹은 부양가족인 일본인은 6,730명, 중국인 7명이었다.

29) 테사 모리스 스즈키, 『북한행 엑서더스: 그들은 왜 '북송선'을 타야만 했는가?』, 한철호 옮김(서울: 책과 함께, 2008), 33쪽. 1945년 해방 전 일본으로 이출된 인구 약 210만 명 중 종전 후 남쪽으로 귀환한 귀국자 수는 141만 4,258명(1949년 5월 말, 한국정부 발표)이었고, 광복 직후 북한지역으로 귀환한 수는 351명에 불과했다. 이와 관련해서는, 조혜종, 『새인구론: 인구의 공간적 · 사회적 접근』, 100쪽 참조.

30) 1954년 3월 중국 지원군 총사령부는 "조선인민을 도와 재건활동을 진행할 것에 관한 지시"를 내리고 전후 복구건설 작업에 본격적으로 나섰다. 수많은 중공군 병사들이 건설현장, 농촌 등 곳곳에서 복구사업에 참가했다("영원불멸의 은공", 《로동신문》, 1955년 10월 9일 자).

조와 더불어 전후부흥에 결정적인 인적 자원이었다.[31] 그러나 1958년 말까지 세 차례에 걸쳐 철군이 이루어지는데, 이는 중공군 철수를 한반도에서 모든 외국 군대(유엔군)의 철군과 연계시키기 위한 전략의 일환[32], 중소 갈등[33] 등이 작용한 결과로 볼 수 있다. 중공군 철군과 1958년 이후 소련을 비롯한 외부 원조의 급격한 감소로 재일교포[34] 및 중국 조선족 유입정책에 북한이 좀 더 적극적으로 나섰을 가능성이 높다. 중국 인민지원군 철군으로 심각한 노동력 부족에 빠진 북한 정부는 중국 조선족이 북한에 와서 경제건설을 지원해줄 것을 중국 정부에 건의했고, 1958년경부터 조선족 일부를 수차례 이주시켜 약 10만 명이 귀국했다.[35]

세 번째 외부 변수는 전쟁고아의 귀국이다. 이는 중공군의 철수와 동시에 논의되었는데, 전쟁기간 중 중국에서 맡아 양육하던 전쟁고아 2만 명을 귀국시키기 위한 것이었다. 북한 측에서 대외문화연락협의회 위원장인 허정숙이

---

31) 중공군의 전후 복구건설 참여로 개수한 공공건물이 881개, 각종 민가를 개축한 것이 45,412간, 교량복구·신축이 4,263개, 제방 개축이 4,096군데(430km), 수로 보수가 2,295곳(1,200km)에 달했다[이종석, 『북한-중국관계 1945~2000』(서울: 중심, 2000), 202쪽].

32) 1957년 11월 마오쩌둥(毛澤東)과 김일성은 모스크바의 10월 혁명 경축행사에 함께 참석한 것을 계기로 중공군 철수문제를 논의했으며, 여기서 "조선의 정세가 이미 안정되었고, 중국 인민지원군의 사명이 기본적으로 완료되었다"고 보고 1958년 완전 철군하기로 합의했다. 양측은 중공군 철수를 한반도에서 모든 외국 군대의 철군과 연계시켜 선전해나가기로 했다. 이에 따라 북한 측이 먼저 남한에 주둔하고 있는 유엔군과 북에 있는 중공군 철수문제를 제기하고, 중국정부는 이를 지지하는 성명을 발표하며 북한정부와 중공군 철군문제를 협의할 준비가 되어 있음을 정식으로 발표하는 수순으로 문제를 처리해나가기로 했다[中共中央文獻研究室 編, 『周恩來年譜 1949~1976(中)』(北京: 中央文獻出版社, 1997), p.113. 같은 책, p.203 재인용].

33) 중소갈등에 따라 김일성이 요구하고 마오쩌둥이 수용한 것으로 보는 견해로는, 박종철, 「중국 인민지원군의 철군과 북중관계」, 『한반도 분쟁과 중국의 개입』(서울: 선인, 2012) 참조.

34) 재일교포 북송정책에 관한 북한의 입장은, 조선로동당출판사 엮음, 『위대한 수령 김일성동지의 불멸의 혁명업적 18권: 해외교포문제의 빛나는 해결』(평양: 조선로동당출판사, 1999), 210~234쪽 참조.

35) 박종철, 「귀국자를 통해서 본 북한사회」, 4쪽.

이 협상의 책임을 맡고, 1958년 5월 3일 북한 대표단을 이끌고 중국을 방문해 중국 측과 협의한 결과 6월부터 9월 말까지 전쟁고아들을 모두 귀국시키기로 합의하고 이후 이행되었다.

이상과 같이 한국전쟁은 한반도 인구변동에서 하나의 중요한 전환점이었다. 물론 일제 강점기의 격렬했던 이주와 이동도 빼놓을 수는 없다. 그러나 한국전쟁은 대규모 인구 손실을 발생시키며 이후 북한에서 인구학적 긴장이 형성되는 주요한 원인을 제공했다. 한편 한국전쟁을 통한 인구 손실과 외부 유입을 통한 인구변동은 전후복구 및 사회주의 경제건설에 필요한 노동력의 확보와 밀접하게 연관되어 있었다. 이런 상황은 전후 베이비붐과 인구 손실을 만회하기 위한 출산장려정책 등과 결합되었다. 김일성은 전쟁으로 인한 인구의 손실을 보충하기 위한 "인구증식에 관심을 돌"릴 것을 강조하며, 모성 보호와 어린이 양육조건의 개선을 위한 대책을 주문한 바 있다. 또한 전시에 적의 폭격으로 인하여 부상당한 사람들과 전상자들을 치료하며 고아들을 양육하는 사업을 중요한 국가적·사회적 사업으로 삼았다.[36]

5. 산업화 시기, 인구유동과 노동력 긴장

북한의 인구학적 긴장은 전후복구와 산업화에 필요한 절대적 인구수의 부족에 기인했지만, 인구의 유동도 긴장을 조성하는 데 일조했다. 인구 유동은 북한 내 주민들이 국가의 통제와 작업장을 벗어나 자유롭게 유동하는 것으로, 국가의 입장에서는 이런 유동으로 인하여 이들이 산업 인력으로 고착되고 숙련화되지 못함으로써 본격적인 산업화를 가로막는 요인이라고 보았다. 유동

---

36) 김일성, 「모든 것을 전후인민경제복구발전을 위하여: 조선로동당 중앙위원회 제6차 전원회의에서 한 보고(1953.8.5)」, 『김일성저작집 제8권』(평양: 조선로동당출판사, 1980), 39쪽.

〈표 2-2-3〉 1946~1960년 북한 인구

연도	총인구(천 명)	인구증가율(%)	성별(%)	
			남자	여자
1946년 말	9,257,000	100	50	50
1949년 말	9,622,000	104	49.7	50.3
1953.12.1	8,491,000	92	46.9	53.1
1956.9.1	9,359,000	101	47.8	52.2
1959.12.1	10,392,000	112	48.3	51.7
1960년 말	10,562,000	117	48.3	51.7

자료: 『조선중앙연감』(평양: 조선중앙통신사, 각년도). 남성욱, 「북한의 식량난과 인구변화 추이, 1961~1998」, 231쪽 재인용.

하는 인구를 통제하고 안착시키기 위해서는 국가 자신의 인구학적 가독성 (demographic legibility)을 높여야만 한다. 국가의 인구학적 가독성은 주기적으로 인구의 수를 세고 인구의 구조를 파악하고 인구를 분류하는 등 인구학적 정보를 획득함으로써 사회에 대한 가독성을 높이고 인구를 적절히 배치함으로써 인구를 관리하는 국가의 통치술을 의미한다.[37]

우선 한국전쟁 이후 1950년대 말까지 연간 인구 이동률은 5~6% 정도로 추정된다.[38] 전쟁 이후 3년간의 전후복구 이후 본격적인 산업화에 돌입하기 전, 통치의 안정적 기반을 마련하고 경제건설에 필요한 노동력 타산과 전망을 위해서는 인구에 대한 조사가 필요했을 것으로 보인다. 북한은 1958~1960년에 중앙당 지도사업 명목으로 대대적인 정치 사찰을 시행했으며, 1964~1967년에 '주민재등록사업'을 시행했다.[39] 이들 사업은 정치적인 측면에서 인구에 대한

---

37) 제임스 C. 스콧, 『국가처럼 보기』, 전상인 옮김(서울: 에코리브르, 2012), 20쪽.

38) 5~6%의 인구이동률은 연간 이동이 50~60만 명 수준임을 나타낸다. 1980년대 이동률은 역시 5%대를 유지하고 있는데 이는 당시 인구기준으로 연 100만 명 정도가 이동 경험을 한다는 것을 뜻한다[고성호, 「북한의 도시화 과정과 특징」, ≪통일문제연구≫, 통권 제25호(1996), 147쪽].

39) 이밖에 북한의 주민 조사사업으로는 '중앙당 집중지도사업'(1958.12~1960.12), '주민재등록사업'(1966.4~1967.3), 3계층 51개 부류 구분사업(1967.4~1970.6), '주민 요해사업'(1972.2~ 1974),

통제 기반을 마련하려는 의도[40]와 함께 노동의 '유동성'을 방지하고 향후 노동력 수급 전망 등을 위한 다목적으로 실시되었다고 볼 수 있다.[41] 이 시기 노동유동은 도시와 농촌, 그리고 공업과 농업을 계절적으로 또는 상시적으로 유랑할 수밖에 없는 그들의 생활고(임금문제)를 보여주는 한편, 사회의 어느 곳에서도 이들을 안정적으로 흡인할 수 있는 매력을 주지 못하고 있었다는 것을 보여준다.[42]

북한에서 도시로의 인구이동과 이에 따른 도시화 속도는 1953~1955년 연평균 21.4%였으며, 1955~1960년에도 연평균 12.9%로 역사상 유례가 없는 속도로 도시화가 진행되었다. 그 결과 1960년에는 40%를 상회하는 북한주민이

'주민증 검열사업'(1980.1~1980.12), 외국귀화인 및 월북자 등에 대한 요해사업(1980.4~1980. 10), 북송재일교포 요해사업(1981.1~1981.4), '주민증 갱신사업'(1983.11~1984.3) 등이 이루어져 사실상 1960년대 후반 이후 인구와 노동이동에 대한 인구에 대한 전반적 통제기능을 확보해왔다고 볼 수 있다. 1993년 발간된 북한 사회안전부(현 인민보안부) 출판사의 내부 비밀 문건인 『주민등록사업참고서』에서는 기존에 한국에서 알고 있던 계층분류(핵심, 동요, 적대)와는 달리 기본군중, 복잡한 군중, 적대계급잔여분자 등의 3대 계층으로 분류하고 있으며, 그 밑으로 총 56개 부류로 분류하고 있다("최초공개 북한 사회안전부 刊 주민등록사업참고서, 전 주민을 기본군중, 복잡한 군중, 적대세력잔여분자로 분류", ≪월간조선≫, 2007년 7월 호).

40) 정치적 목적에 대한 북한의 설명은 찾기 힘들지만 간접적으로는 "전쟁으로 인하여 주민류동이 복잡하였던 관계로 독재대상들을 철저히 장악하지 못하고 있었다. 독재대상에 속한 자들 가운데서 적지 않은 자들은 이러한 틈을 리용하여 타 고장에 가서 자기의 정체를 위장하고 있었다. 어제 날의 황해도의 지주가 경상도출신의 빈농으로 가장하고 평북도에서 살고 있는가 하면 일제 때 함북도에서 순사노릇을 하던 자가 중국동북 지방출신의 로동자로 가장하고 자강도에서 살고 있었다"는 등의 표현을 통해 당시 주민을 대상으로 한 정치적 통제의 목적을 언급하고 있다[조선로동당출판사 엮음, 『위대한 수령 김일성동지의 불멸의 혁명업적 제8권: 주체형의 인민정권건설』(평양: 조선로동당출판사, 1998), 264쪽].

41) 1950년대 후반 농업협동화와 협동농장 제도의 확대는 유랑성을 제거하기 위한 농민의 주거이동의 통제를 함축하고 있었다. 1950년대 후반 '노동대장', '노동수첩' 작성, 노동법규 제정과 1970년대 초반 주민등록사업을 바탕으로 「려행증법」이 제정, 자유로운 이동을 철저히 제약한 점도 노동유동과 밀접한 관련이 있다.

42) 노동유동성의 심각성과 관련해서는, 김연철, 『북한의 산업화와 경제정책』(서울: 역사비평사, 2001), 125~126쪽.

〈표 2-2-4〉 북한의 직업별 인구구성 추이

(단위: %)

	1946	1949	1953	1956	1960	1963	1986	1987
노동자	12.5	19.0	21.2	27.3	38.3	40.1	56.3	57.0
사무원	6.2	7.0	8.5	13.6	13.7	15.1	17.0	16.8
농업협동조합원	-	-	-	40.0	44.4	42.8	25.9	25.3
개인농민	74.1	69.3	66.4	16.6	-	-	-	-
협동단체 가입 수공업자	-	0.3	0.5	1.1	3.3	1.9	0.9	0.9
기타	7.2	4.3	3.4	1.4	0.3	-	-	-

자료: ① 1946~1960년: 『1946~1960 조선민주주의인민공화국 인민경제발전통계집』, 19쪽. ② 1963년: 『북한경제통계집(1946~1985)』, 109쪽. ③ 1986~1987년: N. Eberstadt, "Population and Labor Force in North korea: Trends and Implications," Presented at the conference on The Present and Prospects of North Korean Economy, October, 1991(Seoul: Korea Development Institute), p.238; 양문수, 『북한경제의 구조』, 132쪽 참조.

도시에 거주했다. 그러나 1960년대 들어 북한의 도시화는 점차 둔해지기 시작해 1970년대 들어서면서 도시화 속도는 거의 정체상태에 머물게 된다.[43] 이는 1964~1967년에 진행된 주민재등록사업의 결과 점차 인구이동이 통제되었고, 한편으로 농촌에서 도시로의 이동이 점차 소강국면에 접어들었기 때문이다. 여기에 교통의 제한적 사용, 도시의 자족적 기능화,[44] 출산율 저하 등이 작용했다고 볼 수 있다.

한편 인구학적 긴장 형성에서 또 하나 주목해야 하는 것은 산업 부문 간의 노동이동과 노동력 부족 현상이다. 산업 부문 간 노동이동의 경우, 〈표 2-2-4〉에서 보듯, 해방 직후 1946년에는 전체 산업인구의 4분의 3 정도가 농업인구였지만 농업협동화 등 사회주의적 개조가 완료된 후 1960년 농업인구는

---

43) 고성호, 「북한의 도시화 과정과 특징」, 144쪽.
44) 근대 도시의 특성인 도시 간 도로망을 통한 상호의존적 체계가 북한은 상대적으로 부재하다. 가령 평양과 함흥, 원산 등 일부 동해안 도시를 제외하고는 거의 교역이 제한적인 데도 있다. 김일성이 언급했듯이, 모든 도시는 자족적이어야 한다는 목표를 달성하기 위하여 정책적으로 시·군 단위의 생산유통체계를 유도하였기 때문으로 볼 수 있다(사회과학출판사 엮음, 『위대한 수령 김일성동지의 생산력배치에 관한 탁월한 리론』(평양: 사회과학출판사, 1975), 16~24쪽].

〈표 2-2-5〉 북한의 농촌 및 도시인구의 추이

(단위: 천 명, %)

	1953	1956	1960	1965	1970	1975	1980	1985	1987
도시	1,503 (17.7)	2,714 (29.0)	4,380 (40.6)	5,894 (47.5)	7,924 (54.2)	9,064 (56.7)	9,843 (56.9)	11,087 (59.0)	11,530 (59.6)
농촌	6,988 (82.3)	6,645 (71.0)	6,409 (59.4)	6,514 (52.5)	6,695 (45.8)	6,922 (43.3)	7,455 (43.1)	7,705 (41.0)	7,816 (40.4)

자료: 김두섭 외, 『북한 인구와 인구센서스』, 167쪽.

44.4%로 줄었다. 그로부터 27년 후인 1987년에는 전체 비중에서 25% 정도로 줄었다. 또한 〈표 2-2-5〉에서 보듯, 도시 인구는 1953~1987년 10배가량 증가한 반면 농촌 인구는 큰 변동이 없었음을 확인할 수 있다. 그만큼 증가하는 인구의 대부분이 도시와 공업 부문으로 인입되었음을 뜻한다.

북한의 산업화는 도시화와 함께 농업 부문에서 공업 부문으로의 대대적인 노동력 이동을 수반하는 것이었다.[45] 당시 농업 생산을 뒷받침할 만한 농업인구는 이미 부족한 상태였지만, 1950년대 후반 이후 농업 부문에서 공업 부문으로의 급속한 산업 간 인구 이동은 농촌의 노동력 부족을 이후 상당 기간 구조화했다. 공업 부문 역시 상대적으로 많은 노동인구의 유입에도 불구하고 급속한 성장세와 계획경제의 고질적인 노동의 '축장(蓄藏, hoarding)' 현상으로 인해 노동력 부족을 일상적으로 겪어야만 했다. 결국 한국전쟁 이후 급속한 인구 증가와 산업 부문 간 인구이동에도 노동력 부족 현상이 지속되는 구조가

---

45) 양문수, 『북한경제의 구조』(서울: 서울대출판부, 2001), 133쪽; 이영훈, 「북한의 경제성장 및 축적체제에 관한 연구(1956~1964): Kaleckian CGE 모델 분석」, 고려대학교 대학원 경제학과 박사학위 논문(2000), 55쪽. 그러나 농촌 노동력의 공업 노동력으로의 유입을 의도하지 않은 결과라고 분석하는 시각도 있다. 김성보는 "식량의 자급자족 정책을 실현해야 하는 조건에서 농업의 희생을 전제로 하는 농촌에서의 인구유출정책은 의도적으로 추진될 수 없었"으며, "본래 적극적으로 의도한 바는 아니었지만 농업인구의 도시이동을 통한 공업부문의 노동력 확보라는 성과를 얻을 수 있었다"고 주장한다[김성보, 「북한의 토지개혁과 농업협동화」, 연세대대학원 사학과 박사학위 논문(1997), 245~252쪽].

1970년대 이후까지 지속되었다.

즉, 한국전쟁 이후 태어난 세대가 1970년대까지는 대부분 비생산 인구였다는 점, 많은 수의 청년이 군대에서 장기간 복무해야만 했다는 점 때문에 인구 증가의 속도와 양에 비해 노동력은 1970년대 전까지 매우 부족한 상태에 있었다고 할 수 있다. 다시 말해 인구의 높은 자연증가율에 비해 인구 전체 비중에서 비생산 인구가 많다는 점과 농업에서 공업으로의 산업 부문 간 인구이동으로 1970년대까지 농촌 노동력 부족은 심각한 것일 수밖에 없었다.46)

결국 1950~1960년대부터 가시화된 농촌의 노동력 부족을 메우고 공업 부문의 안정적 노동력 확보를 위해 임시방편적으로 양 부문의 노동력 부족을 봉합하는 방안이 모색될 수밖에 없었다. 그것은 '농촌 노력지원'이라는 대대적인 계절적 노력지원체계였다. '농촌 노력지원'을 통해 산업 간 노동력 불균형을 계절적으로 봉합하는 체계가 점차 제도화·일상화된 것이다.47) 주요 전략적인 중앙 공장·기업소 부문의 노동력을 제외한 지방 공장·기업소 노동자, 군인48)과 학생, 유휴 여성 노동력 등 전 주민을 대상으로 한 광범위한 농촌 지원체계였다.49) 이런 지원체계는 결과적으로 농업생산의 부실을 가져오는 요인이 되기도 했다.

이를 정리하면 다음과 같다. 첫째, 북한의 인구학적 긴장은 우선 전쟁으로 인한 인구 손실의 여파가 가장 큰 원인이었다. 전후 출산 인구의 노동력화는 최소한 20여 년에 가까운 시간을 요구했다.50) 사실상 전후 베이비붐 세대가

<hr>

46) 김일성, 「군협동농장경영위원회를 더욱 강화발전시킬 데 대하여(1962.11.13)」, 『사회주의경제관리문제에 대하여 제2권』(평양: 조선로동당출판사, 1970), 456쪽.

47) 농촌 노력지원에 대한 제도적 장치에 대한 것은, 사회과학출판사 엮음, 『조선민주주의인민공화국 법률제도(로동법제도)』(평양: 사회과학출판사, 1994), 119~120쪽 참조.

48) 군의 농사지원의 전통에 대해서는, 이대근, 『북한 군부는 왜 쿠데타를 하지 않나: 김정일 시대 선군정치와 군부의 정치적 역할』(서울: 도서출판 한울, 2003), 111쪽 참조.

49) 김일성, 「평안남도는 사회주의건설의 모든 전선에서 앞장에 서야 한다(1969.2.15)」, 『사회주의경제관리문제에 대하여 제3권』(평양: 조선로동당출판사, 1970), 490쪽.

본격적으로 노동력으로 투입될 수 있는 시기인 1970년대 초까지 이들은 국가가 전적으로 부양해야 하는 비생산 인구였다. 김일성은 줄곧 이들 세대에 대한 의무교육 부담과 국가 부양의 힘겨움을 토로한 바 있다. 결국 1970년대 초반까지 인구의 높은 자연증가율과 출산율에도 불구하고 노동력 부족은 계속될 수밖에 없었다.

둘째, 청년 남성의 군대 동원도 노동력 부족을 가져온 구조적 요인이었다. 장기간의 복무는 노동력 부족을 가중시켰다. 또한 제대군인은 도시나 공장에만 배치했기 때문에 농촌 노동력 부족은 전후에도 계속될 수밖에 없었다.[51] 한편 군대 인구의 과중한 비중에도 전력(戰力)의 불안정성은 해소되지 않아, 1958년 중공군 철수 이후의 전력 감소를 완충하기 위한 대책으로 1959년 예비군 성격의 노농적위대를 조직하고 1963년 민간군사조직인 교도대를 조직했다. 한편 군 병력의 동원을 통한 군의 건설 참여와 노동력 대체도 일상화되었다.[52]

셋째, 공업화 정착단계에서 계획경제의 운영상에서 나타났던 비생산 부문과 관리 부문의 비대화 역시 노동력 부족을 가져오는 요인 중 하나로 지적되어왔다. "쓸데없는 기구를 잔뜩 늘여 생산에 참가하지 않는 사무원 비중"을 높인 까닭이다.[53] 이것은 사회주의 계획경제 운영상에서 고질적으로 나타났던 생산의 불확실성에 대응한 공장·기업소의 노동력 축장과도 연계되어 노동력

---

50) "정전직후에 태어난 아이들이 지금 대체로 열다섯 살, 열여섯 살 잡히는데 이들이 생산에 참가하게 되려면 아직도 두세 해 더 기다려야 합니다. 1971년부터는 해마다 로력이 한 30만 명씩 늘어나게 되는데 이때에 가서는 나라의 전반적인 로력사정도 좀 풀리게 되고 농촌경리부문에서도 장정로력이 적지 않게 늘어나게 될 것입니다"[김일성, 『사회주의경제관리문제에 대하여 제3권』(평양: 조선로동당출판사, 1970), 469쪽].

51) 김일성, 「농촌에 대한 로력지원사업을 전인민적 운동으로 벌리며 건설에 대한 지도체계를 고칠 데 대하여(1963.1.7)」, 『김일성저작집 제17권』(평양: 조선로동당출판사, 1982), 44쪽.

52) 군의 경제참여의 전통에 대해서는, 이대근, 『북한 군부는 왜 쿠데타를 하지 않나: 김정일 시대 선군정치와 군부의 정치적 역할』, 109쪽.

53) 김일성, 「농촌에 대한 로력지원사업을 전인민적 운동으로 벌리며 건설에 대한 지도체계를 고칠 데 대하여」, 44쪽.

의 부족을 가져오는 요인으로 작용했다.[54]

6. 인구학적 겨울의 도래

1970년대 들어 북한에 갑작스럽게 '인구학적 겨울(demographic winter)'[55]과 유사한 양상의 인구성장률 감소가 도래했다. 출생률과 인구성장률이 1953년 이후 1960년대 말까지 가파른 상승세에서 급격한 하강세로 돌아선 것이다. 이런 인구학적 지표에서 나타난 갑작스러운 변곡점이 왜 발생했는가에 대해서는 이 당시 국가가 취한 인구기술적 조치들에서 추측이 가능하다. 1970년대 초중반부터 북한에서 '피임 혁명'이라 할 만한 변화가 나타나기 시작했다. 그것이 피임 '혁명'인 이유는 그 이전까지 국가의 기획 아래 의도적인 피임이 이토록 대대적으로 시행된 적이 없었기 때문이다. 북한 당국에게 "전쟁시기의 인명피해를 가시고 인구수를 늘이는 것은 사회발전의 초미의 문제"[56]였는데 갑자기 인구 억제로 돌아선 것이다.

북한에서 1953~1970년 인구성장률은 연평균 3%로 상당히 높은 수준이었

---

54) 박형중, 『북한의 경제관리체계: 기구와 운영·개혁과 변화』(서울: 해남, 2002), 61쪽.

55) 인구학적 겨울(인구한파)은 인구학적 전환 후반기에 한 나라의 사망률은 안정세를 보이지만 출생률이 지속적으로 줄어드는 현상을 의미한다. 이로 인해 인구고령화가 비교적 빠르게 진행된다. 이런 현상은 산업화와 도시화가 고도화된 단계와 맞물려 진행된다는 점에서 북한보다는 선진국형 현상이라고 할 수 있다. 65세 노년 인구가 총인구에서 차지하는 비중이 7%에서 14% 오르는 데 선진국은 45년 이상, 그중 프랑스는 130년, 스웨덴은 85년, 오스트레일리아와 미국은 79년가량이 소요되었다. 그러나 중국은 단지 27년 정도만 소요될 것으로 예상되어, 고령화가 가장 빨리 진행될 국가 가운데 하나로 지목되고 있다. 중국의 경우는 인위적인 출산 억제로 인한 고령화가 진행된 사례라고 할 수 있다. 이 글에서 '인구학적 겨울'은 북한의 인구가 낮은 사망률 속에서 출생률이 갑작스럽게 줄어드는 현상을 은유하기 위한 차원에서 사용한다.

56) 리기성, 『인구학개론』(평양: 과학백과사전종합출판사, 1996), 52쪽.

〈그림 2-2-1〉 1946~2010년 북한 인구성장률 추이

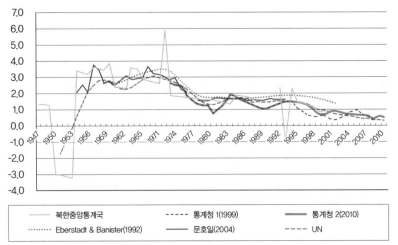

자료: "북한 인구와 인구센서스 분석", 통계청 보도자료(통계청, 2011.3.22), 2쪽; 김두섭 외, 『북한 인구와 인구센서스』(서울: 통계청, 2011), 22쪽.

다. 1953년 849만 명이었던 총인구가 1970년에는 1,460만 명에 이르렀다.[57] 1953~1970년에는 조출생률이 40%를 상회하는 급격한 상승이 있었다. 한국전쟁 이후 베이비붐의 직접적 영향과 함께 소위 '천리마 시대'의 높은 경제성장과 사회적으로 고취된 분위기가 높은 출생률과 낮은 사망률로 나타났을 가능성이 높다.[58] 이 시기의 출생자 대부분이 1970년대 초반부터 성인 노동자로 대부분 순차적으로 충원되는 인력이라고 볼 수 있다. 그러나 1953~1970년 인

---

[57] 김두섭 외, 『북한 인구와 인구센서스』, 18~19쪽.

[58] 남한의 베이비붐 시기는 1953년 이후 1960년대 초반까지로 이후 출산율이 감소하는 추세를 보인다. 반면 북한은 1970년도까지 지속된다. 물론 이 시기 북한의 인구 통계의 정확성이나 가공 가능성을 생각해볼 수 있다. 가령 북한이 정치적·경제적 목적 아래 본격적인 인구에 대한 조사에 관심을 두기 시작한 것은 1960년대 중후반 이후로 이 시기 인구 통계는 정확성에서도 떨어질 가능성이 높고 체제 우월성 선전 차원에서 정치적으로 가공되었을 가능성을 완전히 배제할 수 없다. 그러나 이 시기 김일성의 언급들로 추론하건대 출산율이 높았던 것은 어느 정도 사실로 판단된다.

구성장률과 출생률의 지속적인 상승세는 1970년대 초에 들어와 갑작스럽게 소강국면으로 접어들더니, 1975~1980년 2%대로 감소하며 1990년대 초반까지 이러한 추세가 지속된다.

이것은 출산율이 급격하게 감소했음을 의미하는데, 1970년대 초반을 기점으로 인구 억제를 향한 모종의 힘이 작용했음을 뜻한다. 이것과 관련한 직접적인 언급은 우선 북한의 인구연구소 소장의 언급을 통해서 확인할 수 있다. "1970년대 초 김일성 주석은 인구증가율을 지금보다 낮추는 것이 좋다고 언급"했는데, 그 이유는 당시 "인구증가율은 상당히 높은 수준에 달하고 있었"고 이에 따라 "출산력을 억제하기 위한 방안이 (이 시기) 논의되기 시작했다"[59]는 것이다. 그는 또 이것이 "사회주의 경제건설의 현실적 요구에 따른 것"으로 "사회주의 경제건설의 과정에서 대부분의 여성이 취업하였고 만혼의 경향이 일기 시작"했기 때문이라고 설명하고 있다. 따라서 그것은 인위적인 정책이 아니라 자연스러운 가족단위의 선택이었다는 것이다.[60]

그러나 이 시기를 전후하여 김일성과 북한 당국의 인구 담론과 다양한 조치들은 국가가 적극적으로 출산억제를 위해 노력한 흔적을 보여주고 있다. 물론 1970~1972년 출산율의 감소에는 한국전쟁의 여파도 작용했다고 볼 수 있다. 한국전쟁기 출생한 사람의 경우는 전쟁 기간 중의 출산력 저하의 영향으로 숫자가 상대적으로 많지 않아 1970~1972년에 이들이 가임 및 출산 연령이 되었을 때 이들이 낳는 출생아의 숫자도 자연스럽게 적을 수밖에 없다.[61] 그러나

---

59) 文胡一,「北鮮民主主義人民共和國における人口調査と研究事情」,《アジア經濟》(2002.4).「북한에서의 인구조사와 연구사정」,《KDI북한경제리뷰》, 2002년 5월 호, 69~70쪽 재인용. 이 보고서는 2000년 7월 29일 평양고려호텔에서 있었던 북한 인구연구소 소장 홍순원과의 인터뷰에서 밝혀진 내용이다.

60) 같은 글, 70쪽; 국가안전기획부, 『북한총인구 판단(1970~2030년간)』(서울: 국가안전기획부, 1986), 12쪽.

61) 김두섭 외, 『북한 인구와 인구센서스』, 43쪽.

한국전쟁 시기 출산력 저하의 영향만으로 1970년대 이후 지속되는 출생률 저하 전체를 설명하긴 힘들어 보인다. 최소한 1972년 이후에도 출생률의 급격하고 지속적인 감소를 가져온 다른 원인이 더 크게 작용했다고 볼 수 있다. 이 의문을 풀기 위해 1950~1970년대 김일성의 말 속으로 들어갈 필요가 있다.

7. 김일성, 인구를 말하다

우리는 김일성의 담화에서 나타나는 변화를 통해 지도자 또는 국가가 이 당시 인구에 대해 가졌던 인식의 단면을 엿볼 수 있다. 그러나 이러한 담화를 독해할 때는 주의가 필요하다. 인구는 매우 정치적인 주제이기 때문이다. 북한 체제의 우월성 및 자부심과 관련될 때 더욱 그렇다. 인구의 증가와 이들을 국가가 부양하는 문제는 체제의 우월성과 자부심을 보여주는 좋은 소재이다. 따라서 인구와 관련한 '근심'과 '위기인식'은 담화상에서 직접적으로 드러나기보다는 '완곡한' 어법으로 순화되거나 은폐되기 마련이다. 그러나 이런 완곡함에도 불구하고 내용에서 인구에 대한 인식의 큰 진폭을 발견할 수 있다.

우선 한국전쟁 직후부터 1965년 전까지의 김일성 담화에서는 인구에 대한 압박이 표면적으로 감지되지 않는다. 이 시기 김일성은 오히려 전쟁으로 인한 인명 손실을 보충하기 위한 '인구증식'과 '인구를 늘리기 위한 대책'을 세울 것을 강조하며 각종 관련 시책을 적극 추진할 것을 주문하고 있다. 또한 1960년대 초반에는 노동력 원천을 확보하는 데 현재의 인구증가율이 미약하다고까지 보고 있다. 최소한 이 시기 '인구' 관련 언급에서 최고지도자의 직접적인 근심을 발견하긴 힘들다. 다만 주목할 부분은 1963년에 '인구증가율'이라는 좀 더 통계적 용어를 사용하기 시작했다는 점이다. 다시 말해 최소한 인구의 증감과 관련한 일종의 통계적 데이터를 어떤 형태로든 가지고 있었다는 이야기가 된다. 물론 그 데이터가 어떠한 것이고 신뢰할 만한 것인지는 알 수 없다.

〈표 2-2-6〉 인구 증가와 관련한 김일성의 주요 언급

언급 시기	『김일성저작집』 주요 내용
1953.8.5	전쟁으로 인한 인명의 손실을 보충하기 위하여 우리 당은 인구증식에 관심을 돌려야 하겠습니다.
1962.1.22	지금 군에 인구가 얼마 있는데 앞으로 몇 해 동안 얼마나 늘겠는가를 예견하고 인구를 조절하는 대책을 세워야 합니다. 만일 인구가 모자라면 인구를 늘이기 위한 대책도 세워야 합니다.
1963.3.22	로력원천이 매우 적으며 지금의 인구증가률을 가지고는 생산 확대에 요구되는 로력을 원만히 보충할 수도 없습니다.
1965.1.11	우리나라에서는 인구의 증가률도 매우 높습니다. 새로 태여나는 사람은 많지만 죽는 사람은 지난날보다 퍽 적어졌습니다.
1968.5.11	나라의 경제를 상당한 정도로 발전시키기 않고서는 그리고 경제를 계속 빠른 속도로 발전시키기 않고서는 인구의 자연증가에 따라 끊임없이 늘어나는 로동능력 있는 사람들에게 일자리를 보장하여 줄 수 없습니다.
1970.11.12	지금 우리나라에서는 인구가 해마다 몇십만 명씩 늘어나고 있는데 이것은 좋은 일입니다. 우리는 인구가 2,000만 명으로 늘어나도 좋고 3,000만 명으로 늘어나도 좋습니다. 문제는 모든 사람들을 다 잘 먹이고 잘 입히는 데 있습니다.
1973.2.28	우리는 남조선 당국자들처럼 인구가 많다고 하여 다른 나라에 사람을 팔아먹을 수 없습니다.
1975.4.12	인구의 절반 이상을 국가의 부담으로 키우고 교육하지니 재정지출이 많은 것은 사실입니다.
1978.4.3	만일 새 땅을 계속 얻어내지 않는다면 날로 늘어나는 인구를 먹여 살릴 수 없습니다. 이렇게 되면 우리나라는 식량을 자급자족하는 나라로부터 수입하는 나라로 될 것입니다.
1980.3.26	우리나라에서 인구증가률이 아직도 좀 높은 것 같습니다. …… 우리나라에서는 인구증가률을 지금보다 좀 더 낮추는 것이 좋을 것 같습니다.

그러나 1965~1968년에는 이전 시기와는 다소 다른 차원의 인구 관련 언급들이 등장하기 시작한다. '높은 인구증가율'을 언급하기 시작한 것이다. 물론 표면적으로는 인구 증가를 부정적으로 말한 것은 아니다. 다만 높은 인구증가율에 대해 현실적인 차원에서 빠른 경제성장만이 미래의 일자리를 보장할 수 있음을 강조한 것이다. 한마디로 당시 '균형'보다는 '속도'를 강조했던 맥락에서 빠른 속도의 경제성장을 통해 인구증가율의 압박을 극복하자는 취지의 말이라고 볼 수 있다. 1965~1970년의 북한 인구의 자연증가율은 최고조에 달했

다. 이 시기 증가율로만 본다면 김일성에게 인구는 긍정적 측면보다는 현실적인 문제로 인식되기에 충분하다고 볼 수 있다.

1970~1975년에 김일성은 더욱 분명하게 인구 증가에 대한 불안감과 '근심'을 드러낸다. 직접적으로 인구 억제를 요구하고 있지는 않지만 늘어나는 인구에 대한 국가 부담에 대해 반복적이고 지속적으로 환기를 시키고 있다. "해마다 인구가 몇십만 명씩 늘어나고 있어 좋긴 하지만 문제는 먹이고 입히는 것"임을 강조한다. 이 시기 언술에는 인구와 식량을 바라보는 '이중성' 또는 '딜레마'가 그대로 읽힌다. 이는 인구 증가의 부정적 측면을 애써 긍정적으로 표현하고 있지만 늘어나는 인구로 인해 겪고 있는 압박을 한편으로 완곡하게 표현하는 것이다. 이러한 언급에서는 인구의 절반 이상에 해당하는 비생산 인구인 미취학 어린이들과 학생들에 대한 국가 재정 부담이 많음을 강조하는 말들을 같이 언급하고 있다. 1960년대 후반과 비교하면 인구 증가에 대한 불안감이 그대로 드러나고 있는 대목이다.

그러나 결국 1975년 이후로는 노골적으로 인구증가율이 너무 높다고 언급하며 이전보다 심각하게 이를 문제화한다. 가령 "새 땅을 계속 얻어내지 않는다면 날로 늘어나는 인구를 먹여 살릴 수 없"고 "식량을 자급자족하는 나라로부터 수입하는 나라로 될 것"이라고 인구 증가에 따른 식량 부족의 위기인식을 직접적으로 드러내고 있다. 결국 1980년도에는 "인구증가률을 지금보다 좀 더 낮"출 것을 직접적으로 강조한다.[62] 이미 이 시점에는 인구에 대한 국가의 인구기술적 개입, 즉 직접적인 행정조치와 다양한 사회경제적 조치를 한창 시행하고 있었다.

---

62) 김일성, 「올해 국가예산을 바로세울 데 대하여(1980.3.26)」, 『김일성저작집 제35권』(평양: 조선로동당출판사, 1987), 79~80쪽.

8. 피임시술, 여성 육체에 기입된 권력과 통치의 흔적들

　김일성의 담화에 나타나는 인구에 대한 인식 변화, 그리고 실제로 나타나기 시작한 출산율의 급격한 감소는 구체적으로 어떤 인구기술적 조치를 통해 가능했던 것일까. 물론 인구기술적 조치는 매우 광범위하다. 인구를 상대로 한 국가의 제도적 · 행정적 · 의학적 · 기술적인 조치가 모두 여기에 해당될 수 있기 때문이다. 우선 알려진 내용 중 가장 눈에 띄는 것은 1970년대 초반부터 국가에 의해 광범위한 피임시술이 주민들에게 제공 또는 강요되기 시작했다는 점이다. 의료시스템의 가장 기층에 해당하는 진료소를 통해 여성 피임기구인 루프 시술과 대중교양이 실시되었다. 또 중등교육 과정에서 임신과 관련한 생리학 교육이 진행되었고, 각 산원에 피임을 담당하는 부인상담과가 설치되었다.[63]

　1970년대 중후반부터는 구체적이고 적극적인 출산억제정책이 시행되었다. 보건요원, 의료인, 여맹위원회 등을 통해 '세 자녀 낳기'가 권장되었다. 1978년을 기점으로 출산억제정책은 더욱 강화되어 권장 자녀 수가 1~2명으로 줄었으며, 체코산, 중국산 자궁 내 피임기구가 적극적으로 보급되기 시작했다.[64] 이 시기부터 여성들의 법적인 혼인연령도 상향조정되었다. 1980년대 이르러 출산억제정책을 강화하고 두 명 이하의 출산을 권장했다. 또 하나 획기적인 내용은 '중절'의 허용이었다. 공식적으로 인정되지 않던 임신중절은 까다로운 조건이 붙긴 했지만 1983년부터 법적으로 허용됐다. 일종의 출산억제의 드라

---

63)　文胡一, 「북한에서의 인구조사와 연구사정」, ≪KDI북한경제리뷰≫, 70쪽. 이밖에 국가사업으로 출산억제 정책이 실시되었다는 증거는 탈북자 인터뷰에서도 밝혀지고 있다. 증언에 따르면 1978년 김정일은 '하나도 낳지 않아도 좋습니다. 하나는 좋습니다. 둘까지도 괜찮습니다. 셋 이상은 염치가 없습니다'라는 구호를 통해 출산억제정책의 실시를 촉구한 바 있다고 했다 [정기원, 「남북한 인구구조의 변화」, 『분단반세기 남북한의 사회와 문화』(서울: 경남대극동문제연구소, 1996), 41쪽].

64)　정기원, 「남북한 인구구조의 변화」, 41쪽.

이브가 전면화되기 시작한 것이다. 이는 인위적으로 국가가 인구에 대한 인구기술적 개입을 본격화한 것이다.

이 시기 인구에 대한 국가의 인구기술적 개입은 탈북자 면접조사를 통해서도 확인된다. 가령 이 시기를 경험한 탈북자의 경우 1970년대 이후 소위 '가락지' 또는 '환'(루프)이라고 북한에서 부르는 피임기구를 인민반장이 동사무소를 통해 주민들에게 시술했던 경험을 전하고 있다. 병원에서 의사가 나와 누구의 집에서 시술이 이루어진다고 인민반에서 전달하면 해당 여성들이 가서 간이 막을 친 상태에서 루프를 시술받았다고 한다. 면접을 한 여성 탈북자들의 오랜 기억에 의존해야 하는 까닭에 이런 시술들이 명확하게 몇 년도에 시행되었는지는 불분명하지만, 1970~1980년대에 걸쳐 광범위하게 이루어진 것으로 파악된다.

> 의사들도 자기 맡은 단위 있어요. 담당의사라는 게 있거든요. 한 인민반에 몇 개, 인민반에 한 명씩 나와서 "산아제한 하라" 그래 하는데, 주사를 어디다 놓고 어떻게 하고 그다음에 주는 것도 있어요. 피임 그런 것도 내주고 …… 가가호호 집집마다 다니면서 …… 병원에서 어느 날 나와서 해라. 네, 그렇게 했어요. …… 내가 아이를 낳을 때니까, 1980년도부터 1985년도 사이요.[65]

> 대학 …… 1970년대, 1980년대 사이 같아요. 우리 어머니가 우리 막내 1971년도에 낳는데요, 환이 없었어요. 그때 …… 하여튼 동네 아줌마들 다 불러서 한 집에서 막 피임을 일부러 막 넣었어요. 선생들 일부러 와서 이거 환을 막 넣어준 적이 있어요. …… 그땐 제가 어른 같지 않은데. 대학 다닐 땐가. 하여튼 어디 갔는가, 그러니까 모두 환 넣으러 간다고. 엄마도 이러고. 우리는 가락지라고 그래요. 북한에서는. 가락지 넣으러 간다. 그때 무슨 말인지 알았어, 그거 …… 동사무소

---

65) 구술자 박금숙(가명), 1954년생, 함경북도 함흥시 출신(면담일자: 2012.7.13).

가서 지시받고 오거든요. 그 인민반장도 병원에서 오늘 그 반에 우리 오늘 가락지 넣을라 나간다 말하거든요. 병원에서. 그래 인민반장이 누구네 집 모이라고 그러는 거지. 그래서 뭐 이제 막는 것도 없이 하여튼 대충 이렇게 해놓고, 아줌마들 기다리고 이렇게 하는 제 기억이.[66]

이런 증언은 김일성의 담화를 통해 발견되는 인구에 대한 근심과 위기인식의 언급들이 실제로 당시 주민들에게 어떻게 행정적인 손길로 가닿았는지를 보여주는 구술 내용이라고 할 수 있다. 향후 더 많은 면접조사와 당시 가임여성들의 출산력 조사를 통해 간접적이나마 조사의 보강이 필요한 부분이다. 다만 위의 구술내용을 통해서나마 확인할 수 있는 것은 1970~1980년대 국가에 의해 광범위하게 여성들에게 피임시술이 본인의 자의적 선택보다는 '강제적' 성격의 행정적 집행을 통해 일괄적으로 시행된 정황이 발견된다는 점이다. 이것은 여성들의 육체에 국가 또는 최고지도자의 통치전략이 인구기술적 조치에 의해 기입되고, 권력이 생물학적 몸 속에 장치화된 것을 의미한다.[67] 더 많은 추가 연구가 필요하겠지만, 이 시기 인구에 대한 국가의 행정기술적 조치, 여성 육체에 기입되고 장치화된 권력은 북한의 남성중심적 가부장제, 젠더 레짐(gender regime)을 강화하는 것과 결코 분리될 수 없는 것으로 볼 수 있다.[68]

---

66) 구술자 조성희(가명), 1957년생, 함경북도 함흥시 출신(면담일자: 2012.7.12).
67) 북한은 인구를 조절통제하는 데서 전적으로 여성의 역할을 강조해왔다. "출생률을 조절하는 데서 가정의 부부 특히 산생의 직접적 담당자인 녀성들이 후대에 대한 어떠한 관점과 립장을 가지고 어떻게 역할을 하는가 하는 데 결정적으로 달려 있는 것만큼 인구재생산에서 산생적령기 녀성들의 지위와 역할을 높이기 위한 적절한 시책을 실시하여야 한다"[림동건, 「인구발전에서 국가와 사회주의사회에서 인구정책」, ≪김일성종합대학학보≫, 제2호.(루계 364호, 2004), 51쪽]. 이와 같이 북한에서 인구정책이란 어떤 면에서 여성의 육체에 대한 통제·관리라고 볼 수 있다.
68) 이와 관련해서는, 조영주, 「북한 여성의 실천과 젠더레짐의 동학」, 이화여자대학교 북한학협동과정 박사학위논문(2012) 참조.

9. 인구와 식량 사이의 긴장, 점증하는 인구압력

1970년대 초중반부터 본격화된 북한 인구정책의 변화는 한국전쟁 이후 끊임없이 노동력 부족을 근심해왔던 북한에게는 민감한 사안이었을 것이다. 그렇다면 이러한 정책 변화의 배경은 무엇일까? 우리는 다시 한 번 김일성의 말속에서 해답을 찾아볼 필요가 있다. 시기별로 살펴보면, 우선 1960년대 초반까지만 해도 김일성은 인구 증가와 식량문제에 대해 낙관적인 언급으로 일관했다. 가령 1961년에는 "주민들에게 식량을 공급하고도 약 30만 톤의 알곡예비를 마련"했으며, 과거에는 "식량이 모자라 해마다 다른 나라에서 쌀을 수입해왔으나 지금은 인구도 많이 늘어나고 군대도 많지만 식량을 사오지 않고 자기의 것으로 먹고살 수 있게"[69] 되었다고 말하고 있다. 1965년에도 다음 해에는 알곡 550만 톤의 생산을 예상하며 인민들을 배불리 먹이고도 40~50만 톤의 알곡을 가축의 먹이로 쓸 수 있을 것이라고 낙관하고 있다.[70]

그러나 실상은 이와 달랐다. 북한은 1960년대 내내 미얀마, 오스트레일리아, 베트남, 프랑스 등 해외에서 곡물을 수입하여 부족분을 대체하고 있었던 것으로 보인다.[71] 1965년의 경우 북한은 오스트레일리아에서 곡식 12만 톤,

---

69) 김일성, 「우리 나라의 정세와 몇 가지 군사과업에 대하여(1961.12.25)」, 『김일성저작집 제15권』(평양: 조선로동당출판사, 1981), 615쪽.

70) 김일성, 「비료는 곧 쌀이고 쌀은 곧 사회주의다(1965.2.9)」, 『김일성저작집 제19권』(평양: 조선로동당출판사, 1982), 168쪽.

71) 1961년만 해도 미얀마와 베트남에서 곡식을, 서유럽과 오스트레일리아에서 밀가루를 수입한 것으로 보고되고 있다. 당시 북한 주재 동독대사관의 본국 정보보고에는 북한의 식량 수출입 사정을 추측할 수 있는 보고 내용이 있다. "지난 몇 년 동안 쌀, 기름이 나오는 과실들 및 유사한 주요 농산물과 같은 북한에서 나온 농업생산품들의 동독으로의 수출이 완전히 중단되었는데, 이는 수확된 농산물들이 주민들에게 조달하기 위해 남김없이 소요되었기 때문이다. 앞으로도 몇 년 내에 보다 많은 양의 농산품들이 다시 북한의 수출품목에 오르리라 기대할 수 없다(1961년에는 미얀마와 베트남에서 곡식을, 서유럽과 오스트레일리아로부터 밀가루를 수입한 바 있다)"(통일연구원 엮음, 『독일지역 북한기밀 문서집』(서울: 통일연구원, 2006), 30쪽].

프랑스에서 35만 달러에 해당하는 밀가루, 소련에서 20만 톤의 곡식을 수입했다. 특히 소련에서 수입된 곡식은 이후 쌀로 상환하는 것을 조건으로 한 거래였다. 값싼 외국의 곡물을 상대적으로 가격이 높은 국내에서 생산한 쌀로 상환하기로 한 것이다. 양 또한 전체적으로 결코 적지 않았다. 이와 같이 1960년대 곡물의 심각한 부족 현상은 여러 정황에서 드러난다. 1965년에는 사료 부족으로 많은 가축을 도축해야 하는 상황까지 발생했다.[72] 이런 상황 때문인지 1966년에는 "인구가 계속 늘어나는 조건에서 알곡을 먹이로 많이 쓰기는 곤난"[73]하다고 언급하기 시작했다.

이런 식량 부족 현상은 경제계획 수행의 어려움과도 연동되어 있었던 것으로 보인다. 야심차게 시작했던 7개년계획(1961~1967)은 연도별 계획이 초과달성되었다고 계속 보고되었지만, 계획은 1966년에 3년 연장되었다. 이면에 존재했던 경제계획 추진상의 심각한 어려움을 짐작하게 하는 대목이다. 이런 난맥상의 원인으로 짐작해볼 수 있는 것은 우선 국방비 지출의 과중을 들 수 있다. 1962년 '국방·경제 병진노선' 이후 '민족보위'를 명분으로 연간 국가예산의 30%에 해당하는 군비를 지출한 영향이 경제 전반에 나타나기 시작했다고 볼 수 있다. 여기에 1957년부터 곡물의 국가수매 가격을 낮추고 곡물의 '이중가격제'를 강화하면서 식량관리에 수반되는 재정 부담도 상당히 가중되어 왔다.[74] 특히 대외적으로도 상황이 좋지 않았다. 중소분쟁의 와중에 1960년대 후반 소련으로부터 원조가 전면 중단되었다. 1962년 쿠바위기 이후 한일협정 체결, 중국과의 국경 충돌, 청와대 기습사건, 푸에블로(USS Pueblo)호 나포, EC-10 격추 등 여러모로 대외관계상의 위기가 조성되었다. 이런 상황과 함께

72) 같은 책, 30쪽.
73) 김일성, 「생물학을 더욱 발전시키며 기계기술자양성사업을 개선강화할 데 대하여(1966.11. 30)」, 『김일성저작집 제20권』(평양: 조선로동당출판사, 1982), 551쪽.
74) 양문수, 『북한경제의 구조: 경제개발과 침체의 메커니즘』(서울: 서울대학교출판부, 2001), 156~158쪽.

천리마의 '높은 속도'에 밀려드는 '피로'가 1960년대 후반 경제의 전반적 침체로 나타났다고 볼 수 있다.[75]

이런 상황은 식량 및 인구 관련 김일성의 담화에 반영되어 나타났다. 1968년에 "자연을 개조하여 알곡생산을 늘이는 방법으로 늘어나는 인구를 먹여 살려야" 함을 강조하기 시작했다. 특히 간석지 개간을 통해 "후대들에게 인구가 늘어나도 잘살 수 있다는 전망을 안겨"주어야 한다고 언급했다.[76] 이런 언급은 역으로 과거와 같이 대외관계를 통해 보충되던 식량 수급이 힘들어졌음을 암시하는 한편, 결국 내부의 자체 노력으로 식량생산을 최대화할 수 있는 방법을 강구할 수밖에 없는 절박함을 드러낸 것이라고 할 수 있다. 1969년에는 "해마다 인구가 많이 늘어나고 있"음을 상기시키며 "인구를 먹여 살리기 위하여서는 간석지를 일구어 새 땅을 얻어내는 것과 함께 지금 있는 땅의 리용률을 높이기 위한 토지건설사업을 잘하여야" 함을 구체적으로 강조했다. 이상에서처럼 1960년대 말까지 김일성의 언급에서 증가하고 있는 인구와 식량 생산 사이에 조성된 긴장, 그리고 대외관계에서 나타난 난맥상과 관련한 그의 위기 의식을 엿볼 수 있다.[77]

1970년대 들어와서는 더 직접적으로 늘어나는 인구에 비해 농업 생산이 빨리 올라가지 못하는 것을 '엄중한 문제'로 언급하기 시작한다.

---

75) 이정철, 「사회주의 북한의 경제동학과 정치체제-현물동학과 가격동학의 긴장이 정치체제에 미치는 영향을 중심으로」, 서울대학교 대학원 정치학과 박사학위 논문(2002), 73~74쪽.

76) 김일성, 「간석지를 대대적으로 개간하기 위하여(1968.10.11)」, 『김일성저작집 제23권』(평양: 조선로동당출판사, 1983), 88쪽.

77) 북한 역시 공식적으로 인구정책을 결정하는 데는 다양한 요인이 작용한다고 설명하고 있다. 가령 출산장려정책과 출산억제정책 중의 선택은 "현 인구상태와 사회경제발전수준과 달성하려는 목표, 나라의 령토면적과 자연부원의 상태, 전망계획기간 정치, 군사, 경제과업을 실현하는 데 필요한 인구수요 등 여러 요인"에 의하여 결정된다고 보고 있다(림동건, 「인구발전에서 국가와 사회주의사회의 인구정책」, ≪김일성종합대학학보≫, 49쪽).

지금 우리나라에서는 인구가 해마다 몇십만 명씩 늘어나고 있는데 이것은 좋은 일입니다. 우리는 인구가 2,000만 명으로 늘어나도 좋고 3,000만 명으로 늘어나도 좋습니다. 문제는 모든 사람들을 다 잘 먹이고 잘 입히는 데 있습니다. …… 우리가 인민들을 잘 먹이려면 쌀을 많이 생산하여야 합니다. 경지면적이 제한되어 있는 우리나라의 조건에서 쌀을 많이 생산하려면 농업생산을 결정적으로 집약화하여야 합니다. 물론 우리는 간석지를 많이 개간하여 땅을 더 얻어내야 합니다.[78]

농업생산이 빨리 올라가지 못하는 것은 엄중한 문제가 아닐 수 없습니다. 지금 우리나라에서 인구가 해마다 수십만 명씩 늘어나고 있습니다. 그것은 우리 당과 공화국정부의 인민적 시책으로 말미암아 출생률은 늘어나고 사망률은 계속 줄어들기 때문입니다. 인구가 늘어나면 그만큼 농업생산이 빨리 높아져야 하겠는데 지금 우리나라에서는 인구의 장성에 농업생산의 장성이 따라가지 못하고 있습니다.[79]

당시 농업 생산은 1960년대 중반 이후 지속적으로 정체되어 있었고, 식량의 해외 차관 및 수입을 통해 일정 부분을 메우고 있었으며, 기술적 낙후도 개선되지 못했던 것으로 보인다. 특히 북한이 1964년 이후 곡물 수확량에 대한 통계치를 발표하지 않기 시작한 것에 주목할 필요가 있다. 여러 추측이 가능하겠지만, 첫째, 식량 통계치의 정치적 의미를 고려해볼 수 있다. 식량 생산량의 증가는 북한 사회주의체제의 우월성을 보여주는 부분일 수 있다는 점에서 실제 생산량이 우월성을 증명하기에는 부족하다고 판단하고, 공식 발표를 하지 않

78) 김일성, 「조선로동당 제5차 대회에서 한 결론(1970.11.12)」, 『김일성저작집 제25권』(평양: 조선로동당출판사, 1983), 369쪽.
79) 김일성, 「농업생산에서 일대 전환을 일으키기 위하여(1973.1.17)」, 『김일성저작집 제28권』(평양: 조선로동당출판사, 1984), 11쪽.

았을 수 있다. 생산과 수급에서 심각한 문제에 봉착했을 가능성이 있는 것이다. 이러한 상황은 1960년대 북한 주재 대사관들의 본국 정보 보고에서 '심각한' 식량문제에 대한 언급이 자주 발견된다는 점에서도 유추할 수 있다.[80]

둘째, 식량 통계 작성에서의 문제를 들 수 있다. 이 시기 식량 통계 작성에서 허위보고 등 심각한 왜곡 등이 있었음을 짐작케 하는 여러 정황이 발견된다.[81] 담당 관료들이 '공명'을 높이기 위해 '거짓말 보고'를 하는 현상이다. 1950년대 후반부터 표면상 강도 높게 진행되었던 '천리마운동'은 경제 전반에 '초과달성'이라는 생산 이데올로기를 낳았다. 이에 생산 실적에 대한 허위보고가 만연했다. 따라서 곡물 생산량 발표의 중단은 이런 허위보고로 집계된 통계상의 문제와도 연관되어 있을 가능성이 높다.

이와 같이 식량과 관련한 불투명한 상황은 김일성의 담화에서 독특한 언술의 '이중성'으로 나타난다. 이러한 이중성은, 매년 담화에서 지난해에 생산한 곡물 생산량과 다음 해 목표 예상량을 낙관적으로 언급하면서도 같은 담화에서 북한에 현재 필요한 최소치를 함께 언급한다든지, 같은 해 서로 다른 담화에서 다른 현실과 전망을 이야기하는 것에서 드러난다.

가령 김일성은 1961년 "식량이 모자라 해마다 다른 나라에서 쌀을 수입해왔으나 지금은 인구도 많이 늘어나고 군대도 많지만 식량을 사오지 않고 자기의 것으로 먹고살 수 있게" 되었고 그해 483만 톤을 생산했다고 낙관적으로

---

80) 통일연구원 엮음, 「1963년 북한의 경제발전의 몇 가지 문제에 대한 평가(1966.5.2, 조선민주주의인민공화국 주재 독일민주공화국 대사관 정보보고)」, 『독일지역 북한기밀 문서집』, 177~178쪽.

81) 서동만, 「50년대 북한의 곡물 생산량 통계에 관한 연구」, 《월간 통일경제》(1996.2), 69쪽. 이미 1950년대 중반부터 김일성은 '알곡수확고 계산'의 오류를 지적하고 있다. 가령 1955년 담화에서 김일성은 도인민위원장들과 농산지도일군들이 1954년에 300만 톤 생산하겠다고 계획을 했지만 막상 그해 몇 차례 번복을 하다 280만 톤으로 최종 보고했고, 다시 파악해보니 실제로는 230만 톤을 생산했다고 지적하고 있다[김일성, 「사회주의혁명의 현단계에 있어서 당 및 국가 사업의 몇 가지 문제들에 대하여(1955.4.4)」, 『김일성저작집 제9권』(평양: 조선로동당출판사, 1980), 311쪽].

언급한다.[82] 그러나 4년 후인 1965년 2월에는 다음 해(1966년)에 550만 톤의 알곡 생산이 예상된다고 낙관적으로 이야기하지만, 같은 해 5월에는 "알곡 생산을 인구장성에 따라 세우는 문제가 완전히 풀"리지 않았다고 말한다.[83] 또한 1975년에는 다음 해(1976년) 알곡 생산 목표를 800만 톤으로 잡고 있고 향후 목표를 1,000만 톤으로 제시하고 있다. 그럼에도 불구하고 같은 담화에서 "인구 한 사람당 식량을 300키로그램(kg)씩 보아도 우리나라에서 알곡을 500만 톤만 가지면 식량문제를 원만히 해결할 수 있"다고 부연하고 있다.[84] 800만 톤을 예상하는 마당에 굳이 500만 톤의 현실적으로 충분한 양을 동시에 언급하고 있는 것이다. 역시 1975년 연말에도 "알곡 500만 톤이면 공화국 북반부 인구가 넉넉히 먹고살 수 있는데 우리는 지난해(1974년)에 700만 톤의 알곡을 생산"했고 1975년에는 800만 톤이 예상된다고 밝히고 있다.[85] 1976년에도 "한 해에 식량을 한 사람이 300키로그람 씩 소비하는 것으로 보아도 500만 톤이면 우리 인민들이 풍족하게 먹을 수 있"[86]다며 "나머지 량곡은 공업원료로도 쓰고 수출도 하고 식량예비로 저축도 할 수 있다"고 밝히고 있으나 다시 연말에는 1,000만 톤 알곡고지 점령을 목표로 제시하고 있다.

다시 말해 현실적으로 이 정도면 충분하다는 양(483만~500만 톤) 또는 추정 인구수만큼 필요한 양(500만 톤)과 다음 해 예상 생산량 또는 목표량(800~1,000만 톤) 사이에 큰 편차가 존재한다. 그해의 예상대로 다음 해 800만~1,000만

---

82) 김일성, 「우리 나라의 정세와 몇 가지 군사과업에 대하여」, 615쪽.

83) 김일성, 「현 시기 국가경제기관들의 사업을 개선강화하기 위한 몇 가지 문제에 대하여(1965.5. 25)」, 『김일성저작집 제19권』(평양: 조선로동당출판사, 1982), 345쪽.

84) 김일성, 「일본 교도통신사대표단과 한 담화(1975.8.31)」, 『김일성저작집 제30권』(평양: 조선로동당출판사, 1985), 452쪽.

85) 김일성, 「오스트랄리아 작가이며 기자인 윌프레드 버체트와 한 담화(1975.10.21)」, 『김일성저작집 제30권』(평양: 조선로동당출판사, 1985), 585쪽.

86) 김일성, "재일동포상공인들은 조국의 사회주의건설에 적극 이바지하여야 한다,"(1976. 6. 30) 『김일성저작집』제31권 (평양: 조선로동당출판사, 1986), 246쪽.

<표 2-2-7> 북한의 곡물 생산량과 인구

(단위: 만 톤, 천 명)

연도	곡물 생산량	인구	연도	곡물 생산량	인구	연도	곡물 생산량	인구
1945	-	-	1960	380.3	10,789	1975	800(목표)	15,986
1946	189.8	9,257	1961	483.0	11,049	1976	800(목표)	16,248
1947	206.9	9.379	1962	500.0	11,308	1977	-	16,511
1948	266.8	9,500	1963	500.0	11,568	1978	-	16,773
1949	265.4	9,622	1964	1963년 수준	11,988	1979	-	17,036
1950	-	9,339	1965	550(1966년 예상치)	12,408	1980	-	17,293
1951	226.0	9,057	1966	-	12,760	1981	-	17,536
1952	245.0	8,774	1967	400~420 (소련 추정치)	13,112	1982	-	17,774
1953	232.7	8,491	1968	540(농업비서 언급치)	13,435	1983	-	18,113
1954	223.0	8,780	1969	-	13,817	1984	-	18,453
1955	234.0	9,070	1970	-	14,619	1985	-	18,792
1956	287.3	9,359	1971	-	14,892	1986	-	19,060
1957	320.1	9,703	1972	-	15,166	1987	-	19,346
1958	370.0	10,048	1973	-	15,439	1988	-	-
1959	340.0	10,392	1974	700.0	15,713	1989	-	20,000

자료: ① 1956년까지의 수정·확정된 생산량에 대해서는 「1954~56년 전후 인민경제 복구발전 3개년계획 실행총화에 관한 국가계획위원회 중앙통계국 보도」, ≪경제건설≫(1957.3) 및 『조선중앙년감』(1958). ② 1967, 1968년 수치는, 통일연구원 엮음, 『독일지역 북한기밀 문서집』 참조. ③ 기타 년도의 곡물생산량 통계 언급 대해서는, 『김일성저작집』에서 기술된 수치를 참조. ④ 인구는 북한 중앙통계국 공표한 연말인구로, 『조선중앙통신사』 각 연도 참조.

톤을 생산했다면 굳이 최소 충분양(500만 톤)을 함께 거론할 필요가 있는지 의문이 남는 것이다. 아마도 이런 담화에서 나타나는 이중적 언술 속에는 ① 현재 인구 수준에서 필요한 생산량, ② 실제 생산량, 그리고 ③ 증가하는 인구에 비례했을 때 미래의 식량 안정성을 담보하는 데 필요한 생산량, ④ 사회주의 우월성을 과시하는 대외 발표용 생산량 등이 상호 공존하고 있기 때문일 것이라 추정된다. 가령 1960년대 후반 소련 전문가 그룹은 북한이 1967년에 1965년의 목표량인 550만 톤에도 한참 못 미치는 400~420만 톤의 생산에 그친 것으로 평가했다.[87] 그럼에도 김일성은 이런 평가와는 큰 편차를 보이는 예상량이나 목표량을 반복적으로 제시하거나 언급하고 있어 현실감이 상당히 떨어진다. 소련 전문가 그룹의 평가처럼 만약 1967년에 400만~420만 톤을 생산했다면, 이 중 다음에 파종할 종자용으로 최소 60만~70만 톤이 비축되어야 한다는 점에서 실제 식량으로 가용할 수 있는 양은 그보다 훨씬 적었을 것으로 보인다. 또 다른 예로 북한은 1970년대 중후반부터 1,000만 톤의 예상량 또는 목표량을 제시해왔는데, 이 수치는 1990년대까지 변함없이 계속되었다. 현실과는 거리가 먼 대외용 또는 정치용 수치라고 볼 수 있는 부분이다. 따라서 북한의 식량 수급구조는 자체 생산량으로는 먹는 문제를 해결하기 힘들었다고 할 수 있고, 대체로 수입이나 차관을 통해 부족분을 메워야 하는 구조였다고 볼 수 있다. 또한 북한의 무역 거래는 국내에서 생산한 쌀이나 다른 농산물을 해외에 수출하여 필요한 공업 원자재나 장비, 군사무기 등을 수입하는 패턴을 가지고 있었고 식량과 관련해서는 값싼 곡물을 수입해 필요량을 메우는 방식이었다.

한편으로 점증하는 식량문제를 해결하기 위한 방법으로 제시되는 조치들을 통해서도 인구와 식량 사이의 긴장을 엿볼 수 있다. 이는 1970년 제5차 당 대회에서 내건 '농촌기술혁명'의 슬로건, 1973년 3대혁명소조원들의 대대적인 농촌 파견, 1974년부터 등장한 '속도전', 1976년 '자연개조 5대 방침' 하달 등 일련의 운동이 모두 농업생산력, 즉 식량 증산을 위한 조치와 매우 긴밀하게 연관되어 있다는 점에서 그렇다. 특히 식량 증산을 위해 강조된 것이 바로 간석지 개발과 농업집약화였다.

우리 공산주의자들은 자연을 개조하여 알곡생산을 늘이는 방법으로 늘어나는

---

87) 통일연구원 엮음, 「1968.2.21. 15:00-16:30까지 소련 대사관에서 한 대사관 직원과 나눈 대화 내용에 관한 문서기록(1968.2.22. 북한 주재 동독 대사관)」, 『독일지역 북한기밀 문서집』, 215쪽. 이 기록에는 1967년 북한의 곡물 생산량을 쌀 280만 톤, 옥수수 280만 톤, 콩 33만 톤 등으로 추정하고 있다.

인구를 먹여 살려야 합니다. 우리가 이렇게 하면 우리 인민들과 청년들에게 인구가 늘어나도 잘살 수 있다는 휘황한 전망을 안겨줄 수 있으며 후대들도 우리의 모범을 따라 간석지를 개간하여 먹는 문제를 풀어나갈 것입니다.[88]

6개년계획 기간에 우리는 국토를 개변하기 위한 사업을 중요한 과업으로 내세우고 대자연개조사업을 진행하며 특히 간석지를 대대적으로 개간하려고 합니다. …… 그렇게 되면 늘어나는 인구의 식량문제를 적지 않게 해결할 수 있을 것입니다.[89]

지금 우리나라에서 인구가 해마다 몇십만 명씩 늘어나고 있는데 이것은 좋은 일입니다. 우리는 인구가 2,000만 명으로 늘어나도 좋고 3,000만 명으로 늘어나도 좋습니다. 문제는 모든 사람들을 다 잘 먹이고 잘 입히는 데 있습니다. …… 농업생산을 집약화하지 않고서는 식량문제를 풀 수 없습니다.[90]

그러나 1970년대 초중반 농업집약화 조치는 식량문제를 해결하는 데 크게 실효를 거두지 못했고 제대로 이루어지기 힘들었다. 이에 대한 위기의식은 김일성의 언급에서 나타난다.

우리나라에 경지면적은 적은데 인구는 계속 늘어나고 있습니다. 그러므로 우리는 먹는 문제를 푸는 데 깊은 관심을 돌려야 합니다. 지금까지는 있는 경지면적을 최대한으로 리용하여 단위당 알곡수확고를 높이는 방법으로 먹는 문제를

---

88) 김일성, 「간석지개간사업을 전망성 있게 진행하기 위한 몇 가지 대책에 대하여(1968.3.19), 『김일성저작집 제22권』(평양: 조선로동당출판사, 1983), 72쪽.

89) 김일성, 「간석지를 대대적으로 개간하기 위하여: 국토건설부문일군협의회에서 한 연설(1968. 10.11), 『김일성저작집 제23권 』(평양: 조선로동당출판사, 1983), 89쪽.

90) 김일성, 「조선로동당 제5차대회에서 한 결론(1970.11.12)」, 『김일성저작집 제25권』(평양: 조선로동당출판사, 1983), 369쪽.

해결하여왔습니다. 그러나 앞으로 이 방법만으로는 식량문제를 원만히 해결할 수 없습니다. …… 만일 새 땅을 계속 얻어내지 않는다면 날로 늘어나는 인구를 먹여 살릴 수 없습니다.[91]

결국 1980년 김일성은 인구 억제에 대한 직접적인 언급을 하게 된다. 지금보다 인구증가율을 더욱 낮출 것을 공식적으로 강조하게 되는데, 이는 인구 억제를 위한 국가의 개입을 암시하는 것이라고 볼 수 있다. 이러한 공식적인 언급은 북한이 주장하는 '사회주의 우월성'이란 측면에서 대외적인 국가위신과 남북한 체제경쟁의 측면에서 자존심과 관계된 문제였을 것으로 보인다. 이런 공식적 표명은 내부적으로 진행해왔던 인구 억제를 위한 인구기술적 조치의 시행을 암시하는 한편, 그것을 지속할 필요성을 표면 위로 드러낸 것이라고 볼 수 있다. 이것은 "사회가 정상적으로 발전하자면 사회재생산의 중요한 두 분야인 인구재생산과 물질적 부의 재생산 사이의 관계가 호상적응의 상태에 있어야"[92] 하는데 그렇지 못했음을 보여준다고 할 수 있다.

10. 비생산 인구의 증가와 국가 부담의 폭증

1970년을 기점으로 한 인구 억제로의 전환 이면에는 늘어나는 인구에 대한 국가적 부양 능력의 심각한 부담이 자리하고 있었다. 그것은 천리마시대를 통해 고조된 자신감과 체제의 우월성을 뒷받침해온 국가의 인민에 대한 한없는

---

91) 김일성, 「간석지를 많이 개간하여 농경지로 리용할 데 대하여(1978.4.3.)」, 『김일성저작집 제33권』(평양: 조선로동당출판사, 1987), 158쪽.

92) 리련희, 「구재생산에 대한 통계적 분석은 인구문제 해결을 위한 중요한 요구」, ≪김일성종합대학 학보-철학·경제학≫, 2007년 2호. 정영철·장인숙·조은희, 『북한 인구의 동태적 및 정태적 특징과 사회경제적 함의』(서울: 한국보건사회연구원, 2011), 47~48쪽 재인용.

'돌봄', 지도자의 시혜적 지배, 즉 사회주의 도덕경제(socialist moral economy)의 심각한 위기를 의미했다.[93] 문제는 단순히 인구가 증가한다는 데만 있는 것이 아니라, 한국전쟁 이후 태어난 새로운 세대가 1970년대 초중반까지는 비생산 인구였다는 점이다. 그것은 1960년대 초반부터 국가가 전적으로 부양해야 하는 비생산 인구가 연차적으로 폭증해왔다는 것을 의미한다.[94]

1970년대 초반 김일성은 연설을 통해 "우리나라는 인구비례로 볼 때 세계에서 학생비률이 가장 높으며 탁아소도 다른 나라들보다 몇 배 더 많이 가지고 있고 유치원도 세계에서 제일 많이 가지고" 있어 "국가의 부담"이 크다고 토로한다.[95] 〈표 2-2-8〉에서 보듯, 김일성은 1960년대 중반부터 이 비생산 인구의 증가가 국가 전반에 주는 부담을 언급하기 시작했고, 1970년대 중반에 가면 더욱 구체적으로 어려움을 이야기한다.

오늘 우리나라의 형편에서 이와 같이 교육사업에 많은 돈을 들이고 큰 힘을 넣는다는 것은 결코 헐한 일이 아닙니다. 우리 인민들의 생활은 아직 그리 넉넉하지 못하며 나라의 형편도 긴장합니다. 우리는 방대한 사회주의경제건설과업을 수행하여야 하며 적들과 직접 맞서 있는 조건에서 국방력을 강화하는 데도 큰 힘을 넣어야 합니다.[96]

---

93) 사회주의 도덕경제에 관한 논의로는, 홍민, 「북한의 사회주의 도덕경제와 마을체제」, 동국대학교 대학원 북한학과 박사학위논문(2006) 참조.

94) 1961년 김일성은 제4차 당대회를 통해 1956년에 비해 1960년에 국가예산지출에서 사회문화시책비가 약 네 배로 늘어났다고 밝히고 있다[김일성, 「조선로동당 제4차 대회에서 한 중앙위원회사업총화보고(1961.9.10)」, 『김일성저작집 제15권』(평양: 조선로동당출판사, 1981), 192쪽].

95) 김일성, 「교육부문에서 3대혁명소조를 파견할 데 대하여(1973.12.11)」, 『김일성저작집 제28권』(평양: 조선로동당출판사, 1984), 605쪽.

96) 김일성, 「전반적으로 11년제 의무교육을 성과적으로 실시하기 위하여(1975.4.10)」, 『김일성저작집 제30권』(평양: 조선로동당출판사, 1985), 242쪽.

〈표 2-2-8〉 김일성의 비생산 인구(탁아 · 유치원생 · 학생) 관련 언급

언급 시기	『김일성저작집』 주요 내용	① 탁아 · 유치원생 수(만 명) ② 학생 수(만 명)
1948.11.25	170~200만 명의 학생들이 있는데 이것은 인구수에 비하여 결코 적은 수가 아닙니다. 이들에게 다 학용품을 대주자면 국가적 부담도 적지 않습니다(제4권, 499쪽).	② 170~200
1961.9.11	우리나라에서는 8,000여 개에 이르는 각급 학교들에서 인구의 약 4분의 1에 맞먹는 253만 명의 학생들이 공부하고 있습니다. ······1960년에는 1956년보다 탁아소 및 유치원 수가 31배로 늘어났으며 거기에는 약 70만 명의 어린이들이 들어가 있습니다(제15권, 186쪽).	① 70 + ② 253 = 323
1965.4.14	지금 우리나라에는 9,000여 개의 각급 학교들에서 전체 인구의 약 4분의 1에 맞먹는 학생들이 공부하고 있으며 그 가운데 대학생만도 15만 6,000명에 이른다(제19권, 300쪽).	
1968.9.7	오늘 우리나라의 각급 학교들에서는 인구의 4분의 1이나 되는 269만 명의 학생들이 무료로 공부하고 있습니다(제22권, 435쪽).	② 269
1973.12.11	인민학교로부터 대학에 이르기까지의 각급 학교의 학생수가 460만 명이상이나 되며 여기에 탁아소와 유치원에 다니는 어린이들까지 합하면 800만 명이 넘습니다. 우리나라와 같이 학생 비율이 높은 나라는 세계에 없습니다(제28권, 605쪽).	① 350 + ② 460 = 810
1974.5.20	지금 평양시 탁아소, 유치원 어린이들과 인민학교, 고등중학교, 고등전문학교, 대학 학생들이 모두 80만 명(평양시) 이상 되는데 이것은 평양시 인구의 절반 이상입니다(제29권, 213쪽).	
1974.6.2	탁아소, 유치원에서 자라나는 어린이들이 350만 명이나 되며 인민학교, 고등중학교, 대학에 다니는 학생들은 460만 명이나 됩니다. 우리나라 북반부의 인구가 약 1,500만 명인데 탁아소, 유치원에서 자라나는 어린이들과 학교에서 공부하는 학생들이 800만 명 이상이나 됩니다. 이렇게 많은 어린이들과 학생들을 국가비용으로 키우며 공부시키다보니 부담이 좀 많습니다(제29권, 252쪽).	① 350 + ② 460 = 810
1975.9.1	지금 우리나라에는 인민학교로부터 대학에 이르기까지의 각급 학교들에서 공부하는 학생이 470만 명이나 됩니다. 여기에 탁아소, 유치원 어린이 350만 명까지 합치면 820만 명이나 됩니다(제30권, 455쪽).	① 350 + ② 470 = 820
1976.4.29	탁아소, 유치원에서 자라나는 어린이들이 350만 명이 있습니다. 그리고 인민학교로부터 대학에 이르는 각급 학교에서 공부하는 학생들이 509만 명이나 됩니다. 결국 우리나라에서 국가부담으로 키우는 어린이들과 학생들이 약 860만 명에 이릅니다. 이것	① 350 + ② 509 = 859

	은 우리나라 인구의 절반을 차지합니다. 인구의 절반을 차지하는 어린이들과 학생들을 국가가 맡아서 키운다는 것은 큰 부담이 아닐 수 없습니다(제31권, 483쪽).	
1977.2.25	지금 우리나라에 국가부담으로 공부하는 학생이 500만 명이나 되는데 이것은 우리나라 인구의 3분의 1에 해당합니다. 세계적으로 인구의 3분의 1을 국가부담으로 공부시키는 나라는 아직 우리나라밖에 없습니다(제32권, 53쪽).	② 500
1978.10.1	학생만 하여도 500만 명이 넘으며 탁아소, 유치원 어린이들까지 합하면 860만 명이나 됩니다. …… 인구의 절반이 넘는 어린이들과 학생들을 돈 한 푼 받지 않고 먹여 살리며 공부시키자니 국가의 부담이 매우 큽니다(제33권, 438쪽).	① 360 + ② 500 = 860
1982.12.10	학생들과 탁아소, 유치원 어린이들까지 합하면 1,000여만 명이 국가로부터 옷을 무상으로 공급받는 것으로 됩니다. 이것은 인구의 3분의 2 이상이 무상으로 옷을 공급받고 있다는 것을 의미합니다(제38권, 399쪽).	1,000

더욱 심각한 문제는 전후 태어난 세대가 1970년대 초중반부터 노동 가능한 성인 인구로 차례로 편입된다는 점이다. 이들이 1970년대 초중반 이후 성인 인구가 된다는 것은 가임 및 결혼 가능한 나이로 진입하여 인구의 격렬한 재생산을 야기할 수 있다는 점이다. 또한 이들에 대한 국가의 배급 부담이 크게 늘어난다는 뜻이기도 하다. 1960년대 후반부터 김일성을 비롯한 북한 지도부는 전체적인 인구 증가는 물론, 특히 비생산 인구의 증가에 대한 부담을 반복적으로 강조하는데, 이 시기부터 농업생산 역시도 한계에 직면함으로써 큰 불안감을 갖기 시작했다고 볼 수 있다.

한편으로 비생산적 재정 투자도 눈여겨볼 부분이다. 1958년 이후 한국에 배치되기 시작한 미국의 전술 핵무기는 1967년에 약 940기에 이르고, 1962년 쿠바 미사일 위기, 1965년 한일협정 체결, 1964년 이후 베트남 정세의 변화, 1960년대 중반 이후 중소 갈등의 격화 등 대외적인 정세는 국가 재정과 인구의 양 측면 모두에서 국가 부양 조건의 어려움을 가져온 요인들이었다고 볼 수 있다. 1962년 경제와 국방의 병진노선, 1964년 4대 군사화 노선 채택 등 군사 부문에 대한 막대한 재정 투입은 경제 전반의 위축과 침체를 가져왔다. 물론 군사공업에 대한 투자를 완전히 비생산적인 투자로만 볼 수는 없지만, 주민들의 먹고 입는 문제와 직결된 인민경제로 환류될 수 있는 투자로 보기는 힘들다. 그런 측면에서 북한은 1960년대 중반부터 비생산 인구의 증가와 비생산적 국방 부문 투자라는 굴레에 있었다고 볼 수 있다.

11. 인구압력의 감지와 대응의 정치성

북한이 1960년대부터 식량 공급에서 상당한 수준의 압박을 받고 있었다는 것은 당시 늘어나는 인구 추세에서 보면 '인구압력(population pressure)'[97]이 존재했다는 것을 의미한다. '인구압력'은 쉽게 말해 인구 증가에 따른 자원의 압력을 뜻한다. 이것은 가장 기본적인 '먹는 문제'를 비롯해 인구에 대한 국가의 부양에서 심각한 자원상의 부담 또는 경제적 전망에서 불확실성이 커졌다는 것을 의미한다. 그런데 여기서 우리가 풀어야 하는 문제가 있다. 그것은 앞서 살펴보았듯이 1960년대부터 인구압력이 존재했을 가능성이 높은데 왜 1970년대에 들어와서야 본격적으로 인구 억제로의 전환을 취했는가이다.

이에 대해서는 크게 세 가지 가정이 가능하다. 첫째, 1970년까지 인구압력이 생각보다 크지 않았거나 실제로 없었을 가능성이다. 그러나 앞서 살펴보았듯이 1965년부터 김일성은 높은 '인구증가율'을 지적하며 이에 따른 식량문제를 지속적으로 언급하기 시작했다.[98] 게다가 1960년대 중반 작황의 저조로

---

97) 인구압력(또는 인구압)이란 인구밀도가 증가할 때 자원에 주어지는 압력을 말한다. 인구압력은 지수로 측정되기도 하는데, 보통 [인구압력지수 = 인구증감지수/생산력 증감지수×100]으로 계산된다. 이 수치가 100을 넘으면 인구압력이 증가한 것이며, 그 미만이면 감소한 것이다. 그러나 인구압력은 보통 인구의 증가가 공간, 토지생산성, 식량 등에 가하는 긴장을 의미하며, 나아가 인구 증가로 인한 인접국과의 긴장 증가를 뜻하기도 한다.

인한 식량 부족과 소련으로부터의 원조 중단 등 심각한 자원 제약에 직면했다. 또한 1953년 이후 출생한 비생산 인구(탁아소, 유치원, 학생)의 급격한 증가에 따른 국가 부담이 크게 가중되고 있었다. 이들 비생산 인구는 인구의 거의 절반에 이르고 있었다. 따라서 인구압력이 전혀 존재하지 않았다고 보기는 힘들다.

둘째, 실제로 가중되던 인구압력을 감지하는 것이 늦었을 가능성이다. 그러나 앞서 보았듯이, 김일성은 1963년부터 담화에서 '인구증가율'이란 용어를 사용했고, 1965년부터는 '높은 인구증가율'을 분명하게 인식하고 있었다. 정밀한 수준은 아니더라도 당시 가파른 출산율 증가를 감지할 수 있는 초보적인 수준의 장치가 있었다고 볼 수 있는 대목이다. 또한 북한은 1946~1963년 시행된 공민등록제 이후, 1964년부터 주민등록제를 시행하며 성분에 대한 분류와 함께 인구통계 능력을 어느 정도 확보하고 있었다.[99] 또한 중요하게는 배급제라는 시스템을 통해서도 인구와 식량 사이의 긴장 수준을 간접적으로나마 파악할 수 있었다고 볼 수 있다. 1950~1960년대 중국이 북한과 비슷한 수준의 인구 측정 기술로 산출된 출산율 증감 여부에 따라 마오쩌둥의 인구 관련 발언이 몇 년 사이를 두고 '장려'와 '억제' 사이를 오갔던 것으로 미루어볼 때, 중국보다 인구 규모가 작았던 북한에서도 거칠게나마 인구변동 측정이 가능했다고 짐작할 수 있다.[100] 이러한 가정을 따르면, 출산율 증가에 따른 인구 증

---

98) 김일성, 「기술혁명수행에서 과학자, 기술자들의 임무(1963.3.22)」, 『김일성저작집 제17권』 (평양: 조선로동당출판사, 1982), 192쪽; 김일성, 「공장, 기업소들에 대한 지도방법과 관리운 영사업을 개선할 데 대하여(1965.1.11, 1965.11.16)」, 『김일성저작집 제19권』(평양: 조선로동당출판사, 1982), 76쪽.

99) 현인애, 「북한의 주민등록제도에 관한 연구」, 이화여자대학교 석사학위논문(2008), 10~15쪽. 남한의 경우 1962년 5월10일 주민등록제도 제정되어 그해 6월 20일부터 시행되기 시작했다[홍성태, 「주민등록제도와 총체적 감시사회의 형성」, 공제욱 엮음, 『국가와 일상: 박정희 시대』(서울: 도서출판 한울, 2008), 87쪽].

100) 이런 유사한 예는 중국에서도 찾아볼 수 있다. 마오쩌둥의 인구 관련 언급의 변천과정에서

가에 대한 감지는 정규적인 인구조사가 아니더라도 일상적인 주민 요해 시스템으로도 어느 정도 파악되었을 것으로 추정된다. 따라서 인구압력을 뒤늦게 감지할 만큼의 상황은 아니었다고 볼 수 있다.

셋째, 인구압력을 감지하고 있었음에도 다른 이유로 인구 억제를 주저하거나 표면화하기 힘들었을 가능성이다. 우선 산업적·군사적 이유로 통제하는 것을 주저하거나 묵인했을 가능성을 생각해볼 수 있다. 지금도 그렇지만 북한 당국이나 최고통치자의 입장에서 인구는 크게 두 가지 의미가 있다고 할 수 있다. 하나는 노동력 및 병력 동원의 인적 자원으로서의 인구이다. 다른 하나는 먹이고 입혀야 하는 국가적 부양 대상으로서의 인구이다. 물론 이 둘은 서로 다른 주민들로 구성되어 있는 인구 집단이 아니라 동일한 주민들이지만 통치 차원에서 이중적으로 대상화되는 인구 범주라고 할 수 있다. 산업화에 필요한 노동력의 증대 및 안정적 확보와 이들에 대한 식량의 원활한 공급이 상호 균형 있게 맞물리는 것이 가장 이상적이다. 그러나 이것이 제대로 되지 않을 경우 둘은 서로를 제약하게 되고, 이때 '인구정책의 딜레마'가 발생한다. 경제건설에 계속적인 박차를 가하기 위해서는 커지는 산업 규모만큼 노동력의 확보가 필요지만, 이들에 대한 식량 공급이 원활하지 못하거나 불확실성이 커질 때 정책적 딜레마가 발생하는 것이다. 지속적인 경제건설이라는 압박감, 인구를 억제할 경우 노동력의 안정적이고 지속적인 확보에 곤란을 겪을 수 있

나타난다. 1949년 이후 마오쩌둥의 인구 관련 언급은 몇 차례 변화를 보이는데, 처음에 마오쩌둥은 인구가 많은 것이 좋고(人多是好事), 인구 증가가 국력의 원천이라는 사상을 피력했다. 하지만 1957년 마오쩌둥은 인구 절제로 전환을 한다. 그 계기는 1949년보다 1956년에 식량 생산량이 증가했지만, 인구가 증가했기 때문에 1인당 식량 생산량은 오히려 감소했기 때문이었다. 대약진 기간 중 다시 "인구가 많은 것이 좋다"는 사상으로 회귀했다가 다시 1962년, 1963년, 1964년의 자연증가율이 26.99%, 33.33%, 27.64%로 증가함에 따라 1965년 인구 절제의 사상으로 전환한 바 있다[湯兆云, 『當代中國人口政策』(北京: 知識産權出版社, 2005), pp.53~56. 이중희, 「중국의 인구 정책과 고령화의 추세, 원인 및 특성」, ≪중국학≫, 제29집 (2007), 296쪽 재인용].

을 것이라는 판단이 바로 인구 억제로 바로 나아가지 못하게 할 수 있다. 게다가 동원을 통한 인적 자원의 투입에 많이 의존하는 경제체제에서는 이런 두려움은 더욱 커질 가능성이 높다.

한편 1962년 이후 국방 · 경제의 병진노선을 채택한 이후 병력으로서 인구자원의 일정한 확보는 북한에게 매우 중요한 문제였을 가능성이 높다. 또한 남북한 사이의 첨예한 체제경쟁의 측면에서 인구 억제정책은 사회주의 우월성의 과시라는 측면에서 쉽지 않은 선택이었을 것으로 보인다.[101] 특히 1950년대 후반부터 진행된 '천리마운동'의 기세로 고취된 주민 정서에도 인구 억제정책은 맞지 않았다고 볼 수 있다. 이런 억제정책이 천리마의 사기를 꺾을 수 있기 때문이다. 이런 경제적 · 군사적 · 정치적 고려가 인구 증가의 압력에도 불구하고 인구 억제로의 전환을 주저하게 하는 요인이었을 가능성이 크다. 따라서 이런 복잡한 국면 속에서 1960년대부터 꾸준히 인구압력은 증가해왔다고 볼 수 있다.

12. 1970년대 국제 곡물가격의 급등과 인구 억제정책

1970년도부터 북한이 인구 억제로 정책을 전환하기 시작한 이유를 찾는 데서 대외적 환경을 무시하기 힘들어 보인다. 1970년대는 시작부터 전 세계적으로 식량 위기가 찾아왔다. 국제 곡물가격과 유가가 급등한 것이다. 여러 이유가 있겠지만 가장 크게는 소련이 수년간 가뭄에도 불구하고 자신들의 곡물 소

---

101) 김일성은 그런 우월성의 표현으로 "지금 남조선 당국자들은 먹을 것과 입을 것이 없어 인구를 줄인다고 하면서 많은 사람들을 다른 나라에 노예로 팔아먹고 있습니다. …… 우리는 남조선 당국자들처럼 인구가 많다고 하여 다른 나라에 사람을 팔아먹을 수 없습니다"라고 언급하기도 했다[김일성, 「청소년들을 지덕체를 갖춘 사회주의, 공산주의 건설자로 키우자(1973.2.28)」, 『김일성저작집 제28권』(평양: 조선로동당출판사, 1984), 208쪽].

〈그림 2-2-2〉 국제 곡물가격 변동 추이

1960년 기준값 100

자료: 르몽드 디플로마티크 기획, 『르몽드 세계사』, 최서연 · 이주영 옮김(서울: 휴머니스트, 2010), 27쪽.

비를 억제하지 않고 세계 시장에서 곡물을 대거 사들여 밀과 옥수수 등 농산물 가격을 끌어올렸기 때문이다. 또한 세계적인 식량 생산국인 미국이 막대한 지분을 소련에 매각하기로 결정하자 식량 위기와 물가 상승이 임박하리라는 공포 분위기가 전 세계적으로 조성되었다. 설상가상으로 1970년대 중반 세계 곳곳에서 기아 사태가 발생해 공포는 더욱 커졌다. 1970년대 전반에는 아프리카 사헬에 몇 년간 가뭄이 지속되었고, 1974년에는 에티오피아와 방글라데시에 기근이 들었다.[102] 이 때문에 국제적인 원조 프로그램이 가동되어 전 세계적인 원조 규모가 확대되었다.

1960년대 전반에 걸쳐 인구 증가와 식량 압박을 경험하고 있던 북한에게 1970년대 시작부터 발생한 국제 곡물가격과 1973년 유가 폭등은 경제 전반에

---

102) 캐럴 랭커스터, 『왜 세계는 가난한 나라를 돕는가』, 유지훈 옮김(서울: 시공사, 2010), 56쪽.

상당한 충격을 주었을 것으로 추측된다. 특히 식량 부족분에 대한 해외 조달에서 큰 차질을 빚었을 것으로 보인다. 게다가 북한은 1960년대 사회주의 국가들로부터의 원조 감소로 1972년부터 서방으로부터 대규모 차관을 통해 자본재를 들여온 바 있다. 1972~1973년은 세계적으로 금융이 과잉된 상태였던 덕택이다. 1974년 자본주의 국가로부터의 수입이 전체 무역에서 차지하는 비중이 53.7%를 기록, 사상 처음으로 사회주의 국가로부터의 수입을 앞질렀다. 그러나 1975년 이후 유럽 국가로부터의 수입은 급감한다. 1974년부터 대외채무 불이행 사태가 발생한 것이다.[103] 유가폭등과 곡물가 상승 등의 악재를 만나면서 차관 도입을 통해 의욕적으로 경제개발에 나서려던 계획이 실패한 것이다. 이로써 북한은 1972년부터 1970년대 내내 큰 폭의 무역수지 적자를 기록했다.

한편 원조와 수입을 통해 식량을 보충하고 있던 북한에게는 국제 곡물가격 폭등은 큰 악재라고 볼 수 있다. 냉전의 한복판에서 제3세계 국가는 그나마 서방진영의 원조 프로그램 지원을 받았지만, 북한의 경우 중소분쟁으로 인해 소련이나 중국의 원조를 충분히 받을 수 있는 상황이 아니었다. 이마저도 1970년대 들어와 대부분 차관 형태로 바뀌어 이 악재를 극복할 지원 프로그램을 가지고 있지 못했다. 특히 상대적으로 가장 규모가 컸던 소련의 원조도 관계가 소원해짐에 따라 삭감되기도 했고, 원조 내용도 제품 상환을 조건으로 하는 공업 관련 원조가 많았다. 또한 북한이 채무 지불 연기, 제품 상환 연기를 반복하면서 이러한 지원이 계속될지도 불안정한 상황이었다.[104]

이런 여파 때문인지 1970년대 북한의 곡물 무역 수지는 큰 폭의 적자를 기록했다. 그만큼 비싼 곡물가격에 해외에서 무역을 통해 조달해야 하는 부담이

103) 양문수, 「북한의 경제발전 과정에서의 세계체제 영향」, 서재진 외, 『세계체제이론으로 본 북한의 미래』(서울: 황금알, 2004), 115~120쪽.
104) 기무라 미쓰히코, 『북한의 경제: 기원ㆍ형성ㆍ붕괴』, 김현숙 옮김(서울: 혜안, 2001), 230~231쪽.

컸다고 볼 수 있다.[105] 또한 중국과 소련에 대한 대외무역 적자 역시 1974년
과 1975년에는 크게 늘어났다.[106] 물론 1970년대 초반 중국과 미국의 데탕트
에 따른 북한의 불안감이 커져 군사 무기의 수입이 늘어 무역 수지 적자가 증
가했을 가능성도 높다.[107] 그러나 그만큼 해외 식량 조달 규모의 상대적 비중
은 군사 무기 조달에 밀려 크지 않았을 가능성이 있다. 한편으로 북한은 1970
년대 중후반 이후 비동맹그룹 국가들에 대한 외교에 주력하게 되는데, 기존에
이를 유엔(UN)에서의 위상을 강화하기 위한 차원에서만 보아왔지만 사실 내
부적으로는 식량 교역의 목적도 있었다고 볼 수 있다.[108] 이밖에 설상가상으
로 세계적인 이상기후 현상이 북한에도 나타났다. 1970년대 중반 소위 '한랭
전선'의 영향으로 농업 작황이 좋지 않았던 것이다.[109] 이런 전반적 상황 악화
는 1970년대 북한이 보다 적극적인 인구 억제로 정책을 추진하는 배경이 되었
다고 볼 수 있다.

---

105) 곡물 수입을 위한 막대한 외화지출과 외채 증가에 대한 문제점에 대해서는, 김태국, 「발전도
  상나라들에서의 식량문제」, ≪근로자≫, 통권513호(1985), 89쪽.
106) 기무라 미쓰히코, 『북한의 경제: 기원·형성·붕괴』, 265, 268쪽..
107) 북한은 1972년 제2경제위원회를 조직하고 특화된 군사 부문의 개발 및 조달에 주력하기 시작
  한다.
108) 북한은 1981년 8월에 평양에서 '식량 및 농업 증산에 관한 뿔럭 불가담 및 기타 발전도상 나라
  들의 토론회'를 개최하는데, 이는 이들 국가들과의 식량 교역 관련 협조체계를 구축하려는 취
  지로도 볼 수 있다(김태국, 「발전도상나라들에서의 식량문제」, 91쪽).
109) 한랭전선에 따른 농업 생산의 어려움에 대해서는, 김일남 외, 『조선농업사 4』(평양: 농업출판
  사, 1991), 114~115쪽; 김일성, 「재일동포상공인들은 조국의 사회주의건설에 적극 이바지하여
  야 한다(1976.6.30)」, 『김일성저작집 제31권』(평양: 조선로동당출판사, 1986), 246쪽; 김일성,
  「서해수산산업을 더욱 발전시킬 데 대하여(1977.3.21), 『김일성저작집 제32권』(평양: 조선로
  동당출판사, 1986), 71~72쪽; 김일성, 「전당, 전군, 전민이 총동원되어 한랭전선으로 인한 가물
  피해를 미리 막기 위한 투쟁을 힘 있게 벌릴 데 대하여(1977.4.5), 『김일성저작집 제32권』, 평
  양: 조선로동당출판사, 1986), 125~126쪽.

13. 말(馬) 사료 수입을 통한 주민 배급

1960년대 초중반부터 북한은 급격하게 늘어나는 인구에 비해 농업 생산은 정체에 직면해 있었고, 1970년대 들어 국제곡물 가격과 유가 급등, 채무 불이행이라는 악재 속에서 무역거래 역시 쉽지 않았다. 이에 대응해 1973년부터 '전쟁비축미'라는 명목으로 기준 배급량(1일 성인 700g)에서 1개월에 4일분에 해당하는 12%의 식량을 제외해 주민들에게 주기 시작했고, 입쌀에 다른 곡물들을 섞기 시작했다.[110]

그러나 이미 1960년대 중반부터 배급의 질과 양은 계절적으로나 지역적으로 차등적으로 배급되었고 불안정했다. 가령 1964년 평양을 제외한 지역에서는 쌀을 배급하지 않고 옥수수 등 다른 곡식(밀가루, 감자, 땅콩)을 배급하는 경우도 있었고, 평양조차도 80%의 쌀과 20%의 다른 곡식을 섞어 배급했다.[111] 같은 해 12월 "북부지역에서는 가구당 지급되는 곡물에 쌀이 전혀 들어 있지 않"기도 했다. 또한 양적으로도 50~100g씩 적게 주기 시작했다.[112] 또한 1965년부터 노동자 임금에서 모내기철 농촌지원 노력을 돕기 위한 지원금 50전씩과 하루분의 쌀 기부를 모든 주민에게 요구해온 바 있다.[113]

---

110) '애국미'는 과거 1946년 토지개혁 당시 김제원이란 이름의 황해도 재령의 농민이 토지개혁 때 땅을 받아 농사지은 수십 가마니의 쌀을 김일성 주석에게 기증한 것에 기원을 두고 있다. 당시 김제원의 소식을 접한 북한 농민들이 전국에서 쌀을 보내와 김일성종합대학을 세울 수 있었다고 한다. 북한은 1973년 전쟁비축미 명목으로 기본 배급에서 일정량을 제하기 시작해 1987년에는 '애국미' 명목으로 추가 10%를 감량해 배급해온 바 있다.

111) 통일연구원 엮음, 「북한의 경제, 사회에 대한 보고(북한 주재 동독 대사관의 정보보고 내용)」, 『독일지역 북한기밀 문서집』, 136쪽.

112) "800g 받던 사람이 700g밖에 못 받는다. 그 이하 수급자들은 50g씩 덜 받는다. 노동 인구 4명인 7인 가구의 경우 현재 쌀 및 잡곡을 하루 500g씩 덜 받는다. 한 달에 15kg 감량인 셈이다. 이에 대해 북한 측에서는 통일을 위해서 절약할 수밖에 없다는 이유를 든다. 1964년 말에는 채소(당근)도 1963년보다 적은 양이 배급되었다"(같은 책, 141쪽).

113) 통일연구원 엮음, 「1965년 6월 24일 자 정보보고(북한 주재 동독대사관 정보보고 내용)」, 『독

늘어나는 인구에 대응해 표면적으로는 식량 증산을 강조하며 '새땅찾기운동', '자연개조사업', '주체농법'과 같은 토지건설사업과 농업기술혁신 등 증산에 주력함으로써 식량 부족을 타개하려 했지만 한편으로는 주민들의 배급을 줄이고 인구 억제 조치를 취했던 것이다.

66년도에 또 접어들면서 아…… 식량배급에서 군량미를 떼고, 그다음에 또 이유 없이 배급표가 원래 상하순으로 주는데, 보름에 한 번씩, 거기 일자별로 돼 있어요. 눈깔이. 이렇게. 그런데 15일분의 이틀분을 잘라버리는 거예요. 거 13일분을 공급한단 이런단 말이에요. 그게 벌써 66년도에 그렇게 시작을 했습니다. 북한 전체 식량생산이 감소되고 있었다는 어떤 증거란 말이죠. 그러다가 제가 70년도에 온성읍에 내려왔는데, 내려와서 보니까 군량미 떼고 이틀 분 절약하라 하고 도정 프로라는 걸 떼고, 애국미를 떼고, 이래서 하루 700그램을 수매를 받아야 할 내가 435그램밖에 안 돼요. 하루에. 그게 그래도 1994년까지는 지탱을 해왔습니다.[114]

그러나 더욱 충격적인 것은 말 사료를 수입해 주민들에게 배급을 했다는 점이다. 북한은 1970년대부터 타이나 동남아시아 국가에서 가축 사료용 곡물을 수입해 주민들에게 배급했다. 이런 내용은 기존 연구를 통해 잘 알려지지 않았던 사실이다. 한 탈북자의 경우 자신이 10대 후반에서 20대 때인 1970년대 중반에 주민들에게 배급되었던 곡물이 외국에서 들어온 말(馬) 사료용 통밀이었다는 것을 대부분의 주민이 인지하고 있었다고 전한다.

일지역 북한기밀 문서집』, 152쪽.

114) 홍민, 「(2010년도 구술자료수집사업) 1980년대 북한 지방 권력의 동학과 관료-주민 관계사: 이길수(가명) 녹취록」(과천: 국사편찬위원회), 43쪽. 이 글에 수록된 구술자는 1937년생, 함북 온성군 출신, 온성군당 선전부 근무 경력으로, 면담은 2010년 4월 29일에 진행되었다.

그거 먹자면 그 안에 돌이 너무 많으니까. 몇 번 일어야 된단 말이오. 그러니까 보면 알죠. 사료하고 쌀하고. 그다음에 이제 그 어떤 사람들 훔쳐내서 장마당에 파는데, 자루 있잖아요. 보면 자루에 딱 썼단 말이요. 사료하고 사람 먹는 쌀하고…… 그러니까 벌써 알지. 말하는 게 그러지. "이거 수령님이 나쁜 게 아니다." 밑에서 간부들이 거짓말을 해가지고 자꾸만 보고하는 게, 만약 무슨 2만 톤이 났다 하면 5만 톤 났다 막 거짓말한다. 그럼 국가는 그거 가지고 계획 세우니까 그다음 바쁘니까, 사람 굶어죽으니까 외국에서 사료를 눅은 값으로 싸다(사다) 우릴 배급 준단 말이요. 그건 그때 뻔하게 그 사항 다 알았어요.[115]

근데요, 흥남항에서 있잖아요. 태국에서 오는 쌀을 많이 먹었어요. 외국에서 오는 쌀을 많이 먹었어요. 우리 함흥사람들이. (1971년도, 1972년도 많이 먹었어요.) 그때도 제 통밀이랑 먹던 생각나요. 어렸을 때도 통밀 그, 흥남 거기 가서 제가…… 누가 줘서 가져온 생각나요. 흥남항으로 들어와요. 그래서 흥남항에 저 지금도 기억에 남은 게, 소 이렇게 말대가리 가뜩 그런 마대들이 가뜩 오지 않아요. 그런데 외국 사람들이 이래요. "이 함흥에 무슨 말을 저렇게 많이 먹이냐." 다른 나라에서 말사료를 싸다 주는 거예요. 네, 말 사료를. 그러니까 외국인들이 배를 정착, 흥남에 정착했다 가는 사람이 "함흥에 무슨 큰 도시에 말이 많은가 보다. 말 사료가 저렇게 많냐". 그거 사람 먹는 거거든요. 흥남 거기서 그 외국말 아는 사람이 막 그러더래요. 어, 이거 완전히 망신이라고. 왜 그러니까. "외국 사람이 함흥에 무슨 말을 이렇게 많이 기르냐. 말사료로…… 그래서 사람 먹는다고 못하고 말을 키운다고 했다"고. 저도 봐도 포대에 다 그렇게 말대가리만 그려…… 우린 그때 몰랐어. 저 말대가리 왜? 말사료인 것도 몰랐잖아요.[116]

115) 구술자 박금숙(가명), 1954년생, 함경북도 함흥시 출신(면담일자: 2012.7.13).
116) 구술자 조성희(가명), 1957년생, 함경북도 함흥시 출신(면담일자: 2012.7.12).

이때 주민들에게 배급된 말 사료용 밀은 앞서 얘기했듯 공업 부문 물자나 장비 또는 군사 물자를 수입하기 위해 국내 생산 쌀을 수출하면서 부족한 식량을 대체하기 위해 값싼 사료를 들여와 배급하기 위한 것으로 볼 수 있다. 이렇게 본다면 인구 증가와 국내 생산 곡물의 절대적 부족으로 식량 부족이 발생한 측면도 있지만, 공업 부문이나 군사 부문의 물자를 조달하기 위해 주민의 식량이 희생된 측면도 있다고 볼 수 있다. 여하튼 1970년대 말 사료용 통밀을 수입해 주민들에게 배급해야 했던 상황은 1990년대 식량난을 이미 예고하는 것이었다. 결국 1960년대 이후 인구정책과 식량문제 사이에 미묘한 함수관계가 존재했고, 이런 긴장관계를 통해 형성된 식량체제는 이후 1990년대의 식량난에도 영향을 미쳤다고 할 수 있다.[117]

14. 냉전의 '개발·원조' 시스템과 인구정책

우리가 1960~1970년대 북한의 원조와 무역거래를 주목해야 하는 이유는 이것이 식량 상황은 물론 인구정책에도 영향을 주었을 가능성이 있기 때문이다. 남한이 1960년대 초 이후 출산율이 감소하며 베이비붐이 북한보다 상대적으로 일찍 끝난 것은 미국의 '원조'와 '개발' 프로그램이 상당한 영향을 미쳤기 때문이라고 볼 수 있다. 사실 미국의 원조 프로그램은 저렴한 농산물 제공 프로그램이 핵심(대부분 밀)을 이루었는데, 1954~1977년 전 세계 식량 원조의 70%가 이 프로그램에 속했다. 1960년대 중반이 되면 식량 원조가 전 세계 밀 수출의 25%에 달했고, 교역되는 전체 농산물의 가격을 결정하는 중요한 요인이 되었다. 식량 원조 프로그램에 따라 추진된 밀 수입은 제3세계의 늘어난 도시 인구

---

117) 서동만, 「50년대 북한의 곡물 생산량 통계에 관한 연구」, ≪통일경제≫, 1996년 2월 호, 69쪽; 최수영, 『북한의 농업정책과 식량문제』(서울: 민족통일연구원, 1996), 43~57쪽.

를 지탱해주었다. 남한의 경우, 쌀농사 관리와 산업 생산 중심지에 대한 노동력 제공을 정부가 중앙 관리함으로써 식량 원조가 성공한 사례이다. 식량 원조 프로그램은 각국 정부가 그렇잖아도 모자라는 외화를 소비하지 않고 자국 통화로 식량을 구입할 수 있도록 해주었다.[118]

한편 1960년대부터 시작된 한국의 가족계획정책은 당시 냉전 상황에서 제3세계 국가의 공산화를 저지하고자 한 미국의 동북아정책의 결과물적인 측면이 있다. 사망률과 출생률이 밸런스를 이루도록 통제하여 인구성장을 억제하지 않으면 아무리 많은 외국원조가 있어도 효과가 없다는 주장이 원조 프로그램을 짜는 데 영향을 미쳤기 때문이다.[119] 이에 민간단체, 특히 미국의 민간 재단이 개발도상국의 인구문제 해결을 위해 적극적으로 나서 개발도상국에게 인구 억제정책을 권장하고 점차적으로 국제기구를 통해 개발도상국의 인구 사업에 대한 지원을 적극적으로 행하게 된다. 미국정부, 록펠러 재단(Rockefeller Foundation), 포드 재단(Ford Foundation) 등은 개발도상국의 인구통계의 수집과 분석에 대한 원조, 가족계획 지원, 유엔기구 등에 기금지원을 통해 개발도상국 정부의 인구정책을 도왔다.[120] 남한은 인도와 파키스탄에 이어 세계 세 번째로 가족계획사업을 정부의 정책으로 채택한 국가였다. 한국의 가족계획사업과 정책에 대한 미국의 자문과 '원조'는 1960년대 이후 본격화되었다. 이로써 민간뿐 아니라 정부기관을 통해, 나아가 유엔을 비롯한 국제기관을 동원하여 적극적으로 지원이 행해진 바 있다.[121] 이런 지원으로 인해 남한의 베이비붐은 1960년대 초에 끝나게 된다(〈표 2-2-9〉 참조).

---

118) 필립 맥마이클, 『거대한 역설: 왜 개발할수록 불평등해지는가』, 조효제 옮김(서울: 교양인, 2013), 136~138쪽.
119) 이선이, 「전후 한국과 중국의 인구정책과 여성」, ≪여성과 역사≫, 제7집(2007), 169쪽.
120) 같은 글, 170쪽.
121) 후지메 유키, 『성의 역사학: 근대국가는 성을 어떻게 관리하는가』, 김경자 외 옮김(서울: 삼인, 2004). 같은 글 177쪽 재인용.

〈표 2-2-9〉 남한·북한·중국의 인구정책 변화 추이

연도	한국		북한		중국		국제 경제 및 정세
1950	고출산	·1955~1960 베이비붐: 높은 인구증가율 ·1955 총인구조사 ·1960 인구센서스	한국전쟁 고출산	·1953~1970 베이비붐: 다산다소 ·출산 장려(인구증산) ·급속한 도시화, 고성장 ·무상배급제 실시 ·의무교육 도입 ·농업생산 정체 우려 ·주민등록사업 ·성분분류 실시		1949~1952 인구경제 부재	·한국전쟁
1960	가족 계획 사업 고출산	·1962 가족계획사업: 국가시책 추진, 결정, 10년 장기계획 수립, 미국의 지원과 원조, 이동시술반 운영(루프, 정관수술) ·1968 피임약제 보급, 가족계획어머니회 전국 조직			고출산 저출산 고출산	·1952~1957 인구대논쟁: 마인추(馬寅初), 『신인구론』(1957), 인구과잉, 출산제한 제안 ·1958~1963 대약진운동 ·1959~1961 대기근 ·1962 저우언라이(周恩来) 출산 제한: 국무원 제한정책 개시 ·1966 문화대혁명: 출산제한정책 중단	·미국 인구 억제 '원조'
1970	저출산	·1972 유엔인구기금 지원 ·1974 도시가족계획센터 설치, 운영 ·1975 대한불임시술협회 설립 ·예비군 가족계획사업 ·노동자 가족계획사업	저출산	·가족계획 제680 ·남30세, 여27세 권장 ·배급의 절대 양 악화 ·성장 둔화, 도시화 정체 ·저국적 출산 억제: 3자녀 출산 권장, 피임장치 보급, 여성 혼인연령 상향 ·양육차등 배급	계획 출산	·1971 계획출산 전환 제시: 자연증가율 도시 10%, 농촌 15%(1975년까지 목표) ·1973 만·희·소 운동 ·1979 1가구 1자녀 운동	·1972 국제 곡물 파동 ·1973 오일 쇼크 ·1970~1977 이상 기후, 국제적 기근 ·1974 제1회 국제인구회의
1980	저출산	-	저출산	·출산억제 강화: 1~2자녀 출산 권장, 피임장치 적극 보급 ·1983 낙태수술 허용 ·혼인연령 상향 조정 ·양육차등 배급 ·출산추가 차등배급	저출산	·1980~1984 만·희·소 ·1가구 1자녀 운동 강화(강제 구정) ·1984~1991 1자녀 조정·지속: 1984 농촌지역 일부 계획출산 완화	-
1990	저출산	-	저출산	·고난의 행군, 출산장려 정체 ·1995 혼인연령 하향 조정 ·1996 인공임신중절 금지령 ·1998 다산 권장, '모성영웅' 운동, 전국 어머니대회	저출산	·계획출산정책 지속	-
2000	저출산	-	저출산	·저국적 출산장려 정체 ·2002 모성영웅제도 도입 ·2005 특별보조금제 실시	저출산	·2001 계획출산법 제정: 만혼, 만육, 1자녀 권장	·2008 국제 곡물가격 폭등

물론 사회주의 진영 내부의 원조도 상당한 수준에서 이루어졌다. 가령 소련과 중국이 1970년에 투입한 원조 규모는 약 11억 달러였고, 동유럽 국가들은 약 3억 달러였다. 서방 진영과 마찬가지로 사회주의 진영 또한 외교 마인드가 대외원조의 원동력이었다. 즉, 자본주의 진영과 사회주의 진영의 외교적 경쟁, 사회주의 진영 내의 소련과 중국의 마찰과 갈등 구도가 원조 '외교'의 원동력이었다. 소련은 경제 안정을 도모하고자 원조금의 4분의 3을 북베트남, 북한, 쿠바, 몽골 등 사회주의 개발도상국에 투입했고, 인도와 이집트, 시리아 등 비공산권 전략적 우호국에 주로 사회간접자본이나 광산 혹은 턴키(turn key) 제조업체 등 굵직한 프로젝트를 지원했으며, 소련의 교육 인프라도 장기간 지원했다.

그러나 서방 진영과는 달리 일정한 개발·원조 프로그램과 시스템을 갖춘 장기 프로젝트를 가동하지는 않았다. 중국의 대외 원조도 특정한 프로그램을 가지고 있었다고 보기 어렵다. 서방 진영이 일정한 개발·원조 프로그램 속에 외교·군사지원·식량·기술·정치개혁·교육·연구·투자·인구·문화 등의 복합적인 내용을 담았다면, 상대적으로 사회주의 진영은 그런 프로그램을 갖추지 못했다고 볼 수 있다. 물론 서방 진영의 프로그램은 과거 식민-피식민 관계의 의존성의 구도를 재현하는 측면이 강했기 때문에 부정적 측면도 존재한다.

이런 측면을 고려하면, 북한의 1970년대 인구정책 변화는 국내적 상황과 국제사회 전반의 흐름에 영향을 받았다고 볼 수 있다. 특히 여기에 '냉전'이라는 시스템에 직간접적으로 영향을 받았다고 할 수 있다. 그것은 식량을 둘러싼 진영 내외부의 무역거래, 원조 패턴과 밀접하게 관련이 있다. 결국 냉전으로부터 파생된 국제 정세가 인구문제에 대한 인식에 중요한 영향을 미쳐, 인구정책 시행의 내용과 수위를 결정지었던 부분을 고려할 필요가 있다. 그런 맥락에서 1970년대 북한 인구정책 변화에 중요한 영향을 미쳤던 세계의 냉전 상황을 더욱 깊이 있게 조망할 필요가 있는 것이다. [122]

15. 인구정치, 무엇을 남겼는가

1970년대 본격화된 국가의 인구에 대한 개입·관리로서 인구정치는 가파르게 증가해온 인구와 식량 공급 사이의 긴장 속에서 이루어졌다. 인구정치가 남긴 사회경제적 결과와 인구사회학적·사회심리적 후유증은 이후 거의 은폐되어왔으나 사실상 북한체제의 특징적 면모들로 아직까지 남아 있다.

첫째, 인구문제는 그 수를 세고 관리한다는 측면에서 매우 정치적인 차원의 문제이다. 인구를 파악하고 분류하기 위한 다양한 조치가 정치적인 목적과 결합하는 경우엔 더욱 그러하다. 1960년대와 1970년대에 걸쳐 대대적으로 진행되었던 계층분류, 성분조사, 정치적 숙청 등은 인구를 일상적으로 파악하는 체계이기도 하고, 한편으로 인구를 정치적으로 통제하는 체제 운영의 중요한 기제이기도 했다. 인구에 대한 철저한 정치사상적 분류와 관리는 사회적 지위 상승의 봉쇄를 의미하는 것이었고, 이로부터 지위 상승이 봉쇄된 인구의 상당수가 출산과 양육에서 정치적 부담을 느꼈을 것으로 볼 수 있다. 일각에서 보듯 단순히 사회경제적 조건이 개선된 결과로 1970년대 이후 출산율이 감소된 것으로만 보기 힘든 것이다.

둘째, 식량 생산의 한계와 인구 증가 사이의 긴장 속에서 1970년대부터 본격화된 배급량의 축소, 과도한 노동, 영양부족의 만성화는 여성들의 불임률을 증가시켰을 가능성이 높다. 높은 양육비, 군복무에 따른 만혼, 피임장치의 이용 및 낙태 허용, 불임을 할 수 있는 외과 수술의 대중화, 여성동맹을 통한 가족계획 홍보 등이 1975년 이후 출산율의 급격한 감소로 나타났다.[123] 이것은 여성들의 신체에 통치의 깊은 흔적을 남기는 것이기도 하다. 한편 1960년대 후반부터 시작된 배급량의 점진적 축소는 주민들의 영양 상태를 장기 지속적

---

122) 이선이, 「전후 한국과 중국의 인구정책과 여성」, 166쪽.
123) 헬렌·루이즈 헌터, 『CIA 북한보고서』, 남성욱 외 옮김(서울: 한송, 2001), 139~140쪽.

으로 악화시키면서 신체의 왜소화로 이어져 지금까지 나타나고 있다. 이렇게 국가의 인구에 대한 인구기술적 개입·관리가 광범위하게 전개되었음에도 불구하고 북한 당국이나 통치자들은 이에 대한 언급을 직접적으로 한 바 없다. 그것은 북한이 인구를 제한하는 실질적인 이유를 대내외적으로 인정하길 원치 않았기 때문일 것이다.

셋째, 식량에 대한 인구의 압력은 대중동원 형태로 진행되는 농업 집약화라는 증산체계를 사회적으로 제도화했다. 자연개조사업, 간석지 개간, 새땅찾기 운동 등은 모두 대중의 노동을 동원하여 물리적 토지공간을 확장하는 방식의 증산체계를 사회적으로 제도화하는 것이었다. 그러나 이런 방식은 식량문제 해결에서는 매우 제한적이고 비효율적인 것이다. 또한 체제경쟁과 군사주의에 입각한 군사력 강화, 거대한 군대 유지 등 비생산적 부문에 많은 재정이 투입되는 구조를 유지하기 위해 식량의 상당한 양을 군대 부문에 일차적으로 할당하는 체제가 1970년대 들어와 고착화되었다. 이런 식량의 군사 부문 전용은 주민의 정당한 규정 배급에서 떼어내는 방식으로 착취적으로 이루어지는 것이었다.

〈참고문헌〉

강만길. 1987. 『일제시대 빈민생활사 연구』. 서울: 창작과 비평사.

강태훈. 1988. 「일제하 조선의 농민층분해에 관한 연구」. 『한국근대 농촌사회와 농민 마을』. 서울: 열음사.

건설부국립지리원 엮음. 1980. 『한국지지: 총론』. 서울: 건설부국립지리원.

고성호. 1996. 「북한의 도시화 과정과 특징」. ≪통일문제연구≫, 제25호.

곽건홍. 2001. 『일제의 노동정책과 조선노동자: 1938-1945』. 서울: 신서원.

국가안전기획부. 1986. 『북한총인구 판단1970-2030년간』. 서울: 국가안전기획부.

권태환. 1990. 「일제시대의 도시화」. ≪한국의 사회와 문화≫, 제11권.

권태환·김두섭. 1990. 『인구의 이해』. 서울: 서울대학교출판부.

기무라 미쓰히코(木村光彦). 2001. 『북한의 경제: 기원·형성·붕괴』. 김현숙 옮김. 서울: 혜안.

김두섭 외. 2011. 『북한 인구와 인구센서스』. 서울: 통계청.

김성보. 1997. 「북한의 토지개혁과 농업협동화」. 연세대학교 사학과 박사학위 논문.

김연철. 1995. 「북한의 산업화 과정과 공장관리의 정치1953-1970: '수령제' 정치체제 의 사회경제적 기원」. 성균관대학교 정치외교학과 박사학위 논문.

_____. 2001. 『북한의 산업화와 경제정책』. 서울: 역사비평사.

김일성. 1970. 「평안남도는 사회주의건설의 모든 전선에서 앞장에 서야 한다(1969. 2.15)」. 『사회주의경제관리문제에 대하여 제3권』. 평양: 조선로동당출판사.

_____. 1970. 「군협동농장경영위원회를 더욱 강화발전시킬데 대하여(1962.11.13)」. 『사회주의경제관리문제에 대하여 제2권』. 평양: 조선로동당출판사.

_____. 1980. 「사회주의혁명의 현단계에 있어서 당 및 국가 사업의 몇 가지 문제들에 대하여(1955.4.4)」. 『김일성저작집 제9권』. 평양: 조선로동당출판사.

_____. 1980. 「모든 것을 전후인민경제복구발전을 위하여(1953.8.5)」. 『김일성저작 집 제8권』. 평양: 조선로동당출판사.

_____. 1981. 「우리 나라의 정세와 몇가지 군사과업에 대하여(1961.12.25)」. 『김일 성저작집 제15권』. 평양: 조선로동당출판사.

_____. 1982. 「농촌에 대한 로력지원사업을 전인민적 운동으로 벌리며 건설에 대한 지도체계를 고칠 데 대하여(1963.1.7)」. 『김일성저작집 제17권』. 평양: 조선로동 당출판사.

_____. 1982. 「공장. 기업소들에 대한 지도방법과 관리운영사업을 개선할데 대하여(1965.1.11)」. 『김일성저작집 제19권』. 평양: 조선로동당출판사.

_____. 1982. 「비료는 곧 쌀이고 쌀은 곧 사회주의다(1965.2.9)」. 『김일성저작집 제19권』. 평양: 조선로동당출판사.

_____. 1982. 「기술혁명수행에서 과학자. 기술자들의 임무(1963.3.22)」. 『김일성저작집 제17권』. 평양: 조선로동당출판사.

_____. 1982. 「현 시기 국가경제기관들의 사업을 개선강화하기 위한 몇 가지 문제에 대하여(1965.5.25)」. 『김일성저작집 제19권』. 평양: 조선로동당출판사.

_____. 1982. 「생물학을 더욱 발전시키며 기계기술자양성사업을 개선강화할 데 대하여(1966.11.30)」. 『김일성저작집 제20권』. 평양: 조선로동당출판사.

_____. 1983. 「간석지개간사업을 전망성 있게 진행하기 위한 몇 가지 대책에 대하여(1968.3.19)」. 『김일성저작집 제22권』. 평양: 조선로동당출판사.

_____. 1983. 「간석지를 대대적으로 개간하기 위하여(1968.10.11)」. 『김일성저작집 제23권』. 평양: 조선로동당출판사.

_____. 1983. 「조선로동당 제5차 대회에서 한 결론(1970.11.12)」 『김일성저작집 제25권』. 평양: 조선로동당출판사.

_____. 1984. 「농업생산에서 일대 전환을 일으키기 위하여(1973.1.17)」. 『김일성저작집 제28권』.평양: 조선로동당출판사.

_____. 1984. 「청소년들을 지덕체를 갖춘 사회주의. 공산주의 건설자로 키우자(1973.2.28)」. 『김일성저작집 제28권』. 평양: 조선로동당출판사.

_____. 1984. 「사상혁명. 기술혁명. 문화혁명을 더욱 힘있게 다그치자(1973.3.14)」. 『김일성저작집 제28권』. 평양: 조선로동당출판사.

_____. 1984. 「교육부문에서 3대혁명소조를 파견할 데 대하여(1973.12.11)」. 『김일성저작집 제28권』. 평양: 조선로동당출판사.

_____. 1985. 「전반적으로 11년제 의무교육을 성과적으로 실시하기 위하여(1975.4.10)」. 『김일성저작집 제30권』. 평양: 조선로동당출판사.

_____. 1985. 「일본 교도통신사대표단과 한 담화(1975.8.31)」. 『김일성저작집 제30권』. 평양: 조선로동당출판사.

_____. 1985. 「오스트랄리아 작가이며 기자인 윌프레드 버체트와 한 담화(1975.10.21)」. 『김일성저작집 제30권』. 평양: 조선로동당출판사.

_____. 1986. 「재일동포상공인들은 조국의 사회주의건설에 적극 이바지 하여야 한다

(1976.6.30)」.『김일성저작집 제31권』. 평양: 조선로동당출판사.

_____. 1986. 「서해수산산업을 더욱 발전시킬데 대하여(1977.3.21)」.『김일성저작집 제32권』.평양: 조선로동당출판사.

_____. 1987. 「올해 국가예산을 바로세울 데 대하여(1980.3.26)」.『김일성저작집 제35권』. 평양: 조선로동당출판사.

_____. 1987. 「간석지를 많이 개간하여 농경지로 리용할 데 대하여(1978.4.3)」.『김일성저작집 33권』. 평양: 조선로동당출판사.

김철규·윤병선·김흥주. 2012. 「먹거리 위험사회의 구조와 동학: 식량보장과 식품안전 문제를 중심으로」.≪경제와 사회≫, 통권 제96호.

김태국. 1985. 「발전도상나라들에서의 식량문제」.≪근로자≫, 제1호(통권 513호).

남성욱. 1999. 「북한의 식량난과 인구변화 추이: 1961~1998」.≪현대북한연구≫, 제2권, 제1호.

랭커스터, 캐럴(Carol Lancaster). 2010.『왜 세계는 가난한 나라를 돕는가』. 유지훈 옮김. 서울: 시공사.

리기성. 1996.『인구학개론』. 평양: 과학백과사전종합출판사.

림동건. 2004. 「인구발전에서 국가와 사회주의사회에서 인구정책」.≪김일성종합대학학보≫, 제2호(루계 364호).

맥마이클, 필립(Philip McMichael). 2013.『거대한 역설: 왜 개발할수록 불평등해지는가』. 조효제 옮김. 서울: 교양인.

밀스톤, 에릭·랭, 팀(Erik Millstone, Tim Lang). 2013.『풍성한 먹거리 비정한 식탁』. 박준식 옮김. 서울: 낮은 산.

박경숙. 2009. 「식민지 시기1910~1945 조선의 인구동태와 구조」.≪한국인구학≫, 제32권, 제2호.

_____. 2013.『북한사회와 굴절된 근대: 인구, 국가. 주민의 삶』. 서울: 서울대학교출판부.

박민선. 2009. 「초국적 농식품체계와 먹거리 위기」.≪농촌사회≫, 제19집, 제2호.

박종철. 2012. 「귀국자를 통해서 본 북한사회」. JPI정책포럼 세미나 발표자료(2012.12.3).

_____. 2012. 「중국인민지원군의 철군과 북중관계」.『한반도 분쟁과 중국의 개입』. 서울: 선인.

박형중. 2002.『북한의 경제관리체계: 기구와 운영·개혁과 변화』. 서울: 해남.

사회과학출판사 엮음. 1975. 『위대한 수령 김일성동지의 생산력배치에 관한 탁월한 리론』. 평양: 사회과학출판사.

_____. 1994. 『조선민주의의인민공화국 법률제도로동법제도』. 평양: 사회과학출판사.

서동만. 1996. 「50년대 북한의 곡물 생산량 통계에 관한 연구」. ≪통일경제≫, 제14호.

스콧, 제임스 C(James C. Scott). 2012. 『국가처럼 보기』. 전상인 옮김. 서울: 에코리브르.

양문수. 2001. 『북한경제의 구조』. 서울: 서울대학교출판부.

_____. 2004. 「북한의 경제발전 과정에서의 세계체제 영향」. 서재진 외. 『세계체제 이론으로 본 북한의 미래』. 서울: 황금알.

오경환. 2009. 「모아진 몸-프랑스 제3공화국 인구감소 논쟁으로 본 푸코의 개인·인구·통치」. ≪서양사론≫, 제103호.

유숙란. 2004. 「일제시대 농촌의 빈곤과 농촌 여성의 출가」. ≪아시아여성연구≫, 제43집, 제1호.

이대근. 2003. 『북한 군부는 왜 쿠데타를 하지 않나: 김정일시대 선군정치와 군부의 정치적 역할』. 서울: 도서출판 한울.

이석. 2004. 『1994~2000년 북한기근』. 서울: 통일연구원.

이선이. 2007. 「전후 한국과 중국의 인구정책과 여성」. ≪여성과 역사≫, 제7집.

이영훈. 2000. 「북한의 경제성장 및 축적체제에 관한 연구 1956~1964: Kaleckian CGE 모델 분석」. 고려대학교 경제학과 박사학위논문.

이정철. 2002. 「사회주의 북한의 경제동학과 정치체제: 현물동학과 가격동학의 긴장이 정치체제에 미치는 영향을 중심으로」. 서울대학교 정치학과 박사학위 논문.

이종석. 2000. 『북한-중국관계 1945~2000』. 서울: 중심.

이중희. 2007. 「중국의 인구 정책과 고령화의 추세, 원인 및 특성」. ≪중국학≫, 제29집.

정기원. 1996. 「남북한 인구구조의 변화」. 『분단반세기 남북한의 사회와 문화』. 서울: 경남대극동문제연구소.

조선로동당출판사 엮음. 1998. 『위대한 수령 김일성동지의 불멸의 혁명업적 제8권: 주체형의 인민정권건설』. 평양: 조선로동당출판사.

_____. 1999. 『위대한 수령 김일성동지의 불멸의 혁명업적 18권: 해외교포문제의 빛나는 해결』. 평양: 조선로동당출판사.

조선중앙통신사. 1975. 『조선중앙년감』. 평양: 조선중앙통신사.

조영주. 2012. 「북한 여성의 실천과 젠더레짐의 동학」. 이화여자대학교 북한학협동과

정 박사학위논문.

조혜종. 2006. 『새인구론: 인구의 공간적·사회적 접근』. 서울: 푸른길.

최수영. 1996. 『북한의 농업정책과 식량문제』. 서울: 민족통일연구원.

테사 모리스 스즈키(Tessa Morris-Suzuki). 2008. 『북한행 엑서더스: 그들은 왜 '북송선'을 타야만 했는가?』. 한철호 옮김. 서울: 책과 함께.

통일연구원 엮음. 2006. 『독일지역 북한기밀 문서집』. 서울: 통일연구원.

푸코, 미셸(Michel Foucault). 2011. 『안전. 영토. 인구』. 오트르망 옮김. 서울: 난장.

헌터, 헬렌-루이즈(Helen-Louise Hunter). 2001. 『CIA 북한보고서』. 남성욱 외 옮김. 서울: 한송.

현인애. 2008. 「북한의 주민등록제도에 관한 연구」. 이화여자대학교 북한학협동과정 석사학위 논문.

홍민. 2002. 「북한의 친일파 청산」. ≪노동사회≫ 통권 제64호.

____. 2006. 「북한의 사회주의 도덕경제와 마을체제」. 동국대학교 북한학과 박사학위 논문.

____. 2010. 「1980년대 북한 지방 권력의 동학과 관료-주민 관계사 녹취록」. 과천: 국사편찬위원회.

홍성태. 2008. 「주민등록제도와 총체적 감시사회의 형성」. 공제욱 엮음. 『국가와 일상: 박정희 시대』. 서울: 도서출판 한울.

후지메 유키(藤目ゆき). 2004. 『성의 역사학-근대국가는 성을 어떻게 관리하는가』. 김경자 외 옮김. 서울: 삼인.

≪로동신문≫, 1955년 10월 9일 자. "영원불명의 은공".

≪매일신보≫, 1939년 3월 1일 자.

≪월간조선≫, 2007.7. "북한 사회안전부 刊「주민등록사업참고서」, 전 주민을 기본군중. 복잡한 군중. 적대세력잔여분자로 분류".

文胡一. 2002. 「北鮮民主主義人民共和國における人口調査と硏究事情」. ≪アジア經濟≫(2002.4).

森田芳夫. 1996. 『數字が語る在日韓國·朝鮮人の歷史』. 明石書店.

中共中央文獻研究室 編. 1997. 『周恩來年譜 1949~1976(中)』. 北京: 中央文獻出版社. 1997.

Curtis, Bruce. 2002. "Foucault on Governmentality and Population: The Impossible Discovery." *The Canadian Journal of Sociology*, Vol.27, No.4, pp.505~533.

Eberstadt, Nicholas. 1991. "Population and Labor Force in North korea: Trends and Implications." Presented at the conference on The Present and Prospects of North Korean Economy. October. Seoul: Korea Development Institute. pp.200~253.

Pechlaner, Gabriela and Otero, Gerardo. 2008. "The Third Food Regime: Neoliberal Globalism and Agricultural Biotechnology in North America." *Sociologia Ruralis*, Vol.48, No.4.

Kwon Tai-Hwan. 1977. *Demography of Korea: Population Change and Its Components 1925~66*. Seoul: Seoul National University Press.

제3장

북한의 시장화와 노동일상*

박영자
이화여자대학교 통일학연구원 연구교수

1. 서론

북한사회에는 1995년을 기점으로 국가 식량배급제의 기능 마비와 함께 자생적 시장경제가 형성되기 시작했다. 그리고 2002년 '7·1 경제관리개선조치 (이하 7·1조치)'[1]와 2003년 '종합시장제'[2]로 외현화된 북한 당국의 시장경제 부분인정 조치 이후 화폐기능이 제도화되면서 시장화 상황이 뚜렷이 드러났다. 특히 종합시장제는 7·1 조치 이후 현실화된 북한사회 내 화폐와 시장의

---

* 이 글은 박영자, 「북한경제시스템의 복잡계 현상」, ≪한국정치연구≫, 제19집, 제3호(2010)와 박영자, 「2003년 '종합시장제' 이후 북한의 주변노동과 노동시장」, ≪한국정치학회보≫, 제43집, 제3호(2009)의 내용을 수정 및 보충하여 재구성한 것이다.

1) 사회주의 부분개혁이라 평가되는 2002년 7·1 경제관리개선조치는 기업의 재정 자율화, 가격과 임금의 시장질서 인정, 환율 현실화, 화폐 역할 강화, 소규모 영업활동에 대한 통제 완화, 사회보장 제도 부분개편 등 부분적 시장경제 원리를 기업 운영에 도입하는 것에 대한 국가의 인정 조치였다.

2) 기존 '농민시장' 명칭을 '시장'으로 바꾸고 유통물자의 범위도 종전의 농토산물에서 공업제품으로까지 확대 허용한 2003년 3월 종합시장제는 가치법칙과 상품화폐 관계 이용을 포함하여, 상업·유통 분야에서 시장의 역할을 확대하는 정책이었다.

역할을 공식적으로 인정하면서, 시장가격과 노동임금의 시장적 자율성을 강화하는 데 결정적 계기가 되었다. 북한경제의 시장화로 인한 화폐 역할과 임금 및 가격의 시장적 자율성 확장은 노동과 소비 생활을 화폐 중심으로 꾸려가는 북한주민의 노동일상 변화를 두드러지게 했으며, 각 노동 단위와 개인들의 비공식적 생존노동이 다양하게 작동하도록 했다.

최근 탈북자들의 공통된 증언에 따르면, 북한경제의 시장화 과정에서 노동 및 노동시장이 다양하게 발전하고 노동계층의 분화가 이루어지고 있다. 또한 이들 증언을 종합해볼 때, 공장가동률이 20~30% 정도인 북한사회에서 재직 노동을 통해 월급 또는 식량을 받는 이들은 공장가동률과 비례하여 전체 노동자·사무원 중 약 20~30%로 추정된다. 가동되는 공장은 주로 군수공업이나 주요 기간산업으로, 군부와 체제 유지의 핵심적 기간산업 노동자들만이 식량난 이전의 노동계층과 유사한 노동일상을 유지하고 있다고 볼 수 있다. 공식 직업을 매개로 하는 일반노동자의 정상적 노동일상은 전력 및 자재 부족문제로 인한 공장 가동의 부정기성과 생계문제 해결에 밀려 제대로 이루어지지 못하고 있다.

그렇다면 북한의 시장화 경로는 어떻게 이해할 수 있으며, 시장화 진전과정에서 북한주민의 노동일상의 상황과 구조는 어떻게 변하고 있는가? 필자는 이와 같은 질문을 분석의 시작점으로 삼고자 한다. 이 글은 북한의 현재와 미래를 설명하기 위해 북한의 '시장과 신흥노동'을 소재로 하여, 아래로부터의 자발적 욕구 증대와 위로부터의 통제가 상호작용하며 만들어내는 북한의 시장화 경로를 밝히고자 한다. 또한 북한 노동세계의 아래로부터의 변화를 추적할 수 있는 주요한 현상이자 개념인 '주변노동'과 '노동시장'을,[3] 고프먼(Goffman)

---

3) 주변노동(marginal working)에 대한 연구는 북한사회에서 다양하게 나타나고 있는 '최저 생계 수준 유지의 보상을 받으며 공식적 경제활동으로 집계되지 않을 뿐 아니라 노동의 내용도 사회규범을 벗어난 비정상적인 노동'(유홍준, 『직업사회학』(서울: 경문사, 2005), 189쪽의 팽창,

의 '상호작용하는 일상생활의 상황과 구조' 분석방법론[4]에 기초하여 다루려한다. 그러므로 이 글의 목적은 북한경제의 시장화 과정에서 새롭게 등장하는 노동일상의 상황과 구조를 규명하는 것이다.

2. 연구 시각과 방법론

이 글은 먼저 북한의 시장화 경로를 행위자와의 상호작용의 시각에서 살펴보고, 다음으로 시장화 과정에서 새롭게 드러나는 노동세계를 노동일상의 상황과 구조 시각에 기초하여, 문헌 분석과 경험자 심층면접에 기초한 텍스트 분석을 교차하여 규명하려 한다.

1) 시장화 행위자와 상호작용

2011년 현재까지 북한의 경제시스템에서는 위로부터의 계획과 아래로부터의 시장, 중앙의 통제와 규율이 시장활동에 직간접적으로 영향을 미치고 있다. 그러므로 먼저 북한의 경제시스템 차원에서 시장화의 전개과정을 밝힌다. 이때 주요행위자는 아래로부터의 시장활동을 통해 자신의 이익을 추구하는 시장활성화 주체, 즉 시장주체와 위로부터 시장활동을 규율 및 통제하는 시장 규율화 주체, 즉 계획주체이다. 이 글에서는 이를 단순화하여 '시장 활성화를 주도하는 행위자'를 '시장주체'라 하고, '시장통제를 주도하는 행위자'를 '계획

노동시장(labor market)에 대한 연구는 주변노동의 팽창으로 '노동력이 상품화되면서 구조화'[Bo Strath, *The Organisation of Labour Markets*(Taylor and Francis, 1996)]되는 특성을 분석하기 위함이다.

4)   Erving Goffman, *Encounters*(New York: Bobbs-Merrill, 1961); Erving Goffman, *Frame Analysis* (New York: Harper and Row, 1974).

주체'라 개념화한다.

연구의 기초가 되는 자료는 북한 시장 관련 최근 주요 문헌, 좋은벗들 및 ≪임진강≫의 현장 보고자료,5) 최근 탈북자 증언 텍스트이다. 내용적으로 1980년대의 암시장 확산 현상을 포괄하되, 분석 시기는 코메콘(Communist Economic Conference, 공산권경제상호원조회의) 붕괴와 화폐개혁 실패가 드러난 1990년을 기점으로 2010년 현재까지 20년을 포함한다.

2) 일상의 상황과 구조

일상이란 개인이 살아가는 방식으로 각 집단에 따라 형성되는 생활양식과 의식의 총체이다. 노동과 의식주를 포함하며 일상을 꾸려가는 가치나 태도 등 의식의 측면까지 포괄하는 개념으로, 한 사회의 생활세계를 구성하는 것이며 생산의 영역인 노동과 재생산의 영역인 소비/가족생활, 문화 등 사고방식의 구성 등을 포함한다. '일상'에 대한 연구는 사회학에서 출발하여 역사학에 이어 학제 간 연구로 발전했다. 1920~1930년대 미시사회학 이론화과정에서 시카고대학교 허버트 미드(Herbert Mead)의 행위연구와 독일학자 후설과 슈츠(Husserl and Schutz)의 현상학(phenomenology)으로부터 이론적 토대와 방향을 수립한 후, 1950~1960년대 허버트 블루머(Herbert Blumer)의 상징적 상호작용주의(symbolic interactionism)6)의 '상황(situation)' 개념에 기초하여 '구조(frame)' 분석을 결합한 어빙 고프먼(Erving Goffman)에 의해 방법론7)으로 자리 잡았다. '상호작용하는 일상의 상황과 구조'를 제시한 고프먼 이후 일상연구에 다양한 이

---

5) 좋은벗들, ≪오늘의 북한소식≫, 2006년~2010년 각 호; ≪임진강≫, 2007년~2010년 각 호.

6) Herbert Blumer, *Symbolic Interactionism: Perspective and Method*(Englewood Cliffs, N.J.: Prentice-Hall, 1969).

7) Erving Goffman, *Encounters*; Erving Goffman, *Frame Analysis*.

론8)이 결합되어, 개별 연구자들이 알맞다고 느끼는 이론들을 자유롭게 결합하면서 일상연구의 외연이 확장되었고, 1970년대 말~1980년대 일상생활의 다양성과 통일성 둘 다를 포함하는 중요한 경험연구들이 발표되었다.9)

이 같은 일상생활에 대한 사회학 연구의 진화와 함께 역사학에서는 기존의 근대화·산업화·도시화 등 거대담론 및 구조 중심적 사회사 연구에 대한 비판과 함께 1980년대 일상사 연구가 등장하여, 1990년대 현실 사회주의체제의 몰락과 더불어 정치학, 경제학, 사회학, 인류학, 심리학 등과 소통하며 수면으로 부상했다. 냉전체제와 거대담론의 20세기에 대한 인문학과 사회과학의 성찰적 인식과 함께, 거대담론에 묻혀 있던 개인들의 구체적이고 역동적인 생활세계에 대한 관심이 본격화한 것이다. 이는 다양한 삶의 층위에서 생존을 위해 또는 더 나은 삶을 위해 끊임없이 사고하고 행동하는 삶의 주체로서의 '개별 인간'을 일상이라는 시각에서 살펴보는 학제 간 학문으로 발전했다. 특히 사회주의체제의 일상연구는 인류학적 방법론을 도입하여 소련의 스탈린 시기를 중심으로 해제된 기밀문서 등을 발굴하며, 사회주의체제에서의 노동과 생활의 일상을 다루었다. 그 주요 범주는 체제전환 이전의 사회 작동 양식을 위로부터의 지배와 아래로부터의 저항 차원에서 다룬 연구, 체제전환과정 및 그 이후 발생한 문제들을 주민들의 생활과 의식 변화 차원에서 다룬 일상생활연구 등이다.

대표적 선행연구로는 소비에트 사회주의체제에 대한 수정주의 역사학자인 피츠패트릭(Fitzpatrick)의 연구를10) 비롯하여, 데이비스(Davies), 쿠로미야(Kur-

---

8) 상징적 상호주의(symbolic interactionism), 드라마 투르기(dramaturgy), 현상학(phenomeno-logy), 민속방법론(ethnomethodology), 실존주의 사회학(existential sociology) 등 하부 분야가 결합되면서 일상연구는 미시와 거시의 통합을 창출하는 거시적 이론으로 발전했다[Patricia A. Adler, Peter Adler and Andrea Fontana, "Everyday Life Sociology," *Annual Review of Sociology*, Vol.13(1987), p.217].

9) Patricia A. Adler, Peter Adler, and Andrea Fontana, "Everyday Life Sociology".

omiya), 코트킨(Kotkin), 헬벡(Hellbeck) 등의 연구가 있다.[11] 북한연구 분야에서 일상생활을 다룬 선행연구는 많지 않으나, 생활실태 등을 일상의 시각과 노동세계의 변화와 일탈에 초점을 맞추어 다룬 최근의 대표적 연구로 임순희, 박영자, 최완규 외, 세종연구소 북한연구센터, 양문수, 동국대학교 북한일상생활연구센터, 조정아 외 등의 연구가 있다.[12]

이들 선행연구는 일상의 상황과 구조에 기초하여 본격적으로 북한노동자들의 노동일상을 다룬 실증적 연구로는 한계가 있으며, 특히 북한경제의 시장화 이후 노동계층의 위계적 분화가 이루어진 북한의 노동세계를 탐구하기 위한 다양한 주변노동과 노동시장의 현실에 대해선 다루지 못하고 있다. 그러므로 이 글은 기존 북한 노동연구의 성과와 한계를 주목하며, 최근 탈북자들의 구술에 기초하여 북한의 주변노동과 노동시장을 '일상의 시각'과 고프먼의 '상황과 구조 분석방법론'에 입각하여 규명하려 한다.

일상연구는 '아래로부터의 시각'에 기초하며, 정치와 경제, 사회구조 등 각각의 특정한 논리가 아니라 총체적 생활의 논리를 강조한다. 영웅보다는 보통사람의 일상생활에 더 많은 관심을 둔다. 외부관찰자보다 내부참여자의 시각

---

10) Sheila Fitzpatrick, "Ascribing Class: The Construction of Social Identity in Soviet Russia," *Journal of Modern History*, Vol.65, No.4(1993); Sheila Fitzpatrick, *Everyday Stalinism: Ordinary Life in Extraordinary Times*(New York: Oxford University Press, 1999); Sheila Fitzpatrick, *Education and Social Mobility in the Soviet Union 1921~1934*(Cambridge, 2002); Sheila Fitzpatrick(ed.), *Stalinism: New Directions*(London: Taylor & Francis Group, 2000).

11) Sarah Davies, *Popular Opinion in Stali's Russia*(Cambridge, 1997); Hiroaki Kuromiya, "Political Youth Opposition in Late Stalinism," *Europe-Asia Studies*, Vol.55, No.4(2003); Stephen Kotkin, *Magnetic Mountain: Stalinism as a Civilization*(California, 1995); Jochen Hellbeck, *Revolution on my Mind: Writing a Diary under Stalin*(Mass, 2006).

12) 임순희, 『식량난과 북한여성의 역할 및 의식변화』(서울: 통일연구원, 2004); 박영자, 「북한 일상생활의 식민화와 탈식민화」, ≪통일문제연구≫, 제16권, 제2호(2004); 최완규 외, 『북한 도시의 의식과 변화: 청진·신의주·혜산』(서울: 도서출판 한울, 2006); 세종연구소 북한연구센터 엮음, 『북한의 사회문화』(서울: 도서출판 한울, 2006); 양문수, 『북한의 노동』(서울: 도서출판 한울, 2007); 조정아·서재진·임순희·김보근·박영자, 『북한주민의 일상생활』(서울: 통일연구원, 2008).

을 견지하려 한다. 생활인의 경험세계와 주관적 의미 맥락, 그리고 행위를 포착하여 그들의 생활세계를 재구성하고자 하기 때문이다. 이로 인해 '안으로부터의 시각'으로 불리기도 한다. 또한 일상생활의 행위자인 개인의 주관성을 동태적·사회적 맥락에서 파악한다.[13] 그리고 학문 영역 간 경계를 넘어 정치학, 역사학, 경제학, 철학, 심리학, 민속학, 문학 등 관련 학문들과의 학제적 연구를 강조한다. 구체적이고 좁은 의미의 일상연구는 첫째, 사회와 역사 속의 구체적 개인의 인생 경로와 경험을 중시한다. 둘째, 특히 노동자의 일상, 그중에서도 노동자의 비공식적 행위와 노동세계에 관심을 집중한다. 셋째, 노동을 통해 일상을 영위하는 생활주체의 적응 전술과 생존 상황을 주목한다.[14] 그러므로 노동은 일상연구의 가장 중요한 소재이다.

고프먼의 '상호작용하는 일상의 상황과 구조' 분석에서 가장 중요한 것은 개인의 경험과 의식이다. 미국과 독일의 주요 미시사회학자인 블루머, 버크(Burke), 스터빈(Stebbins), 뒤르켐(Durkheim)의 영향을 받은 고프먼에게 "개인들은 사회연구의 핵심"이다.[15] 주관적 상황을 '개인 세계의 구조(construction of the person's world)'라고 정의한 스터빈[16]의 사회분석법과 이해를 공유하고 있는 고프먼에게 개인의 경험에 기초한 상황은 사회구조를 가장 정확히 드러내주기 때문이다. 상황과 구조는 미시사회학에서 두 분석(상호행위주의와 구조주

---

13) 동태적 파악이란 시간적 분석을 중요시하는 것이며, 사회적 맥락이란 사회환경과의 상호작용을 중요시하는 것이다(강수택, 『일상생활의 패러다임』(서울: 민음사, 1998), 25~27쪽).

14) 독일 학술연구에서 일상사 시각은 두 영역에서 성과를 보였다. 첫째, 정치사이다. 정치사가 일상을 함께 고려함으로써 특정한 역사적 상황이 어떻게 구조화되었는지를 역동적으로 분석할 수 있게 되었다. 둘째, 역사적 생활양식 연구의 전 분야이다. 이를 통해 노동자의 생활조건·행동양식·습관·전통·사유형식들을 풍부하게 분석할 수 있게 되었으며, 학제 간 연구가 가능해졌다(알프 뤼트케 외, 『일상사란 무엇인가』, 이동기 외 옮김(서울: 청년사, 2002), 187쪽).

15) Murray S. Davies, "Review symposium," *Contemporary Sociology*, Vol. 4(1975), p. 601.

16) Robert A. Stebbins, "A theory of the definition of the situation," *The Canadian Review of Sociology and Anthropology*, Vol. 4(1967). pp. 148~164.

의)의 기초 단위로, 고프먼이 상호행위연구를 발전시키면서 구조주의를 결합하여 통합적 분석방법론이 완성되었다. '개인들의 경험에 의해 조직화되고 연계된 사회적 실체(social entity)'로서 구조가 정의되며, 일상의 다양하고 주관적인 특성을 통일적으로 파악할 수 있게 된 것이다.[17] 이 분석법의 또 다른 기초인 '상호작용' 개념은 단선적 인과론이 아닌 다양한 상황들의 호혜적 관계에 초점을 맞추는 것으로, 주변적이고 사소한(peripheral and trivial) 것일 수 있는 상호영향 대신에 상호결정(mutual fatefulness)의 구조화된 양식(form)을 지칭한다.[18]

이와 같은 일상의 시각과 방법론에 기초한 이 글은 심층면접법[19]에 따라 일상의 구성물인 구술 텍스트에 충실할 것이다. 2003년 종합시장제 실시 이후 다수 공장 및 기업소의 단위 운영 및 생산계획이 '현물계획 위주에서 현금(액상)계획'으로 보편화되고 식량난 또한 지속되는 북한경제의 현실에서 출발한 이 글의 범위는 북한 노동자들의 노동일상 변화, 구체적 개인의 노동경험과 의식, 그리고 비공식적 생존행위, 주변노동과 노동시장에 초점을 맞추어 노동계층의 분화를 포괄하며, 이를 2006년 이후 탈북자들을 대상으로 한 심층면접의 구술 텍스트 중심으로 규명하려 한다. 자료의 원천은 필자가 참여한 통일연구원의 2008년 연구프로젝트인 '북한주민의 일상생활'에서 탈북자들을 대상으로 한 1차 · 2차 설문조사 결과와 41명의 구술 녹취록이다. 구술 대상자들은 대부분 2006년 전후 탈북하여 면접 당시에는 평균연령대가 40대였다. 이 연령대는 최근까지도 북한에서 가장 왕성한 경제활동을 했다고 볼 수 있다.

---

17) George Gonos, "'Situation' versus 'Frame': The 'Interactionist' and 'Structuralist' Analyses of Everyday Life," *American Sociological Review*, Vol.42, No.6(1977). p.854.

18) Erving Goffman, *Encounters*, p.35.

19) 일상생활연구의 자료 수집 방법에는 크게 현지조사(fieldwork)와 함께 진행하는 문헌 분석과, 현상에 대해 가장 직접적 정보를 제공하는 참여-관찰-면접 방법이 있다(John L. Caughey, "The Ethnography of Everyday Life: Theories and Methods for American Culture Studies," *American Quarterly*, Vol.34, No.3(1982), p.222].

또한 구술 대상자들의 직업군이 다양하고, 성비가 고르게 분포되어 있어 노동 일상에 대한 균형 잡힌 시각을 제공해주는 자료라 할 수 있다(〈표 2-3-1〉 참조).

한편 최대한 지역적 안배를 고려했으나, 구술에 참여한 탈북자 대부분이 탈북이 상대적으로 용이한 함경북도 국경지역 출신이라는 지역적 한계가 있다. 구술 대상자의 상당수가 노동일상의 변화가 큰 함경북도 출신인 것을 고려할 때, 상대적으로 북한정권의 수혜지역이자 곡창지역인 평양 및 평안도지역은 이 글에 인용된 구술 내용보다 노동일상의 변화가 크지 않을 것으로 판단된다. 북한정권의 감시 및 통제, 그리고 충성이데올로기가 강하게 작용하고, 외부의 정보가 국경지역에 비해 잘 순환되지 않는 북한 내륙지방의 특성상 — 내륙지역에서도 다양한 노동일상의 변화를 경험하고 있으나 — 지역별로 정도의 차이가 있을 것임을 밝혀둔다. 그럼에도 신뢰할 만한 주요 구술자들은 장사와 업무 등을 이유로 내륙지방을 왕래한 경험이 있기에 양적 차이는 있으나 내륙지역과 국경지역 간 질적 패턴은 유사할 것으로 추정할 수 있다.

면접을 통해 얻어진 구술 텍스트는 이론적 차원의 개념이나 가공된 추상이 아니라, '사회적 실체의 구성과정과 동형성을 갖는 일상세계 속의 구성물'이기에 경험을 언어화시킴으로써 일상연구의 외연을 확장시키며, 서술과정에서 구조화되지 않거나 덜 구조화된 공간까지를 허용할 것이다.[20] 그러므로 이 글은 구술 텍스트라는 일상세계의 구성물을 분석대상으로 하여, 2003년 이후 북한 노동일상의 상황과 구조를 서술한다. 구체적으로 '상황'은 구술자들의 특정한 노동행위와 주관적 판단을, '구조'는 그 작동의 양태와 질서를 묘사할 것이다. 일상은 '잘 묘사된 세계들(well-delineated worlds)', 특정한 언어로 현실을 연결하는 특정한 의미의 영역들로 구성되기 때문이다.[21]

---

20) 이희영, 「사회학 방법론으로서의 생애사 재구성」, ≪한국사회학≫, 제39집, 제3호(2005), 136쪽.
21) George Gonos, "'Situation' versus 'Frame': The 'Interactionist' and 'Structuralist' Analyses of Everyday Life," p.857.

〈표 2-3-1〉 심층면접 대상자 인적 사항

코드	성별	연령대	직업	지역	탈북연월
사례1	남	40대	철도 부문 노동자	함경남도 함흥시	2004.2
사례2	남	30대	청년동맹 지도원	함경북도 청진시	2006.1
사례3	남	40대	대학교 교수	함경남도함흥시	2003.11
사례4	여	30대	공장 노동자	함경북도 온성군	2006.7
사례5	여	40대	교원	함경남도 함흥시	2005
사례6	여	40대	광산 통계원, 식당 운영	함경북도 무산군	2007.3
사례7	남	40대	외화벌이사업소 노동자	함경북도 청진시	2006.12
사례8	여	40대	농장원, 전업주부	함경북도 청진시	2005.11
사례9	여	40대	공장 기술준비소장	평양시	2006.2
사례10	여	40대	식당 운영	함경북도 청진시	2007.1
사례11	여	30대	공장 노동자	함경북도 무산군	2007.7
사례12	여	40대	국수 가공반 운영	함경북도 무산군	2005.12
사례13	여	40대	중등교원, 사무직 노동자	평안북도 삭주군	2006
사례14	여	40대	유치원 원장, 병원 사무직	함경북도 회령시	2006.1
사례15	남	40대	연합기업소 자재 관리자	함경북도 이온군	2004.8
사례16	여	40대	공장 노동자	함경북도 회령시	2007.3
사례17	여	30대	개인 장사	함경북도 청진시	2006.1
사례18	남	40대	외화벌이 무역지도원	함경북도 청진시	2006.1
사례19	여	60대	개인 장사	평양시	2007.2
사례20	여	30대	의사	함경북도 청진시	2000.3
사례21	남	40대	중등교원, 전문학교 교원	함경북도 청진시	2006.4
사례22	여	60대	부양가족	함경북도 나진시	2006.1
사례23	여	50대	협동농장원	함경북도 회령시	2006.8
사례24	남	40대	작가	양강도 혜산시	2006.8
사례25	여	30대	운동구협동조합, 개인 장사	양강도 혜산시	2006.8
사례26	여	40대	달러 장사, 대중국 밀무역	함경북도 무산군	2007.6
사례27	남	40대	군수동원과 관리직	평안남도 남포시	2002.8
사례28	남	50대	외화벌이 사장	함경북도 청진시	2007.12
사례29	남	30대	대외사업부 부원	평양시	2007.11
사례30	여	40대	농근맹 해설강사	함경북도 함주군	2005.12
사례31	여	40대	협동농장원	함경북도 회령시	2005.11
사례32	남	60대	의사	함경북도 부령군	2007.6
사례33	남	70대	외화벌이 지도원	평양시	2005
사례34	남	30대	연합기업소 기술자	함경북도 청진시	2007.5
사례35	남	50대	피복공장 기술자	함경북도 무산군	2007.11
사례36	여	50대	공장 사무원, 가내편의	함경남도 함흥, 평양시	2006.12
사례37	여	30대	외화벌이, 휘발유 암거래	함경북도 회령시, 청진시	2007.9
사례38	남	30대	기자	양강도 혜산시	2004.1
사례39	여	40대	협동농장원	황해도 해주, 함경북도 온성군	2006.11
사례40	여	40대	의사	함경북도 회령시	2007.5
사례41	여	40대	양정사업소 사무원	함경북도 온성군	2007.6

주: 북한에서 부양(扶養)·부양가족은 전업주부나 특별한 직업 없이 직업이 있는 세대주의 배급/월급에 포함된 일정한 보조금을 받고 생활하는 퇴직한 노인, 영유아, 장애인 등 세대주를 통해 국가가 부양하는 사람을 말한다.

3. 북한의 시장화 경로

북한의 시장은 전통적으로 지속된 '농촌시장'에서 출발하여, 1958년 전 산업의 사회주의적 개조 이후 위축되어 '농민시장'으로 재구성되었다. 텃밭이나 부업밭, 뙈기밭 등[22])에서 생산되는 농축산물이나 부업을 통한 생산물을 거래하는 농촌 장터로, 시(市) 단위에 3~4개, 군(郡) 단위에 1~2개씩 개설하고, 해당 지역 상업관리소에서 직접 관리, 운영했다. 1980년대까지 농민시장은 열흘에 한 번씩 열리는 10일장이었다.

농민시장은 북한정권이 인정하는 합법적인 '사회주의적 상업'의 한 형태라고 할 수 있다. 북한에서는 농민시장을 협동농장의 공동경리와 농민들의 개인 부업경리에서 생산한 농축산물의 일부를 일정한 장소에서 주민에게 직접 파는 상업의 한 형태로 정의하고 있다. 1970년대까지 농민시장은 북한의 계획경제와 배급제 시스템으로 인해, 사적으로 화폐가 별다른 기능을 하지 못하면서 단순 교환 및 거래의 장소로 활용되었다.[23])

---

22) ① 텃밭: 농촌지역 주민들에게 세대당 16~30평(약 52.9~99.2m²) 규모의 개인 밭 경작을 허용한 것이며, 채소 등 부식물을 재배하여 자급하도록 했으나, 식량난 해소를 위해 주로 옥수수, 콩 등을 재배하고 있다. ② 부업밭: 1987년경 시작되었으며, 기관이나 기업소 노동자들에게 1인당 50여 평(약 165.3m²) 규모의 개인경작을 할 수 있게 한 것으로, 부업으로 밭농사를 지어 부족한 배급량을 보충하라는 정책의 일환이었다. ③ 뙈기밭: 개인이 산간 오지나 주거지, 하천 주변의 빈 공터 등을 개간하여 개인적으로 경작하는 밭이다. 뙈기밭은 그 면적이 뼘 뙈기만 하다고 하여 붙여진 이름이다. 텃밭과 부업밭은 북한정권이 인정한 공식 경작 형태이지만, 뙈기밭은 비공식 경작 형태이다.

23) 1990년대 이전의 농민시장의 전개과정을 보면 형성기와 위축기, 확산기로 나눌 수 있다. 먼저 해방~1958년이 형성기이다. 해방 직후 사적 상공업자는 소매상품 유통의 대부분을 차지하고 있었다. 그러나 소비협동조합의 발족과 국영상업의 개시를 계기로 소매상품 유통은 중앙집권적 체계를 갖추었다. 그리하여 소비조합과 국영상업이 확대됨에 따라 개인상인의 비중은 급격히 감소되어갔다. 그러므로 1958~1970년대는 위축기라 할 수 있다. 사영상공업의 사회주의적 개조가 완료된 이후 북한의 사회주의 상업은 계획적 물자공급 사업형태로 발전하게 되었다. 이 시기에는 농민시장의 비율과 규모가 작았다. 그러나 1980년대 북한의 농민

그러나 1970년대 말부터 '생산의 정상화'가 북한 공식문헌의 핵심 기조가 될 정도로 생산 위기 징후가 드러나고,[24] 공장 및 기업소에 유휴노동력이 증가했다. 그리고 1980년대 경제위기가 배급제 불안정과 농민시장의 확대 등 사회적으로 영향을 미치기 시작했다. 자재와 전력의 부족으로 공장 가동이 불안정해지면서, 먼저 구조조정이 된 기혼여성 노동력 위주로 발전시킨 가내작업반[25]과 이를 통한 생활비 보충정책이 활성화되면서 농민시장이 확장되었다.

특히 1984년 김정일 주도의 '8·3인민소비품생산운동'[26]이 상업망 전체에 중요한 과제가 되면서 인민반과 공장 및 기업소에까지 가내작업반이 확산되었으며, 각 생산 단위의 자력에 의한 자재공급과 제품생산으로 일정한 비율을 개인과 생산 단위가 독자적으로 거래할 수 있게 되어 농민시장으로 공업생산물

시장이 활성화되기 시작했는데, 이 시기가 확산기이다[이영훈, 「농민시장」, 세종연구소 북한센터 엮음, 『북한의 경제』(서울: 도서출판 한울, 2005), 159~163쪽].

24) 1970년대 말 이후 북한의 공장과 기업소에서 생산의 위기가 외현화되었다. 자재 부족과 전력난 등으로 공장이 제대로 가동되지 않았으며, '생산의 정상화'가 핵심 기조가 되었다. 따라서 가정주부의 출근이 전 시대에 비해 강제되지 않았다. 또한 지방에서 자체의 수입원을 증대하여 '자력갱생'할 것을 더욱 강조했다. 그리하여 지방 산업이나 가내작업반을 통해 중앙의 재정 부담을 줄이고 적절한 일자리가 없는 여성들이 집에서 생산활동을 할 것을 권했다[김일성, 「지방예산수입을 더욱 늘일 데 대하여(1978.4.11)」, 『김일성저작집 제33집』(평양: 조선로동당출판사, 1987), 173~174쪽].

25) 가내작업반은 도시와 노동자구(勞動者區)의 노동자·사무원의 부양가족(전업주부)들로 구성되어 공장에서 원료·자재·반제품·폐설물 들을 가져다가 일상생활용품을 생산하는 생산 단위이다. 노동수단은 개인이 소유한 간단한 도구들이 대부분이나 공장에서 가져다 쓰는 경우도 있다. 노동형태는 반원들이 개별 가정에서 일하거나 공동장소에서 함께 일하기도 한다. 노동시간은 정해져 있지 않으며, 보수는 생산량에 따라 받는다. 그리고 반원들은 공장·기업소의 재적종업원 수에 들어가지 않는다[사회과학원 주체경제학 연구소, 『경제사전 1』(평양: 사회과학출판사, 1985), 49쪽]. 그러므로 비공식 노동 부문에 속한다.

26) 김정일, 「주민들에 대한 상품공급사업을 개선하는 데서 나서는 몇 가지 문제에 대하여」, 『김정일선집 제8권』(평양: 조선로동당출판사, 1998), 140쪽; 김일성, 「조선로동당 중앙위원회 제6기 제10차전원회의에서 한 결론」, 『김일성저작집 제38권』(평양: 조선로동당출판사, 1992), 441~442쪽; 김정일, 「근로단체사업에 대한 당적지도를 강화할데 대하여」, 『김정일선집 제8권』(평양: 조선로동당출판사, 1998), 290쪽.

이 유입되게 된다. 이것이 북한 시장진화의 자생적 통로로 작용하게 되었다. 그리고 1990~2010년 현재까지 계획과 시장이 공존하는 북한경제시스템에는 '위로부터의 시장 조율 및 통제'와 시장발전의 기초인 '아래로부터의 필요(need)에 의한 시장 확산'이 공존하며, 공격과 반격의 큰 틀 내에서 다양한 조율, 협력, 갈등 양상이 드러난다.

그러므로 북한 시장화 경로는 단순한 시장 활성화 정도만을 표현하는 것이 아니라, 위로부터 시장을 공격하면서 나타난 조정과 하락의 경로까지 포괄한다. 북한의 시장화 경로를 정리하면 〈표 2-3-2〉와 같다.

〈표 2-3-2〉 북한 시장화의 시기 및 특징

시장화 단계	시기	특징
시장화 환경 조성기	1980년대	· 1980년대 초중반 곡물 생산 정체 · 국가의 식량 배급제, 국경지역부터 불안정 운영 · 배급량 축소 · 하루 두 끼 먹기 운동 시작 · 8 · 3제품 등장 · 농민시장을 통해 부족한 식량 거래 · 암시장 형성
암시장 확산기	1990~1995	· 코메콘 붕괴 · 배급제 불안정 · 변형된 계획기능 작동 · 금액지표의 등장 · 개인밭 허용 · 농민시장과 암시장 확산
자생적 시장 형성기	1996~1997	· 배급제 붕괴 · 변경무역 적극 허용 · 공산품의 장마당 거래 일상화 · 방임형 시장 형성 · 무질서한 생존형 약탈 시장질서 · 독점가격 등 각종 시장 규칙들 등장 · 정권의 쇼크
국가의 시장 정비기	1998~2000	· 암시장을 벗어난 '시장' · (소비품 수준의) 상품과 가격 원리 부분 인정 · 계획(군수 · 당 경제)과 시장 공존체제 모색

		· 시장 주체의 형성(기업으로서 무역회사, 투자자로서 돈주, 상인으로서 도매상인 및 소매상인 등, 소생산단위로서 가내작업반·부업반 등, 군단위 독립채산제로 운영되는 중소공장)
시장 확산 및 포섭기	2000~2005	· 부분개혁: 상품과 가격 원리 체제 내 도입(2002년 7·1 경제관리개선조치, 2003년 종합시장제) · 사회주의 상품경제 도입 · 계획과 시장 공존체제 · 시장 주체 간 상호작용, 피드백 확산
조정기	2005~2007	· 시장 조정 및 억제기 · 북한 시장 제도화기 · 비사회주의 만연 위기감 고조 · 상품경제 허용 조치의 조정기 · 시장활동이 북한 내 공장 및 기업소 생존에 보편화
하락기	2007~2010.1	· 시장의 쇼크 · 종합시장의 농민시장으로 전환 시도 및 강제 · '비사회주의 서식장'으로서 시장 통제 및 폐쇄 · 상품·화폐·가격 허용조치 (비공식적) 폐지 · 배급제 전면화 선언 · 화폐교환 조치(화폐개혁) · 외화사용 통제 · 2010년 1월, 하층민 생계위기 가시화 시점
회복기	2010.2~현재	· 시장의 반격기 · 화폐개혁 실패/외화조치 실패 · 배급제 재개 실패/시장운영 묵인 · 하루벌이 하층민 사망률 증대 · 가계와 시장행위자 상품 축적 효과 발휘 · 5·26조치 등 시장 및 시장시스템 일부 허용

자료: 조정아·김영윤·박영자, 『북한 시장 진화에 관한 복잡계 시뮬레이션』(서울: 통일연구원, 2010), 47~48쪽 수정·재구성.

이와 같은 북한의 시장화 경로를 그 연대기와 시장주체와 계획주체의 상호작용이 만들어낸 시기별 주요 특징을 중심으로 그림화하면 〈그림 2-3-1〉과 같다.

다음에는 이와 같은 북한의 시장화 과정에서 발전된 다양한 주변노동과 노동시장의 발전, 그리고 노동계층의 분화 양상은 다룬다.

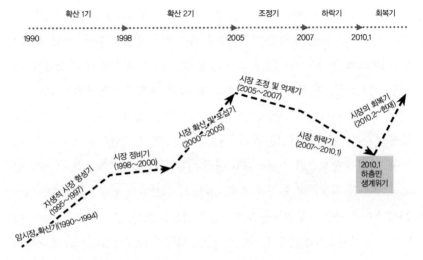

자료: 박영자, 「북한 경제시스템의 복잡계 현상」, ≪한국정치연구≫, 제19집, 제3호(2010).

4. 주변노동의 팽창

'주변노동'은 주변직업이라고도 해석되는데, 최저의 생계수준 유지 정도의
보상만이 주어지거나 공식적 경제활동 통계에 잡히지 않거나, 일의 내용상 사
회규범을 벗어난 노동을 포괄한다. 자본주의 사회의 노동자 분류상으로는 직
업위세(occupational prestige) 서열구조의 최하층을 차지하는 농업 임금노동자,
가사도우미, 개인서비스업, 음식서비스업, 세탁업 등 하층 서비스노동자들이
이에 분류된다. 또한 주변노동자 중에는 매춘부, 도둑, 도박꾼 등 사회 '일탈
노동(deviant working)' 종사자도 포함된다. 일탈노동은 사회적·도덕적·법적
규준에 어긋나는 일로 생계를 꾸려나가는 것이다. 사회규범에 어긋나는 비정
상적 노동으로 공식적 경제활동으로 인정되지 않고 일의 결과에 대해 세금이
부과되지도 않는다는 점에서 '정상적 직업'이라고 보기 어렵지만, 현실적으로

상당수 사람이 생계를 위해 이에 종사하고 있기에 주변노동에 포괄된다.[27] 탈
북자 구술에 따르면, 북한사회에서 2003년 이후 보편적 노동일상을 확인할 수
있고 직업이라 칭할 수 있을 대표적 노동은 다양한 일당제 노동, 농업 품삯노
동, 서비스업 등이다. 구체적으로는 시장 규찰대, 소토지 생산자, 소작인, 가
정부, 페인트공, 대리동원노동, 개인교사, 삯꾼, 외화벌이 고용원 등이다. 그
외 8·3작업반원과 가내작업반원 등이 증언되었는데, 이 노동은 1984년 김정
일의 '8·3인민소비품생산운동'에 따라 확산되었으나 직업화된 노동일상으로
북한 전 지역에 보편화된 것은 2000년대 이후 특히 2002년과 2003년 북한 당
국의 부분적 시장경제 인정과 아래로부터의 시장경제 확장 이후이다. 이들
2003년 이후 북한 노동일상을 보여주는 직업들을 보면, 공식적 직업노동이 아
닌 비공식적 주변노동임을 확인할 수 있다. 다양한 형태의 주변노동에 대해서
는 다음의 구술에서 자세히 확인된다.

한국에 직업이 한 5만 개가 된다면, 북한의 살아가는 방법은 5만 개는 안 되더
라도 몇만 개는 될 겁니다. 장사라고 해도 수만 갈래가 있죠. 식료품 파는 거, 천
파는 거, 물고기 날라 오는 거, 쌀 파는 거, 누가 사 갈지도 모르는 자전거 베어링
이라든지 그런 것을 차려놓고 하루 종일 하나라도 팔리기를 기다리는 사람들, 역
에서 리어카 끌고 나와서 짐을 끌어다주는 것, 사람도 싣고 짐도 싣는 것, 큰 역
전뿐만 아니라 버스정류소 같은 곳에 와서도 기다리고요. …… 가정부들 같은
것, 먹고 자는 경우도 있고, 가는 경우도 있고 …… 그리고 그 위에는 권력자들,
힘 있는 사람들인 경우에는 기중기라 해서 열차 편성해서 가져가고 막 천태만상
이죠.[28]

---

27) 유홍준, 『직업사회학』(서울: 경문사, 2005), 189~193쪽.
28) 40대 남성, 대학교 교수, 함경남도 함흥시 출신, 2003년 11월 탈북(사례 3).

자본주의 사회에서 주변노동은 법적 규범과 사회적 규범에 따라 크게 네 가지 유형으로 분류할 수 있다. 첫째, 일당/시간제 서비스업 등 사회적 위계의 하위에 있으나 정상적 직업으로 분류되는 '합법적·사회적 규범노동'이다. 둘째, 스트립쇼걸 등 '합법적이나 사회적 비규범 노동'이다. 셋째, 보따리 밀수 등 '불법적이나 사회적으로 묵인되는 노동'이다. 넷째, 매춘·도박·마약거래 등 '불법적이며 사회적으로도 용인되지 않는 비규범 노동'이다.[29] 이 분류기준을 북한상황에 맞추어 재구성하면, 전자의 세 가지 유형에 해당하지만 자본주의와는 다른 법적·사회적 규범이 적용되는 보편적 주변노동으로 '불법적·사회적 묵인노동(다양한 일당노동, 대리동원, 소작, 품삯 노동, 자영업, 방문 장사, 보따리 밀수 등)'과 마지막 유형에 해당하는 '불법적 사회적 일탈노동(매춘, 도박, 마약)'으로 나누어볼 수 있다.

1) 다양한 일당노동과 대리동원, 소작, 품삯 노동

2003년 이후 시장 공식화와 함께 북한의 노동일상 중 가장 보편적으로 나타난 것은 다양한 일당제 노동이다. 일당제 '머슴식'으로 잡일, 물 배달, 가사 등을 하면서 먹고사는 사람이 100명 중에 열 명은 되는데, 이것은 못사는 동네의 경우이고 잘사는 동네는 훨씬 많다고 한다. 구체적으로 2006년 기준 양강도 혜산시에는 국경을 끼고 잘사는 동네의 경우 해당 지역 전체 인구의 10%가 훨씬 넘는 일당제 노동자가 분포해 있고, 못사는 동네라도 10% 정도의 일당제 노동자가 있다. 노동 유형으로 보면 열 명 중 가정 도우미가 두세 명이고, 나머지 일곱 명 정도는 물을 길어다주는 일을 해서 먹고산다. 그 외 미장 및 집수리 등 건설 관련 일당 노동자가 100명 중 일곱 명 정도이다. 따라서 시

---

29) R. A. Rothman, *Working: Sociological perspectives*. Englewood Cliffs, NJ: Prentice Hall(1987), p.225.

내의 경우, 못사는 동네라도 일당노동으로 생활을 연명하는 비율은 전체적으로 주민의 20% 정도라 할 수 있다. 이들은 주로 남성들로, 일이 있을 날에는 출근하지만 그렇지 않으면 아내의 장사를 돕거나 무기력하게 지낸다. 다음의 구술이 이러한 현실을 단적으로 보여준다.

운전수까지는 아닌데, 머슴을 둬요. 그래도 그것을 공개적으로는 못 둬요. 그게 말이 나잖아요. 그러니까 친한 사람이 와서 하루 종일 일을 하면 내가 일당으로 얼마를 주겠다는 그런 것이 있어요. 나는 하루에 나가서 장사를 하면 아무리 못 벌어도 2,000~3,000원은 번다고 하면 5,000원 줄 테니 와서 일해달라고 하면 그렇게 가서 일을 해요. 그리고 우리는 수도가, 물이 잘 나오지를 않잖아요. 아파트 높은 곳도 엘리베이터라는 것이 없어요. 12층, 13층 이런 곳도 없어요. 다 사람들이 걸어 다니니까요. 그런 곳에 물을 길어다줘요. 1,000리터에 1,000원, 이런 것이 있어요. 출퇴근이죠. 아침 8시부터 저녁에 밥을 먹고, 어쨌든 기본적으로 우리는 저녁을 7시부터 8시에는 먹거든요. 그것을 거두고 오면 9시, 10시까지요.[30]

남자들은 장사를 잘 못하잖아요. …… 남자들이 집을 고치는 미장일을 하면 한 일주일 정도씩 할 때도 있잖아요. 그러면 어떤 때에는 가서 그 집에서 자면서도 할 수 있고 그래요. 그러면 집에 여자들은 남자들이 그렇게 나가서 일하면 돈도 벌어오고 집에서 밥을 안 먹잖아요. 그러니까 그것을 많이 좋아하거든요. …… 비법이죠. 노골적으로 못하죠.[31]

다음으로 동원이 일상화된 북한사회의 특성상 농촌지원과 인민반 동원사업 등 각종 국가 동원사업을 대신 해주는 대리동원노동이 발전했다. 모내기나

---

30) 30대 여성, 운동구협동조합 · 개인 장사, 양강도 혜산시 출신, 2006년 8월 탈북(사례 25).
31) 40대 여성, 달러 장사 · 대중국 밀무역, 함경북도 무진군 출신, 2007년 6월 탈북(사례 26).

추수 때 도시 사람들이 동원을 나가야 하는데, 장사를 하기 위해 동원에 나가지 않고 대신 돈을 내거나 사람을 사서 국가 통제를 피하는 것이다.

농촌의 경우 가장 하층 노동생활자인 계절노동자나 상황에 따라 먹을거리를 얻는 소작·품삯노동자가 증가했다. 다음 구술들은 이 상황을 생생히 묘사한다.

아침 아홉 시부터 오후 다섯 시까지 농촌지원이라고 한다 그러면 장마당을 못 나가게 막아요. 우리 같은 장사는 타산을 해봐요. 내가 오늘 1,000원을 내고 나가서 이만한 돈을 벌 것인가. 그 이상은 못 벌더라도 1,000원은 벌 수 있는지 타산을 해보거든요. 내가 벌 수 있다고 하면 내가 힘들게 가서 땀을 흘리면서 땅을 파겠어요? 그럼 돈을 내거든요. 돈을 내면 일을 나가는 사람들이 그것을 가지고 점심을 사 먹고 일하고 그렇게 해요.[32]

만약에 생활총화가 한 달에 네 번이 있잖아요. 그런데 그것을 두 번을 하고 두 번을 빠지잖아요. 두 번을 빠지면 두 번 빠지는 것을, 위원회에서 물건을 낼 때나 돈을 모아서 어디에 지원할 때 우리 같은 사람들은 돈을 조금 더 내요. 그러니까 만약에 500원을 모은다고 하면, 만약 모든 사람이 500원을 낸다고 하면 우리 같은 사람들은 1,000원, 남들보다 좀 더 내요. 그동안에 학습도 못 참가하고, 생활총화도 못 참가하고 그랬으니까 그렇게 더 내요. 집에서 노는 사람들도 같다고 그러더라고요. 북한은 여자들 자체가 다 집에서 놀고 장사 다니잖아요. 그런데 그 사람들이 이번 주에 네 번의 생활총화에 한 번 못 참가했다고 하면, 사회노동이 있거든요. 집체적으로 모아서 이만큼의 일을 하라는 과제를 주거든요. 그럴 때는 그 돈을 모아서 사람을 사서 …….[33]

---

32) 30대 여성, 운동구협동조합·개인 장사, 양강도 혜산시 출신, 2006년 8월 탈북(사례 25).
33) 40대 여성, 농근맹 해설강사, 함경북도 함주군 출신, 2005년 12월 탈북(사례 30).

대개 그런 사람들은 농사철에 가서 농사일을 해주고, 분배 몫을 주는 것처럼 준단 말입니다. 일당을 이렇게 주는 것이 아니고, 내가 가을에 가서, 강냉이 200 킬로(kg)에 감자 300킬로를 주겠다. 그러면 겨울에는 직장에 매여서 일을 하고, 여름철에는 거기에 가서 일을 하고 그랬어요. 지금은 일감이 없으니까 몽땅 가서 계약을 하는데요. 나를 봄, 가을에 가서 몇 킬로 주겠는가. 그러면 농사짓는 것을 내가 여름에 도와주겠다 해요.[34]

주로 농번기와 추수기 농촌에 고용계약을 해서 소작농으로 품삯 일을 하는데 직장에서 이를 허가해주는 경우가 많고, 전체 노동자 중 평균 15% 이상이 이 같은 주변노동에 종사한다고 한다. 일당노동이 가장 보편화되는 분야는 건설업인데, 건설 일용노동자들은 2007년 기준 북한 돈으로 일당 5,000원을 받으며, 노동조건이 가장 좋다고 한다.[35]

2) 자영업, 방문장사, 보따리 밀수

2003년 종합시장제 실시 이후 아래로부터의 시장경제는 북한에 다양한 사적 상업활동을 촉진시켰는데, 대표적 노동유형은 자영업, 방문장사(등짐장사), 보따리 밀수 등이다. 자영업자 중 중국과 일찍이 거래하며 장사하던 사람들은 소위 '밑돈'이 있어 큰 기계들을 사서 점차 영업 규모를 키우고 재산을 늘렸다. 이로써 사회적으로 점차 빈부격차가 심해졌다. 자영업 중에는 음식서비스업이 큰 비중을 차지하며, 규모가 커짐에 따라 사적 고용이 증대하는 양상을 보이고 있다. 방문장사는 주로 농촌에서 행해진다. 도시나 시장과 거리가 멀어 공업생필품 등을 구입하기 어려운 농민들을 대상으로 각종 물건을 직접 가지

---

34) 50대 남성, 피복공장 기술자, 함경북도 무산군 출신, 2007년 11월 탈북(사례 35).
35) 30대 남성, 연합기업소 기술자, 함경북도 청진시 출신, 2007년 5월 탈북(사례 34).

고 와서 판매하거나 농산품과 교환하는 것이다. 다음으로 2006년 이후 대대적인 단속조치로 과거에 비해 줄어들었지만, 2007년 11월 현재까지 여전히 주요한 주변노동으로 자리 잡고 있는 '보따리 밀수하는 사람들'이 있다. 다음 구술들은 이 상황을 묘사하고 있다.

현재(2007년) 북한에는 자유 경제의 흐름이 농후해지다 보니까 사람들이 직장에서 버는, 직장에서 자기가 일을 해가지고 버는 수익금 가지고는 생활상 너무나도 안 되고 그러니까 자영업에 많이 매달립니다. 시내에도. 제건소를 자체로 꾸리고, 그리고 무슨 국수방앗간, 그다음에 인조고기, 인조고기 생산기지, 기름, 옥쌀기름 기지, 무슨 그다음에 변성기계, 중국에서 기계들이 나와요.[36]

옛날에는 칸막이 식당처럼 있었는데 지금은 완전히 집처럼 다 지어놓은 식당이 완전히 대대적으로 많아졌어요. 가는 곳마다요. 주로 장마당 주변에 많고요. 그다음에는 사람 많이 다니는 역전이나 길옆에요. 그게 한창 (음식 장사를) 미공급에 했어요. 조그마한 가게를 손님 서너 명 치르는 곳이 있었는데, 무산에서 돈이 완전 많아서 아파트처럼 그런 집, 거기는 자기 사는 집, 이런 집에서 했어요. 지금은 사람을 쓴다는 것이 대단히 많죠. 일하는 것이 열 명까지 되는 것 같아요. 큰 식당 같은 경우는 요리사도 전문 남자 요리사까지 왔더란 말입니다. 처녀애들 거기 들어가는 입구에서 많은데요. 그래서 거기 가면 하루에 5,000원씩 준다더란 말입니다. 북한에는 하루에 5,000원이면 정말 대단한 거란 말입니다.[37]

방문장사라고 해서 시골에 다 싸가지고 와서 동네 사람들이 모여서 바꿔 입고, 또 그 사람들은 그 강냉이 가지고 가서, 한두 킬로(kg) 이득 본 것을 가지고 가면,

---

36) 30대 남성, 연합기업소 기술자, 함경북도 청진시 출신, 2007년 5월 탈북(사례 34).
37) 50대 남성, 피복공장 기술자, 함경북도 무산군 출신, 2007년 11월 탈북(사례 35).

또 시내에 가면 농촌보다 강냉이 값이 조금 비싸요. 그러니까 또 거기에서 떨구어 먹고 그렇게 해서 거기에서 이득금을 보는 거예요. 여러 가지요. 사람 쓸 것은 다요. 여기 슈퍼마켓에 있는 것처럼요. 등에 짊어지고 와서 …… 혼자, 동무하고 같이 올 수도 있고요. 서로 따로따로 장사하는 데 묻혀서 올 수도 있고요.[38]

보따리 밀수하는 사람이 100명 중에서 옛날에는 그저 30%지만, 지금은 5%도 안 될 것 같아요. 2003년도까지는 그랬어요. 그런데 2006년도부터는 5% 넘기가 힘들어요. 국경을 너무 봉쇄하고, 철조망도 그렇고요. 국경 연선에서 2005년도 말, 2006년도부터는 경비대원들이 돈을 받아먹고 한 번만 밀수를 시키면 그 사람은 무조건 제대를 시켰단 말입니다. 그러니까 경비대 사람들도 조금 떨려 하고 그랬어요. 그리고 경비대 수비가 높아졌단 말입니다. 얘네도 어려우니까 한 번을 해도 많이 받아먹는단 말입니다.[39]

정상 노동은 주변화되고 다양한 주변노동이 팽창하는 과정에서, 2007년 현재 정상적으로 가동하는 특급 연합기업소 기술직 노동자들도 가능하면 조직적·개인적으로 아르바이트식 부업을 통해 생계비를 보충하거나 사적인 부를 축적하고 있는데, 이런 과정에서도 다양한 주변노동이 파생되고 있다.[40] 북한 사회에서 외화벌이 및 부동산 개인거래 활성화와 연계되어 가장 경기가 좋은 분야가 건설 관련 주변노동이다. 따라서 건설 관련 기술자들의 부업노동이 일

38) 40대 여성, 협동농장원, 함경북도 회령시 출신, 2005년 11월 탈북(사례 31).
39) 50대 남성, 피복공장 기술자, 함경북도 무산군 출신, 2007년 11월 탈북(사례 35).
40) 대표적 상황은 다음과 같다. "내가 어쨌든 기업소를 출근을 하면서도 개인 배를 두 척을 운영을 했거든요. 그러면서 거기에는, 여기서는 그것을 보고 알바라고 하는데, 우리는 삯발이라고 해요. 삯발이 선장한테 배를 맡겨가지고 그 선장이, 수익금에서 너하고 나하고 절반씩 먹자고 하면, 그 선장은 자기가 채용한 선원들하고 절반을 뜯어 먹고 나는 그저 절반을 먹는 거예요."[30대 남성, 연합기업소 기술자, 함경북도 청진시 출신, 2007년 5월 탈북(사례34)].

상화되자 북한 당국이 2006년 11월 이에 대한 제재조치를 취하기도 했는데, 일시적으로 긴장은 했으나 아래로부터의 흐름을 차단하진 못했다.[41)

3) 성매매, 도박, 마약 거래

북한의 아래로부터의 시장경제 활성화 중 가장 우려스러운 문제가 불법적 주변노동 중에서도 일탈노동인 매춘과 도박, 마약 거래 증대이다. 성매매는 북한의 유흥업이나 음식서비스업이 발전하면서 확장되는 양태를 보이다가, 문제가 심각해지자 2007년 북한 당국이 대대적으로 유흥업을 단속하여 외양적으로는 줄어들었다. 도박 역시 2005~2006년 북한 당국 차원에서 대대적으로 검열하여 음지로 가라앉았다. 그러나 마약 거래는 외화벌이와 연계되기에 더욱 번성했다. 이러한 현실은 다음의 증언을 통해 확인된다.

옛날에는 진짜 없었는데, 지금은 많죠. 그것이 한 번 그러면 간단히 그러는 것이 5,000원, 하룻밤을 자면 15,000원 …… 사람들이 많이 모이는 곳에 가면 그래요. 역전, 공원 그런 곳이요. 처녀들이 많죠. 그다음에 과부 이런 사람들이요. 돈 많은 남자들 여자를 돈을 주고 사지요. 그래서 악기랑 갖고 노래도 하고 그러지요. 거기서는 몸과 마음을 다 바친다고 이렇게 말을 하는데 …… 여자들이 개인 숙박소라고 하지요. 그런 것을 운영하는 것이 역전 주변에서 많죠.[42)

작년도(2007년), 오기 전에 그것을 없앴단 말입니다. 원래는 큰 호텔, 그런 곳에 가면 노래방이 있었거든요. 그런데 원산에서 먼저 그런 일이 있고 그래서, 여자들이 개별적으로 몰래 그런 것이 있었는데, 그것은 어느 지방도, 일반적인 팬

---

41) 같은 사례.
42) 50대 남성, 피복공장 기술자, 함경북도 무산군 출신, 2007년 11월 탈북(사례 35).

찮다는 식당에는 다 방이 있었단 말입니다. 그런데 원산에서 작년도 5월인가 그 일이 제기되면서 칸막이를 전국적으로 몽땅 없앴단 말입니다. 남자들이 돈을 내고 그런 것이 지금은 조금 덜해요.[43)

2003~2004년도 그때는 도박이란 것이 집까지 다 팔아먹는 정도였는데요. 얼마나 많았는지 비사검열 때마다 몇 집씩 잡혀가고 그랬어요. 화토, 주패, 당구요. 도박을 너무 해서 북한에 당구장을 다 없앴단 말입니다. 2005년도부터 해서 2006년도에 없앴어요. 어쨌든 작년도(2007년)에 없어졌으니까요. 센 것은 만 원까지 가고요. 한 판에 만 원, 10만 원씩 하는 것도 있단 말입니다. 이런 것을 직업으로 해서 먹고사는 사람도 있는데, 그게 무산에는 많지 않은데요. 어쨌든 열 명 가까이 돼요. 그런데 기본 넷이 있는데, 둘은 형제지간이란 말입니다. 그 사람은 도박으로 해서 무산 시장경제 다 산다니까요. 북한은 한 번씩 잡혀 들어갔다 와도 돈이 어떻게 있는지 가면 순 도박을 해서 집안을 먹여 살리고 그래요.[44)

마약 거래하는 사람들은 지금도 많죠. 마약이란 것은 지금 …… 북한은 마약 하는 사람이 예전에는 없던데 지금은 많아졌고요. 그게 개별적으로 마약이 북한에서 나오는 것은 뼁두밖에 없고요. 뼁두란 것이 각성제인데요. 그것을 하는 사람이 지금 제일 많고요. 도박하는 사람보다 더 많죠. 도박 안 하는 사람도 이제는 뼁두나 그다음에 일본 아이들 뭐더라. 노란 약이 있는데. 알약. 그게 한 알에 3,500원 하던가 그런데 그거하고 두 가지가 있는데요. 그거 많이 해요. 그다음에 뼁두는 북한에서 생산한단 말입니다. 함흥, 평양 여기에서 생산을 하는데요. 사람들이 하나하나 많이 하게 되니까, 지금 마약 하는 사람들이요. 골동 망하니까 기본 골동 하던 사람들은 다 마약으로 넘어갔단 말입니다. 마약으로 넘어가서,

43) 30대 여성, 외화벌이·휘발유 암거래, 함경북도 회령시/청진시 출신, 2007년 9월 탈북(사례37).
44) 50대 남성, 피복공장 기술자, 함경북도 무산군 출신, 2007년 11월 탈북(사례 35).

중국에 가서 가져와서 팔고요. 일본 약도 외화벌이 사업소에서, 지금 북한에서 마약을 하는 것은 다 외화벌이 사업소에서 들여오는 거예요. 국가적으로도 그 마약 거래를 하게 한단 말입니다. 당 자금을 마련하기 위해서요. 북한에서 팔 것이 없으니까 마약을 기본으로 해서 그래요. 뻥두하고 양귀비 두 개 다 그렇게 팔아 먹죠. 기본이 양귀비 하던 것이 이게 나오면서 같이 한단 말이죠. 그다음에 그런 사람들이 일본사람들한테 그 알약을 받아다가 북한사람들한테 팔고 그래요. 국경으로 넘어오는 것도 더러 있고요. 내 생각인데, 국경 연선에 그 약이 많은 것보다 앞쪽에 나가서 그 약을 들여온단 말이에요. 국경 연선에서도요. 청진, 함흥 여기를 나가서 들어오는 것은, 분명 이것은 국경을 통해서 들어오는 것이 아니란 말입니다. 국경을 통해서 들어온다고 하면, 신의주 이쪽으로 들어오는데 그게 아니라고 하니까요. 청진에 나가면 그 약을 쉽게 구한단 말입니다. 그러니까 외화벌이가, 청진에 많으니까요.[45]

직업적으로 마약을 거래하는 이들은 주로 고난의 행군 시기에 기승을 부렸던 골동품업자들로 골동품이 시들해져 마약으로 업종을 바꾼 것이며, 북한 당국의 단속에도 도박과 달리 마약이 번창한 이유는 마약 거래의 시장주체가 권력층과 연계되어 있는 외화벌이 사업소이기 때문으로 파악된다.

4) 주변노동 상황을 통해 본 노동일상의 구조

위에서 살펴본 주변노동의 구체적 상황들이 내포하고 있는 북한 노동일상 작동의 양태와 질서, 즉 구조는 어떠한가? 각 구술자의 경험과 의식인 상황들은 북한사회의 보편적 시스템을 보여주는 의미들(the meanings)로 메시지

---

45) 같은 사례.

(message)를 내포하며, 일상행위는 행위자 내부 상태의 직접적 지표이다. 상황으로 드러나는 "표면적 표시는 그림자가 아니라, 실체 그 자체(outward indication is itself the substance, not the shadow)"이기 때문이다.[46] 이 분석법에 기초할 때, 주변노동 상황을 통해 본 2003년 이후 북한 노동일상의 구조는 기존 정상 직업노동의 붕괴와 팽창하는 주변노동으로 요약된다. 이는 곧 북한의 '공식적 법규범에 따르면 불법적이지만 사회규범에 어긋나지 않기에 묵인되는 노동'과 '불법적이며 사회적으로도 용인되지 않는 비규범 노동인 일탈노동'의 확장이다. 즉, 북한의 노동일상은 '불법적·사회적 묵인노동'과 '불법적·사회적 일탈노동'으로 구조화되고 있다. 그리고 이 같은 구조화는 노동상황의 변화가 불러온 북한 일상생활의 양태와 질서를 보여준다. 왜냐하면 생산과 재생산은 행위자의 생활 속에서 연계되어 일상을 구성하기 때문이다. 생산과 재생산이란 총체적 관점에서 일상생활을 연구한 르페브르[47]에 의하면, 노동생활이 중심에 있는 생산이란 사회적 시간과 공간까지를 포함하는 정신적 생산과 물건의 제조를 칭하는 물질적 생산, 그리고 인간 존재의 생산도 포함한다. 그러므로 생산은 총체적인 사회관계의 생산이며 재생산까지를 포괄하는 한 사회의 구조를 이해하게 하는 것이다.

식량난과 경제위기가 10년 이상 지속되고 배급과 임금이 정상적으로 지급되지 않는 북한에서 직업에 따른 공식적 노동일상은 제대로 이루어지지 않고 있다. 북한의 '직업 노동세계'는 와해되고 있으며, 먹고사는 문제를 자력으로 해결해야 하는 상황과 아래로부터의 시장경제 발전은 북한사회에서 새로운 형태의 불안정한 노동을 양산하고 생존을 위한 노동일상이 자리매김하게 했다. 사전적 의미로 '직업'은 생계유지를 위해서 하는 노동을 말하는데, 2009년 현재 북한 노동자들에게 공식적 직업 구분[48]은 큰 의미가 없게 되었다. 군

---

46)   Erving Goffman, *Frame Analysis*, p.463.
47)   앙리 르페브르, 『현대세계의 일상성』, 박정자 옮김(서울: 주류·일념, 1995), 66쪽.

수·기간산업, 외화벌이, 당-국가 관리기관을 제외한 노동자 평균 출근율이 20% 내외로 나머지 80%는 공식 직업이 아닌 다른 일을 해서 먹고살거나, 기초생계를 해결하기 위해 일거리를 찾아나서야 하는 구조이다. 출근율이 높은 단위는 국가관리기관, 당 전문기관, 군대이고, 산업 분야로는 군수산업, 기간산업, 외화벌이 산업, 국경지역의 중국 합작(대방)산업, 그 외 농장 등이다. 농장의 경우, 도시와의 근접 정도와 협동농장 노동에 따른 분배상황, 지역 및 경작 작물, 비법경지 비율 등에 따라 출근율의 차이가 크다. 전체적으로 2003년 이후 아래로부터의 북한 노동세계는 공식적 직업노동이 무너지고 비공식적 주변노동이 주도하는 구조를 보인다.

5. 노동시장 발전과 노동계층 분화

주변노동의 팽창과 상호작용[49]하면서 나타난 북한 노동일상의 또 다른 모습은 '노동력이란 상품을 매개로 노동자와 자본가의 거래가 이루어지는 사회제도인 노동시장'의 출현이다. '자본가-임금노동자' 관계가 구조화되는 노동시장은 2003년 이후 북한 노동계층의 일상생활을 이해하기 위한 핵심 키워드이다. 재화의 수요와 공급의 균형이 이루어지는 곳이 재화시장이라면, 노동의 수요와 공급의 균형이 이루어지는 곳을 노동시장이라고 한다. 노동시장은 노동력

---

48) 국제적 규범에 기초한 직업은 ① 입법직, 고위 임직원 및 관리자, ② 전문가, ③ 기술공 및 준전문가, ④ 사무직원, ⑤ 서비스근로자, ⑥ 농업 및 어업 숙련근로자, ⑦ 기능원 및 관련 기능근로자, ⑧ 장치, 기계조작원 및 조립원, ⑨ 단순노무직 근로자, ⑩ 군인 등으로 구분된다. 이 중 사회인구의 다수를 차지하는 직업이 노동자, 사무원, 농민에 속하는 기술공 및 준전문가, 사무직원, 서비스근로자, 농업 및 어업 숙련근로자, 기능원 및 관련 기능근로자, 장치, 기계조작원 및 조립원, 단순노무직 근로자 등이다.

49) 앞서 서술한 대로 이 글은 일상의 상황과 구조 방법론에 기초하기에, 단선적 인과관계 규명보다는 상호작용을 중시한다.

이라는 상품이 지니는 특수성 때문에 재화시장이나 화폐시장과는 다른 특성이 있다. 유기체인 노동자에게서 노동력은 분리될 수 없는 것으로 자신의 노동력을 거래하지만 그 자신을 판매하는 것은 아니기 때문이다.[50] 그러므로 노동시장은 개인행위와 사회구조가 맞물리는 일상연구의 중요한 소재가 된다.

앞 절에서 밝혔듯이 일당제 노동과 건설 일용노동 및 자영업 등이 발전하면서, 상업 · 건설업 · 서비스업 부문을 중심으로 다양한 고용계약과 함께 품삯노동 및 소작농 등이 발전했다. 이로부터 북한 노동일상의 변화를 이해할 수 있는 주요한 지점으로 노동계층의 분화를 들 수 있다. 2003년 이후 사적 고용계약 관계의 발전과 북한 노동계층 내의 빈부격차가 두드러지면서 사회균열과 체제이완 상황이 증대되자, 2006년 3월 김정일이 '노동자 개인고용 금지' 조치를 하달할 정도로 노동시장이 발전했다. 이에 대한 좋은벗들의 조사를 인용하면 다음과 같다.

지난 3월 15일 김정일 국방위원장의 방침이 내려졌다. 경제 관련 방침 중에서는 개인이 다른 개인을 고용하는 것을 위법행위로 간주해 처리하도록 하는 것이 눈에 띈다. 각종 기술 및 기능직 노동자들이 소속 직장에 출근하지 않고 더 많은 돈을 주는 개인사업자의 일을 해주며 돈을 버는 행위가 여기에 해당된다. 그동안 경제난 이후 공식 부문 생산이 저조한 반면 개인들이 간단한 기계설비를 구비해 생산하는 사경제활동이 꾸준히 증가해왔다. 예전에는 개인이 스스로 물품을 만들어 시장에 내다 팔아 이윤을 취하는 1인 경제 형태였다면, 최근에는 분업활동이 매우 활발하다. 생산자 내부에도 여러 층위의 분화현상이 나타나고 있는데, 이번 조치는 개인 고용주와 피고용인을 겨냥한 것으로 보인다. 김정일 국방위원장의 3월 15일 방침은 각급 당조직들에 통보하여 대책을 마련하도록 하고 있다. 이에 따라 당조직들은 소속 직장을 이탈하여 개인 경제활동을 하고 있는 피고용

---

50) http://enc.daum.net/dic100/contents.do?query1=b03n4246b(검색일: 2009.9.2).

인들을 해당 직종에서 수렴할 수 있는 방안에 대해 토의하고 있다.[51]

1) 노동시장의 발전

시장경제와 유사하게 노동시장의 형성·발전과정이 한 사회의 작동 메커니즘이 되어 구조화될 경우, 국가권력이 생필품 공급을 책임지지 않는 한 노동시장은 불가역적이 된다. 강한 규제로 인해 일시적으로 수축할 수는 있지만, 오히려 음성적 고용관계를 확대시키며 간헐적으로 이루어지는 통제만 벗어나면 다시 확장될 수밖에 없다. 그 원인은 피고용자들인 하층 노동계층의 생존을 국가권력이 책임질 수 없기 때문이다. 따라서 하층 노동계층의 생존과 일상의 지속을 책임지지 못하는 상태에서, 김정일 정권이 노동시장을 제어하려 한 조치는 별다른 효과를 발휘하지 못했다. 그렇다면 2006년 3월 김정일의 노동자 개인고용 금지 조치 하달 이후 '북한의 노동시장'에 대한 주민들의 인식은 어떠한지 공장 간부 출신으로 2007년 탈북한 구술자의 증언을 통해 살펴보자.

개인 고용이라는 것이 어쨌든 빈부차가 생기면서 나온 건데요. 자기 노동력을 개인이 써줬으면 하는 이런 생각을 많이 하죠. 기업소에서 써주길 바라는 생각은 안 해요. 어떻게 해서든지 빠졌으면 하고, 어디 다른 곳에 가서 고용이 되면 그것이 다 돈이니까 이런 방침이 떨어졌는데요. 개인이 고용노동을 하지 말라. 노동자를 고용해서 할 수 없다고 이렇게 했는데요. 그런데 결국은 …… 방침풀이에서도 딱 이렇게 나왔는데요. 지주 자본가들이 어쨌든 자기 집에 종이라든가 머슴이라든가 두고 하는 것하고 뭐가 다르겠냐고 하면서 정치적으로 심각하게 깠거든요. 그런데 내가 생각하기에는 노동자들이 좋아서, 고용이 되기를 많이 요구하고

51) 좋은벗들, ≪오늘의 북한소식≫, 제16호(2006).

여기에서처럼 고용센터는 아니지만, 그 고용에 종사하는 이런 거래인들이 많거든요. 그러니까 외화벌이자들하고 이런 노동자들하고 연결도 해주고 이런 사람들이 많거든요.[52)

이 구술에서 확인할 수 있는 "고용에 종사하는 이런 거래인들", "외화벌이자들하고 노동자들하고 연결"해주는 이들이 바로 노동시장의 브로커이다. 예를 들어 외화벌이와 노동자를 연결해주고 양쪽에서 소개비를 받거나 외화벌이 기업소에서만 소개비를 받는 형태로, 2007년 현재 북한사회에서 일반화된 노동시장의 거래주체라고 한다. 이들 사고용 관계를 이어주는 브로커들이 북한 노동시장의 발전을 주도하고 있는 것이다. 구술자에 따르면, 고용체계를 연결하는 브로커가 2003년 이후 북한의 시장·화폐 경제발전과 함께 그 수가 상당히 증대하였으며 구조화되었다. 그러나 자본주의의 직업소개소와 같은 수준은 아니며, 개인적이고 불법적으로 이루어진다. 더불어 상업이나 부동산, 건설업이 발달한 국경지역의 경우 브로커의 활동이 상당히 활발했으나, 상대적으로 내륙의 평안도나 평양지역에서는 공개적이고 활발하게 활동하기는 어렵다고 한다.[53) 또한 브로커 외에도 안면이 있는 각종 연줄망이나 기업소를 통해서도 고용인과 피고용인을 연계시켜 주기 때문에, 브로커가 한국처럼 공개적이고 일상적인 직업소개소 역할을 한다고 볼 수는 없다. 개인뿐 아니라 기업소에 소속된 간부, 장사꾼, 국가기관 하층 간부 등 인간관계가 넓고 수단이 좋은 사람들이 부업형태로 브로커활동을 하기 때문이다. 그럼에도 다양한 주변노동의 팽창에 따라 최소한 함경북도와 신의주 등 국경지역에서는 일상적으로 브로커가

---

52) 30대 남성, 연합기업소 기술자, 함경북도 청진시 출신, 2007년 5월 탈북(사례 34).
53) 50대 여성, 공장사무원·가내편의, 함경남도 함흥시/평양시 출신, 2006년 12월 탈북(사례 36);
    30대 여성, 외화벌이·휘발유 암거래, 함경북도 회령시/청진시 출신, 2007년 9월 탈북(사례 37).

활동하고 있다. 이렇듯 2006년 발표된 김정일의 노동자 개인고용 금지 조치는 일시적인 단속 효과만 거두었을 뿐, 생계 해결을 위한 주변노동의 확장과 지역별·기업소별 자력 운영이 지속되면서 현실적으로 무력해졌다.

브로커나 고용자를 통해 노동자가 고용되는 과정에서는 업무 능력과 경력 등도 중요하지만, 무엇보다 연줄이 가장 중요한 역할을 한다. 사장이나 고용주의 이해관계와 능력이 중요하게 여겨지는 가운데, 갈수록 개인의 능력 위주로 고용되는 경향이 강해지고 있다는 점은 눈여겨볼 만하다. 그러나 아직까지 북한의 노동시장에서 결정적인 요소는 인맥과 연줄이다. "다 인맥관계로 해서 오죠. 어느 사람이 미장을 잘한다고 하면 그렇게 쓰죠. 그리고 아는 사람 없어? 그러면 내가 아는 사람 있다. 그러면서 연줄로 해서"[54] 이루어지는 것이다.

한편 2006년 3월 김정일이 지시한 노동자 개인고용 금지 조치가 아래로부터 무력해지면서, 다음 구술에서 확인할 수 있듯이 점차 월급/주급제가 보편화되고, 팀 합숙을 하는 등 노동시장이 활발해지고 있다.

식당은 두세 명, 그리고 한때에 집에 가서 애를 봐주고 그런 보모들이 많았는데요. 또 그런 것이 제기되어서 방침을 내리고 그러면서 그 법이 나왔단 말입니다. 기본은 보모들이 많고, 또 집을 봐주고, 그런…… 시내 같은 곳은 5,000원 준다던데, 우리는 3,000원이요. 그것이 주 단위로 주는 데가 있고, 월로 주는 데도 있고 그래요. 기본은 다 월 단위에요.…… 일감이 없어서 노는 사람은, 모든 직장, 우리 같은 곳은 집에서 노는 사람이 많단 말입니다. 한 달에 만 원 바쳐라. 공장에 나와 봐야 오히려 손해니까, 그래서 집에서 놀면서 남이 집수리한다고 하면, 그런 곳에 가서 일당을 받는단 말입니다. 하루에 가면 무조건 하루에 5,000원이란 말입니다. 수리하고 미장해주고 그런 개별 인력들은 지금도 많고 그래요. 그런 것은 광고를 붙이지 않아도, 말만 내가 내일 집수리하겠는데 사람이 좀 없

---

54) 50대 남성, 피복공장 기술자, 함경북도 무산군 출신, 2007년 11월 탈북(사례 35).

을까 하면 말을 떼기가 바쁘게 기본 합숙생들 많은데요. 그래서 돈 없이 개별인
력 하는 사람들은, 재간 있는 사람들은 합숙하고 있고 그래요.[55]

2) 노동계층의 분화

주변노동이 팽창하고 각종 일당이나 능력제 노동이 성행할 뿐 아니라 인맥
과 연줄 등 '사회적 자본(social capital)'이 중요한 역할을 하면서 북한사회에 노
동계층 분화가 분명하게 드러났다. 사회적 자본은 네트워크, 규범/제도, 신뢰
라는 세 가지 요소로 구성되는데, 개인들이 사회 내 다양한 규범/제도 및 네트
워크에 연결되어 있고, 이에 신뢰가 부가되면서 부와 이익이 실현되는 사회적
현상을 개념화한 것이다.[56] 북한의 경우, 권력층과의 친화력 정도, 해외에 있
는 가족의 경제적 지원 정도, 시장 활동 능력과 결합력 정도, 노동 능력 및 생
산성 정도에 따라 상·중·하의 생활수준별 계층분화가 이루어졌다. 시기적
으로 보면 2002~2003년 시장경제 원리의 부분도입 이후 두드러지다가,
2004~2005년에는 노동계층 내부에 생활수준에 따른 경제적 계층이 "완전히
갈라졌다."[57] 구체적 상황과 인식을 다음의 구술을 통해 알아보자.

2003년, 2004년 계층이 구분되었어요. 정말 못사는 사람, 중산층, 상류층 계층

---

55) 같은 사례.

56) Pierre Bourdieu, "The Forms of Capital," in John Richardson(ed.), *Handbook of Theory and Research for the Sociology of Education*(Greenwood Press, 1968); James Coleman, "Social Capital in the Creation of Human Capital," *American Journal of Sociology*, Vol.94(1988); Robert Putnam with Robert Leonardi and Raffaelia Naneffi, *Making Democracy Work. Civic Traditions in Modern Italy*(Princeton: Princeton Univ. Press, 1993); , Francis Fukuyama, *Trust: the Social Virtues and the Creation of Prosperity*(New York: The Free Press, 1995); 김승현, 「사회적 자본의 구성요소와 상관관계에 관한 연구」, ≪한국정치학회보≫, 제42집, 제2호(2008).

57) 조정아·서재진·임순희·김보근·박영자, 『북한주민의 일상생활』(서울: 통일연구원, 2008), 266쪽.

이 확고하게 되었어요. 2003년, 2004년에는 자기의 골격을 형성하더라고요.[58]

우선 재산이에요. 주택은 재산에 들어가고. 주택, 자전거, 가전제품 이런 것은 다 재산이에요. 그다음에 한 달에 내가 얼마나 쓰고 어떤 데에 나가 놀고, 어떤 친구들하고 다니는가. 그 맞는 수준에 다니는가, 여기에 관계되고요. 직업은 따져요. 만약에 내가 외화벌이기업소 사장이라든지 그런 건 당연히 어쨌든 돈이 되는 것은. 그다음에 두 번째 군수공업 부문에 아는 사람, 그다음에 법기관 사람들 잘 아는 사람. 그런 거에 따라서 상류층, 중산층, 하위층…… 상류층은 많지 않지요. 100명이 있다고 하면은 열다섯 명, 한 15%. 그다음에 중산층은 한 마흔 다섯 명, 나머지 다 하위 한 40%.[59]

우리 동네는 조금 못사는 동네에요. 그러니까 상류층이 한 10% 정도가 될 것 같아요. 중간층은 50% 정도, 그리고 빈곤층은 한 40% 정도일 것 같아요. 상류층은 기본 법, 법을 다루는 보안원들, 여기로 말하면 경찰, 그리고 군부, 군관들 있잖아요. 여기서 장교 그런 사람들. 그다음에 전기 이런 곳에 다니는 사람들, 그런 사람들은 어디에 가서 변압기라도 한 번 고치면 몇십 만 원씩 먹어요. 그러니까 그런 사람들이 상층이에요. 중간층은 장사를 해서, 만약에 내가 쌀장사를 한다든가 아니면 나처럼 장사를 한다든가 이런 사람들이에요. 그런 사람들이 중층에 서 있고, 빈곤층에 있는 사람들은 얼음이나 팔고 라면이나 빵을 다시 되받아 넘겨서 한 개에 10원 보기, 1원 보기 해서 파는 이런 사람들이에요. 그런 사람들은 집에 들어가면 죽도 겨우 먹죠.[60]

58) 40대 여성, 유치원 원장 · 병원 사무직, 함경북도 회령시 출신, 2006년 1월 탈북(사례 14).
59) 40대 남성, 연합기업소 자재 관리자, 함경북도 이온군 출신, 2004년 8월 탈북(사례 15).
60) 30대 여성, 운동구협동조합 · 개인 장사, 양강도 혜산시 출신, 2006년 8월 탈북(사례 25).

생산적 정보와 신뢰에 기초한 사회적 자본은 인간관계를 빠르게 확장할 수 있는 기회와 능력으로 작용하는데, 대개 혈연/가족 · 친구/동문 · 동향/이웃 · 특정 모임 구성원 · 당원 등이 이에 포함된다.[61] 북한 노동계층의 상류, 중류, 하류로의 분화를 촉진한 '사회적 자본'은, 인간관계의 성격을 기본으로 하는 혈연적 · 문화적 네트워크와 그 관계의 유용성과 활용 정도에 따라 생활수준에 영향을 미쳤다. 구체적인 '사회적 자본'으로 북한사회에서 가장 중요하게 작용한 것은 가족관계, 안면 및 뇌물을 매개로 한 관료와의 관계, 장사나 개인적 수단을 통해 알게 된 관계망이다. 이외에 과거 직장이나 인민반을 통해 알게 된 관계망이 있으나, 이는 이전에 비해 생존이나 생활 향상에 큰 기여를 못하고 있다. 국가로부터의 공적 부조 수준에서는 큰 차이가 없는 북한사회에서 노동계층 분화에 가장 큰 영향을 미친 사회적 자본은 무엇보다 혈연관계이다. 특히 미국이나 일본에 잘사는 가족 구성원이 있고, 이들의 지원을 받는 주민들의 삶이 크게 향상되었다. 다음으로 중국이나 탈북자 가족을 둔 주민들의 생활수준이 높아졌다. 또는 이들 해외가족의 도움으로 장사나 중소규모의 사업을 하여 생활이 나아진 이들이 노동계층 내부에서 부러움의 대상이 되고 있다.

마지막으로 시장과 생활에서 북한주민에게 일상적이고 직접적인 권력을 행사하는 하급관료와의 관계 친밀도이다. 이 관계는 사회 전반에 관료가 큰 영향력을 행사하는 권위주의사회에서 일반화된 '후견-피후견관계'의 특징 중 하나이기도 하다. 그러나 '물질적 이익을 매개로 한 직접적이나 비인간적인 관계의 일상화'라는 측면에서 차이가 있다. 즉, 북한에서의 후견-피후견관계는 '일상화된 뇌물'과 '관계의 비신뢰성'을 주요 특징으로 하는 것이다. 특히 외화벌이 책임자들이나 검열 · 통제단위인 국가보위부와 사회안전성 소속원들과의 관계가 유용한 사회적 자본이 되고 있다고 구술자들은 증언한다. 이익

---

61) 김용학, 『사회구조와 행위』(서울: 나남, 2003), 356쪽; 김도희, 『전환시대의 중국 사회 계층』 (서울: 폴리테이아, 2007), 46쪽.

의 규모가 클수록 직위가 높고, 당과 검찰 간부에 해당하는 사람들이 '후견-피후견관계'의 주 대상이 된다. 그 외 일상적 하층권력구조, 예를 들어 북한 당국이 시장을 단속하기 위해 조직한 규찰대 소속원에게도 액수는 적더라도 뇌물을 상납하며, 이것이 생활수준에 영향을 미치기도 한다.

3) 노동시장과 계층분화 상황을 통해 본 노동일상의 구조

일상연구는 기본적으로 행위와 의식, 그리고 작용의 상호호혜적 관계(a reciprocal relation)를 중시하며, 구조는 사회 내부에서 상호작용하는 사람들과 독립적으로 존재하지 않기에 '상호작용으로부터 끌어내어지는 사회구조'라는 시각을 견지한다.[62] 상호작용은 자발적(voluntaristic)이고 동시에 구조적(structured)이며, 사회구조는 상호작용의 반사성(reflexivity)을 통해 구성되기 때문이다.[63] 그러므로 앞서 서술한 주변노동과 노동시장, 그리고 계층분화 상황은 상호작용하며 북한 노동일상의 구조를 형성한다. 이는 구조를 밝혀주는 사회 구성요소가 개인의 일상적 상황과 재생산이기 때문이다.[64] "자아를 가진 유기체로서 인간(the human being as an organism having a self)"은 사회 실체들(the primal social entities)과 구조에 앞서 존재하는 것으로,[65] "개별적으로 발생하는(individual-generated)" 상황들은 사회구조를 형성한다.[66] 이 맥락에서 다

---

62) Herbert Blumer, *Symbolic Interactionism: Perspective and Method*.

63) Patricia A. Adler, Peter Adler and Andrea Fontana, "Everyday Life Sociology," p.219.

64) 헬러(Heller)는 일상의 구조를 자신뿐 아니라 사회 재생산도 동시에 가능하게 만드는 개인적 재생산 요소들의 집합체로 정의한다. 그 이유는 사람은 구체적인 정치사회적 상황과 구조 내에서 태어나며, 인간의 재생산은 언제나 구체적 세계에 존재하는 '역사적 인간'의 재생산이기 때문이다. 즉, 사회와의 관계가 인간을 규정하며, 다양한 일상생활을 통해 사회구조, 통일성이 드러난다[아그네스 헬러, 『일상생활의 사회학』, 박재환 옮김(서울: 도서출판 한울, 2002), 111~116쪽].

65) Herbert Blumer, *Symbolic Interactionism: Prespective and Method*, p.62.

양한 주변노동과 상호작용하여 발전하는 북한 노동일상의 구조에서 특히 주목할 것이 노동시장이다. 그 이유는 소수의 개인이나 집단일지라도 자신의 노동력을 팔아 생계를 유지하거나 노동자를 고용하는 것, 이는 '아래로부터의 자본주의화의 길'로 들어서는 것[67]으로, 노동력의 상품화가 진척되면서 노동시장이 구조화되는 과정이기 때문이다.

'노동시장의 구조' 이론에는 경쟁적이며 연속적인 하나의 시장으로 이루어져 있다고 인식하는 '경쟁시장' 가설과 최소한 두 개 이상으로 분리되어 있다고 보는 '분단시장' 가설이 있다. 경쟁시장 가설에 따르면, 노동시장에는 기술·숙련도·지역 차이를 제외하고 노동자들 사이에 질적 차이가 없다. 모든 노동자는 직업 선택이나 임금 결정에서 어떤 제약도 받지 않으며, 노동력의 흐름과 배분을 제약하는 어떤 제도적 요소나 장애도 없다. 다른 상품시장과 마찬가지로 노동시장 역시 자유경쟁의 원리에 따라 움직인다고 보는 입장이다. 반면 분단시장 가설에 따르면, 노동시장에는 여러 제도적 장애물이 있어 노동력의 원활한 흐름과 배분, 임금 및 근로조건 등의 결정에 많은 문제가 발생한

---

66) Bernard N. Meltzer, John W. Petras and Larry T. Reynolds, *Symbolic Interactionism*(Boston: Routledge and Kegan Paul, 1975), p.24.

67) 선(先) 경험으로 소련에서는 1987년 「개인적 노동활동법」이 시행되어, 본래 중앙경제체제와 어울리지 않는 가내수공업이나 생활서비스 부문의 개인 기업이 장려되었다. 이 법률이 시행되던 시기 이미 이 부문의 전체 노동자 수가 37만 명이었는데, 1년 후인 1988년 4월 이 부문 노동자 수는 73만 명으로 증가했다. 당시 이 '개인 기업'은 가족노동의 범위를 넘을 수가 없었으며, 그 점에서 '자본-임노동관계'로 발전하진 못했다. 그러나 개인 기업 등 자영업의 발전은 암시장의 확장과 함께 역행할 수 없는 노동시장 확대의 길로 나아갔다. 더욱이 당시 소련경제가 인민 생필품 공급에 난황을 겪으면서 소련당국은 이미 현실화된 사회 흐름을 인정할 수밖에 없었다. 이 상황에서 노동자 고용을 허가한 1988년 「협동조합법」이 시행되었다. 당시 소규모 협동조합들의 종업원 규모는 평균 25.1명으로 이 시점에서 자본-임노동관계가 상당히 성장하고 있었음을 알 수 있다. 이 법이 시행된 후 1년여 동안 임노동체계를 가진 기업은 약 17만 개였고, 1989년 에는 이미 총 403만 명의 노동자가 일하고 있었다[오니시 히로시(大西廣), 『자본주의 이전의 사회주의와 자본주의 이후의 사회주의』, 조용래 옮김(서울: 한양대학교 출판부, 1999), 33쪽]. 이 같은 아래로부터의 노동시장 발전이 소련의 체제전환의 한 요소가 되었다.

다.[68] 앞서 서술한 구체적 상황에 기초할 때, 2009년 현재 북한 노동시장의 구조는 '분단시장' 가설에 근접한다. 법제도적 장애로 북한의 노동시장은 여러 시장으로 분단되어 있고 시장 상호 간 이동이나 교류가 활발하지 못하며, 상황에 따라 구직, 노동계약, 임금 및 근로조건에도 서로 차이가 현저하게 나타나기 때문이다. 특히 지역적 차이가 크게 작용한다.

그리고 북한의 노동계층은 돈이 단순한 생존뿐 아니라 자신과 가족이 잘살고 발전할 수 있는 수단이라는 것을 인식하게 되었다. "일상에서 현실화되는 사회적 관계"[69]를 통해 형성되는 사회적 자본의 상황 및 사유재산의 규모에 따라 노동계층 내부의 생활수준별 계층화가 이루어지고 더 나은 생활을 향한 욕구가 증대되었다. 이 같은 욕구를 증폭시킨 외적 계기는 생존을 위한 이동의 증대와 정보 입수 및 교류이고, 이 흐름에 따라 개혁·개방 요구가 증대하고 있다. 사회적 자본 및 이를 유용하는 능력, 그리고 개인별 생산성 정도에 따라 북한의 특징이라고 칭할 수 있는 '집단사회'의 균열이 초래되고 있으며, 생활수준 및 사유재산의 규모에 따른 상·중·하로의 분화, 그리고 이로 인한 '일상생활의 불평등'[70]이 북한 노동계층의 일상생활 구조를 드러내준다.

6. 결론: 북한주민의 의식 변화와 체제 전망

기아(饑餓)의 경험이 북한에서 중요한 사건사라면, 식량난은 1980년대 말부터 현재까지 지속되면서 20여 년이 넘는 세월에 걸쳐 북한주민의 의식을 변화

---

68) Bo Strath, *The Organisation of Labour Markets*.

69) Douglas W. Maynard, "On 'Realization' in Everyday Life," *American Sociological Review*, Vol.61, No.1(1996), p.109.

70) 의식주 및 재산규모별 구체적이고 풍부한 일상생활의 불평등 상황은, 조정아 외, 『북한주민의 일상생활』, 58~108쪽 참조.

시켜온 역사적 요인이다. 북한주민들은 식량난과 생존과정에서 나타난 아래로부터 발현된 시장을 주민의식 변화의 가장 중요한 요인으로 지목한다. 그들이 인식하는 변화의 기점은 2000년이다. 이에 대해 면접대상자인 한 탈북자는 다음과 같이 증언했다.

> 2000년 전에 북한에서 말하는 고난은 다 잘 아시겠지만, 시련, 고비 시기가 지난 이후 북한의 경제체계라는 것이 전에 없이 다 달라졌죠. 한마디로 말씀드리면 사회주의체계라는 게 하나의 일련의 공급체계라면, 그 공급체계의 흐름이 완전히 마비상태가 되어가지고, 완전히 살아가는 방식에 있어서 새로운 변화가 일어났죠. 시장이 많이 생겨나고 그 시장을 통해서, 사람들이 시장을 통해서 생존을 유지하기 위한 방식으로 돌았죠.[71]

시장을 통해 생존방식을 터득하게 된 사람 중 장사능력이 있고, 가족 및 권력관계를 통해 장사에 도움이 되는 연줄이 있는 사람들은 시장 내의 소매장사가 아니라 차판장사(차량을 이용한 장사)나 도매상인으로 나섰다. 이들은 공공연히 비사회주의 행위를 하고, 전국 수준의 시장물가 형성을 주도하며, 상당한 부를 축적했다. "북한은 지금 비법이 없이는 돈을 못 버니까. 시장에 온 하루 앉아 있어야 하루 벌이가 되지. 돈 저축은 못하고 이러니까. …… 법을 위반하는 장사 해야만 돈을 벌 수 있기 때문"[72]이다.

시장이 인간사회에 미치는 결정적 영향력은 생산과 소비 모두에 작용한다. 먼저 생산 측면에서 보면, 기본적으로 '선택의 폭'을 확대시키고 창의력에 의한 소기업 설립을 용이하게 한다는 장점도 있으나, 더 근본적으로 인간에게

---

71) 30대 남성, 청년동맹 지도원, 함경북도 청진시 출신, 2006년 1월 탈북(사례2).
72) 40대 여성, 평양·무산·함흥·청진을 다니며 기름 차판 장사, 함경북도 무산군 출신, 2007년 5월 탈북(〈표 2-3-1〉 사례 외에 2010년 면접자 중).

'새로운 가치'의 의미를 부여한다. 그것은 '새로운 생산력으로서의 개성'이다. 개성은 개개인 속에만 존재하는 것이며, 다른 사람이나 집단이 간섭하거나 개입할 폭이 상당히 좁은 영역이다. 또한 개성은 개인의 기호와 관련되어 있다. 따라서 권력과 집단이 요구하는 도덕과 규범, 즉 어떠한 선택이 옳고 어떠한 선택이 그른가라는 판단으로부터 상대적으로 자유롭다. 바로 그 때문에 개성은 개개인의 자유와 자율의 가치를 요구하는 것이며, 다양한 선택 항목이 존재하는 '자유시장'이 사회적으로 요청되는 것이다.[73]

소비 측면에서 볼 때, 시장은 개별 사람들에게 자유롭게 선택하고 소비할 수 있는 장소만을 제공한다. 그러나 수많은 물건 중에서 자기에게 가장 적합한 옷을 고르며, 좋아하는 음식품과 기호품을 찾아 선택하는 자기 나름의 기호를 발휘하는 행위, 즉 '자기 나름대로 선택하고 찾을 수 있는 것'은 시장의 자유 없이는 불가능한 일이다.[74] 이런 의미에서 시장은 개성의 기초이며 전제조건이고, '자립'과 '자유'를 가치로 규정한다. 왜냐하면 시장의 확대는 여러 재화와 서비스를 금전적인 거래관계 속으로 끌어들이지만, 역으로 돈만 있으면 타인에게 의지하지 않고 자립하여 살아갈 수 있다는 것을 의미하기 때문이다. 결국 '타인으로부터의 강요를 거부하는' 자유에는 생활의 자립이라는 현실 조건이 필요불가결하며, 그 조건이 실현되었다는 맥락에서 '시장'의 확대는 결

---

73) 따라서 '소프트한 사회' 또는 개성이 사회적으로 그 무게감을 더해가는 시대에는, 대개 구체적 개인을 지도하거나 통제하는 인간관계는 부정적으로 평가된다. "자율하는 자유를 제한하지 않으며, 선택 가능한 시장이 그와 같은 의미에서도 요청되는 것이다." 여기에 또 하나 중요한 점은, 이렇게 요청된 '시장'이 다시 개별 인간들에게 '개성의 기초'로 작용한다는 것이다[오니시 히로시, 『자본주의 이전의 사회주의와 자본주의 이후의 사회주의』, 조용래 옮김(서울: 한양대학교 출판부, 1999), 120쪽].

74) 바꾸어 말하면, 제복·교복 등 입어야 할 옷이 부여되고 먹을 것과 살아야 할 집이 정해지는 체제라면 스스로 찾아 나서고 선택을 위해 고민해야 하는 번거로움은 없어지고, 자신이 원하는 것을 찾을 수 있는 자유와 개성은 극히 제한된다. 그러므로 시장이란 강요를 해서라도 개성을 만들어내는 하나의 사회 시스템이다. 이러한 의미에서는 시장도 또한 일종의 '강제'임이 분명하다.

정적인 사회적 의의가 있다.[75]

나아가 우리가 북한의 시장 발전을 주목하는 이유는 시장이 잉여생산물의 단순 교환을 넘어서는 파급력이 있기 때문이다. 시장의 본질적 기능인 '교환'의 의미는 "교환 이후의 가치 합계가 교환 이전의 가치 합계보다 더 크다"는 것이다. 교환은 무엇인가를 주고받는 두 과정의 단순한 합(合)이 아니라 제3의 새로운 현상이며, 그 속에서 '사고파는' 두 과정은 동시에 다른 과정의 원인이고 결과이다. 그리하여 대상이 양도를 통해서 획득하는 가치는 경제적 가치가 된다.[76]

이때 경제적 가치는 사회와 인간에 엄청난 파급력을 미치는데, 그 계기가 바로 '화폐'의 출현이다. 화폐는 '수단이 목적으로 변화되는 가장 극단적인 보기'이다. 자신의 가치를 화폐라는 수단적 성격, 즉 좀 더 명시적인 가치물로 전환할 수 있는 가능성이 있는 대상 중에서, 화폐만큼 근본적으로 심리적이고 절대적인 가치에까지 도달한 경우는 역사적으로 한 번도 없었다. 시장의 확대와 함께 화폐에의 욕구는 점차 상승하게 되는데, 그 이유는 화폐가 지배할 수 있는 대상의 범위가 끊임없이 증가하고, 대상들은 더욱더 화폐의 힘에 무기력하게 굴복하기 때문이다. 문제는 이 과정에서 화폐 자체는 자신의 특수성을 점차 잃어버림으로써 대상의 모든 성질과의 관계에서 더욱 강력해진다는 점이다.[77]

---

75) 오니시 히로시, 『자본주의 이전의 사회주의와 자본주의 이후의 사회주의』, 121~122쪽.

76) 게오르크 지멜, 『돈의 哲學』, 안준섭 외 옮김(서울: 한길사, 1990), 105, 116쪽.

77) 화폐가 가치의식 속에서 절대화되는 정도는 원시적 생산으로부터 공업적 경영으로 경제적 관심이 이행함에 따라서 변화한다. 현대인과 고대인은 화폐에 대해 상이한 태도를 가지고 있다. 옛날에는 화폐가 소비에만 기여한 반면, 지금은 본질적으로 생산에 기여한다. 이 차이가 화폐의 목적론적 역할에서 아주 중요하며, 이 역할은 경제 전반의 지표가 된다. 과거에는 일반적인 경제적 관심이 생산보다는 소비를 지향했었다. 즉, 지배적인 농업생산과 전통적인 단순 기술은 계속 변모하는 산업보다는 경제적인 의식의 소모를 요구하지 않았다. 그러므로 이 의식은 경제의 다른 측면, 즉 소비에 집중되었다[게오르크 지멜, 『돈의 哲學』, 297~299쪽].

계기는 바로 시장의 확대와 성격의 전환이다. 역사적으로 보면 시장이 인간들의 생명력에 따라 움직이는 전통적이고 '타율적인 조정 기제'에서, 서구의 제국주의적 상업과 19세기 이후 독점적 자본에 의해 발전되어 "걷잡을 수 없는 자기 조정체계로 변화"[78]되면서, '생존과 축제의 장'으로 시장의 힘은 미미해졌고, 토머스 홉스(Thomas Hobbes) 식의 '만인의 만인에 대한 투쟁'[79] 공간이 되어 "인간관계를 철저히 분열"[80]하는 위험이 증대했다.

그 기점은 '자본-임노동관계'를 제도화하는 '노동시장'의 형성이다. 소수의 개인 또는 가족경영일지라도 서서히 노동자를 고용하게 되는 길, 즉 '아래로부터의 자본주의화의 길'로 들어서는 것이다. 이것은 곧 노동력의 상품화가 진척되면서 노동시장이 제도화되는 과정이다. 북한사회에 이 역사가 시작되려는 조짐이 보이고 있으며, 이것은 집단사회의 균열을 초래하고 있다. 그리고 사유재산의 규모에 따른 북한사회의 위계적 계층화와 불평등이 제도화되고 있다.

이렇듯 북한사회에서 시장은 주민 생존의 공간이자 사회균열의 공간으로 작동하며, 북한주민의 의식 변화에 주요 요인으로 작용했다. 한편 20여 년에 걸친 북한의 시장화 경로를 볼 때, 북한의 경제시스템은 이전의 계획시스템으로 복귀될 수 없는 상황이다. 그렇다고 시장시스템으로의 전환 경로가 명확하게 드러난 것도 아니다. 북한경제 시스템은 지난 20여 년 동안 계획과 시장경제가 공존하면서도, '군수·당 경제 = 계획/인민경제 = 시장'이라는 이중경제의 일정한 패턴을 유지했다. 그러나 그동안 우선순위를 유지하던 계획경제 부문에 중하층 분야로부터 시장질서가 침투하면서 이중경제의 질서가 흩어지고

---

78) 칼 폴라니, 『거대한 변환: 우리 시대의 정치적 경제적 기원』, 김수현 옮김(서울: 민음사, 1991), 78쪽.

79) 토머스 홉스, 『리바이어던』, 최진원 옮김(서울: 동서문화사, 2009).

80) 오니시 히로시, 『자본주의 이전의 사회주의와 자본주의 이후의 사회주의』, 122쪽.

불안정성이 중대하고 있다.

계획과 시장이 공존하던 경제시스템의 질서와 무질서 양상이 동시에 확산되고, 과거의 질서가 요동치며 혼돈상태가 진전되고 있다. 계획시스템의 비효율성 대 시장시스템의 확산, 계획주체의 대중동원 대 시장주체의 자발성, 공적 부조의 결여 대 사적 부조의 강화, 지배담론의 지속 대 신념의 변화 등이 북한경제시스템에서 시장화의 불가역성을 보여주고 있다.

시스템을 구성하는 행위자와 상호작용의 요동은 시스템의 불안정성을 증폭시키며 그 시스템의 생존력을 감소시킨다. 북한경제시스템은 계획과 시장이라는 체계의 이원적 작동과 다양한 혼돈으로 나타나는 하위체계들 사이의 부조화와 무질서로 안정적인 평형상태와는 멀어지고 있다.

그러나 아직 새로운 시스템의 질서는 명확히 드러나지 않고 있다. 완전한 혼돈도 아니고 완전한 질서도 아닌 상태이다. 질서와 무질서가 상호작용하며 시스템 전체에 불안정성이 높아지는 상태, 즉 '혼돈의 가장자리'이다. 이 시기 북한 내부의 행위자와 외부 환경의 우연적 요소, 또는 우연한 경로에 의한 상호작용이 새로운 시스템으로의 창발을 추동할 수 있다.

이때 주목할 행위자 상호작용 제도가 북한 시장화 과정에서 성장한 '부·권력 공생 네트워크'이다. 2010년 현재 북한의 부와 권력의 공생관계에 기초해 볼 때, 북한정권의 3대 세습과정에서 실질적 과도정부를 구성하고, 외자유치 등을 위해 대외적 부분개방 전략을 취할 경우, 체제전환의 주요 정치적 기회구조를 창출할 집단은 '부와 권력이 공생하는 네트워크'에 얽혀 있는 자들이다. 이들이 집단화되어 하나의 정치세력이 될 가능성이 높다.

현재 집권엘리트 구조와 세습구조의 지속성과 안정성이 유지되면서 부분적일지라도 외자유치를 위한 개방과 미국과의 빅딜을 추진할 경우, 개혁·개방과정에서 그리고 그 이후 상당한 시기 동안 사회불균형과 빈부격차가 극심해진 소련형 체제전환 유형에 가까워질 것이다.

반대로, 2010년 집권엘리트 구조의 균열과 사회균열이 맞물려 아래로부터 시민사회가 형성되고 외부지원 세력과 연계될 경우, 아래로부터의 비사회주의적 요소 및 주민의식 변화 흐름에 따라 내부로부터 체제전환의 급진전이 이루어질 가능성이 있다.

이러한 체제 전망과 연계되어 미래에 대한 중범위 수준의 예측을 위해서는 앞서 다룬 특징들 외에도 시장주체와 계획주체 행위자들의 속성(attributes)으로 성별·직업·세대·출신/성분·수입·소비·선호 등, 행태(behaviors)로 주요 행위·경제행태·관계행태 등, 상태(states)로 충성·복종·만족·소극적 저항·적극적 저항·연대·갈등·이익 추구 등이 고려되어야 한다.

〈참고 문헌〉

강수택. 1998. 『일상생활의 패러다임』. 서울: 민음사.

김도희. 2007. 『전환시대의 중국 사회 계층』. 서울: 폴리테이아.

김승현. 2008. 「사회적 자본의 구성요소와 상관관계에 관한 연구」. ≪한국정치학회보≫, 제42집, 제2호.

김용학. 2003. 『사회구조와 행위』. 서울: 나남.

김일성. 1983. 「조선로동당 제5차대회에서 한 중앙위원회사업총화보고」. 『김일성저 작집 제25권』. 평양: 조선로동당출판사.

동국대학교 북한일상생활연구센터. 2008. 『북한 일상생활연구의 접근방법 모색』. 제 1회 북한 일상생활연구 학술회의 자료집.

뤼트케, 알프(Alf Lüdtke) 외. 2002. 『일상사란 무엇인가』. 이동기 외 옮김. 서울: 청년사.

르페브르, 앙리(Henri Lefebvre). 1995. 『현대세계의 일상성』. 박정자 옮김. 서울: 주 류 · 일념.

박영자. 2004. 「북한 일상생활의 식민화와 탈식민화」. ≪통일문제연구≫, 제16권, 제2호.

_____. 2009. 「2003년 〈종합시장제〉 이후 북한의 주변노동과 노동시장」. ≪한국정 치학회보≫, 제43집, 제3호.

_____. 2010. 「북한경제시스템의 복잡계 현상」. ≪한국정치연구≫, 제19집, 제3호.

세종연구소 북한연구센터 엮음. 2006. 『북한의 사회문화』. 서울: 도서출판 한울.

양문수. 2007. 『북한의 노동』. 서울: 도서출판 한울.

오니시 히로시(大西廣). 1999. 『자본주의 이전의 사회주의와 자본주의 이후의 사회주 의』. 조용래 옮김. 서울: 한양대학교 출판부.

유홍준. 2005. 『직업사회학』. 서울: 경문사.

이영훈. 2005. 「농민시장」. 세종연구소 북한센터 엮음. 『북한의 경제』. 서울: 도서출 판 한울.

이희영. 2005. 「사회학 방법론으로서의 생애사 재구성」. ≪한국사회학≫, 제39집, 제3호.

임순희. 2004. 『식량난과 북한여성의 역할 및 의식변화』. 서울: 통일연구원.

조정아 · 서재진 · 임순희 · 김보근 · 박영자. 2008. 『북한주민의 일상생활』. 서울: 통 일연구원.

조정아 · 김영윤 · 박영자. 2010. 『북한 시장 진화에 관한 복잡계 시뮬레이션』. 서울: 통일연구원.

좋은벗들. 2006. ≪오늘의 북한소식≫, 제16호.

지멜, 게오르크[짐멜, 게오르그(Georg Simmel)]. 1990. 『돈의 哲學』. 안준섭 외 옮김. 서울: 한길사.

최완규 외. 2006. 『북한 도시의 의식과 변화: 청진·신의주·혜산』. 서울: 도서출판 한울.

폴라니, 칼(Karl Polanyi). 1991. 『거대한 변환: 우리 시대의 정치적 경제적 기원』. 최현수 옮김. 서울: 민음사.

헬러, 아그네스(A. Heller). 2002. 『일상생활의 사회학』. 박재환 옮김. 서울: 도서출판 한울.

홉스, 토머스(Thomas Hobbes). 2009. 『리바이어던』. 최진원 옮김. 서울: 동서문화사.

http://enc.daum.net/dic100/contents.do?query1=b03n4246b(검색일: 2009. 9. 2).

Adler, Patricia A., Peter Adler, and Andrea Fontana. 1987. "Everyday Life Sociology." *Annual Review of Sociology*, Vol.13.

Blumer, Herbert. 1969. *Symbolic Interactionism: Perspective and Method*. Englewood Cliffs, N.J.: Prentice-Hall.

Bourdieu, Pierre. 1986. "The Forms of Capital." in John Richardson(ed.). *Handbook of Theory and Research for the Sociology of Education*. Greenwood Press.

Caughey, John L. 1982. "The Ethnography of Everyday Life: Theories and Methods for American Culture Studies." *American Quarterly*, Vol.34, No.3.

Central Bureau of Statistics. 2009. *DPR Korea 2008 Population Census National Report*.

Coleman, James. 1988. "Social Capital in the Creation of Human Capital." *American Journal of Sociology*, Vol.94.

Davies, Sarah. 1997. *Popular Opinion in Stalin's Russia*. Cambridge.

Davis, Murray S. 1975. "Review symposium." *Contemporary Sociology*, Vol.4, pp.599~603.

Fitzpatrick, Sheila. 1993. "Ascribing Class: The Construction of Social Identity in Soviet Russia." *Journal of Modern History*, vol.65, No.4.

_____. 1999. *Everyday Stalinism: Ordinary Life in Extraordinary Times*. New York.

_____. 2002. *Education and Social Mobility in the Soviet Union 1921~1934*. Cambridge.

Fitzpatrick, Sheila(ed.). 2000. *Stalinism: New Directions*. London.

Fukuyama, Francis. 1995. *Trust: the Social Virtues and the Creation of Prosperity*. New York: The Free Press.

Goffman, Erving. 1961. *Encounters*. New York: Bobbs-Merrill.

_____. 1974. *Frame Analysis*. New York: Harper and Row.

Gonos, George. 1977. "'Situation' versus 'Frame': The 'Interactionist' and 'Structuralist' Analyses of Everyday Life." *American Sociological Review*, Vol.42, No. 6.

Hellbeck, Jochen. 2006. *Revolution on my Mind: Writing a Diary under Stalin*. Mass.

Kotkin, Stephen. 1995. *Magnetic Mountain: Stalinism as a Civilization*. California.

Kuromiya, Hiroaki. 2003. "Political Youth Opposition in Late Stalinism." *Europe-Asia Studies*, Vol.55, No.4.

Maynard, Douglas W. 1996. "On 'Realization' in Everyday Life." *American Sociological Review*, Vol.61, No.1.

Meltzer, Bernard N., John W. Petras, and Larry T. Reynolds. 1975. *Symbolic Interactionism*. Boston: Routledge and Kegan Paul.

Putnam, Robert with Robert Leonardi and Raffaelia Naneffi. 1993. *Making Democracy Work. Civic Tranditions in Modern Italy*. Princeton: Princeton Univ. Press.

Rothman, R. A. 1987. Working: Sociological Perspectives. Englewood Cliffs, NJ: Prentice Hall

Stebbins, Robert A. 1967. "A theory of the definition of the situation." *The Canadian Review of Sociology and Anthropology*, Vol.4. pp.148~164.

Strath, Bo. 1996. *The Organisation of Labour Markets*. Taylor & Francis.

Williamson, Oliver E. *The Economic Institutions of Capitalism*. New York: The Free Press, 1985.

제4장

북한영화 속에 비친 경제문제: 2000년 이후를 중심으로*

전영선

건국대학교 통일인문학연구단 HK연구교수

1. 들어가는 말

현지조사가 불가능한 상황에서 북한영화는 북한 내부를 살필 수 있는 자료가 된다. 물론 한계도 분명하다. 무엇보다 국가 기획에 따라 제작되었기 때문에 국가가 의도한 틀에서 벗어나기 어렵다는 것이 결정적 한계이다. 이 분명한 한계를 고려하지 않는다면 영화를 오독하게 될 뿐만 아니라 북한사회에 대한 왜곡을 낳을 수 있다.

북한에서 영화는 본질적으로 국가 기획의 영역 안에 놓여 있다. 국가의 기획에 의해 만들어지고, 국가의 배급망을 통해 상영된다. 영화는 정책을 인민들에게 전달하고 교양하는 핵심 매체이다. 북한영화 창작에서 중요한 것은 시대적 상황에 대한 당의 해석이고, 그 해석에 맞추어 주제를 형상화하는 것이다. 이는 영화에만 국한되지 않는다. 북한 문학예술 전체에 해당하는 문제이다. 예술창작의 핵심 이론인 '종자론'에서 종자는 창작자가 창작 소재로 찾아

---

* 이 글은 전영선, 「북한영화에 나타난 생활경제 문제: 2000년 이후를 중심으로」, ≪통일인문학논총≫, 제51집(2011)을 전면 개고한 것이다.

낸 '종자'가 아니다. 예술에서 종자는 형상되어야 할 주제로서 국가가 부여한 것이다. 예술가들은 '새로운 종자'를 찾기 위해 고민하기보다는 당 정책에 '맞는 종자'를 찾기 위해 고민한다. 당 정책이라는 검사기를 통과한 영화만이 영화라는 이름으로 유통될 수 있다.

이 글에서 논의하는 2000년 이후 북한영화 역시 당의 검열을 통과한 작품들이다. 당의 검열이라는 정치적 평가의 틀 안에서 논의될 수밖에 없는 북한영화의 본질적 한계를 인정하면서도 북한영화에 주목하는 것은 북한영화의 또 다른 측면 때문이다. 북한영화는 불가능한 현장조사를 대신하는 대체제로서의 기능을 할 뿐만 아니라, 내부에서 인민들에게 읽혀야 하는 존재론적 특성을 가지고 있다.

먹고살기도 힘든 상황에서 영화를 볼 수 있느냐는 질문은 우문이다. 북한영화는 인민들에게 읽혀야 한다. 북한에서 영화를 만드는 목적 자체가 보여주기 위한 것이다. 보여야 할 내용이면 의무적으로라도 보여주어야 한다. 영화에 대한 선택권이 관객에 놓여 있는 우리와는 근본적으로 차이가 나는 부분이다. 민(民)들로 하여금 보게 하려는 것이 북한영화가 존재하는 이유이다.

영화 시설이 충분하지 않은 곳에서는 이동영사대를 설치하여 인민들에게 영화를 보여준다. 군 단위별로 영화보급원이 파견되어 의무적으로 영화를 상영하는지를 검열한다. 어떤 경우에는 보기 싫어도 보아야 하고, 본 영화를 두고 총화에서 발표도 해야 한다. 채널을 선택할 수 없는 방송에서 영화를 상영하면 선택이랄 것도 없이, 텔레비전을 통해서 영화를 보거나 혹은 비슷한 주제의 드라마를 보아야 한다. 영화는 사회적 교양사업과 다름없다. 이처럼 영화는 교양사업에서 중요한 기능을 수행하기에 인민들의 관심문제를 다루어야 한다. 교양 대상으로 인민의 생활을 그려야 한다. 인민 생활과 거리를 둔다면 교양사업의 효과는 미미하기 때문이다. 국가의 기획대로 인민을 이끌어가기 위해서라면 어쩔 수 없이 인민의 생활을 그려내야 한다.

이런 점에서 북한영화는 당 정책과 인민이 만나는 지점에서 다양한 독법이 가능해진다. 우선 당이 원하는 정책의 방향을 읽을 수 있다. 주인공이거나 주인공을 바른 길로 이끌어가는 긍정적 인물을 통해서 '당의 깊은 배려와 사랑'을 과시적으로 보여준다. 교과서적이고 공식적이다. 말하고자 하는 바도 분명하고 나아가야 할 방향도 선명하다. 반대의 지점에 인민의 생활이 놓여 있다. 당의 정책과 어긋나 있거나 거리를 둔 인민의 생활이 드러난다. 김문창의 「열망」, 변창률의 「영근이삭」, 한웅빈의 「딸의 고민」 같은 소설은 검열을 어떻게 통과했을까 싶을 정도로 내부의 고민과 문제를 부분적이기는 하지만 적나라하게 드러낸다. 정책으로 '내리먹이'는 것으로는 해결이 안 되는 생활현장을 포착한다.

이 글의 목적도 2000년 이후에 창작된 영화를 통해 북한의 경제문제, 특히 생활경제문제를 살피는 데 있다. 경제문제를 다룬 영화에 주목하는 것은 2000년 이전과 비교할 때 나타나는 두드러진 특징이기 때문이다. 일상으로서 경제문제는 북한 문학예술의 일상적 창작 소재였지만, 2000년 이후처럼 직접적이고 본격적으로 다루어졌던 예는 없었다. 무엇보다 경제문제를 구호나 동원의 문제로 해결하려던 것과 달리 과학적 방식을 강조하고 있다. 이는 국가 기획으로서 과학화와 연관된 문제이다. 구체적으로 국가 기획의 측면과 이면으로 드러나는 현장을 포착하여 경제문제를 살피고자 한다.

2. 북한영화의 서사전략

영화는 가장 강력하고도 신속한 선전선동의 매체이다. '수령형상'을 가장 먼저 시작한 분야도 영화였으며, 대중을 대상으로 하는 설득전략으로서 가장 폭넓게 활용되는 것도 영화다. 한번 만들어진 영화는 필름과 영사막만 있으면, 이동 상영이 가능하다. 이런 점에서는 영화는 일찍부터 주목을 받았다.[1]

북한영화의 서사문법은 동일하다. 인민생활 현실에서 제기된 문제로부터 출발하여 미래에 대한 낙관적 전망을 제시하는 것으로 끝난다. 북한에서 창작되는 모든 영화에는 장르를 불문하고 이 원칙이 적용된다. 예술은 생활과 분리될 수 없으며, 주체사실주의의 원칙을 떠날 수 없다. 생활의 문제에서 서사는 시작되고, 어려움 속에서도 문제를 해결하고 당의 방침이 무엇인지를 진정으로 깨닫는 것으로 끝을 맺는다. 그 속에서 지도자의 위대한 풍모를 발견하고 사회주의 미래에 대한 낙관적인 전망을 확인하는 것으로 영화의 존재가 결정된다.

북한영화에도 서사가 있으며, 서사의 출발은 갈등이다. 이 갈등에 북한사회의 현실이 반영된다. 물론 북한 문학예술에서 다루는 갈등은 제한적이다.[2] 북한 문학예술에서 다루는 갈등은 해결 가능한 범주의 문제들로 주체의 이념 속에서 해결되는 것이다. 사회의 근본적인 문제의식이나 비판을 담은 이른바 '적대적 갈등'은 다룰 수 없다.[3] 이 점은 북한영화를 분석할 때 반드시 고려되

---

1) "혁명전통을 주제로 한 영화와 소설 같은 것을 많이 만들어내며 문학예술작품을 가지고 사람들을 교양하는 사업을 잘하여야 합니다. 영화는 누구나 보면 내용을 쉽게 알 수 있고 깊은 감명을 받기 때문에 대중교양에서 위력한 수단으로 됩니다. 최근 당의 지도 밑에 예술영화 〈마을사람들 속에서〉와 〈유격대의 오형제〉를 비롯하여 사상예술성이 높은 혁명전통 주제의 예술영화들이 적지 않게 나왔습니다. 예술영화 〈유격대의 오형제〉는 수령님으로부터 높은 평가를 받고 인민상을 수여받은 작품입니다. 이 영화는 오늘 근로자들을 당의 유일사상으로 무장시키고 혁명화, 로동계급화하는 데서 커다란 역할을 하고 있습니다"[김정일, 「청소년들 속에서 혁명전통교양을 더욱 강화할 데 대하여: 조선로동당 중앙위원회 선전선동부 일군들과 한 담화(1969.8.12)」, 『김정일선집 제1권』(평양: 조선로동당출판사, 1992), 475쪽].

2) 한국문화예술위원회 엮음, 『100년의 문학용어사전』(서울: 아시아, 2008), 406쪽 참조.

3) "다음으로 문학예술작품에서의 갈등문제에 대하여 간단히 말하겠습니다. 영화창작에서도 그렇고 다른 예술작품을 만드는 데서도 그렇고 갈등문제를 옳게 처리하는 것이 중요합니다. 끊임없이 변화발전하는 사회의 현실 속에는 긍정적인 사실도 있고 부정적인 사실도 있으며 이러저러한 모순이 있기 마련입니다. 사회생활을 반영하는 문학예술작품에는 이러한 여러 가지 긍정적 사실과 부정적 사실, 모순들이 반영되지 않을 수 없으며 여기에서 갈등문제가 나서게 됩니다. 문학예술작품에서의 갈등의 성격은 어떤 사회제도를 반영하는가에 따라 서로 다릅니다. 자본주의사회에서는 사회적 모순이 적대적 성격을 띱니다. 그러므로 자본주의사회의 현실을 취급한 문학예술작품에서는 긍정과 부정과의 충돌이 적대적인 것으로 나타나며 갈등은

어야 할 점이다. 현실을 반영한다고 해도 문제를 본질적으로 드러내지 못한다는 한계가 존재한다. 그럼에도 영화에서 제기되는 여러 문제가 북한 당국이 개선하고자 하는 현실이라는 점은 분명하다. 현실의 문제를 드러내지 않고서는 서사가 존재할 수 없다. 북한의 모든 예술영화는 크든 작든 현실문제를 드러내는 것에서 출발한다.

북한영화가 내부문제에 천착할 수 있는 또 다른 근거는 '인민성의 원칙'에 있다.[4] 인민을 사상적으로 교양하고, 경제활동에 참여시키기 위해서는 인민생활의 절실한 이야기를 그려야 한다. 인민성이 강조되는 것은 문학예술이 선전, 선동을 목적으로 하기 때문이다. 북한에서 문학예술은 작가의 창작적 개성이나 흥미를 위해 존재하는 것이 아니다. 인민에게 보이고 읽히는 것이 우선이다. 따라서 인민이 생활 속에서 자신의 일로 느낄 수 있는 이야기를 담아야 한다. 현실과 거리가 먼 작품은 인민들이 잘 읽지도 않을 뿐만 아니라 작품에 대한 혹독한 비판을 면할 수 없다.

서사로서 북한영화가 그려야 하는 갈등과 창작 원칙으로서 지켜야 하는 '인민성'이 만나는 지점에 인민생활의 현실이 있다. 인민생활의 절실한 소재를 선택하여 당이 원하는 방향으로 풀어가는 과정에서 정책적 규율에 재단되지 않은 북한주민의 의식과 생활상이 자연스럽게 드러난다. 인민에게 전달하고 교양하고자 하는 문제들은 바로 북한사회가 고민하고 있는 현장의 문제이기

적대적 성격을 띱니다. 이와는 반대로 사회주의사회에서는 사회적 모순이 적대적인 성격을 띠지 않기 때문에 사회주의사회 근로자들의 생활을 반영한 문학예술작품에서의 갈등은 적대적 성격을 띠지 않습니다. 그러므로 이런 문학예술작품에서 긍정과 부정의 충돌이 결렬에 이르는 것으로 되어서는 안 되며 갈등이 해결될 수 없는 것으로 되어도 안 됩니다"[김일성, 「조선2·8예술영화촬영소의 몇 가지 과업에 대하여: 조선2·8예술영화촬영소 일군들 앞에서 한 연설(1971.10.22)」, 『김일성저작집 제26권』(평양: 조선로동당출판사, 1984), 448쪽].

4) 인민성이란 인민들의 생활을 종자로 하여 인민들의 정서와 감성, 인민들의 이해와 요구, 인민들의 눈높이와 현실을 바탕으로 작품을 창작해야 하는 원칙이다. 이에 대해서는 전영선, 『북한의 문학예술 운영체계와 문예이론』(서울: 역락, 2002) 참조.

때문이다.

2000년 이후 북한영화는 이른바 '새로운 세기'인 21세기의 국가 발전의 전략과 강성대국으로서의 전망을 제시한다. 북한이 규정한 '새로운 세기'는 지난 세기의 어려움을 극복하고 강성대국을 향해 나아가는 세기이다. 북한이 그린 새로운 세상, '강성대국' 건설의 전망은 현실적으로 그리 밝지 않다. '고난의 행군'의 여파는 계속되고 있고, 최악의 상황은 피했다고 하지만 경제의 상당 부분은 아직 회복되지 않았다. 국가 차원에서 감추려고 해도 감출 수 없는 상황이다. 국가의 기획만으로는 가릴 수 없는 범국가적 위기 상황이었기 때문이다. 위기가 지속되고 있는 상황에서 '강성대국 건설' 주장은 현실과 거리가 멀다. 국가의 기획이 현실과 멀어질수록 국가 기획은 인민생활 차원에서 작동되기 어렵다. 목표가 구체적이고 분명할 때, 그리고 그 목표를 이룰 가능성이 높을 때, 국가적 동원은 추진력을 얻는다. 미래의 목표가 불투명하고 환상에 불과할 때엔 추진력을 상실한다. 북한 당국은 새로운 세기의 비전을 달성할 수 있는 구체적인 방법을 제시할 필요가 있었다.

피폐된 북한의 현실 속에서 강성대국이라는 이상적 목표를 연결하는 다리는 '과학기술'이었다. 북한은 과학기술을 통해 강대국 건설의 희망을 제시했다. '광명성 발사'는 과학기술력을 상징하는 코드였다. 광명성 발사 이후 성공과 실패를 떠나 '광명성'의 의미를 반복적으로 재생산했다. 북한의 주장대로 '인공위성'을 자체적으로 발사할 수 있다는 능력을 보여주는 것이 절실했기 때문이다. 'CNC(Computerized Numerical Control)', '주체철'의 성과 역시 구체적인 경제 유발 효과 측면보다 과학기술의 구체적인 업적이라는 상징성의 측면에서 강조되었다. 이렇게 과학기술을 통해 북한의 어려운 경제 여건을 극복하고 일시에 강성대국으로 진입할 수 있다는 희망을 인민들에게 각인시켜나갔다. 현실의 어려움이 아니라 미래에 대한 희망이 삶의 동력을 만들어내고, 인민이 국가 기획에 참여하도록 만들기 때문이다.

2000년 이후 북한영화는 북한체제의 회생과 발전 가능성으로 제시된 과학기술을 집중적으로 조명한다. 과학화가 왜 필요한지, 어떻게 경제현장에서 받아들여야 하는지, 성공한 사례는 어떤 것이 있는지를 전면적으로 보여주기 시작한다. 과학기술은 현장의 기술 개선이나 과학 발전을 통한 생산력 향상의 차원을 넘어 국가의 명운(命運)이 걸린 총동원의 중심으로 의미화되고 있다. 따라서 북한영화는 과학기술을 어떻게 생활에 접목시켜야 하는지, 과학기술이 얼마나 중요한지를 드러내려는 국가 기획에 충실하게 복무한다.

3. 2000년 이후 북한영화의 특성

1) '고난의 행군'의 호명

2000년을 즈음하여 북한영화는 '고난의 행군'을 호명한다. 호명의 주체는 국가였다. 국가 차원에서 호명하는 고난의 행군은 '회고담'의 형식을 빌렸다. 회고담은 인식적으로 과거의 영역에 속한다. 즉, 국가에서는 고난의 행군을 과거의 일로 불러오는 것이다. 과거의 영역, 현재의 이야기가 아닌 지나간 이야기로서 '고난의 행군'을 호명함으로써 역설적으로 고난의 행군은 역사적으로 종결되었다는 것을 의미한다.5)

역사적으로 과거를 호명할 때는 언제나 원인과 결과에 대한 판단이 이루어진다. 고난의 행군도 예외는 아니었다. 고통스러웠던 문제인 만큼 이에 대한 역사적 판단은 중요했다. 북한 당국은 고난의 행군을 고통스러운 패배이기보

---

5) 북한 문학예술에는 반드시 지난 시기의 문제점과 한계를 회고하는 이야기가 들어가야 한다. 회고는 낭만을 곱씹거나 추억을 더듬는 여행이 아니다. 현재의 삶과 대비되는 쓰라린 과거에 대한 기록이자 각성이다. 광복 이후 회고의 대상은 '일제강점기'였고, '전후복구건설기' 이후에는 '전쟁'이었다. 과거를 돌이켜보면서 현재를 이겨내고 미래에 대한 전망을 열어간다는 기획의 일환인 것이다.

다는 승리로 기억하고자 했다. 그래서 고난의 행군으로 인민이 받은 상처를 치유하고, 이것이 국민적 통합의 서사로 기억되기를 원했다. 이에 고난의 행군의 원인을 '제국주의의 봉쇄'라고 규정했으며, 고난의 행군은 '사회주의에 대한 신념이 확고하지 못하면 사상적 공백이 생기고, 이 사이로 부르주아 생활양식이 침습'한다는 교훈을 남긴 역사적 사건임을 강조했다. 따라서 고난의 행군은 인민이 정치사상적으로 얼마나 견고했는지를 평가하는 시험대로 변모했다. 영화는 어려움을 이기고 승리한 자들의 이야기를 통해 사상적 통합의 서사를 만들어나갔다. 과거가 된 고난의 행군을 돌아보면서 그 자체의 모습을 드러냈고, 영화 속 '승리자'를 통해 미래를 전망했던 것이다.

고난의 행군을 다룬 대표적인 영화 〈어제, 오늘 그리고 래일〉과 〈자강도 사람들〉은 이러한 기획에 충실하다. 〈민족과 운명〉의 〈어제, 오늘 그리고 래일〉편은 선택의 기로에 선 사람들을 통해 혁명적 신념을 강조하고,[6] 〈자강도 사람들〉을 통해 본보기를 창조한다. 특히 조선예술영화촬영소가 제작하고, 2001년 5월에는 조선중앙TV를 통해서도 방영된 〈자강도 사람들〉은 고난의 행군을 직설적으로 그려냈다. 〈자강도 사람들〉은 고난의 행군 시기에 전력난과 식량난이 극도로 심각했던 자강도를 배경으로 건설돌격대 여단장 강호성이 '전기는 나라의 신경'이라고 했다는 김일성 교시를 받들어 중소형발전소 19개를 건설해간다는 이야기이다.[7]

---

6) '고난의 행군'에 대한 의식문제를 전면에 다룬 영화는 2001~2003년까지 9부작으로 제작된 〈민족과 운명〉 중 〈어제, 오늘 그리고 래일〉이다. 북한의 '고난의 행군' 시기를 배경으로 한 이 작품은 김일성종합대학교 동창생인 차경심, 송숙, 분희와 부부를 주인공으로 한다. 북한에서는 "차경심, 송숙, 분희와 그들 부부의 인생행로를 통하여 혁명적 신념문제가 조국과 민족을 위한 참된 삶을 꽃피우는 데서 얼마나 중요한 것인가를 철학적으로 깊이 있게 보여준다"고 평가한다[『조선중앙년감 주체91(2002)』(조선중앙통신사, 2002), 187쪽].

7) 영화 〈자강도 사람들〉은 북한이 겪고 있는 식량난의 현실을 생생히 담은 영화로, "이 혁명 역사에서 또 한 차례 고난의 행군으로 불리던 90년대 중반, 이 땅에는 준엄한 시련의 날과 날들이 끝없이 흘러갔다"는 내레이션으로 시작한다. "하룻밤 자고 나면 또 어디에서 사람들이 쓰

'자재는 받을 곳도 줄 곳도 없'는 상황에서 강냉이 40알을 식량으로 삼아 일하는 건설현장에서 벌어지는 이야기를 담은 〈자강도 이야기〉는 고난의 행군 당시의 경제 상황을 여실히 드러낸다. 힘들게 일하는 돌격대원들에게 먹을 것으로 강냉이 40알을 차마 세어 나누어 주지 못하는 향실이나 명예군인 출신으로 후방사업(먹거리 해결)을 책임진 참모였다가 눈보라 속에서 이탄(泥炭)을 캐다 죽은 송만호는 자강도의 현실을 드러낸 것이었다. 송만호는 먹을거리가 떨어지자 눈보라 속을 이탄을 캐러 떠난다. 이탄은 완전히 탄화되지 않은 상태의 석탄을 말하는데 자강도 주민들이 이탄을 먹어왔다는 것은 탈북자 증언으로도 나온 바 있다. 송만호는 눈밭에서 만난 한 할머니에게 "이탄을 그냥은 먹기 어렵지만 옥수수 가루를 반반씩 섞으면 먹을 만하다"는 설명을 듣고는 이탄을 찾아 나섰다가 눈보라 치는 벌판에서 동사한다. 죽은 송만호를 묻으면서, "우리는 지금 희생된 동지의 시신을 언 땅에 묻었습니다. 내일은 또 누가 우리 곁을 떠나게 될지 그것도 아직 아무도 모릅니다. 피눈물을 뿌리며 시작한 이 고난한 행군이 이처럼 가슴 아픈 희생을 가져오리라고 생각해본 사람도 없었고, 음식이라고 말할 수도 없는 풀뿌리, 나무뿌리, 이탄덩어리를 먹으리라고 상상해본 사람도 없었습니다"라는 절규는 고스란히 고난의 행군 시기를 지나온 사람들의 탄식과 같았다.[8]

현실은 적나라하게 드러내지만 해결 방식은 여전히 정치적이다. 영화는 '충성'으로 문제를 해결한다. 〈자강도 사람들〉의 주제는 '고난의 행군이 끝났지

러졌다. 또 어느 공장이 멎어버렸다. 뼈를 깎아내는 듯한 아픔이 온 나라를 휩쓸고 있는데 ······"로 이어지는 내레이터의 목소리가 폭풍한설이 몰아치는 영상 위로 흐르는데, 휘몰아치는 눈보라는 고난의 행군 시절 당시의 어려움을 상징적으로 표현하는 것이다. 〈자강도 사람들〉은 2부작으로 제작되었고, 전편에서는 고난의 행군 시기 어려웠던 현실을, 후편에서는 희망의 메시지를 전달한다.

8) 〈자강도사람들〉과 관련한 정보는, 영화진흥위원회, 『북한영화 종합정보망구축을 위한 기초조사 I : 2000년~2006년 북한영화 텔레비전드라마 정리』(서울: 영화진흥위원회, 2007), 54~58쪽 참조.

만 쉬지 못하고 인민을 이끌며, 온몸으로 고난의 시기를 견디고 있을 위대한 장군님에게 충성을 다하자'는 것이다. 관제예술의 주제 의식에서 벗어나지 못하는 것이다. 하지만 표현방식은 확연히 달라졌다. 드러내기 어려웠던 현실을 솔직히 드러낸다. 고난의 행군이라는 지긋지긋한 과거를 돌아볼 수 있는 것은, 그것이 '과거'이기 때문이다. 일상에서 과거는 추억할 수 있는 힘을 준다. 아무리 어려웠던 일도 지나면 추억이 되고, 복기할 수 있는 힘을 얻는다. 과거의 상처가 '트라우마'로 남는다면 그것은 시간의 공백을 넘어 오늘의 현실문제가 되지만, 과거의 영역으로 규정하는 순간부터 돌아볼 수 있게 된다.

북한은 영화를 통해 공식적이고 의례적으로 고난의 행군을 돌파했고, 이에 대한 승리를 선언했다. 너무도 힘들고 어려웠지만 2000년을 기점으로 고난의 행군은 집단적 추억으로서 과거가 된 것이다. 고난의 땅 자강도는 승리를 상징하는 지역이 되었다. 승리자의 고향, 고난의 행군 시기를 견뎌낸 영웅의 고향으로 위상이 달라졌다. 자강도는 어려움을 이길 수 있다는 희망, 미래를 향한 동력과 희망의 땅으로 규정되었다.[9] '강계정신(江界精神)'은 고난을 극복한 자강도의 정신으로 가장 모범적인 사례로 제시되었다.[10]

2) 경제문제의 전면화

과거와 미래는 현재를 기점으로 나누어진다. 과거의 고난이 회고됨과 동시에 미래에 대한 전망이 제시되어야 한다. 현실적인 상황도 그렇게 되어야 '고

---

9)　북한의 최북단에 위치한 자강도는 살기가 척박해 주민들 사이에서 '자갈도'라고도 불리는데 1998년 1월 김정일 국방위원장의 현지지도 이후 '자강도를 본받자'는 구호와 함께 이른바 '강계정신'의 근원지가 되면서 '고난'의 극한 속에서 이를 극복하는 모범으로 부각되어왔다.

10)　강계정신의 핵심은 국가의 지원 없이 모든 것을 자급하여 해결하고, 북한 공업 부문의 모범으로 꼽히고 있는 자강도의 중심 도시 강계시에서 따온 말이다. 강계정신이란 모든 문제를 자력으로 해결해나가는 정신을 의미한다.

난의 행군'은 온전한 과거가 된다. 미래에 대한 전망은 경제를 통해 제시되었다. 고난의 행군이 주로 경제적인 문제였기에 해결의 전망 역시 경제를 통해 제시된 것이다. 2000년 이후 북한영화가 경제문제를 전면화하고 앞으로 어떻게 살아야 하는가에 대한 구체적인 문제에 초점을 맞추어야 하는 이유였다.

북한영화는 이전처럼 밤새워 햇불을 들고 현장에 동원되는 것으로 이야기를 풀어나가지 않는다. 당성을 높이고, 당의 정책에 따라야 한다고 강요하지 않는다. 비교적 냉철하게 경제문제에 대한 해법을 제시한다. 정치적 열정보다는 과학적 합리주의로 풀어갈 것을 교양한다. "과학기술상식을 높이는 데 도움을 줄"[11] 과학영화, "정보산업시대의 요구에 맞게 나라의 최첨단과학기술을 세계적 수준으로 끌어올리며 기업 관리에서 실리를 보장하는 데 이바지할 과학영화"[12]를 통하여 컴퓨터를 비롯한 과학기술 정보를 제공했다.

〈부부지배인〉(조선예술영화촬영소, 2001)을 비롯하여 경제문제를 다룬 영화들은 새로운 세기에 맞는 사업방법이 무엇인지를 구체적으로 제시한다. 경제적 실리가 무엇이며, 인민경제 건설이 왜 중요한지 하나하나 짚어가면서 설명해준다. 마치 성공한 기업이나 우수 사례를 영화로 만들어 소개하는 것과 같다. 은유나 비유는 줄어들고 설명은 길어졌다. 상대적으로 재미는 적어지고 정보는 많아졌다. 인민을 대상으로 한 계몽적 성격이 강화된 것이다. 경제 관련 영화의 주제는 양식문제, 공장의 생산성문제, 농촌문제, 품질개선문제 등 매우 다양하다.

2000년 이후 경제문제를 주제로 한 영화는 다음과 같다. 바닷가 조개양식장 건설을 주제로 한 영화 〈내고향 바다〉(평양연극영화대학, 2005), 생산현장의 과학화와 실리를 강조한 〈부부지배인〉, 〈새령마루에로〉(조선예술영화촬영소, 2005), 〈조국땅 한 끝에서〉(2003), 품질개선을 주제로 한 〈봄향기〉(조선예술영

---

11) 『중앙예술년감 주체91(2002)』(조선중앙통신사, 2002), 186쪽.
12) 『중앙예술년감 주체92(2003)』(조선중앙통신사, 2003), 208쪽.

화촬영소, 2005), 양어장과 발전소 및 농촌건설을 주제로 한 〈그들은 제대병사였다〉(조선예술영화촬영소, 2002), 군대에 자원하여 6년이나 더 복무하고 대홍단 감자협동농장으로 자원한 병사와 그를 기다리는 여인을 주제로 한 〈기다리는 처녀〉(조선예술영화촬영소, 2002), 자체적으로 양어장과 버섯재배장을 건설하는 〈새로 온 처녀인수원〉(조선중앙텔레비전, 2004), 광명성 제염소 건설 현장을 소재로 한 〈부부수첩〉(2000), 전력 생산을 위해 목숨을 걸고 석탄을 캐는 탄광돌격대의 이야기를 다룬 〈민들레 꽃다발〉(조선예술영화촬영소, 2004) 등이 있다.13) 북한영화에서 이처럼 단기간에 그것도 다양한 경제문제를 다룬 적은 없었다. 2000년 이후에 등장한 이 같은 경향은 북한이 경제문제를 전면적으로 제기하고 다루고 있음을 확인시켜준다.

북한영화에서 인민생활과 관련한 경제문제가 본격적으로 제기되기 시작한 것은 현실정치와 관련이 있다. 2000년부터 표면화되기 시작한 인민의 생활문제는 북한정권의 향배와 관련한 핵심 사안으로 제기되고 있다. 2000년 이후 매년 공동사설을 통해 인민생활을 강조할 만큼 북한정권에 중요한 문제가 되었다.14) 이처럼 인민생활문제가 강조되는 이유는 인민생활과 직결된 경제문

---

13) 개별 영화에 대한 정보는 영화진흥위원회, 『북한영화 종합정보망구축을 위한 기초조사 I : 2000년~2006년 북한영화 텔레비전드라마 정리』 참조.

14) 김정일은 2000년 1월 1일 ≪로동신문≫ 신년 공동사설, "당창건 55돌을 맞는 올해를 천리마대고조의 불길 속에 자랑찬 승리의 해로 빛내이자"를 통해 경제정책을 '혁명적 경제정책'으로 평가하면서, 인민생활을 높이기 위한 경제정책 관철을 강조했다. 이어 2000년 7월 4일 ≪로동신문≫과 ≪근로자≫ 공동논설, "과학중시사상을 틀어쥐고 강성대국을 건설하자"에서도 과학기술을 통한 인민생활의 향상을 강조했고, 2000년 8월 1일 당 창건 55돌을 즈음하여 발표한 '조선로동당 중앙위원회 구호'에서도 "당의 구상을 높이 받들고 인민생활문제를 결정적으로 풀어나가는 것은 우리 앞에 나선 중요한 과업이다"를 채택하는 등 인민생활경제문제를 본격화했다. 2001년 공동사설을 통해 '인민적 시책이 실제적으로 나타나야 한다'거나 2002년 "인민생활을 보다 윤택하게 해야 한다", 20003년에는 "인민들에게 남부럽지 않는 행복한 생활을 마련해주어야 한다"고 강조했으며, 2004년, 2005년, 2006년에는 "경제건설과 인민생활에서 결정적인 전환을 가져와야 한다"고 강조했다. 강성대국 건설에 필요한 경제건설을 위하여 인민들에게 2007년과 2008년 신년 공동사설 등을 통하여 "경제 건설에 모든 힘을 집중하자", "전당, 전국, 전민이

제가 체제 유지와 직결된다고 인식하기 때문이다. 당면한 생활경제문제를 영화에 반영하면서 인민생활과 관련한 주제가 전면에 부각된 것이다.[15]

2000년 이후 북한영화는 경제문제를 반복적이고 구체적으로 강조한다. 영화에서는 경제정책의 방향과 사례가 분명하게 드러난다. 상대적으로 예술적 은유나 재미는 반감한다. 영화가 경제문제를 다루기보다는 그 자체를 알리기 위한 수단으로 활용되고 있다. 북한영화가 영화의 예술성을 포기하면서까지 구체적으로 제시하는 주된 주제는 실리, 국가경제, 과학화로 정리된다.

2000년 이후 북한경제의 최대 화두는 '실리'이다. 실리는 사회주의 경제체제를 유지하면서도 경제적 효율성을 높이는 것이다. 실리주의를 가장 분명하게 보여주는 영화로는 〈부부지배인〉이 있다. 〈부부지배인〉은 21세기 경제 강국 건설을 위한 투쟁과정에서 일꾼들이 새롭게 가져야 할 '일본새(일하는 본보기)'와 '사업작풍(사업하는 태도)', '사업방법'의 모범을 제시한 작품으로 평가받는다.[16] 영화의 자세한 내용은 다음과 같다. 〈부부지배인〉의 주인공은 석근 부부다. 공장 지배인으로 부부가 된 두 사람은 각각 새로운 사업방식과 낡은 사업방식을 대표한다. 남편 석근은 당에서 요구하는 목소리를 대변한다. 석근은 과학연구소에서 연구사로 근무하다 공장지배인으로 발령을 받는다. 공장 지배인으로 과학자를 파견한다는 설정이 눈에 띤다. 이는 과학적 합리주의를

떨쳐나 경제강국 건설을 위한 총공격전을 벌려야 한다", "강성대국건설의 주공전선은 경제전선이다", '오늘의 총진군의 주되는 과업은 인민생활을 빨리 높이는 문제', '인민생활 제일주의' 등의 표현을 통해 인민생활 경제를 강조하고 있다.

15) 실제 창작현장에서는 경제와 관련한 주제의 영화가 상당한 비중을 차지하지만, 창작 성과를 평가하는 자료에는 잘 드러나지 않는다. 2000년 이후 『조선중앙년감』에서 소개하는 영화의 대부분은 선군시대의 정치를 주제로 한 영화들이다. 창작현장과 평가 사이의 차이는 선군시대의 사상문제가 핵심이라는 사실을 드러낸 것이다. 상대적으로 창작현장에서 경제를 주제로 한 영화 비중이 높아졌다는 것은 현실적인 개선이 필요하다는 인식이 있기에 가능한 일이다.

16) "21세기 경제강국 건설을 위한 투쟁에서 우리 일군들의 일본새와 사업작풍, 사업방법이 어떠해야 하는가를 생동하게 보여주는 예술영화 〈부부지배인〉을 비롯하여 사상예술성이 높은 영화들을 창작 완성했다"[『중앙예술년감 주체91(2002)』, 186쪽].

공장 건설현장에 접목시켜 공장 운영을 혁신하자는 북한 당국의 의도를 보여준다. 석근은 당의 의도대로 합성수지 공장 지배인으로 부임하면서 공장의 낡은 관습을 합리적·과학적·실리적인 방법으로 바꾸어나간다.

반면 석근의 아내 옥녀는 장(醬)공장의 지배인으로 낡은 사업방식을 고수한다. 옥녀는 공장 모터가 고장 나자 에너지 효율을 고려하지 않고 생산에 차질이 있을 것을 걱정하면서 용량이 큰 모터를 가동하여 생산을 계속한다. 또한 장공장의 품질에 문제가 있다고 주민들이 불만을 제기하지만 아랑곳하지 않는다. "먹는 데 지장이 없으면 된다"면서 주민들의 요구를 '배부른 소리'로 치부하고 계속 생산을 독려한다. 그 결과 중간 평가에서 옥녀네 공장은 다른 공장을 제치고 1등을 할 수 있었다.

남편 석근은 생산에 연연해하지 않으면서 공장에서 제기된 문제들을 하나하나 개선해나간다. 두 시간이나 걸리던 회의를 정시에 시작하여 핵심사항을 중심으로 진행함으로써 15분으로 단축한다. 시간이 걸리더라도 컴퓨터를 활용하여 비효율적인 공정을 개선하면서 에너지 낭비를 줄여나간다. 생산현장에 과학을 도입하여 생산성을 높이고, 효율을 중심으로 에너지 낭비를 없애는 것이야말로 북한경제가 지향하는 목표인 것이다. 영화는 석근을 통해 당에서 제시하는 과학과 생산의 결합이 어떻게 이루어져야 하는지를 직접적이고 구체적으로 보여준다.

영화 〈새령마루에로〉에서는 실리문제가 이보다 심각한 갈등으로 나타난다. 〈새령마루에로〉에서 갈등은 불량률을 낮추는 문제이다. 생산 목표를 초과하는 실적을 올렸지만 불량률이 높은 공장을 어떻게 할 것인가를 두고 갈등이 첨예하다. 불량률을 개선하기 위해서는 공장 가동을 멈추고 공정을 개선해야 하는데, 그렇게 되면 생산량에 차질이 생기고, 이에 대한 책임문제를 두고 심각한 갈등이 발생한다. 생산량을 초과달성하더라도 불량품이 많아 제품을 수리하는 비용까지 포함하면 오히려 손해라는 문제를 드러내는 것은 의미하는 바가 크다. 불량률은 드러나지 않지만 생산량은 대외적으로 드러나는 것이다. 드러나는 실적과 효과가 잘 드러나지 않은 실리 사이의 이와 같은 갈등은 결국 실리를 선택하는 것으로 봉합된다.

영화 〈새령마루에로〉에서는 '실리는 남에게서 나타나는 것이 아니라 자체의 기술 발전과 기술 혁신으로 이룩하는 것'이라며 공장 가동을 중단하고 근본적인 대책을 강구하는 장면을 연출한다. 공장의 불필요한 요소를 점검하고 개선해나가자는 국장에게 지배인은 노동자들에게 일감을 줄 게 없다며 반발한다. 성공 여부도 확신할 수 없는 상황에서 새로운 기계를 도입하려다 노동자들에게 몇 달 동안 임금을 주지 못하면 그 책임은 누가 지느냐는 것이다. 하지만 국장은 인민경제도 중요하지만 실리에 맞지 않는 공장은 폐기되어야 한다는 주장에 따라 공장 가동을 중단하고 새로운 기계 개발에 나선다. 몇 번의 실패 끝에 마침내 새로운 기계 생산에 성공한다. 이 같은 서사에는 당장 노동자들에게 필요한 것은 오늘의 일자리일지 모르겠지만, 이것만을 좇아서는 실리를 잡을 수 없다는 인식이 깔려 있다. 생산량을 초과달성한 경우에도 실리에 맞지 않으면 과감하게 고쳐야 한다는 강한 메시지가 담겨 있는 것이다.

북한 당국이 이처럼 실리를 강조하는 것은 전체 국가 경제와 관련되기 때문이다. 생산량은 개별 공장의 성과와 관련되지만 실리는 국가 경제와 관련된다. 〈부부지배인〉이나 〈새령마루에로〉에서 나타났듯이 모든 공장이 당장의 실적 위주로만 운영된다면 국가 경제의 효율성은 오히려 떨어질 수 있다. 아울러 생활용품에 대한 불만 역시 온전히 국가에 대한 불만으로 이어질 수 있다. 경제적 실리를 살리는 것은 곧 국가 수준에서 이루어지는 자원의 재분배 차원과 연관된다. 현재 북한경제에서 국가경제보다는 개인의 이익을 우선하는 현상은 어렵지 않게 발견할 수 있다. 개인의 이익을 앞세워 국가의 재산을 함부로 하거나 소집단의 이익을 앞세우는 것은 일반적인 현상이 되었다. 따라서 북한 당국은 영화를 통해 국가 차원의 자원 재분배, 효율적 자원 분배 차원의 실리를 강조하는 것이다.

실리를 위해 동원되는 도구는 과학이다. 과학기술의 활용과 신기술을 '결사적' 도입해야 한다는 절실한 과제를 제시한다. 〈세대의 임무〉(조선예술영화촬영소, 2002)는 과학기술의 중요성을 제시한 영화이다.[17] 〈세대의 임무〉에서 강조하는 것은 기술혁신의 절박함이다. 공장 연구소의 신임 소장으로 임명된 신혁은 존경하던 스승의 연구 주제를 빼앗아온다. 평생을 과학기술 분야에 종사해온 존경받는 과학자인 스승의 연구 주제라는 것을 알면서도, 컴퓨터를 활용할 줄 모르는 스승이 연구를 감당할 능력이 없음을 알고 스승을 비판하면서 연구 주제를 자신의 것으로 돌린다. 스승은 그런 신혁의 마음을 이해하고, 오히려 신혁을 변호한다. 국가 경제에서 절실한 문제인 해당 연구 과제를 해결할 수 있는 것은 신혁처럼 컴퓨터를 활용할 줄 아는 새로운 세대라는 것을 알기 때문이다. 신혁과 신혁의 능력을 인정하는 스승의 모습에는 과학자의 아름다운 인간관계를 넘어서는 절박함이 배어 있다. 과학자에게 기술개발은 인정의 문제가 아니라 생사를 결정하는 전투이기 때문이다.

과학기술과 관련하여 주목할 만한 영화로 〈한 녀학생의 일기〉(2006)가 있다. 〈한 녀학생의 일기〉는 과학자인 아버지의 진정성을 깨닫고 아버지의 뒤를 이어 과학의 길을 걷기로 결심하는 수련의 이야기이다. 수련의 아버지는 과학자이지만 박사증도 없이 먹고 자는 것 외에 오직 연구에만 몰두한다. 수련은 집안을 돌보지 않는 아버지를 서운해한다. 연구를 위해 밤낮으로 일만 하는 아버지가 서운했던 수련은 담임선생에게 "아버지가 없다"라고까지 말한다. 수련의 어머니는 묵묵히 남편을 돕는다. 외국자료를 번역하면서 아버지의

---

17) 〈세대의 임무〉에는 청남방직공장 공업실험소 신임 소장으로 취임한 신혁이 원들의 연구계획서를 검토하고 연구 과제를 합리적으로 조정하는 장면이 나온다. 이런 신혁이 림진규의 연구계획서를 받아보고는 고민에 빠진다. 림진규는 신혁에게 논문 작성법을 가르쳐준 인간적으로나 학문적으로나 존경하던 선배 연구사였다. 신혁은 컴퓨터 자료를 활용하면서 림진규를 도와주지만 능력의 한계를 깨닫는다. 림진규는 컴퓨터를 활용할 줄 모르는 구세대 학자였다. 마침내 신혁은 반드시 성공해야 한다는 일념으로 공개석상에서 림진규의 연구 능력을 비판하면서 자신이 직접 연구를 하겠다고 나선다.

힘이 되어주지만, 아버지에게 따뜻한 사랑을 받지 못한다. 어머니가 암수술을 받게 되던 날에도 아버지는 병원조차 다녀가지 않는다. 수련은 이런 아버지를 원망하며, 아버지가 원하는 이과대학에 진학하기를 거부한다. 아버지 문제로 갈등하던 수련은 아버지가 일하는 현장을 찾는다. 공장현장에서 국가를 위해 일하는 아버지의 모습을 보면서, 아버지의 길, 과학자의 길이 얼마나 귀중한 것인지를 깨닫는다. 과학자가 되어 국가에 충성을 다하기로 결심한 수련은 이과대학에 입학한다.[18]

국가에서 필요로 하는 실제 과학자를 모델로 한 〈한 녀학생의 일기〉는 북한에서 '실력전의 된바람'이라는 평가를 받은 성과작으로, "선군시대 참다운 인생의 가치는 어디에 있으며 순결하고 아름다운 삶이란 무엇인가를 깨우쳐주는 영화",[19] "선군시대 우리 인민들의 기쁨과 행복은 어디에 있으며 새 세대 청년들의 참다운 리상이 무엇인가를 하는 물음에 훌륭한 해답을 주는" 영화로 평가된다.[20]

3) (제대)군인을 통한 문제 해결

선군시대의 주인공은 군인이다. 선군정치는 일상의 담론으로 작동되고 있다. 2000년 이후 영화의 주인공도 제대군인들이다. 작중 인물의 회고담도 군대시절로 돌아간다. (제대)군인들은 과거 혁명선배가 있던 자리에서 그들의

---

18) 2006년 8월 개방하여 800만 명이 관람하는 기록을 남긴 최대 흥행 영화의 하나로 손꼽히며, 2007년 칸영화제에서 소개된 〈한 녀학생의 일기〉는 과학기술 발전을 위한 희생과 후원을 주제로 한 영화이다[이명자, 「실리 사회주의 시대를 구현한 영화 〈한 여학생의 일기〉」, 『2002년 7·1경제관리 개선조치와 북한영화』, 이화여자대학교 통일학연구원·동국대학교 대중문화연구소 학술대회 자료집(2008.12.17), 53쪽 참고].

19) 한룡숙, 「영화발전의 새로운 전환을 열어놓으며」, 《조선예술》(2006.12).

20) 『중앙예술년감 주체96(2007)』(조선중앙통신사, 2007), 201~202쪽.

역할을 대신한다. 경제문제를 다룬 영화에서도 주인공은 대부분 제대군인이다. 선군의 정신을 사회에 확산하는 연결고리로 제대군인이 등장하고, 이들을 통해 당면한 경제문제를 돌파한다. 문제 해결의 본보기를 보여주는 군인이 주인공이다. 새로운 기술의 습득과 함께 문제를 헤쳐나갈 원동력으로 군인정신을 강조한다. 〈그는 대좌였다〉, 〈나의 스승〉, 〈먼 산의 노을〉 등이 '따라 배워야 할 혁명적 군인정신'을 보여주는 대표적인 영화이다.[21]

제대군인의 역할과 군인정신을 전면에 내세우는 영화는 많다. 〈내 고향의 바다〉에서 바다를 개척하여 양식 사업을 시작한 주인공 철석은 제대군인이다. 철석과 청년동맹원들은 양식장 건설에 필요한 발파 돌을 실어 나르고, 밤에는 횃불을 켜고 등짐으로 돌을 나르는 노력으로 사업을 성공시킨다. 〈새령마루에로〉에서 평산 평직공장의 새로운 관리국장으로 부임한 봉수도 제대군인 출신으로, 실리를 내세우면서 공장 가동까지 중단시키고 새로운 기술 개발에 나선다. 〈봄향기〉에서 신의주 화장품공장에 새로운 공정기사로 온 김영준 역시 제대군인인데, 밤낮으로 온 산을 헤매 100% 무균수를 찾아내 문제 해결의 주인공으로 등장한다. 〈민들레꽃다발〉에서 천성탄광 굴진 소대장으로 자원한 여석진도 제대군인이다. 평양의 불을 밝히기 위해서 평양화력발전소로 보낼 석탄을 캐기 위해 폭우 속에서 굴이 내려앉을지도 모르는 위험을 무릅쓰고 채탄 작업에 나서는 인물이다. 〈축산반장의 교훈〉에서 토끼기술을 도입하여 모범적 농장을 가꾼 광남, 〈기다리는 처녀〉에서 대홍단군으로 자원한 기석, 〈새로 온 처녀 인수원〉에서 먹을거리문제를 자체적으로 해결한 보람은

---

21) "군복은 비록 벗었으나 부대의 발전소를 일떠세우는 데서 공로를 세운 제대군관에 대한 실재한 이야기를 감명 깊게 보여주는 〈그는 대좌였다〉, 혁명적 군인정신의 창조자들인 우리 군인이야말로 온 사회가 따라 배워야 할 스승이라는 사상을 예술적으로 형상한 〈나의 스승〉, 경애하는 최고사령관동지의 구상과 의도를 충직하게 받들어나가는 우리 군대와 인민들의 숭고한 사상정신적 풍모를 보여주는 〈먼 산의 노을〉 …… 을 비롯하여 사상예술성이 높은 영화들이 많이 창작되었다"[『중앙예술년감 주체94(2005)』(조선중앙통신사, 2005), 202쪽].

여성이면서도 제대군인이고, 〈그들은 제대병사였다〉에서 발전소 건설과 양어장 건설을 해낸 옥림과 진철은 제대군인 부부이다.

제대군인은 타성에 젖어 있던 공장 노동자와 협동농장원에게 새로운 활력을 부여한다. 제대군인이 맡은 일들은 한결같이 일반인이 풀기 어렵고 험난한 문제들이다. 영화 속 제대군인은 가장 힘들고 어려운 순간에 목숨을 내놓고 문제를 풀어나간다. 이들의 마음속에는 항상 장군님의 말씀이 들어 있다. 장군님의 말씀을 100% 지키려는 신념으로 초인적인 행동이 가능해진다.

2000년 이후 선군시대의 공식화와 함께 군과 관련한 용어가 문학예술 분야에 등장하면서 선군담론이 확산되고 있는데, 그 영향에 따라 영화에서도 주인공 대부분이 군인으로 설정된 것이다. 2000년 말경 '선군혁명문학'이란 개념이 등장한 이후 다른 장르로 빠르게 확산되면서 '선군' 혹은 '선군혁명'이란 수식어를 앞에 붙인 미술, 음악, 영화 등이 대거 쏟아졌으며, 선군문학예술론으로 체계화되고 있다.[22] 북한은 선군혁명문학을 주체사실주의 문학의 발전 단계로 보면서, 선군혁명문학은 혁명적 군인정신을 형상하고, 능동적으로 개척하는 인간 성격을 창조하는 것이라고 설명한다.[23] 이러한 추세에 발맞추어

---

22) 북한은 선군혁명문학을 김정일 총비서의 '선군령도업적'을 문학작품에 반영한 '령도자의 문학'이라는 해석과 함께, "주체사실주의 문학의 새로운 발전이며, 주체사실주의가 낳은 새 형의 문학"이라고 규정하고 있다. 북한에서는 선군문학에 대하여 "선군사상, 선군혁명로선은 위대한 주체사상에 기초하고 있으며 주체사상의 원리와 요구를 전면적으로 구현"하고 있어, 선군문학은 주체사상을 전면적으로 구현한 가장 선진적이고 혁명적인 문학이자 주체사실주의 문학의 참다운 본보기라고 주장하고 있다. 이러한 선군문학의 고유한 특징으로는 "반제혁명정신을 높은 수준에서 구현하고 있다는 것, 조국애를 높은 예술적 수준에서 전면적으로 깊이 있게 구가하고 있다는 것, 강렬한 견인력과 감화력을 가지고 있다는 것" 등 세 가지를 제시하고 있다. 이에 대해서는 「주체사실주의 문학 발전의 새로운 단계로 되는 선군문학의 본성과 특징」, 《조선문학》, 제1호(2005) 참조.

23) '주체사실주의문학이 집단의 생명을 더 귀중하게 보는 집단주의적 생명관을 내세우는 데 비해, 선군혁명문학은 사회정치적 생명체에 영원히 자기 운명을 맡기고 혁명적 군인정신으로 살며 싸우는 인간들을 가장 아름답고 숭고한 인간미의 체험자로 형상한다는 것과 '주체사실주의 문학이 사람을 중심으로 하여 현실을 보고 그리는 창작방법인 데 비해, 선군혁명문학은 환경을 지배하고

군인들이 문학예술 주인공으로 등장한 것이다.

4) 실제 지향의 예술영화

경제건설 사업이나 경제와 관련한 혁신적인 성과를 이룬 영화들은 특징적으로 사실을 강조한다. 영화의 말미에 김정일 위원장의 현지지도 사진이나 ≪로동신문≫ 같은 언론의 보도 자료가 스틸사진으로 제시된다. 〈봄향기〉, 〈기다리는 처녀〉, 〈그들은 제대병사였다〉, 〈시대가 주는 이름〉 등에서는 주인공을 취재하는 기자들의 취재 장면과 실제 기사 사진, 최고지도자의 글이 스틸사진이나 실사로 나온다. 함주군 청년돌격대의 금진강 청년발전소 건설을 내용으로 한 예술영화 〈시대가 주는 이름〉에서는 돌격대원들이 '장군님'을 그리며 환호하거나 김정일 위원장이 직접 현지지도를 하는 모습, 발전소 건설과정 현장, 평양으로 초대된 제대군인 돌격대원들을 치하하는 모습 등 기록영화의 장면으로 채워져 있다.

예술영화로서 구성과 결말에서 보도 자료를 활용해 사실성을 강조하는 것은 영화의 목적이 분명하기 때문이다. 영화를 통해 제시하는 내용이 사실이라는 것을 구태여 드러냄으로써 영화의 예술성보다는 계몽성과 목적성에 충실하려 한다. 그리고 이런 과정을 통해 단지 영화로 그치는 것이 아니라 사회적 정책이 분명하게 작동되고 있음을 환기한다. 사회주의체제에서 실리를 살리는 길이 무엇인지를 구체적으로 제시하지 않으면 경제 전망에 대한 신뢰를 회복하기 어렵기 때문에 예술성을 포기하면서까지 경제문제를 제기하고 있는 것이다.

능동적으로 개척해나가는 인간성격 창조를 기본'으로 한다는 것이 특징이다. 이에 대해서는 「선군혁명문학은 주체사실주의 문학발전의 높은 단계이다」, ≪조선문학≫, 제3호(2003) 참조.

4. 맺음말: 영화를 통한 경제 선전 효과와 한계

북한 문학예술은 당대 사회의 현실문제를 제기한다. 물론 국가의 기획하에 검열의 망에 의해 걸러진 것이다. 다만 검열의 차원으로만 볼 수 없는 또 다른 측면이 있다. 그것은 인민에게 읽혀야 한다는 것이다. 인민에게 읽히고 동원되도록 동력을 부여해야 한다. 이 점에서 북한영화는 북한사회의 현실을 읽을 수 있는 단초를 제시한다. 현실문제를 제시하지 않으면 교양의 효과를 달성하기 어렵기 때문이다. 인민 교양을 목적으로 상영되는 북한영화로서는 국가 기획과 인민의 현실이라는 양자의 간극을 메우기 위해 고민하지 않을 수 없다. 따라서 북한영화는 국가의 기획과 인민생활의 현실 사이에 놓여 있음을 인식하고 읽어야 한다.

2000년 이후 북한영화에서 주목되는 현상은 단연 경제문제다. 2000년 이전과 비교할 때 경제문제를 다루는 비중은 눈에 띄게 높아졌다. 경제문제를 다루는 방식도 이전과는 차이가 있다. 북한에서 경제문제는 경제문제로 머물지 않고 늘 사상문제와 관련되어왔다. 경제문제의 돌파구로 정신력을 강조하고, 경제가 어려울 때마다 강한 정신으로 고난을 돌파한 사례들이 발표되고 모범으로 따라 배울 것을 해답으로 제시했다. "전기, 자재, 쌀 …… 부족한 것이 너무도 많소. 그러면 이 어려운 난국을 무슨 힘으로 어떻게 뚫고 나가겠는가. 그 힘은 오직 당과 인민의 일심단결밖에 없소. 나는 군대와 동무들을 믿고 동무들은 나를 믿고 혼연일체가 되어 이 난국을 뚫고 나아갑시다!"[24]라는 식의 돌파방식이 여전히 작동되고 있다. 그렇지만 한편에서는 이러한 방식과는 다른 과학적으로 해결해나갈 것을 구체적으로 제시하고 있다. 북한에서 영화를 통해 강조하는 것은 경제와 함께 산업 분야의 기술 혁신과 의식 전환이다.

---

24) 한원희, 「북방의 눈보라」, ≪천리마≫, 제2호(2004).

눈에 보이는 실적, 생산량 증대는 북한경제의 전형적인 지향점이었다. 이제는 실리를 중심으로 효율성을 강조하면서, 현장에서 과학적 방식을 통해 효율을 극대화하는 방식으로 풀어갈 것을 요구한다. 실리에 대한 강조는 새로운 시대의 경제 발전 전망과 관련한 것이다. 과학과 경제의 결합을 통해 실리를 극대화함으로써 경제 회복의 가능성을 보여준다.

또한 새로운 시대, 새로운 경제 건설방식에 걸맞은 주도 세력으로서 군인에 주목한다. 제대군인을 주인공으로 하여 선군시대의 의미를 살리고, 군인정신의 일상화를 시도한다. 북한영화에서는 혁명선배들의 자리와 그들의 역할을 대신하여 주인공들이 경제발전의 주역으로 등장한다. 경제 관련 영화의 주인공들은 (제대)군인들이다. 제대군인들은 군인정신으로 가장 힘들고 어려운 순간 앞장서서 목숨을 걸고 문제를 풀어가며, 타성에 젖어 있던 공장이나 농장원들에게 새로운 활력을 불어넣는다. 군인들은 군인정신으로 지금까지 해결하지 못했던 문제를 해결하면서, 모범적인 사례를 만들어가는 모습은 1970년대 3대혁명원의 21세기적인 전형이다.

2000년 이후 영화를 통해 제시하는 내용은 북한 당국이 의도하는 경제 개선의 방향이다. 국가에서 제시한 방향으로 현실경제가 작동할지에 대해서는 논의의 여지가 많다. 주어진 현실과 북한 당국의 정책 사이에는 좁힐 수 있는 거리가 있다. 이 거리를 좁히는 방법으로 포착한 것이 기록영화를 활용하는 방법이다. 구태여 예술영화라는 장르를 선택하면서도 예술이 아닌 실제 이야기라는 점은 힘주어 강조한다. 주인공의 이야기를 취재하는 사진이나 신문의 기사, 김정일의 현지지도 방문 내용이 담긴 기록영화를 동원한다. 사실이 강조되면서 예술성은 위축되었고, 상징성은 배제된다. 북한영화가 예술성을 포기하면서까지 실리와 과학문제를 강조하는 것은, 북한 당국의 깊은 고민을 반영한다.

〈참고문헌〉

김유권. 2001. 「해 저무는 백사장에서」. ≪조선문학≫, 제1호.

김일성. 1984. 「조선2·8예술영화촬영소의 몇 가지 과업에 대하여: 조선2·8예술영화 촬영소 일군들 앞에서 한 연설(1971.10.22)」. 『김일성저작집 제26권』. 평양: 조선 로동당출판사.

김홍익. 2003. 「산 화석」. ≪조선예술≫, 제3호.

영화진흥위원회. 2007. 『북한영화 종합정보망구축을 위한 기초조사 Ⅰ: 2000년~2006 년 북한영화 텔레비전드라마 정리』. 서울: 영화진흥위원회.

오광철. 2003. 「대학시간」. ≪조선문학≫, 제8호.

오양렬. 2008. 「7·1조치 이후 북한의 문예정책 및 영화계 동향」. 『2002년 7·1경제 관리 개선조치와 북한영화』. 이화여자대학교 통일학연구원·동국대학교 대중문 화연구소 학술대회 자료집(2008.12.17).

이명자. 2008. 「실리 사회주의 시대를 구현한 영화 〈한 여학생의 일기〉」. 『2002년 7·1경제관리 개선조치와 북한영화』. 이화여자대학교 통일학연구원·동국대학교 대중문화연구소 학술대회 자료집(2008.12.17).

이선미. 2003. 「'위훈'을 성찰하는 냉소적 시선과 근검절약의 이데올로기-북한작가 한 웅빈 소설연구 Ⅰ」. ≪현대소설연구≫, 제18호.

전영선. 2002. 『북한의 문학예술 운영체계와 문예이론』. 서울: 역락.

한국문화예술위원회 엮음. 2008. 『100년의 문학용어사전』. 서울: 아시아.

한룡숙. 2006. 「영화발전의 새로운 전환을 열어놓으며」. ≪조선예술≫, 제12호.

한웅빈. 2006. 「행복한 결말: '〈행운〉에 대한 기대'의 속편」. 『우리세대』. 평양: 문학 예술출판사.

한원희. 2004. 「북방의 눈보라」. ≪천리마≫, 제2호.

≪로동신문≫. 2000.1.1. "사설: 당창건 55돌을 맞는 올해를 천리마대고조의 불길 속 에 자랑찬 승리의 해로 빛내이자".

≪조선문학≫. 2003(제3호). 「선군혁명문학은 주체사실주의 문학발전의 높은 단계이다」.

≪조선문학≫. 2005(제1호). 「주체사실주의 문학 발전의 새로운 단계로 되는 선군문학 의 본성과 특징」.

| 제3부 |

공간의 경험과 일상의 욕망

제1장

북한관료의 일상과 체제변화: '지배공간'의 변형과 기억의 실천*

김종욱

동국대학교 정치외교학과 객원교수

1. 들어가며: 일상생활세계의 창조성

일상을 다루는 것은 결국 일상성(그리고 현대성)을 생산하는 사회, 우리가 살고 있는 사회의 성격을 규정짓는 것이다. 겉보기에 무의미한 듯한 사실들에서 중요한 어떤 것을 잡아내고, 그 사실들을 잘 정돈함으로써 이 사회의 정의를 내리고, 또 이 사회의 변화와 전망을 정의해야만 한다.[1]

북한의 일상생활세계를 연구하는 것은 반복적 실천의 재현은 새로운 관계와 구조를 생성하고, 그 반복과 재생산의 중요한 특징을 추출함으로써 변화의 동학을 읽고 미래를 예견할 수 있기 때문이다. 따라서 이 글은 '고난의 행군' 이후 변화하는 북한사회의 일상생활세계를 추적해 그 동학을 분석하고 체제와의 연관성이 무엇인지 밝히고자 한다. 특히 이 글은 관료들이 자신의 생존과 이익을 위해 일상생활세계에서 어떻게 살아가는지, 그리고 이 과정에서 축적된 기억

이 글은 북한대학원대학교에서 발간하는 《현대북한연구》, 제12권, 제3호(2009)에 실린 같은 제목의 글을 부분 수정한 것이다.

[1] 앙리 르페브르, 『현대세계의 일상성』, 박정자 옮김(서울: 기파랑, 2005), 84~85쪽.

이 어떤 역할을 하는지 살펴볼 것이다.[2]

무수한 행위자의 반복된 행위의 연속은 시간이 지남에 따라 구조에 침투하고 구조를 요동치게 하며, 공간을 변화시키고 기억을 재생한다. 재생된 기억은 행위로 다시 갱신되어 실행되고, 이러한 반복적 행위는 다시금 구조에 영향을 미친다. 이러한 반복적 요동은 일상생활의 시공간에서 발생하고, 기억으로 축적되며 상상과 관념으로 전환된다.[3] 따라서 일상생활세계에 대한 구체적인 접근과 해석을 통해 사회 또는 국가의 변화의 실체에 좀 더 가까워질 수 있다.

일상생활세계를 분석한다는 것은 미시사적 전후 맥락과 거시사의 메타이야기 간의 인과적 연결고리를 드러내는 작업이라고 할 수 있다.[4] 따라서 일상 연구를 단지 '아래로 내려가며' 추적하는 것, 혹은 상위 정치, 거대구조, 거대한 역사적 힘과 별개의 것이라고 믿는 것은 잘못된 접근이라고 할 수 있다.[5]

---

2) 예를 들면, 비일상적 상황의 상징이라 할 수 있는 '고난의 행군'은 관료들에게 일상의 충격이었다. 이 기간에 전개된 생존 투쟁과 이 과정에서 축적된 기억이 이후 관료들의 일상적 행위에 지대한 영향을 미쳤을 것이다. 그리고 비일상적 경험의 축적은 다시 일상에서 주요한 행위 실천과 관계 구성을 변화시키는 계기가 되었을 것이다.

3) 데이비드 흄(David Hume)에 의하면 '기억'은 원초적 인상의 생동감을 보존하고 있는 잔존 '이미지'의 보관과 재생인 반면, '상상'은 원초적 인상으로부터 상대적으로 자유롭고 이 인상의 생동감도 전혀 남아 있지 않은 '관념'의 재생과 확장이다[황태연, 『공자와 세계(4)』(파주: 청계, 2011), 134쪽]. 또한 '기억'의 관념은 '상상'의 관념보다 "훨씬 더 생생하고 강렬하다". 과거의 사건의 회상은 강렬한 방식으로 정신에 유입된다. 반면, '상상' 속에서 지각은 희미하고 맥없어서, 오직 어렵사리만 정신 속에 한결같이 보존될 수 있다. 따라서 기억은 근원적 인상의 질서에 얽매이지만, 상상은 이 질서에 얽매이지 않는다. 그러므로 기억의 기능은 단순 관념의 질서와 위치를 보존하는 것인 반면, 상상력은 자신의 관념을 바꾸고 변형시키는 자유를 누린다[David Hume, *A Treatise of Human Nature(1739~40)*, David fate Norton and Mary J. Norton(ed.), with editor's introduction by David Faye Norton(Oxford · New York · Melbourne etc.: Oxford University Press, 2001), pp.11~12. 같은 책 재인용].

4) Paul Steege, Andrew Stuart Bergerson, Maureen Healy, Pamela E. Sett, "The History of Everyday Life: A Second Chapter," *The Journal of Modern History*, Vol.80(2008), p.362.

5) 같은 글, p.367.

일상생활세계에서 벌어지는 다양한 행위자의 행위가 어떻게 사회적 구조와 연계되는지 그 관계를 규명하는 것이 일상연구의 핵심이다.

이러한 맥락에서 '습관'의 체화를 고려해야 한다. 습관은 일상생활세계에서 획득된 것으로 기억에 축적되고 실천으로 나타난다. 즉, '프락시스(praxis)'의 실제적 중심, 이성적 핵은 일상생활 안에 자리 잡고 있다.[6]

습관은 규범적으로 의심의 여지없이 세상에 존재하는 방법이며 무의식적으로 몸에 각인된다. 습관이 몸에 체화됨으로써 더는 의구심이 생기지 않도록 자아에 일관성이 주어지는 것이다. 날마다, 주마다, 해마다 반복되는 일상, 즉 언제 어디서 먹고, 씻고, 움직이고, 일하고, 놀지는 문화와 정체성의 관계를 깊게 이해하도록 해주며 '상식'이라는 영역을 구성해낸다. 그리고 습관은 문화적 거래나 다른 사람들을 모방함으로써 변화하며 타자들과의 상호작용을 통해 내부화되고 뿌리 박힌다.[7]

일상에서 체화된 습관은 다른 사람과의 관계를 통해 변화되며, 그 변화가 축적되어 다시 내부화되고 체화된다. 즉, 사람들이 유사한 습관과 전제, 그리고 일상을 공유하고 의식적으로 그것을 공유된 방식으로 인정하며 상호주관적으로 의사소통할 때, 그 결과는 제도화로 나타난다.[8] 이와 같은 복잡한 변화의 과정이 발생하는 일상은 그 자체로 무한한 창조성을 내재하는 시공간이다. 일상에서는 다양한 결합과 조합, 분리 등이 끊임없이 반복되며, 지속적으로 변화하는 창조의 과정이 전개된다. 이는 일상의 축적을 통해 습관이 만들어지고 제

---

6) 앙리 르페브르, 『현대세계의 일상성』, 89쪽.

7) 팀 에덴서, 『대중문화와 일상, 그리고 민족정체성』, 박성일 옮김(서울: 이후, 2009), 221쪽.

8) R. Jeckins, *National Identity*(London: Routledge, 1996), p.128. Paul Steege, Andrew Stuart Bergerson, Maureen Healy, Pamela E. Sett, "The History of Everyday Life: A Second Chapter," p.58 재인용.

도가 정착되는 원리와 유사하게, 역으로 습관을 파괴하고 제도를 변화시키는 동인이 될 수도 있다는 것이다.[9] 따라서 습관의 변화는 일상의 변화를 추적하는 요소가 된다. 익숙한 장소와 제도가 사라지거나 위협받고 새롭고 이질적인 장소가 등장하는 순간, 사람들은 방향을 잃고 불안해하며 일상에 변화가 발생하고 이에 따라 습관도 변한다. 이처럼 일상의 시공간은 거대한 변화를 추동하는 근원이며 새로운 구조를 만드는 창조성을 내재하고 있다.

또한 일상생활은 공간에서 행동하는 사람들의 기억이 결합되고 분절되고 충돌하는 지점이다.

> …… 일상의 비참함 …… 지루한 임무들, 모욕적인 일들, 노동계급의 삶, 일상성에 짓눌리는 여성들의 삶 등이 그것이다. …… 궁핍의 존속과 희소성의 연장이다. 즉, 경제 · 절제 · 박탈 · 억압 · 욕망 및 비천한 인생의 영역이다. …… 일상의 위대성, 즉 지속성이다. 삶은 땅 위에 뿌리를 박고 영원히 지속된다. 잘 알려져 있지 않는 것은 육체 · 공간 · 시간 · 욕망 등의 전유(專有)이다. …… 반복적 몸짓에서부터 실천-감각적 세계를 창조하는 것도 있다. 욕구와 유용성의 만남도 있고, 훨씬 드물기는 하지만 한결 강력한 쾌락도 있다.[10]

일상은 현실의 비참함과 동시에 무한한 지속성 속에서의 창조성을 나타내는 주제이다. 일상의 비참함 속에서도 인간은 공간과 시간을 통해 자신의 삶의 욕망을 끊임없이 재생산하기 위해 일상을 전유한다. 그 반복적 실천의 과정에서 창조성과 새로운 변화의 가능성이 드러난다. '고난의 행군'은 일상의 비참함을 상징하는 용어라고 할 수 있다. 지배의 위기를 극복하기 위한 이데

---

9) P. Harrison, "Making sense: embodiment and the sensibilities of the everyday," *Environment and Planning D: Society and Space*, Vol. 18(2000), p. 502. 같은 글, p. 66 재인용.

10) 앙리 르페브르, 『현대세계의 일상성』, 95쪽.

올로기 담론으로서 '고난의 행군'은 실제 현장을 살아가는 주민과 관료에게는 지독한 현실이었고, 동시에 이를 극복하기 위한 주민과 관료의 다양한 생존을 위한 행위가 전개된 과정이기도 했다.

따라서 이 글은 관료들이 '고난의 행군'을 거치면서 체험한 사실과 이것의 기억이 실천되는 과정을 살펴보고, 기억의 실천과정에서 전개된 '지배공간'과 '저항공간'을 둘러싼 충돌을 이론적으로 접근한다. 이를 통해 기억의 실천과 공간의 변형이 북한사회의 일상생활세계에 어떤 영향을 미쳤는지를 분석한다. 이는 궁극적으로 일상의 비참함 속에서 전개되는 관료와 주민의 일상의 창조성을 추적하는 과정이 될 것이다. 이를 바탕으로 북한관료의 일상에 발생한 변화의 특징을 추출하고, 일상생활세계의 변화와 체제전환이 어떤 관련성을 갖고 있는지 살펴보고자 한다.[11]

---

11) '현실사회주의' 국가들은 국유화 조치를 통해 국가에 모든 소유권을 집중시켰다. 즉, 국유화 조치는 전 국민을 물적 행위수단으로부터 완벽하게 분리해내는 관료체제의 전면화를 뜻한다. 막스 베버(Max Weber)는 "사적 자본주의의 폐지는 국유화되거나 사회화된 기업의 최고경영이 관료정치화된다는 것을 의미"한다고 규정했다(Max Weber, *Economy and Society*, Guenther Roth and Claus Wittich(ed.)(New York: Bedminster Press, 1968), p.1402]. 따라서 전 국민은 지배자를 제외하고 봉급을 받는 관료와 임노동자로, 전 국가의 행정 및 노동시스템은 위계적 관료체제로 재편됨을 의미한다. 그러나 국가의 지배행정이라는 측면에서 중앙당은 책임지도원급 이상, 지방당은 부장급 이상, 초급당위원회는 초급당비서급 이상, 국가 행정기관은 책임지도원급 이상을 '간부'로 규정할 수 있을 것이다. 여기에 각종 공안기구(군, 보위부, 인민보안성 등)의 간부가 포함된다. 또한 당원의 경우도 간부로 진급할 수 있는 '예비간부'라는 점에서 포괄적으로 관료로 규정하는 것이 타당하다고 판단된다.

2. 북한사회의 기억과 공간의 변화

1) 심성세계의 변화: '집단기억'에서 '대항기억'으로

역사가 지배권력의 이해관계를 대변한다면 기억은 억압되고 잊힌 진실이라고 할 수 있다.[12] 기억은 "한 개인이 자신의 과거를 현재화하는 정신적(심리적) 현상"을 의미한다.[13] 따라서 기억은 사실의 수동적 창고가 아니라 의미 창조의 실제적인 과정이다.[14] 즉, 개인의 기억은 과거의 있는 그대로의 사실을 의미하는 것이 아니라 현재의 상황과 지속적인 상호작용을 통해 생성되는 것이다. 따라서 개인의 기억은 사회적 맥락 속에서 특정 구성원들과의 의사소통과 상호작용을 통해 구성되며, 이 과정을 통해 자신들을 여타 집단과 구별 짓는 특수한 정체성인 '집단기억(collective memory)'을 형성한다.[15]

모리스 알브바슈(Maurice Halbwachs)에 의하면 집단기억은 개인적 기억도, 보편적인 의미의 '역사'도 아니며, 그것은 각각의 집단이 상상적 공간 이미지를 매개로 하여 배타적으로 공유하는 '집단의식(또는 심성)'이다.[16] 집단기억의 형성에 중요하게 작용하는 요소는 공간과 시간, 그리고 집단과의 연관이다. 기억은 공간들을 연상함으로써 그 공간과 연관된 사물을 연속적으로 회생

---

12) 기억은 '기억하기와 잊기의 변증법으로 시작되고', '조작과 전유에 의해 변화되기 쉬우며', '오랫동안 잠잠하다가 주기적으로 재생되는' 영구적 진화의 양상을 띠고 있다면, 역사는 '과거의 재현과 재구성'이며 '보편적 권위를 요청'하고, '단지 상대적으로만 인지될 수' 있는 것이다 [Pierre Nora, "Between Memory and History: Les Lieux de Memoire," *Representation*, Vol. 26(1989), pp. 8~9].

13) 전진성, 『역사가 기억을 말하다』(서울: 휴머니스트, 2005), 39쪽.

14) A. Portelli, *The Death of Luigi Trastulli and Other Stories: Form and Meaning in Oral History*(NY: State University Press of New York, 1991), p. 52. J. P. Linstroth, "History, Traditional, and Memory among the Basques," *History and Anthropology*, Vol. 13(2002), p. 172 재인용.

15) 전진성, 『역사가 기억을 말하다』, 48~49쪽.

16) 같은 책, 50쪽.

해내는 것이며, 그 형상이 우리 의식 속에서 실재화되기 위해서는 시간과의 결속이 필요하며, 사회집단은 동일한 기억을 공유하고 그 기억을 통해 자기 집단에 대한 귀속감을 확인한다는 점에서 기억공동체의 성격을 띤다.[17)]

기억공동체가 특정 시기에 겪은 '체험'은 시간의 경과에 따라 개인 또는 집단의 통일성으로 진화한다. 특히 고통스러운 체험에 대한 기억은 무의식으로 추방, 억압되지만 사라지지 않고 '상흔'으로 남아 끊임없이 고통을 가한다.[18)] 따라서 '고난의 행군' 기간 겪은 고통스러운 집단경험은 '상흔'으로 남아 집단에 내재한다. 이러한 조건에서 지배집단의 전략이 현실의 상황과 충돌을 일으키거나 새롭게 생성되고 있는 기억공동체의 집단정체성을 억누르는 통합을 목표로 한 역사와 긴장상태에 빠질 때, '대항기억(counter-memory)'이 발생한다. "'역사'가 기성질서를 변호하는 이데올로기로 전락할 때, 여타의 기억들은 이에 '대항'하는 성격을 띠게 된다. 대항기억의 입장에 서게 되면 전혀 색다른 과거의 모습이 펼쳐진다. 이제 소수 엘리트가 이끌어가는 역사에서 범인들의 소박한 꿈과 애환을 담은 준(準)역사"[19)]가 전개되는 것이다.

집단기억과 대항기억은 북한의 최근 상황을 설명할 수 있는 준거이다. '주체의 사회주의국가'는 국가가 인민의 삶과 복지를 전담한다는 역사적 담론이라고 할 수 있다.[20)] 그러나 '고난의 행군' 기간을 거치면서 역사적 담론은 일상에서 철저히 붕괴되었다. 생존을 위한 일상의 고단함과 죽음의 공포와의 항

---

17) 최호근, 「집단기억과 역사」, ≪역사교육≫, 제85집(2003), 164~165쪽.

18) 전진성, 『역사가 기억을 말하다』, 69쪽.

19) 전진성, 『역사가 기억을 말하다』, 93~94쪽.

20) 북한은 김정일 위원장 명의의 "조선민주주의인민공화국은 불패의 위력을 지닌 주체의 사회주의 국가이다"를 ≪로동신문≫(2008년 9월 5일 자)에 게재했다. 그 내용의 일부를 보면, "위대한 수령님의 주체적인 국가건설 사상과 로숙하고 세련된 령도에 의하여 우리 공화국은 력사에 있어본 적이 없는 진정한 인민의 나라로, 주체의 사회주의조국으로 건설되고 강화 발전되었으며 세기적으로 억압받고 천대받던 우리 인민은 공화국의 품속에서 국가와 사회의 주인으로 당당한 권리를 행사하며 참다운 삶의 보람과 행복을 누리게 되었습니다"라고 주장했다.

상적 대면은 관료와 주민에게 '새로운' 집단기억을 형성하고 있다.[21] 또한 지배명령을 실행할 수 없는 현실에서 '새로운' 대항기억들이 생성되고 있을 것이다. 이제 이러한 기억들은 정부의 공식담론과 지속적으로 충돌하면서 갈등의 상황을 만들어내고 있다.

북한의 관료와 주민들에게 고난의 행군 이전을 기억한다는 것은 '돌아갈 수 없는 희망의 시간'을 회상하는 것이다. 동시에 현재 진행 중인 시장의 형성과 관료 연줄망을 통한 생존 및 이익의 추구는 권력과 충돌하지만, 생존의 출구로서 '고통과 희망이 교차하는 시간'으로 체험되고 있다.

지배권력은 '강성대국' 건설이라는 이데올로기를 현실에서 구현하기 위한 전략을 실행하지만, 그것의 실행 불가능성을 인식하고 있는 관료와 주민들은 다양한 방식으로 대응한다. 즉, 국가 이데올로기와 강권은 시장과 관료 연줄망을 통한 생존세계와 치열한 갈등 및 착종(錯綜)을 일으키고 있다. 따라서 현재 북한은 새로운 국가정체성이 산출되는 과정에 있다고 추정할 수 있다.[22] 이러한 기억과 현실의 상호작용은 관료와 주민에게 새로운 심성세계를 형성하게 할 것이고, 이것은 접근하기 어려운 북한사회의 준(準)역사를 추적할 수 있는 통로가 될 것이다.

---

21) 알브바슈는 사회적 기억과 역사적 기억을 구별했다. 사회적 기억은 개인적으로 체험된 것의 기억 그리고 경험된 것의 부분들인 집단의 기억이라고 할 수 있다. 현재는 집단을 통해 경험되고 그다음 기억된다[Daniel Levy and Natan Sznaider, "Memory Unbound: The Holocaust and the Formation of Cosmopolitan Memory," *European Journal of Social Theory*, Vol.5(2002), p.91]. 따라서 국가가 규정하는 권력에 의해 재현되고 재구성된 역사적 기억과 다르게 특정 집단이 직접 경험한 현실은 그 집단에게 새로운 사회적 기억으로 각인될 수 있다.

22) 모든 즉각적 정보와 과거의 기억은 현재에서 삶의 일상성에서 새롭게 조합되는 것이다[Paul Steege, Andrew Stuart Bergerson, Maureen Healy, Pamela E. Sett, "The History of Everyday Life: A Second Chapter," p.365].

2) 공간의 변형: '지배공간'과 '저항공간'의 충돌

우리는 공간을 떠나서는 생존할 수 없다. 그 공간에서 다양한 행위가 전개되고 다시 공간을 변화시킨다. 따라서 '공간화'한다는 것은 사물의 물리적 배치만이 아니라 인간의 사회적 행동과 일상의 공간적 배치 형태이며, 역사적 공간에 인간의 사회공간적 상상력과 전망이 부가된 개념이다.23) 공간은 지배 권력이 적극적으로 개입하여 생산하고 재생산되는 '지배공간'이라고 할 수 있다. 또한 이에 맞서 자신의 공간을 확보하기 위한 실천이 벌어지는 '저항공간' 이기도 하다. 공간은 생산·소비·교환이 작동하는 곳이며, 이와 함께 정치적 도구와 계급투쟁이 각인되는 사회적 관계의 영역이 형성되는 장소이며, 물리적 공간이 사회경제 및 문화적 체제로 중재되는 장소이기도 하다.24)

따라서 공간에서는 국가 차원의 생산과 교환, 소비의 방식에 대한 국가적 제약이 발생한다. 동시에 인민이 다양한 방식으로 소비하고, 지배에 저항하는 정치적인 도구를 개발하며 이 도구로 투쟁을 전개하는 모습도 나타난다. 또한 공간에서는 지배와 인민의 상호작용을 통해 제도가 정착하고 변화한다. 따라서 이 공간에서는 공간의 통제와 활용을 둘러싼 다양한 실천이 지속된다.

이런 맥락에서 르페브르의 '체험공간(l'espace véce)'이라는 정의를 살펴볼 필요가 있다. 즉, 체험공간에서 '체험'은 역사적인 시간의 흐름에 따라 권력과 폭력의 상징 등을 수동적으로 경험하는 억압받는 측면과 함께, 그 수동적 강제 속에서 발생한 규범에서 벗어나 공간의 표상들에 자발적으로 저항하는 측면을 동시에 갖고 있다. 따라서 이 체험공간은 쉼 없이 동요하는 '표상공간'이다. 이 체험공간에서는 일상적 삶 그리고 권력과 지식의 결탁에 의한 지배적

---

23) 장세룡, 「앙리 르페브르와 공간의 생산: 역사 이론적 '전유'의 모색」, ≪역사와 경계≫, 제58권 (2006), 298쪽.

24) Henri Lefebvre, *La production de l'espace*(Anthropos, 2000), p.68. 같은 글, 304쪽 재인용.

구조화라는 양자가 균형을 이룬다. 동시에 저항과 전복을 통해 일상의 소외를 극복하는 능동적 주체의 공간이며 차이가 실현되는 공간이다.[25]

따라서 체험공간은 지배권력이 부과하는 기존의 전략에 동의하면서도, 이를 횡단하고 때로는 전복의 전략이 가시화되는 저항의 정치도 작동하는 복합적인 공간이라고 할 수 있다. 즉, 이 공간은 지배집단과 피지배집단에게 공히 도구적 속성을 지닌다고 할 수 있다. 그러나 항상 우월한 위치는 공권력과 소유권을 지닌 지배집단에게 있다. 그 불균형적 상황을 변화시킬 수 있다는 측면에서 체험공간은 즉각적으로 '대안 공간'의 가능성을 암시한다.

대안공간은 "제도적 권력의 공간담론을 변혁하는 은밀한 지하운동적 실천을 수행하고, 지배와 강제된 사회적 공간의 규범 밖에서 새로운 공간적 존재와 실천양식을 확보하려는 시도"[26]이다. 동일 공간에서 다양한 사람이 우회하고 횡단하고 건너뛰는 방식으로 공간을 이용할 수 있다. 공간에서 이러한 저항의 행위가 발생하는 이유는 국가의 개입이 공간을 통해 이루어지고, 이로써 위계와 통제 그리고 동일화를 강제하기 때문이다. "국가가 공간을 사용함으로써 장소의 통제, 엄격한 위계, 전체와 분리된 부분들의 동종성을 보장한다. 그 결과 공간은 행정적 통제와 규제의 공간이 된다."[27]

따라서 공간은 현재적으로 지배공간이지만 항상적으로 민중적 점유의 가능성이 상존하며 어느 순간 민중적 점유가 실천될 수 있는 가능성의 대안공간이다. 특히 모든 생산수단을 국유화한 사회주의에서 공간은 철저하게 국가에 의해 통제되고, 위계적으로 구성되고, 행정적으로 구획되었다. 그만큼 균열의 속도와 저항의 행위들이 강화될 수 있는 공간으로 전환될 개연성을 내포하고

---

25) 같은 글, 307~308쪽.
26) 같은 글, 308쪽.
27) Henri Lefebvre, *De l'État-VI: Les contradiction de l'État moderne, La dialectique de l'état*(UGÉ, 1978), p.291. 같은 글, 313쪽 재인용.

있다.

북한은 '수령'을 상징으로 하는 위계적 관계망에 의해 주조된 지배공간이었다고 할 수 있다. 북한의 역사에서 지배공간 내에서는 다양한 저항과 동조의 행위가 교차적으로 발생해왔다. 특히 최근 도시는 과거 사회주의 북한의 생산력과 '수령'의 권력을 상징하던 공간에서 서서히 시장과 화폐의 개입에 의해 새로운 관계망이 구성되면서 중층적으로 충돌·변화되고 있는 공간이 되고 있다. 이는 새로운 공간으로의 변화를 의미하는데, 그 결과 저항공간을 통한 대안공간으로의 전환 가능성과 지배에 의해 재구성되는 지배공간으로의 전환 가능성을 동시에 내재한다. 이미 북한의 도시공간이 심각한 변동을 경험하고 있다는 것은 주지의 사실이다.

특히 체제전환과 관련하여, 지배공간에서 발생하는 각종 모순에 대항하여 비주류의 협력과 연대가 성사될 것인지, 이 과정에서 다양하고 풍부한 실천행위가 구체적인 대안으로 발전할 것인지를 살펴보는 것은 중요하다. 이러한 다양하고 풍부한 실천행위는 획일이 아닌 차이를 인정하는 공간으로의 진화를 의미하며 대안공간의 가능성을 알리는 신호이기 때문이다.

3. 북한 일상생활세계의 요동: 공간과 기억의 결합

지배권력은 공간을 장악하고 공간에 편재(遍在)하는 감시의 시선과 공간의 구획, 의도된 계산에 따른 시간의 분할과 신체의 규격화전략을 구사한다. 이는 공간 내의 위계적 편제(編制)의 강화와 일탈 예방을 위한 지속적인 감시를 위한 것이다. 이는 궁극적으로 복종하고 훈육된 인간을 주조하기 위한 전략이다.[28]

---

28) 미셸 푸코, 『감시와 처벌』, 박홍규 옮김(춘천: 강원대학교 출판부, 1994), 231~257쪽.

그러나 이러한 지배의 전략에 맞서 약자가 강자를 이기기 위한 전술이 지배 공간에서 펼쳐진다.[29] 따라서 전술은 고유한 장소가 부재한 약자가 결정하는 계산된 행위이고 술수이며 책략이다.[30] 지배권력이 권력의 물리적 토대인 공간을 장기적으로 생성한다면, 약자의 전술은 단기간에 손쉽게 '세균 같은 실천'으로 이들 장소를 침식하는 공간을 창출한다.[31]

전술이 빠르게 전개되고 사라지는 이러한 반복은 저항공간을 부분적으로 획득하는 과정으로 발전한다. 이것은 공간의 새로운 생성이며, 그 생성의 근원은 시간과 결합된다. 반복적 행위와 구조의 변동이 결합하여 새로운 공간이 창출되는 것이다.

북한사회는 지속적인 하락국면 속에서 새로운 기억들이 창출되었다. 그 근본적 원인은 사회주의 자체의 모순이라는 거대한 구조이지만, 구체적이고 핵심적인 계기는 '고난의 행군'이었다. 이것은 기억하고 싶지 않은 기억이지만 뼛속까지 각인된 약자들의 기억으로 전승되었다. 생존을 위한 분투는 새로운 공간의 창출로 연결되었다. 그것은 시장이라는 새로운 교환의 공간으로 나타났으며, 관료적 권한과 시장의 결합에 의해 새롭게 창출되는 '시장형' 관료 연줄망이 구성되었다.

과거 북한의 관료와 인민의 삶은 지배권력의 시공간적 장악을 통해 복속되

---

29) 미셸 드 세르토(Michel de Certear)가 말하는 약자가 강자를 이기기 위한 전술은 '일상의 실천에 정치적 자원을 제공하고', '잠재적 전복 능력이 약자를 강자로 전환시키는 기술이며, 적대자의 시간과 공간, 기술 관료정적 구성공간을 이용하되, 공간을 점유하지 않고 통과하며 흔적을 남기는 '모험적 편력의 궤적'이며, 우연한 돌연변이 잠종이고 예측 불가능한 계산'을 의미한다[장세룡, 「푸코와 세르토: 권력과 신비」, ≪계명사학≫, 제16권(2005), 133쪽].

30) 많은 일상의 실천(걷기, 읽기, 이동, 쇼핑, 요리하기 등)은 특성상 전술적이다. 그리고 좀 더 일반적인 많은 '실행방법'이 있다. 즉, '강자'를 둘러싼 '약자'의 승리, 현명한 트릭, 사물을 획득하는 방법에 대한 인지, '사냥꾼의 교활함', 책략, 다양한 속임수, 즐거운 발견, 호전적인 동시에 시적인 것이다[Michel de Certear, *The Practice of Everyday Life*(Los Angeles: University of California Press, 1984), pp. 29~42].

31) 장세룡, 「푸코와 세르토: 권력과 신비」, 133~134쪽.

었다. 사회주의 '지상낙원'을 위한 노동 규율은 시간과 공간을 통해 개인의 삶을 규정했다. 출근 시간, 아침 조회, 오전 작업, 점심시간, 오후 작업, 생활총화의 반복적 흐름과 집에서 작업장으로의 이동 이외에는 공간을 분리해 통제하는 지배의 규율로 주민들을 복속시켰다. 관료와 주민들은 '짬짬이' 시간과 '자투리' 공간에서만 자율성을 확보할 수 있었으며, 상상과 공작활동을 통해서만 자유를 누릴 수 있었다. 그러나 '고난의 행군' 기간을 거치면서 시장은 약자들에게 생존의 공간이며 대안공간으로 각인되었다. 시장 없는 생존은 불가능했고, 시장을 통한 새로운 관계망의 형성은 새로운 기억들을 형성해나갔다. 이렇듯 공간과 기억은 지속적으로 결합되어 일상의 변화를 추동하는 힘이 된다.[32]

최근 북한 내부에서 발생하는 일상적 저항은 시장과 작업장을 통해 분출되고 있다. 생존공간인 시장을 통제하려는 국가의 시책은 장마당마다 분쟁의 소재가 되고 있다.[33] 분배 없는 노동을 강제하는 작업장은 항상적인 일탈과 통제를 둘러싼 분쟁터가 되었다.[34]

---

[32] 1920년대 베를린의 지하철도역은 사회적 모임 지점, 지역의 경계, 경제적 교차점, 격렬한 정치적 분쟁지대, 젊은이들의 외부와의 통로, 국가 당국자 또는 통근하는 사람들의 입구점이 되었다[Pamela E. Swett, "Political Network, Rail Network: Public Transportation and Neighbourhood Radicalism in Weimar Berlin," in *The City and the Railway in Europe*, Ralf Roth and Marie-Noëlle Polino(ed.)(Aldershot, 2003), pp. 221~236. Paul Steege, Andrew Stuart Berger- son, Maureen Healy, Pamela E. Sett, "The History of Everyday Life: A Second Chapter," p.364 재인용]. 즉, 북한사회에서 시장은 1920년대 베를린의 지하철도역과 같은 역할을 하고 있다고 볼 수 있다.

[33] 함경북도 청진 수남시장은 단속이 강해지면 강해질수록 그만큼 상인들과의 충돌이 불가피해진다. 청진에서는 올해 벌써 두 차례나 상인들의 집단항의 사건을 겪은 뒤라 단속에 신중을 기하고 있다. 시장관리원과 상인이 몸싸움을 할라치면 어느새 옆에서 장사하던 다른 상인들까지 가세하다보니 시장관리원들도 섣불리 마구잡이식으로 단속하기 어렵다. 덕분에 단속할 때 늘 발생하던 몸싸움은 줄어들었고 대신 큰 소리로 싸우는 모습이 눈에 띄게 많아졌다[좋은벗들, 《오늘의 북한소식》, 제258호(2008.12.23), 5쪽]. 좋은벗들 북한연구소가 전하는 북한 관련 정보의 정확성에 대해서는 다양한 교차 검증이 필요할 것으로 판단된다. 그러나 북한에서 전개되는 다양한 변화 양상의 흐름을 파악할 수 있다는 점에서 유용한 측면이 있다.

일상은 과거의 향수로서의 기억(고난의 행군 이전)과 현실의 고통으로서의 기억(고난의 행군 이후)이 결합되어 저항의 실천으로 전환되고 있다고 볼 수 있다. "그때까지는(1989년경) 아마 내 생각에는 북한이 잘 살았잖아요. 생활이 괜찮았잖아요"라는 회상과 "많아요. 엄청 많아요. 많아서, 어휴, 우리 동네도 진짜 많이 죽었어요(1997년경)"라는 기억의 교차가 발생했다.[35]

또한 일상의 공간은 시장을 중심으로 갈등과 균열이 발생하고 있다. 이것은 시장을 바라보는 국가와 인민의 심각한 차이에서 잘 드러난다. 국가는 시장을 "비사회주의의 서식장이요, 자본주의의 본거지"[36]로 규정하는 반면, 인민은 시장을 "진짜 북한의 시장은 삶의 그냥 터전이에요. 거기서 모든 게 이루어져요"[37]라고 회고한다.

기억과 공간은 시장을 통해 새롭게 재구성되고 있다. 과거로 돌아가고 싶은 기억은 현실에서 시장의 생존공간과 직결된다. 시장을 통제하려는 국가의 전략과 인민의 생존을 가능케 하는 시장은 이중적 공간이다. 즉, 국가와 인민의 격렬한 쟁투의 공간이며, 산출되는 이익을 획득하려는 다양한 연줄망이 형성되어 공모와 협잡(挾雜), 착취와 도생(圖生), 연대와 저항이 공존하는 공간이

---

34) 2008년 연말 북한 당국은 '3대혁명 붉은기 쟁취운동 판정사업'에 따라 전국 각 공장, 기업소, 농장들마다 과업을 지시하고 과업을 달성하지 못할 경우 책임간부들에게 엄중한 책임을 물었다. 따라서 각 단위 간부들은 이 과업을 달성하기 위해 노동자와 농민들에게 과업 수행에 필요한 자원과 노동력을 강제했고, 이로 인해 간부들과 노동자 간의 심각한 갈등이 발생했다[좋은벗들, ≪오늘의 북한소식≫, 제262호(2009.1.20), 2~3쪽].

35) B-02(협동농장원), 2009년 1월 20일 인터뷰 내용. 이 글에서 인용되는 탈북자 인터뷰 내용은 동국대학교 북한일상생활연구센터에서 진행한 '북한 일상생활세계의 아카이브 구축과 연구방법론 개발: 체제 변화 동학과 일상생활세계의 연계 모델' 연구를 위해 실시한 2009년 상반기 인터뷰 내용 중 논문의 주제에 적합한 내용을 부분적으로 인용한 것이다. 그리고 인터뷰를 진행한 탈북자들의 요청에 의해 이름, 나이, 출신지 등은 표기하지 않고, 영문 기호와 직업만 공개한다.

36) 좋은벗들, ≪오늘의 북한소식≫, 제278호(2009.5.12), 6쪽.

37) B-10(노동자), 2009년 1월 9일 인터뷰 내용.

되고 있기 때문이다. 한편, 작업장에서도 심각한 갈등이 지속되고 있다. 생계를 위한 일탈은 일상이 되고 있으며, 일탈을 예방하기 위한 관료들의 통제가 강화되고 있다. 배급과 분배를 둘러싼 태업과 결근의 상시화, 분노의 표현이자 실천인 기계파괴, 작업장에서 생산 방기의 일상화가 벌어지고 있다. 간부들도 '오분열도(五分熱度)' 식[38] 사업방법이 팽배하다는 국가의 인식하에 지속적인 검열의 대상이 되었다.

작업장에서 노동자들의 일상의 대화는 "뭐 사는 생활전선, 진짜 생활전선 이야기죠. 어디 매는 무스고라(상당히) 싸더라, 요즘에 장마당에 나가니까 쌀값이 얼마 올랐다. 강냉이 값이 얼마 내렸다. 뭐 이런 말밖에 안 해요"라는 증언에서 알 수 있듯 생존과 시장에 대한 내용이 주를 이루고 있다.[39] 관료들의 행태도 국가 물품을 시장에 내다 파는 방식이 일상화의 단계로 접어든 것으로 판단된다.[40]

일상은 국가 · 관료 · 인민의 상호작용을 통해, 특히 새롭게 등장해 구조화되고 있는 시장을 통해 새로운 관계구조가 만들어지고 있다. 북한 사회주의의 상징이라고 할 수 있는 작업장은 이제 서서히 시장에 의해 잠식되고 있다. 작업장 밖으로의 일탈, 작업장에서의 위법 행위 및 태업의 증가, 가족구조의 변화(가족 중에 한 명이라도 장사를 통해 생계를 유지해야 하는 상황), 주거문화의 변화(생존과 이익을 위한 매매의 대상으로의 전환)는 모두 시장이라는 공간에 의해 추동되고 있다.

이는 사람들의 인식을 변화시키고 변화된 인식은 시장공간을 더욱 확대시키는 방향으로 진화되고 있다는 것을 의미한다. 특히 위계적 관료체제에 익숙

---

38) 5분만 열심히 일하고 다음부터는 대충하는 것을 말한다.

39) B-05(노동자), 2009년 1월 7일 인터뷰 내용.

40) 일례로 양강도 보천군 보안원 40여 명이 출당 · 철직 · 해임되었는데 그 사유는 몇 년간에 걸쳐 보안서 정치부장의 아내가 주축이 되어 주민들에게서 거둔 파고철을 kg당 600원에 판 것이 적발되었기 때문이다[좋은벗들, 《오늘의 북한소식》, 제273호(2009.4.7), 7쪽].

했던 관료들은 상위 관료에 대한 충성에서 일탈하여 시장과의 친화성 및 관계망 구축으로 생존의 방식을 전환하고 있다. 지위를 유지할 수 있는 범위 내에서 시장을 통해 이익을 도모하는 것은 일상적 행위로 바뀌고 있는 것이다. 또한 부족경제 단위에서 집행되지 못하는 국가 지침을 수행하기 위해 시장과 공모해야만 하지만, 이 공모과정이 발각되면 철직 · 해임 · 강등을 감내할 수밖에 없는 상황에 내몰리고 있다.

이렇게 '고난의 행군' 이후 북한의 일상은 공간과 기억의 결합에 의해 요동치고 있다. 이것의 향배가 어떤 방향으로 전개될지 예측할 수 없으나, 어느 순간 지배전략을 중단 · 변경시키고 관계망을 꼬이게 만드는 일들이 벌어지고 있다. 사회주의 북한의 기본적 운영 방식에 끼어들어 과거의 전통을 정지시키는 행위들이 반복적으로 벌어지는 불안한 일상의 요동이 진행되고 있는 것이다.

4. 북한관료의 일생생활세계 변화: 지배공간의 변형과 기억의 실천

북한관료의 일상생활세계도 시장의 등장 및 확산과 함께 변하고 있다. 관료의 일차적 과업은 신분의 유지 및 직위의 상승, 과업 달성의 수준에 따른 관료적 권한의 확대와 이에 연동된 이익의 증진이라고 할 수 있다 . 따라서 관료주의의 효율성은 소비, 혁신, 창조가 아니라 규정에 대한 엄격한 복종으로 이루어진다.[41] 또한 관료집단은 각각 그의 위치를 보존하기 위해, 그리고 그의 활동 영역에 다른 이가 끼어드는 것을 방지하기 위해, 자신의 모든 책임을 던져버리기 위해 열정적으로 노력한다.[42] 그들은 자신의 지위를 더욱 많이 누

---

41) William P. Anderson, "Mises versus Weber on Bureaucracy and Sociological Method," *Journal of Libertarian Studies*, Vol.18, No.1(2004), p.11.

42) Ludwig von Mises, *Socialism*(Indianapolis: Liberty Fund, 1981), p.183.

리기를 원하며 동시에 이에 대한 책임은 최소화하려는 집단이다.

그러나 북한의 관료들에게도 '고난의 행군'은 심각한 위기였으며, 새로운 관료적 인식과 실천을 만든 시공간이었다. 그들은 이 기간에 관료적 지위를 보존하고 이익을 산출하는 새로운 관계망을 형성했다. 지배의 강압에 의해 사라지기도 했으며, 지배에 맞선 저항과 시장을 통한 이익 공모를 통해 생계를 유지했다. 또한 관료적 권한을 이용해 인민을 약탈했고, 지배의 전략에 충실히 복종하며 새로운 관료적 권한을 확보했다. 이와 같이 기생하며 공모하는 거대한 몸체인 관료체제는 북한사회 변화의 핵심적 척도가 된다. 따라서 관료들이 자신이 처한 상황 속에서 어떻게 지배공간을 변형시켰고, 새롭게 구성된 기억을 어떻게 현실에서 실천했는지 살펴본다.

1) 국가와 인민 사이의 관료: 신분 불안 · 신소 · 고백 · 비판

북한의 핵심적 관료집단을 제외한 중하위급 관료들은 고난의 행군 기간 이후 심각한 신분 불안 상황에 처해 있는 것으로 판단된다. 북한 당국은 2008년 5월 간부학습자료 '당적 원칙, 계급적 원칙을 확고히 고수할 데 대하여'를 통해 간부들의 행태를 집중적으로 비판했다. 비판 지점은 "① 사업에 열정이 없이 일한다는 점, ② 국가재산을 제멋대로 낮내기 하거나 부정 처리하는 현상이 있다는 점, ③ 지원물자를 보낸다면서 주민들에게 세외 부담을 거둔다는 점, ④ 자기 단위 이익만 생각하며 국가의 법과 규정에 어긋나는 경영관리를 한다는 점" 등이었다.[43] 이런 비판과 함께 '3대혁명판정사업', '전기교차검열',[44] '비사

---

43) 좋은벗들, 《오늘의 북한소식》, 제256호(2008.12), 13~16쪽.

44) 이 사업은 "전기를 망탕 랑비하거나 규정을 어기고 사용하는 공장 책임자들, 그리고 특권으로 랑비하는 개인 세대들을 심문 재판할 수 있는 법적 특수권한을 부여"받은 도(시/군)당, 보안서, 검찰소, 재판소 등 네 개 기관이 진행하고 있다[좋은벗들, 《오늘의 북한소식》, 제267호(2009. 2.24), 2쪽].

그루빠(비사회주의 그룹) 검열' 등 다양한 방식으로 관료들에 대한 중앙 차원의 대대적인 검열사업이 진행되었다.

황해남도 장연군 눌산리 협동농장의 경우, 3대혁명판정사업을 준비하기 위해 돈주에게 돈을 빌려 쓰고, 농민들의 분배량을 줄여서 농장원들의 심각한 반발을 불러일으킨 사건이 있었으며, 공장개선사업의 명목으로 노동자를 6개월간 파견 근무시켜 돈을 버는 일도 발생했다.[45] 또한 전기교차검열사업을 통해 상당수의 간부가 해임되거나 철직, 강등을 당했다.[46]

그리고 부족경제에 의해 '의도하지 않은' 해임·강등·철직이 발생하고 있다. 국가는 원자재를 보장해주지 못하면서 계획과 생산지침을 내리고 있다. 그야말로 '폭력적 자력갱생체제'라고 할 수 있는데, 만약 지침을 실행하지 못할 경우나 국가지침을 실행하기 위해 불법을 저지르면 처벌을 감내해야 한다. 이는 역으로 관료들이 국가지침을 실행하기 위해 갖가지 편법 또는 노동자와 농민을 수탈하는 방식을 활용한다는 것이기에 주민과의 충돌 원인이 되고 있다.[47] 이에 맞서 주민들은 신소를 통해 관료들을 고발한다. 신소 접수, 당국조사, 처벌이 수시로 벌어지는 것이다. 일상에서 주민들이 전개할 수 있는 저항의 방법은 신소다.

신소에 의한 조사 작업은 사상검토사업으로 확대된다. 주민의 문제제기를 국

---

45) 좋은벗들, ≪오늘의 북한소식≫, 제262호(2009.1.20), 3쪽.

46) 예를 들면, 평안남도 평성시 전기 부문 도 지령장과 배전부 감독원이 처형되었는데 이번에 처형된 사람들은 뇌물과 물자를 받고 군수공업용 전력을 일반 공장, 기업소에 보낸 혐의를 받았다. 이들은 국가에서 6만 7,000원에 공급하라고 했던 적산전력계를 일반주민들에게 13만 2,000원씩 약 두 배 비싸게 받은 혐의도 추가되었다[좋은벗들, ≪오늘의 북한소식≫, 제270호(2009.3.17), 5쪽].

47) "함경북도 어랑천 도로공사에서 노동자들이 일군들과 싸우고 집단으로 파업 …… 현장의 노동자들은 옥수수밥 한 그릇에다 국 한 그릇, 염장 무 몇 조각으로 끼니를 이으면서 일해온 반면, 현장 간부들은 도로 공사에 동원된 각 기업소가 지원한 돼지고기와 식량, 기타 필수품을 가로채 매일 고기에 술, 쌀밥을 먹어왔다"[좋은벗들, ≪오늘의 북한소식≫, 제296호(2009.9.15), 2쪽].

가가 수용하면서 간부들을 통제·검열하는 것이다. 북한에서는 '검열그루빠'를 통해 간부들을 처벌하는 방식이 일상화되고 있다. 이러한 국가차원의 통제·검열과 함께 북한 당국은 관료들에게 '고백'을 강요하고 있다. 당중앙위원회는 당원들 각자 자신의 위치와 본업에 따른 부정행위를 스스로 고발하는 반성문을 작성하도록 한다.[48] 이 반성문에는 '우리 당원들이 설 자리는 어디인가?'라는 내용을 적시하도록 하고 있는데, 이는 스스로 자신이 당원의 자격이 있는지 없는지를 고백하라는 것이다. 이미 북한의 관료들은 과거부터 일상적으로 자기비판·호상비판을 전개해왔다. 이는 비판과 고백의 일상화를 통한 중앙 차원의 관료 통제전략임과 동시에 주민의 불만을 관료 처벌을 통해 무마하는 전략인 것이다.

북한의 관료들은 국가의 각종 검열과 주민의 신소에 의해 항상적인 신분 불안에 노출되어 있으며, 일상적 비판과 비일상적 또는 계기적 고백을 강요받고 있다. 신소·고백·비판의 통제구조와 국가의 관료에 대한 독점적 임면권 장악구조는 관료에 대한 국가와 인민의 견제구조로, 대중에 대한 지배와 관료의 통제구조로 작동하고 있는 것이다.

따라서 신분 불안 상황이 지속되고, 검열과 비판이 강화된다면 관료들은 저항의 공간을 확보하기 위해 새로운 관계망 구축에 착수할 것이다. 역으로 주민들과의 갈등이 심화되고 이에 맞서는 주민들의 직접적 저항과 다양한 고발이 확대된다면 새로운 통제권을 확보하려 할 것이다. 이렇듯 관료는 국가와 인민 사이에서 상황과 조건에 따라 수시로 정체성을 조정해야만 하는 '두 개의 얼굴'을 가진 집단이다.

---

48) 좋은벗들, ≪오늘의 북한소식≫, 제285호(2009.6.30), 7~8쪽.

2) 국가와 시장 사이의 관료: 통제와 부패의 결합

북한의 관료들은 세대별 차이가 있긴 하지만 북한식 사회주의 교육과 삶의 방식에 익숙하며, 관료로 진입하기 위한 모든 시험을 통과한 사람들이다. "당원들이라고 특종이고 특별난 사람이 아니에요. 남보다 일을 더 잘해서 당에 대한 당원이 된 것이지, 당원이란 표준이 어떤 사람은 뇌물로도 된 사람도 있겠지만 과업수행에서 초과수행하고 남보다 투신하고 남보다 뛰어나게 월등하면 일 잘하면 당원이 될 수 있는 거예요." 또는 "저 사람이 당원인데 머리 수그리고, 저 사람이 하는 일은 옳고, 저 사람들이 당원인데 우러러보지 않아요. 그거는 이제 그런 시절은 지났고"[49]라는 일반주민의 시각과 같이, 모든 당원이 주민들로부터 적 또는 비판의 대상이 되는 것도 아니며 두려운 존재 또는 복종해야 하는 존재인 것도 아니다. 다른 측면에서 관료들은 주민에게 인정받는 존재이기도 했다.

관료들은 기존체제의 오랜 습속(habitus)을 기억과 실천으로 담지하고 있는 존재임과 동시에 현실에서 벌어지는 새로운 세계에 적응하며 변화하는 존재이다. 따라서 국가지침에 의한 통제의·주체이자, 생존과 이익을 위한 부패의 주체이기도 하다. 이런 조건으로 인해 관료들은 타성과 보수적 성격을 갖고 있으며, 기존 규범과 새로운 변화 사이에 갈등하는 존재이다. 한 부부의 이야기를 예로 들어보자.[50]

> "여보, 생각해보시오. 당신이 지배인이지만 집안에 보탠 게 뭐 있소. 내가 장사 길에 들어서지 않았더라면 우리 집안 식구들이 입에 풀칠도 못할 거야."
> "그런 말 마오. 내가 지배인이니까 당신도 편안히 장사할 수 있지."

---

49)　B-03(노동자), 2009년 1월 29일 인터뷰 내용.
50)　좋은벗들, 《오늘의 북한소식》, 제271호(2009.3.24), 16~17쪽.

"하긴 그건 맞는 말이오. 세대주가 아닌가. 기대는 데가 있으니까 내가 편안히 장사하지. 그런데 지금 대의원이 되었으니까 우리가 더 큰 벌이를 할 수 있는 길이 열렸다고 생각해요."

"한심한 소리 하지 말라. 그저 입만 벌리면 장사밖에 모르는가."

"아니요. 한번 황해도에 가서 김 장사를 해볼 생각이오. 대의원증만 내밀면 무사통과인데."

"그런 말마라. 대의원이라고 해도 2호 초소(평양시 들어오는 평양호위사령부 초소)는 통할 수 없소."

"아이, 황해도 가는데 무슨 상관이냐. 당신이 일요일에 나랑 같이 황해도에 한번 가보자요. 승용차는 내가 마련하겠으니. 한 탕만 하면 기름 값이며 이것저것 다 떼고 50만 원은 넉넉히 떨어지오. 대의원들만이 할 수 있는 일입니다."

"못하는 소리가 없구나."

"아니 다들 그렇게 하는데 뭘 그러나."

시장을 통한 생계유지와 이익을 획득하려고 새로운 세계에 접속한 아내와 기존 관료체제 속에서 대의원으로 선출된 남편의 대화는 현재 북한관료들의 일상을 보여준다. 이는 사회주의적 습속과 시장적 행위가 충돌하는 모습, 즉 관료가 통제의 주체이면서 부패의 주체임을 동시에 보여준다.

시장의 확산을 방지하기 위한 국가 차원의 통제력 강화 조치는 관료적 권한의 확대로 이어진다. 주민에 대한 강화된 통제권을 행사하는 관료들은 또 다른 부패의 연계망을 구축한다. 통제의 강화가 관료적 권한을 강화시키고, 강화된 관료적 권한을 통해 부패를 확산시키는 방식이다.[51]

---

51) '고난의 행군' 이후 북한의 관료들은 출근하지 않는 노동자들에게 일정한 금액을 받고 출근 처리를 해주었다. "내가 이 직장을 위해서 돈을 얼마 내겠으니까 나 한 달 동안에 어디 장사 좀 갔다 오겠다. 날 좀 봐달라. 그러면 너 한 달에 돈 얼마 내겠냐. 그러면 얼마 내겠다 하면 직장장

〈표 3-1-1〉 2009년 시장 단속 일지

	시행 내용	결과
1월	· 전국 종합시장 폐지 및 농민시장 개편 6개월 뒤로 연기	
3월	· 최고인민회의대의원대회(3월 8일) 앞두고, 엄격한 이동 통제	장사 위축
4월	· 함경북도 청진, 시장에서 농산물 이외 상품 판매 금지 · 함경남도 함흥, 시장 단속과 판매율 저조로 매대 장사꾼 40% 감소 · 중국 환율 상승으로, 북한 물가(특히 수입공업품) 상승	금지된 물품을 팔거나 매대비를 내지 않으려고 골목길장사, 방문 판매, 메뚜기장사로 전환하는 장사꾼 증가
5월	· 시장에서 음식 판매 금지 · 전국 시장 관리 방안 관련 재강연: 차판장사, 도매장사, 기업소들의 불법장사, 젊은 여성(40세 미만) 장사, 평성이 전국 도매시장이 되고 있는 현상, 시장에서 판매소를 별도 운영하는 현상, 골목길장사, 메뚜기장사 등 이상행위 엄중 경고	
6월	· 전국 도매시장 역할을 한다는 이유로 평안남도 평성 시장 폐쇄 결정	구역별 소규모 장마당 운영
8월	· 8월 2일부터 자강도 강계 장사 짐 부피가 크면 단속 · 시당 '장사 짐 부피를 줄여서 메고 다닐 데 대해' 강연	상인들 냉담한 분위기

자료: 좋은벗들, ≪오늘의 북한소식≫, 제300호(2009.10.13), 11쪽.

예를 들면 2009년 3월 8일 대의원선거 이후 북한 당국은 전국적으로 시장 단속을 강화하며, 40세 미만 여성들의 장사를 금지하고 거래품목을 제한하는 조치를 취했다(〈표 3-1-1〉 참조). 이는 주민들의 생계공간이 협소해짐을 의미한다. 이로 인해 관료들과의 거래를 통해 시장 활동을 지속하려는 새로운 연결방식이 도입될 것이다. 이런 능력도 없는 주민들은 시장 밖의 공간에서 '방문장사', '골목장사' 등 다양한 방식으로 생계를 연명해갈 것이다. 이것은 관료적 권한과 시장과의 새로운 연결방식의 전환과, 시장 밖의 공간을 시장화하는 현상으로 확대될 수도 있다.

또한 관료적 권한을 통한 이익 확보의 기억은 시장친화적 관료들을 확산시

은 이게 우리 직장에 자금을 마련하는 데도 좋잖아요. 그러니까 그럼 좋다. 내가 출석률을 니가 온 걸로 하겠으니까 니 돈을 어느 정도 내라"[B-01(교원), 2008년 7월 29일 인터뷰 내용].

키고 있다. 남편이 간부인 경우 아내가 남편의 지위를 이용해 시장에서 장사를 하거나 여성인 경우는 아예 사무직을 그만두고 장사를 전업으로 하는 사례가 발생하고 있다.

> 장사를 안 해도 하여튼 와이프들이 장사를 하는 거죠. 소장 같은 경우는 와이프가 장사를 해서 먹고살고, 괜찮았거든요. 소장네 생활은. 의사 같은 경우는 여자거든요? 마지막에는 안 했어요. 의사, 장사했어요.52)

이것은 새로운 연줄망의 구성, 새로운 공간의 창출을 의미한다. 자신의 직책과 분야에 따라 부여되는 관료적 권한은 작업장과 시장을 연결하는 매개가 되고 있다. 많은 관료는 국가 물자를 빼돌려 시장에 판매하고 이익을 취득한다.53) 또한 관료적 권한을 통해 주민들에게 각종 물자와 화폐를 받아 착복하거나 상부에 뇌물로 활용한다.54) 그리고 북한사회의 통제구조의 첨병이라 할 수 있는 각종 공안기구 간부들의 행위도 이익을 획득하기 위한 방향으로 진화되고 있다. 즉, 통제 권한의 확대를 통해 지배전략을 관철시키려는 북한 당국의 의도가 실제 일상에서는 부패의 확산과 시장친화적 관계망을 구축하는 것으로 전이되고 있는 것이다.

---

52) B-02(협동농장원), 2009년 1월 20일 인터뷰 내용.

53) 회령시 도시건설대 대장은 건설자재를 시장에 팔아 그 일부를 유용했으며, 상업관리소 소장은 도에서 내려온 지원물자를 시의 승인 없이 시장에 팔아 상업관리소 물류창고 확장 건설에 사용하고 외국에서 들어온 어린이 의류와 식료품 지원물자의 일부를 시당 간부에게 뇌물로 바쳤다. 이런 행위들은 도처에서 발생하고 있으며, 이런 정황이 적발되어 많은 관료들이 해임·강등·철직되고 있다(좋은벗들, ≪오늘의 북한소식≫, 제273호(2009.4.7), 3쪽).

54) 함경북도 청진시 송평구역 온정동 사무소 여맹은 조직생활이 불성실한 여맹원들에게 돈을 받아내서 옷을 사 입는 일이 벌어졌다(좋은벗들, ≪오늘의 북한소식≫, 제283호(2009.6.16), 11쪽). 함경북도 청진시 116기동대 울림회사 사장은 몇 년에 걸쳐 회사자금을 유용하고 또한 마약 거래에도 개입했다고 한다(좋은벗들, ≪오늘의 북한소식≫, 제285호(2009.6.30), 13쪽).

국가보위부원, 보안원, 국경경비대, 노동적위대원 등 현장에서 감시와 통제를 실행하는 관료들이 마약 밀매에 동참하고, 국경 불법도강을 방조하고, 국가 물품 유출을 공모하는 등 다양한 방식으로 관료적 권한을 이용해 이익을 취득하거나 시장과 공모하고 있다.

이는 국가의 공권력이 통제와 부패의 이중적 역할을 수행하고 있음을 의미한다. 따라서 북한 당국의 통제전략은 일상에서 조금씩 허물어지고 있으며, 공권력이 부패를 확산시키는 역기능이 발생하고 있다.

통제의 강화가 부패를 확산시키는 악순환이 지속되고 이 부패의 연결망이 확산되어 시장친화적 관료들이 증가하면, 국가 차원의 시장 및 관료에 대한 통제가 어려운 상황에 봉착할 수 있다. 그러나 문제는 '생산 없는 사회'에서 시장 물품을 제공할 수 있는 것은 국가 물품과 중국을 통한 수입, 그리고 소규모 수공업과 농산물일 수밖에 없는 점이다. 그런데 국가 물품을 조달하는 것은 관료의 권한이다. 따라서 관료들도 전면적인 변화보다는 관료적 권한을 유지하면서 적정 수준의 시장이 유지되는 것이 가장 효율적인 것으로 인지할 가능성이 높다. 급격한 변화를 통한 시장 진입은 리스크가 크다는 것이다. 따라서 지배공간 내부의 균열지점으로서 시장이 지배공간을 변화시키는 변혁의 공간이 될지는 예측할 수 없다.

3) 관료와 관료 사이의 관료: 양극화, 책임 회피와 보수성, 정보 왜곡

과거 북한사회는 관직 위계에 따라 차등적인 배급과 급여, 복지체계를 바탕으로 작동했다. 그러나 이런 복지체계가 붕괴되면서 상위 직책과 하위 직책의 양극화 현상과 선호하는 직종이 변화하고 있다.

함경남도 단천시는 인구가 40여 만 명 정도로 추산되는데, 이곳 네 개 당위원회에는 시당, 건설연합당, 광업당, 철도당 등 네 개 당위원회의 책임비서, 조직비서, 선전비서부터 간부과, 조직과, 선전부 등 600여 명의 간부가 있다. 이들과 함께 보안원과 보위부원은 배급 등 먹고사는 것에 전혀 문제가 없다. 그래서 이곳 주민들은 "요즘은 간부들만 살아남는 시절"이라고 비난한다.[55]

이외의 산하지역, 부문 조직의 경우는 네 개 당위원회 소속 관료들에 비해 상당히 열악한 상황에 처해 있을 것이다. 중앙당, 지역 시당 차원까지는 국가 차원의 장악이 가능하다고 볼 수 있다. 그 아래로 내려가면 책임은 커지고 국가의 지원은 턱없이 부족하기 때문에 관료들은 항상적인 신분 불안에 노출되어 있으며, 부패에 대한 유혹이 더욱 커질 것이다.

> "창호야, 지금까지 경공업 지배인들이 얼마나 해임, 철직당하고, 지방에 추방되었는지 알고 있느냐. 그들이 충실성이 부족한 것도 아니고 능력이 부족한 것도 아니다. 상급 당이 무리하게 요구하고, 공장 살리기 위해서 부득불 좀 나섰다가 희생양이 되지 않았느냐. 이게 다 행정일꾼들의 운명이 아니냐"고 한 말씀 덧붙였다. 줄곧 가만히 듣고 계시던 아버지도 드디어 입을 여셨다. "어머니 말 잘 새겨들어라. 어떤 경우라도 나서지 말아라. 무보수로동까지는 감수할 수 있다. 그 이상은 안 된다."[56]

북한에서 경공업 지배인(행정일꾼)으로 임명되는 것을 꺼리는 현상이 강화되고 있다. 그 이유는 막중한 과업이 주어지고, 항상적인 해임 위험에 시달려야 하기 때문이다. 이러한 상황 때문에 관료의 책임회피와 보수성이 확산되고 있다. 사상적으로 자신의 과오를 뉘우치고 '수령'에 대한 과실을 진심으로 사죄하되, 실무적인 일은 상부의 책임으로 전가하는 방식이 일반화되고 있는 것이다. 예를 들면, "상급기관에 올려 쏴야(내 책임이 아니라고, 상급기관에 책임을 돌리라)" 하는 것이 관행이다.[57] 이런 현상으로 인해 가급적 관료적 권한을 통

---

55) 좋은벗들, ≪오늘의 북한소식≫, 제283호(2009.6.16), 4쪽.
56) 좋은벗들, ≪오늘의 북한소식≫, 제268호(2009.3.3), 17쪽.

해 즉각적인 이익을 확보할 수 있는 직책인 상업관리소, 외화벌이사업소, 군수공장, 무역회사 등을 선호하는 현상이 더욱 확산되고 있는 것이다.[58]

그리고 정보의 왜곡을 통해 관직을 유지하고 이익을 챙기려는 경향이 강해지고 있다. 2009년 당중앙위원회에서는 전체 당원을 대상으로 '국가 기밀을 철저히 엄수할 데 대한 방침'을 전달했다고 한다. 당과 국가 및 군대 주요 일꾼들을 대상으로 일체의 모든 부정행위를 강력히 뿌리 뽑겠다는 결심의 일환에서 나온 방침이다.[59] 이는 국가 차원의 정보가 유출되고 있었음을 의미한다. 국가 정보가 관료적 계선을 따라 관료의 생존과 이익을 위해 다양한 방식으로 유출·변경·왜곡되고 있음을 보여주는 사례라고 할 수 있다. 이런 현상의 확산은 궁극적으로 국가 시그널과 시장 시그널의 충돌을 의미한다. 이는 어느 순간 정부지침이 시장에 의해 변경되거나 왜곡될 수 있다는 것이다.

현재 관료들의 일상생활세계에서는 양극화 현상의 확대, 책임 회피와 보수성의 강화, 정보 왜곡을 통한 관료적 권한의 자의적 활용 가능성의 증대 등이 나타나고 있다. 이러한 현상에 대응하여 관료들의 향후 행보가 관료사회 내부의 갈등으로 확산되어 심각한 갈등을 유발할 것인지, 정부 정책에 대한 수동적 수용성이 확대되면서 관료체제의 안정성은 유지하되 경제 분야의 악순환 구조를 더욱 심화시킬 것인지, 정보의 지속적인 왜곡으로 인해 정부 장악력이 약화될 것인지 등을 추적하여 살펴볼 필요가 있다.

이상과 같이 북한의 관료들은 국가와 인민, 국가와 시장, 관료와 관료 사이

---

57) 좋은벗들, ≪오늘의 북한소식≫, 제273호(2009.4.7), 16쪽.
58) "그때 당시 상업관리소는 대학이나 좀 간부 자식이나 이런 사람들이 많이 들어가는 곳이에요. 왜냐하면 먹을거리, 그 다음에 장, 사탕 이런 식료품 담당, 공업품 담당, 이런 걸 맡아가지고 상점 판매원으로 다 나갔기 때문에", "황해제철소의 외화벌이는 사업소가 또 따로 있어요. 들어가기가 힘든 데예요. 한마디로 빽이 있어야 되는 거죠"[B-03(노동자), 2009년 1월 29일 인터뷰 내용].
59) 좋은벗들, ≪오늘의 북한소식≫, 제285호(2009.6.30), 7쪽.

에서 다양한 방식으로 자신의 정체성과 생존전략을 변경해야 하는 상황에 직면해 있다. 관료는 국가 지배행정의 중추집단이며, 지배집단과 북한주민을 연결하는 매개집단이고, 관료체제 내의 관료적 경쟁을 해야 하는 집단이다. 따라서 북한관료들의 일상을 추적함으로써 북한사회의 변화 동학을 읽어낼 수 있는 가능성을 발견할 수 있을 것이다. 특히 현재 북한의 과도기적 성격과 위기의 국면을 고려할 때 관료들의 일상을 추적 · 분석하는 것은 북한체제의 변화를 들여다볼 수 있는 '창(窓)'을 제공해줄 것으로 판단된다.

5. 나오며: 관료 일상과 체제전환의 연관성

이제 관료의 일상생활세계 분석을 통해 체제변화의 방향을 도출할 수 있을 것인지를 모색하는 것으로 이 글을 마무리할 것이다. '체제이행'이란 사회주의 계획경제에서 자본주의 시장경제제도로의 변화, 전체주의에서 민주주의 제도로의 변화를 의미한다. 그러나 '체제전환'은 정치체제와 경제체제의 제도적 변화만이 아니라 사회의 공식적 · 비공식적 연결망 구조나 문화, 지배적 가치와 신념체계의 변화를 의미하는 것으로 '이행'에 비해 체제변화의 시간적 간극이 넓게 설정되고 비물질적인 변화까지 포괄하는 것으로 이해할 수 있다.[60]

따라서 한 사회가 변화되는 방향과 함께 제도와 문화, 인식체계와 관계구조의 변화를 포함하는 것이 체제전환이라고 할 수 있다. 그렇다면 이러한 전환은 어떻게 발견될 수 있을까? 르페브르는 "계기는 일상으로부터 일상 안에서 탄생한다"고 주장했다.[61] 북한사회에서 체제전환의 계기는 비일상적인 '고난

---

60) 최완규 · 이무철, 「북한의 체제전환 전략과 국제협력: 평가와 과제」, 《현대북한연구》, 제12권, 제1호(2009), 10쪽 재인용.
61) 장세룡, 「앙리 르페브르의 일상생활 비판」, 《전남사학》, 제25집(2005), 310쪽 재인용.

의 행군'으로부터 선명한 모습을 보이기 시작했지만, 그 이전의 시간과 공간에 축적된 일상 안에서 시작된 것이다. 그리고 '고난의 행군'은 국가와 인민의 관계를 상당히 변화시켰다. 따라서 북한의 향후 변화과정을 읽을 수 있는 방법도 바로 계기로서의 일상과 일상의 변화를 추적하는 것이다.

북한의 사회적 관계는 수령과 인민 간에 발생하는 제도적 차원의 증여(배급과 복지체계)와 직접적 각종 증여(선물, 명예, 지위, 하사품 등)에 의해 구성되어 왔다고 할 수 있다. 따라서 '고난의 행군' 기간을 계기로 시작된 증여체계의 붕괴와 직접적 증여 규모의 축소는 사회적 관계의 근본적 또는 부분적 변화를 함축한다. 기존의 연대와 의무의 관계가 붕괴되어가는 과정이라고 할 수 있기 때문이다.[62]

예를 들면, 북한과 같이 독자적 논리에 따라 움직이는 시장이 존재하지 않았던 사회에서는 대체로 상징자본이 경제자본보다 유용했다고 할 수 있다. 따라서 이런 사회에서는 명예 또는 지위를 이용해 재화를 확보하는 것이 가장 용이한 방법이다. 그러나 시장이 확산되면서 상징자본의 가치는 하락하고 경제자본의 가치가 상승한다. 상징자본과 경제자본은 충돌하고 경쟁하는 과정에 놓여 있다고 볼 수 있다. 즉, 마르셀 모스(Marcel Mauss)가 소유형태 자체보다는 재화에 대한 접근과 분배의 원칙에 주목해야 한다고 주장한 것처럼,[63] 북한사회에서 재화에 대한 접근을 둘러싸고 시장의 규모와 작동방식에 대해 '국가·관료 대 인민' 또는 '국가 대 관료·인민' 간의 심각한 충돌이 발생하고 있으며, 분배를 둘러싸고 관료 내부의 충돌과 인민 부양에 대한 국가의 전면적인 포기라는 상황에 처해 있다. 따라서 북한은 현재 재화에 대한 실질적 접

---

62) 의무적이고 이해관계가 개입된 증여방식인 선물은 사회적 관계를 발생시키는 방식의 하나이며, 이 사회적 관계란 선물교환이 아니었다면 아무런 관계도 갖지 않을 개인이나 무리들 사이에 선물을 통해 의무가 창조되기 때문이다[데이비드 그레이버, 『가치이론에 대한 인류학적 접근: 교환과 가치, 사회의 재구성』, 서정은 옮김(서울: 그린비, 2009), 81~82쪽].

63) 같은 책, 346쪽.

근과 분배의 문제에서 국가의 통제전략과 관료·인민의 욕망이 현실공간에서 쟁투를 전개하고 있다고 규정할 수 있다.

이는 과거의 증여와 답례의 '총체적 호혜관계'가 '일방적 호혜관계'로 전환되었음을 의미한다. 일방적 호혜관계는 오직 한편만이 상대방의 자원에 대한 무제한적인 요구권을 갖게 되는 것을 의미한다.[64] 북한의 지배권력은 인민들에게 증여하지 않고 자력갱생 및 국가시책을 위한 일방적인 희생만을 강요하고 있다. 이런 관계로는 인민이 국가에 대한 연대와 의무를 생성할 수 없다. 따라서 이 관계를 변화시키기 위한 다양한 일상적 행위들이 벌어질 것이다. 이런 관점에서 북한의 미래는 북한의 주민과 관료들이 지배공간에서 전개하는 다양한 전술과 책략에 의해 어떻게 저항공간이 구성될 것인지를 추적하는 것이 될 것이다.

북한의 관료와 주민들은 억압된 일상의 시간과 공간을 탈출하기 위한 새로운 공간과 연결망을 시장으로 인식한다. 시장은 생산자들의 생산물이 유통·판매되는 교환의 공간이다. 이 교환의 매개는 화폐다.[65] 과거 사회적 관계의 상징인 '수령'은 이제 새로운 상징인 '화폐'와 쟁투를 벌이고 있다. 게오르크 지멜의 정의처럼, 화폐는 '도구적이고 익명적인 상호작용의 증대, 개인적 자유의 확산, 객관적 문화의 확산, 합리적 지식의 발전, 삶의 유동성을 증가'시킴으로써 인민들의 민주적 삶의 과정을 자극하고 촉진할 수 있다.[66]

현재 북한사회에는 관료적 위계질서망과 시장 교환의 수평적 유통망의 얽

---

64) 같은 책, 471쪽.
65) "돈을 지불하고 그에 대한 필연적인 대가로서 일정하고 구체적인 가치를 받게 됨으로써 돈은 동일한 경제권의 구성원들을 매우 강력하게 연결시킨다. 돈은 직접적으로 소비되지 않는다는 바로 그 이유 때문에 실제로 소비하고자 하는 것을 제공해줄 수 있는 다른 사람들에게 우리를 연결시킨다. …… 많은 인간들 사이의 연결관계를 창출한 것은 궁극적으로 돈이다"[게오르크 지멜, 『짐멜의 모더니티 읽기』, 김덕영·윤미애 옮김(서울: 새물결, 2005), 15~17쪽].
66) 차문석, 「20세기 사회주의에서 화폐와 수령: '수령화폐'의 등장을 중심으로」, ≪한국정치학회보≫, 제42집, 제1호(2008), 110~111쪽.

히고설킨 새로운 연결망이 구성되고 있으며, 국가를 통한 전일적 분배체계는 시장을 통한 다층적 분배체계와 연동되어 작동하고, 국유화된 생산구조는 국가 능력 내의 한정된 생산구조 및 다양한 소생산업자들의 생산구조와 연동되어 물품을 생산하고 있다. 이것은 북한사회에 새로운 공간구조가 일정 수준 구성되고 있으며, 이 공간구조는 관료와 인민의 기억 속에서 끊임없이 갱신되어 지배의 전략을 가로지르고 우회하는 술수와 책략의 나침반이 되고 있다. 제 아무리 국가가 강력한 통제력을 행사하려고 해도 축적된 기억은 다시 일상에서 재현되어 지배전략을 우회할 것이며, 시장을 국가 통제 영역 안에 장악하려고 시도해도 시장을 둘러싼 연결망은 주변으로 퍼져나가 새로운 교환구조를 만들어낼 것이다.

문제는 국가와 인민의 중간자 관료들이다. 국가와 시장 또는 국가와 인민 사이에서 생존과 이익을 위해 정체성을 수시로 조정해야 하는 불안한 일상, 국가의 무책임한 지침의 완수와 노동자들의 일탈을 통제해야만 하는 고통스러운 작업장 공간, 비공식적 연줄망을 통해 이익을 확보하는 부패행위와 이것을 적발하려는 중앙과의 끊임없는 긴장, 과거의 명예로운 시절과 현실의 고통이 혼합된 기억. 이러한 복합적인 상태가 뒤섞여 있는 것이 현재 북한관료들의 일상생활이라고 추상적으로 규정해볼 수 있다.

'아래로부터의' 인민의 전면적인 봉기나 저항이 아니라면, 북한관료들의 선택은 자신의 위치를 보존하면서 이익을 획득할 수 있는 공간의 유지 또는 창출일 것이다. 북한관료들이 현 지배공간을 저항을 통해 대안공간으로 전환하는 실천을 감행하기에는 획득될 이익보다 리스크가 높다고 판단된다.[67]

---

67) 북한의 경우 수십 년간에 걸친 주체경제의 실패, 천연자원의 부재, 공산권의 몰락 등으로 극단의 빈곤을 경험하고 있다. 이러한 빈곤은 북한 엘리트가 국가로부터 독립적인 물적 기반을 확보할 수 있는 원천을 완전히 차단했다. 고작 국제거래에서 차익을 남겨 외환을 보유하는 정도에 불과하다. 분명 북한 엘리트 역시 기회주의적 유인에 둔감하지 않지만 그 유인의 양이 위험한 도박을 감행할 만한 정도에 미치지 못한다. …… 북한 엘리트는 바로 북한의 유일

2009년 11월 30일 단행된 북한의 '화폐교환 조치' 이후에 관료들이 보여준 행태는 관료적 권한을 통해 이익을 확보하는 방식을 잘 보여준다.[68] 정책적 방향과 수단의 변화는 관료적 권한의 확대 또는 축소를 의미하며, 관료들은 이런 변화에 맞게 수시로 자신의 전술을 새롭게 구사하며 생존과 이익을 추구한다. 즉, 관료적 권한과 시장의 이익을 수시로 넘나드는 전술을 구사하는 것이다.

평성시의 김영만(가명) 씨는 "있는 놈들만 더 가져간 나쁜 정책"이라고 대놓고 비판했다. "작년 11월 말에 실시된 화폐교환 조치로, 각 도에서 화폐를 교환하라고 파견한 일군과 지방 간부들, 보위부원과 보안원들은 벼락부자가 되었거나 더 많은 돈을 챙기는 일이 일어났다. 한 세대당 옛날 화폐로 10만 원까지 제한을 두니 지방의 많은 장사꾼들과 돈주들은 서둘러 평소 안면을 트고 지내던 간부들과 관계망을 이용해 화폐교환을 집행하러 내려온 간부들과 직접 거래를 했다. 간부와 법일군, 은행일군들은 이들과 암거래를 하는 대가로 20% 이상의 사례금을 챙겼다."[69]

한 비교 우위인 과도하게 발달한 국가를 이용해서 자신의 특권을 유지할 수밖에 없다[한병진, 「북한정권의 내구성에 대한 이론적 고찰」, ≪국가전략≫, 제15권, 제1호(2009), 131쪽].

68) 양문수는 북한 당국의 화폐교환의 목적을 ① 인플레이션 억제, ② 재정수입 확충, ③ 시장 및 시장경제활동 억제로 판단했다[양문수, 「북한 화폐개혁: 실태와 평가」, ≪통일문제연구≫, 통권 제53호(2010), 70~71쪽]. 박형중은 시장 및 민간 부문의 약화와 내부 세력 재편, 그리고 국가경제 부문을 소생시키려는 목적이라고 보고 있다[박형중, 「화폐교환 조치의 파장과 전망: 정치경제학적 분석」, ≪통일연구원 Online Series≫, CO 09-48(2009), 1쪽]. 차문석은 북한의 화폐교환 조치를 국가의 재정 수입을 증대시켜 현재 체제의 유지를 도모하고 후계체제의 재정을 확보하려는 것(은폐된 것)이고 표출된 것은 계획경제의 재건이라며 표출된 것과 은폐된 것으로 구분하여 분석했다. 즉, 화폐개혁은 시장 부문의 부를 국가가 탈취하려는 목적이라는 것이다[차문석, 「북한경제의 작동구조와 3대 세습체제의 상호동학」, 『화폐개혁 1년, 북한사회 어디로?』, 동국대학교 북한학연구소 제20회 북한포럼(2010.11.24), 5쪽].

69) 좋은벗들, ≪오늘의 북한소식≫, 제378호(2010.11.24).

북한관료들은 이미 형성된 관료적 권한과 연계된 시장 네트워크를 활용하여 북한 당국의 정책 변화에 미시적으로 개입하여 자신의 이익을 획득한다. 즉, "이번 화폐교환 조치는 부정부패를 통해 부족한 물자에 접근할 수 있는 자만이 더욱 혜택을 볼 수 있는 환경을 만들어낸 것이다".[70] 부족경제와 생산능력이 없는 산업구조하에서 관료들이 체제전환을 통한 이익 획득에 나설 가능성은 높지 않다. 앞서 언급했듯이 관료적 권한의 둔덕에 올라타서 이미 형성된 관료와 시장 네트워크를 활용하여 관료적 지위와 시장에서 발생하는 이득을 확보하는 것이 더 합리적이기 때문이다. 관료들의 생존은 시장과 밀접히 겹쳐 있다. 즉, 시장의 축소는 관료의 이익 축소로 이어진다.[71] 따라서 관료적 이익 축소를 완충하기 위해 관료들은 다시 북한 당국의 시장 억제정책을 활용한다. "일부 보안원들 중에 주민들에게 빼앗은 물건을 빼돌려 다른 장사꾼에게 돈을 받고 넘기거나, 자기 아내들을 장사에 나서게 하는"데, 이는 "자기들이 먹을 게 적어지니 백성들이 장사하는 것을 빼앗아 자기 배를 채우려는"[72] 것이다. 특히 화폐교환 조치 이후 혜택을 보고 있는 것은 북한 내부의 특권 계층, 특권기관 산하 회사관료들이다. 이들은 화폐교환 조치 이후 발생한 경제력을 바탕으로 장마당의 지배력을 확대할 것이다.[73]

그러나 이러한 과정은 관료와 주민의 충돌로 이어진다. 관료-시장 네트워크를 통해 이익을 분점했던 구조에 균열이 발생하고, 관료들은 시장 억제정책을 활용하여 자신의 이익 획득을 위해 시장에서 다른 방식의 약탈행위를 전개하기 때문이다. 화폐교환 조치로 인해 엄청난 고통을 겪고 있는 주민들에게 가중되는 관료들의 약탈행위는 또 다른 저항공간을 형성한다. 관료-시장 네트

---

70) 박형중, 「화폐교환조치의 파장과 전망: 정치경제학적 분석」, 4쪽.
71) "주민들이 살기 어려워지면서 보안원 세대들도 예전보다 생활수준이 많이 떨어졌다"[좋은벗들, ≪오늘의 북한소식≫, 제372호(2010.10.27)].
72) 같은 글.
73) 박형중, 「화폐교환조치의 파장과 전망: 정치경제학적 분석」, 5쪽.

워크를 통한 공존의 윤리가 관료와 주민 간의 분쟁으로 전환되는 것이다. 이런 환경은 관료들의 입장에서 곤혹스럽다. 관료들은 기존 관계망을 동원하여 공생을 위한 방법을 만들어내야 한다. 그것이 바로 대항기억을 행동화하는 것이며, 일상에서 축적된 경험을 통해 새로운 환경에 맞는 전술의 다양성을 구사하는 것이다.

북한 당국이 이런 상황에 대응하기 위한 조치를 발표했는데, 그것이 바로 '5·26 조치'(2010년)였다. 5·26 조치는 화폐교환 이후 6개월 만에 내려진 결정이었다. 그 내용은 시장을 전면 허용하고, 시장 운영 시간을 제한하지 않으며, 매매물품을 통제하거나 장사 가능 나이를 제한하는 등의 모든 시장 규칙을 사실상 철폐한다는 것이다.[74] 5·26 조치 발표 이후 내각과 각 부분들은 국가가 식량문제를 해결할 수 없다는 지시문을 각 산하 기관에 전달했으며, 내각 산하 무역성, 각 공업성과 보안성, 보위부 등에 무역회사 등 시장행위 주체들의 활동 보장과 주민생계 해결을 위한 환경 조성을 위해 노력하라는 세부지침이 전달되었다. 이는 일종의 '시장시스템의 계획시스템에 대한 반격'으로 볼 수 있다.[75]

북한주민들에게 장사행위의 중단은 생계 연명의 불가능을 의미한다. 계획 정상화를 주장하는 북한 당국의 의도와 무관하게 화폐교환 조치 이후에도 식량난과 경제난은 여전히 지속되고 있으며, 이상 기후와 수해로 식량 사정은 더욱 악화되고 있다. 공장은 가동되지 않기 때문에 월급을 받을 수 없고, 배급도 이뤄지지 않고 있다. 유일한 생계공간은 장터와 시장이다. 시장에 대한 억제와 통제정책은 곧바로 생계유지가 불가능하다는 것을 의미한다. 함경남도 함흥시의 식량난 실태조사를 다녀온 북한의 한 중앙당 간부에 의하면, "1990

---

74) 좋은벗들, ≪오늘의 북한소식≫, 제340호(2010. 6. 24).
75) 박영자, 「화폐교환 조치 후 북한시장과 주민생활의 스펙타클과 역동」, 『화폐개혁 1년, 북한사회 어디로?』, 동국대학교 북한학연구소 제20회 북한포럼(2010. 11. 24), 11~13쪽.

년대 후반보다 훨씬 더 어려운 상황에 놓여 있다. 1990년대가 1차 고난의 행군 시기였고, 2006년 수해 이후 2007년부터 2차 고난의 '강'행군 시기였다고 한다면, 지금은 더 이상 붙일 말이 없어서 고난의 '초'강행군 시기라는 말이 간부들 회의석상에서 구호처럼 흘러나오고 있다"고 한다.[76]

5·26 조치는 북한의 구조적 상황을 극명하게 보여준다. 지속적인 경제난과 식량난이라는 구조적 요인과 겹쳐진 유일한 생계 연명 공간으로서 시장의 존재가 바로 그것이다. 계획시스템으로 해결되지 못하는 북한의 현실에서 시장시스템의 생존력은 더욱 강화되고 있다. 따라서 주민들이 시장공간을 통해 전개하는 일상의 다양한 전술적 행위들의 압력을 북한 당국이 견뎌낼 수 없었던 것이다. 또한 이미 진공상태인 작업장의 상황은 지배의 의도를 관철할 주민들이 존재하지 않는 폐허의 공간으로 전환되었다. 지배이데올로기와 북한식 '도덕윤리'를 재생산하는 가정은 이미 화폐와 시장의 내러티브가 만들어지는 '침범하기 어려운 공간'이 되어가고 있다. 이러한 상황에서 관료들은 시장공간의 유지를 위한 주민들의 일상적 실천과 일정하게 연대할 수밖에 없다.

이와 같이 화폐교환 조치 이후 북한 당국이 의도했던 지배의 책략은 관철되지 못하고 있다. 시장 억제정책과 뒤이은 화폐교환에 의해 만들어진 고통의 기억은 계기마다 집단기억으로 전환되어 저항공간을 확대하는 '악순환'이 반복될 것이다. 시장, 작업장, 가정이라는 공간에서 관료와 주민들은 저항공간을 통해 산출된 대항기억을 통해 시장을 유지·확대하기 위한 행동을 가속화할 것이며, 축적된 기억을 통해 다양한 전술로 맞설 것이다. 이는 지배공간의 축소와 저항공간의 확대를 의미한다. 또한 이러한 상황의 변화는 북한체제의 변화를 암시한다. 지속적인 '기억-연대-행동'은 관계망을 확대하고 지배공간의 그 중심에서 증식할 것이다. 그럼에도 시장의 이중적 함의, 즉 지배의 의도를 전유하

---

76) 좋은벗들, ≪오늘의 북한소식≫, 제392호(2011.3.2).

〈그림 3-1-1〉 북한사회 공간-기억-일상의 변화와 체제전환의 메커니즘

고 분쇄하는 경향과 북한체제의 문제점을 완충하는 경향이 중첩적으로 나타날 것이다. 따라서 시장은 주민의 생계와 관료의 이익이 산출되는 공간인 동시에, 북한체제의 문제점을 완충하는 공간으로서의 의미를 갖는다. 이는 관료들에게 이중의 이익을 산출할 수 있는 공간으로 의미화된다. 그래서 관료들의 행동을 통한 급진적 체제전환이 발생하기는 어려울 것으로 판단된다.

따라서 관료의 일상 변화와 체제전환의 연관성은 세 가지 측면에서 추적할 필요가 있다. 첫째, 지배공간 내에서 저항공간의 확산 정도, 둘째, 국가정체성에 복종하는 행위에서 새로운 기억의 축적에 의한 행동화의 속도와 전술적 다양성, 셋째, 일상생활세계에서 새롭게 구성되는 관계망과 연줄문화의 복잡성과 변동 수준이다(〈그림 3-1-1〉 참조).

어떤 형태이든 북한의 관료들은 체제전환과 전환 이후 사회의 중심역할을 할 것이다. 문제는 사회주의 국가들의 붕괴를 예상하지 못했던 것처럼, 북한의 체제전환의 시점을 예상하는 것은 난제이다. 따라서 북한연구와 연구자들의 몫은 관료들의 심성세계와 관계문화의 변화, 실천행위와 양태의 변화 등에 대한 과학적 추적이며, 일상생활세계에 대한 '두텁게 읽기'라고 생각된다. 이를 통해 지배공간에서 '세균 같은 실천'으로 이 장소를 침식하는 관료들의 일상적 행위를 밝히는 것이다.

〈참고문헌〉

그레이버, 데이비드(David Graeber). 2009. 『가치이론에 대한 인류학적 접근: 교환과 가치, 사회의 재구성』. 서정은 옮김. 서울: 그린비.

르페브르, 앙리(Henri Lefebvre). 2005. 『현대세계의 일상성』. 박정자 옮김. 서울: 기 파랑.

박영자. 2010. 「화폐교환 조치 후 북한시장과 주민생활의 스펙타클과 역동」. 『화폐개혁 1년, 북한사회 어디로?』. 동국대학교 북한학연구소 제20회 북한포럼(2010.11.24)

박형중. 2009. 「화폐교환조치의 파장과 전망: 정치경제학적 분석」. ≪통일연구원 Online Series≫, CO 09-48.

에덴서, 팀(Tim Edensor). 2009. 『대중문화와 일상, 그리고 민족정체성』. 박성일 옮 김. 서울: 이후.

양문수. 2010. 「북한 화폐개혁: 실태와 평가」. ≪통일문제연구≫, 통권 제53호.

장세룡. 2005. 「앙리 르페브르의 일상생활 비판」. ≪전남사학≫, 제25집, 283~317쪽.

_____. 2006. 「푸코와 세르토: 권력과 신비」. ≪계명사학≫, 제16권, 113~140쪽.

_____. 2006. 「앙리 르페브르와 공간의 생산: 역사 이론적 '전유'의 모색」. ≪역사와 경계≫, 제58권, 293~325쪽.

전진성. 2005. 『역사가 기억을 말하다』. 서울: 휴머니스트.

좋은벗들. 2008. ≪오늘의 북한소식≫. 제256호.

_____. 2008.12.13. ≪오늘의 북한소식≫. 제258호.

_____. 2009.1.20. ≪오늘의 북한소식≫. 제262호.

_____. 2009.2.24. ≪오늘의 북한소식≫. 제267호.

_____. 2009.3.3. ≪오늘의 북한소식≫. 제268호.

_____. 2009.3.13. ≪오늘의 북한소식≫. 제270호.

_____. 2009.3.24. ≪오늘의 북한소식≫. 제271호.

_____. 2009.4.7. ≪오늘의 북한소식≫. 제273호.

_____. 2009.5.12. ≪오늘의 북한소식≫. 제278호.

_____. 2009.6.16. ≪오늘의 북한소식≫. 제283호.

_____. 2009.6.30. ≪오늘의 북한소식≫. 제285호.

_____. 2009.9.15. ≪오늘의 북한소식≫. 제296호.

_____. 2009.10.13. ≪오늘의 북한소식≫. 제300호.

_____. 2010.6.24. ≪오늘의 북한소식≫. 제340호.

_____. 2010.10.27. ≪오늘의 북한소식≫. 제372호.

_____. 2010.11.24. ≪오늘의 북한소식≫. 제378호.

_____. 2011.3.2. ≪오늘의 북한소식≫. 제392호.

지멜, 게오르크[짐멜, 게오르그(Georg Simmel)]. 2005. 『짐멜의 모더니티 읽기』. 김덕
　　영·윤미애 옮김. 서울: 새물결.

차문석. 2008. 「20세기 사회주의에서 화폐와 수령: '수령화폐'의 등장을 중심으로」. ≪한
　　국정치학회보≫, 제42집, 제1호, 93~113쪽.

_____. 2010. 「북한경제의 작동구조와 3대 세습체제의 상호동학」. 『화폐개혁 1년,
　　북한사회 어디로?』. 동국대학교 북한학연구소 제20회 북한포럼(2010.11.24).

최완규·이무철. 2009. 「북한의 체제전환 전략과 국제협력: 평가와 과제」. ≪현대북
　　한연구≫, 제12권, 제1호, 7~50쪽.

최호근. 2003. 「집단기억과 역사」. ≪역사교육≫, 제85집, 159~189쪽.

푸코, 미셸(Michel Foucault). 1994. 『감시와 처벌』. 박홍규 옮김. 춘천: 강원대학교
　　출판부.

한병진. 2009. 「북한정권의 내구성에 대한 이론적 고찰」. ≪국가전략≫, 제15권, 제1
　　호, 119~141쪽.

황태연. 2011. 『공자와 세계(4)』. 파주: 청계.

≪로동신문≫, 2008년 9월 5일자.

탈북자 인터뷰 B-01(교원, 2009.1.20)

탈북자 인터뷰 B-02(협동농장원, 2009.1.20)

탈북자 인터뷰 B-03(노동자, 2009.1.29)

탈북자 인터뷰 B-05(노동자, 2009.1.7)

탈북자 인터뷰 B-10(노동자, 2009.1.9)

Anderson, P. William. 2004. "Mises versus Weber on Bureaucracy and Sociological
　　Method." *Journal of Libertarian Studies*, Vol.18, No. 1. pp.1~29.

de Certeau, Michel. 1984. *The Practice of Everyday Life*. Los Angeles: University of
　　California Press.

Levy, Daniel and Natan Sznaider. 2002. "Memory Unbound: The Holocaust and the
　　Formation of Cosmopolitan Memor." *European Journal of Social Theory*, Vol.5,

pp.87~106.

Linstroth, J. P. 2002. "History, Traditional, and Memory among the Basques." *History and Anthropology*, Vol.13.

Mises, Ludwig von. 1981. *Socialism*. Indianapolis: Liberty Fund.

Nora, Pierre. 1989. "Between Memory and History: Les Lieux de Memoire." *Representation*, Vol.26, pp.7~24.

Steege, Paul, Andrew Stuart Bergerson, Maureen Healy, Pamela E. Sett. 2008. "The History of Everyday Life: A Second Chapter." *The Journal of Modern History*, Vol.80, pp.358~378.

Weber, Max. 1968. Guenther Roth and Claus Wittich(ed.). *Economy and Society*. New York: Bedminster Press.

제2장

시장이 움직인 북한여성의 길: 시장, 경쟁과 욕망, 북한 여성

노귀남 ▌

동북아미시사회연구소 연구위원

1. 머리말

이 글은 글의 형식에 구애받지 않고 인문학적 상상과 북한사회연구를 접목시키기 위한 노력으로, 개인의 삶을 서사(敍事, narrative)하는 방식도 병행하여 쓰기로 한다. 이는 북한사회 현실을 이해하고자 하는 '나'의 고민을 따라 북한사회 안팎을 넘나드는 새로운 시도라 할 수 있다.

국제사회는 북한을 '쇄국'의 나라로 단정 짓고, 개방을 요구한다. 북한정권이 체제의 문을 꼭 닫고 있는 것은 사실이다. 하지만 그 내부는 시장화·자본주의화의 길로 내달려, 2000년대 초반부터 장마당을 공설시장화하는 시대로 접어들었다. 그렇게 10년이 지났다. 아무리 변하지 않는 사회라고 해도 되돌아보면 북한 스스로도 놀랄 만큼 북한사회는 변하고 있다. 그럼에도 그 변화의 진정한 의미를 북한 내부에서도 외부에서도 정확하게 인식하지 못하고 있는 실정이다.

어떤 이는 북한이 내부적으로 사회 현실에 대한 '알권리장애증'[1]을 앓고 있다고 말했다. 북한의 외부에 있는 사람들은, 북한을 접근이 차단되어 '알 수 없는 사회'로 치부한 채 정확한 진단도 없이 스스로 붕괴할 것이라는 기대 속에 봉쇄정책을 대안으로 생각하기도 한다. 하지만 표류하고 있는 북한은 남한이나 세계와 단절된 외딴섬이 아니며, 지정학적 · 지리경제학적으로 한반도와 동북아 변화의 주요 동인(動因)임에 틀림없기에 연구자들은 다각적으로 접근할 필요가 있다.

북한사회가 문화적으로 이질적인 특수사회[2]라고 가정할 때, 그 문화를 이해하기 위한 간접적인 방법으로 북중접경지역을 통한 조사연구는 의미가 크다.[3] 이 접경지역에서는 공식적 · 비공식적으로 중국 조선족과 한족, 화교, 한국인, 해외동포, 북한사람들 사이의 상호접촉이 이뤄지고 있고, 그런 문화 접촉으로 인해 알게 모르게 새로운 '변경문화'[4]가 만들어지고 있다. 특히, 1990년대 이후 한인과 해외동포들이 교역, 교육, 선교 등을 목적으로 대북 관련 활동을 다양한 형태로 펼치고 있기 때문에 접경지역은 북한사람들이 직접적으로 외부문화의 영향을 받는 통로이다. 이는 북한주민 생활에서 '비사회주의

---

1) 알 권리가 있다는 자신의 권리조차 생각하지 못하고 있음을 말한다. 북한주민의 권리 의식은 천차만별이며, 인간에 대한 보편적인 인권의식은 고난의 행군기를 지난 뒤에야 초보적인 수준에 이르기 시작했다고 할 수 있다. 이를테면 먹고 싶은 것을 먹고 싶을 때 마음껏 먹을 권리, 하고 싶은 말을 마음 놓고 할 권리, 읽고 싶은 책을 읽을 권리, 다른 나라에 가고 싶을 때 갈 수 있는 권리 등을 오늘날 북한주민에게 시급한 권리문제라고 할 수 있다(김석향, 「고난의 행군기 전후 북한주민의 권리 의식과 통일의 길」, 『북한주민생활의 이해와 실천적 평화통일의 길』, 2011 만해축전 학술심포지엄(2011.8.11) 참조).

2) 사회는 저마다 문화적 특성이 있다는 일반적인 의미를 넘어서는, 더 강한 의미의 특수성을 북한사회가 품고 있다는 뜻이다.

3) 국경, 접경, 변경 등의 개념에 대해서는 콜린 플린트, 『지정학이란 무엇인가』, 한국지정학연구회 옮김(서울: 도서출판 길, 2007), 217~219쪽 참조.

4) 다국적의 문화 접촉이 이뤄지는 북중 변경의 문화현상에 대한 연구가 될 '변경연구' 또는 '변경학'은 아직 제대로 개척되지 못했다. '변경문화'에 대해 중국에서도 관심을 두고 있는데, 연변대학교 전신자 교수는 '변연문화(邊緣文化)' 또는 '문화변계'라는 용어로 설명한다. '변경문화 담론'을 공론의 장에 끌어낸 글은, 노귀남, 「북중접경지역의 이해와 '변경문화담론'을 위한 시론」, 『한반도의 장벽을 넘어-DMZ와 북중접경 지대』, 2010 통일학연구원 봄 학술회의 자료집(2010.6.9), 48~63쪽 참조.

현상'이 만연되어 있는 현실과 무관하지 않다. 그래서 사회주의 국가라고 주장하는 바와는 다르게 일어나는, 북한 사회변동의 방향을 가늠하기 위해 접경지역에 관심을 두게 된다. 여기서 주목하는 바는 '시장'과 '공간 이동'을 통한 주민 생활과 의식의 변화이다.

또한 북중접경지역은 외부 자원과 문화를 북한주민 생활 속으로 끌어들이는 선망의 공간이 된다. 국경 통행과 사사여행을 비롯해 비법 월경, 탈북 등의 과정에서 현실적으로 이뤄지고 있는 중국사회 경험은 북한사회의 변화에 큰 영향을 주고 있지만, 이에 대한 연구는 아직 미흡하다. 이 글은 북한사회 내부의 실태조사가 쉽지 않은 한계를 인정하면서, 접경지역을 포함한 북한의 내부를 이해하기 위해 미시사회적 접근을 시도하며, 이를 통해 북한주민의 '생활'을 포착해보고자 한다.

북한주민들은 여행과 거주이전이 쉽지 않아 경험세계가 좁았다. 그런데 시장화 추세에 따라 생활환경이 변화하면서 과거보다 여러 지역을 돌아다니는 '공간 경험'이 확장되고 있다. 여기서 공간경험이란 ─ 예를 들면, 장마당을 따라 생존 활동 반경을 넓혀가면서 이루어진 ─ 세계 인식을 포함하는 총제적인 경험세계이다. 일차적 의미의 지리적 공간을 활용하여 새로운 생존수단을 확보하기도 하고, 정보와 지식이 축적되어 개인의 삶의 방식, 태도, 의식 등에 영향을 끼치는 이차적 의미의 공간경험을 형성하는 것이다. 이는 기존 사회 변화의 원동력 또는 잠재력으로 작용하기도 한다. 총체적 의미의 공간경험은 사회주의적 삶의 기존 양식을 지속시키거나 변화시키는 어떤 힘을 작동시킨다. 개개인은 기존 제도와 타협 또는 불화하면서 새로운 경험을 통한 사회변화의 동인을 알게 모르게 만들어낸다. 이 글에서는 이런 문제를 북한사회의 총체적 전망을 위한 기초자료로 끌어내기 위해 제한된 자료와 연구의 범위를 확장하려고 노력했다. 그리고 필자의 기존 논문을 서사 형식으로 재구성하거나,[5] 2009년 이후 북중접경지역을 현장 조사한 내용을 토대로 분석되었다.

2. 시장사람들

북한에서 시장이라고 하면, 일반적으로 계획경제 부문과 대비되는 방식이 통용되는 부문을 가리킨다. 이 절에서는 소위 농민시장에서 시작하여 오늘날 공설시장이 나온 '시장화'[6]의 발전 역사를 거칠게나마 먼저 요약하고, 다음으로 몇몇 여성의 이야기를 통해 시장사람의 전형을 찾아보고자 한다.

1997년 김정일은 '사회주의는 지키면 승리, 버리면 죽음'이라는 구호와 함께 "공짜를 없애라", "사상교양의 시대는 지나갔다", "러시아풍을 없애라"는 3대 '1997 선언'을 했다.[7] 배급 사회주의는 끝났다는 의미가 포함되는 이 선언은 사회주의를 고수해야 한다는 구호와 분명 모순된다. 그것은 김정일 시대의 북한사회의 혼란을 반영함과 동시에, 주민들은 시장에서 생존경쟁을 해야 하는 것을 의미했다.

공짜를 없애는 것에서 가장 큰 사회문제는 가치관의 변화였다. 배급제에 이상이 생기면서, 어떤 기관에 소속되어 있느냐에 따라 빈부격차가 나타났다. 과거에 빈부격차가 북한사회에 적신호이자 투쟁의 대상이었는데, 고난의 행군 시기를 지나면서 옆집 사람이 굶어 죽어도 모르는 무관심이 생기고, 가치관의 변화가 일어났다.[8] 주민생활은 서서히 비(非)사회주의적 시장경쟁의 생

---

5) 노귀남, 「여성의 공간경험 확장과 의식변화」, 조정아 외, 『북한주민의 의식과 정체성』(서울: 통일연구원, 2010); 노귀남, 「사회적 협력과 통일담론의 형성: 북한미시사회연구와 인문학의 소통을 위해」, 『북한주민생활의 이해와 실천적 평화통일의 길』, 2011 만해축전 학술심포지엄 발표 논문(2011.8.11); 노귀남, 「북한 여성의 의식 변화와 평화소통의 길」, 2010 만해축전 학술심포지엄 발표 논문(2010.8.12.); 노귀남·최완규, 「북한주민의 사적 욕망」, ≪현대북한연구≫, 제11권 제2호(2008) 등의 논문 참조.

6) 북한의 시장은 시장경제로 완전히 전환된 상황은 아니기에, '시장화'라는 중간적 의미의 용어를 쓴다.

7) 림근오, 「선군의 통치방식을 짚어보다: 2000년 혜산 비사검열과 그 잘못」, ≪임진강≫, 제7호, (2010), 9쪽.

8) 2010년 2월 10일에 있었던 '인문학과의 만남'에서 참석자들이 나눈 사담 중에서. 이 자리에서

존방법을 체득하는 과도기에 들어선 것이다.

1990년대 고난의 행군 시기 북한의 시장 발전 단계는 거칠게나마 다음과 같이 나누어볼 수 있다. ① 1단계(1997년 무렵까지): 배급제가 전반적으로 무너지면서 장마당이 폭발적으로 형성, ② 2단계(1998~2002): 7·1경제관리 조치가 나오기까지 선군정치에 의해 군부까지 시장화 확산, ③ 3단계(2003~2006): 박봉주 내각에 의해 종합시장화 조치가 나오면서 시장화 발전, ④ 4단계(2006~2009): 김영일 내각 등장과 화폐개혁 실시로, 시장개선정책 후퇴. 종합시장보다 상점화·매점화에 중점, ⑤ 5단계(2010년 이후): 새로운 시장화 조정이 그것이다.[9]

시장의 형태로 보면, 장마당을 종합시장으로 건축하여 공설화하고 이것을 다시 재래형에서 탈각시켜 상점화·매점화하는데, 이는 경영과 상품 유통, 매장관리 등을 혁신하려는 시도의 일종이다. 눈에 띄는 변화상은 시장에 근접한 수매상점들의 병설, 매장 및 시설 안내를 위한 간판 부착, 짐 보관 봉사, 시장 판매원(시장 개별상인의 공식 호칭)들의 재고관리 개선, 옥외가 아닌 옥내 '매점'[10] 매탁 등이 대표적이다. 일찍이 평양 통일거리시장, 2004년부터 전국의 시범이 된 청진 수남시장, 신의주 채하시장, 해주거리시장, 사리원시장 등에서 상점화·매점화 현상을 잘 볼 수 있다. 하지만 김영일 내각의 등장과 함께 주도한 시장억제정책과 국제적 불경기로 시장 부문은 침체되었다.[11]

한편, 공설시장이 대표적으로 가장 발달한 지역은 사리원시, 해주시, 원산

는 '고난의 행군' 시기를 '무리죽음' 현상보다는 "돌아설 수 없는 변화", 즉 가치관의 변화와 연결하여 북한사회의 격동을 이해해야 한다는 점이 논의되었다.

9) 이 시기 구분은 동북아미시사회연구소의 내부 토론을 통해 잠정적으로 정리한 것이다.

10) 북한의 시장은 이미 있던 농민시장에서 변화한다. 농민시장을 '장마당'이라고 불렀는데, 길거리나 옥외 공터에서 열렸다. 2000년 이후 장마당은 점차 건물을 지어서 옥내에 매탁을 늘어놓는 형태로 발전한다.

11) ≪임진강≫, 제8호(2010) 참조.

시, 평양시 중심구역들, 청진시 수남구역 · 신암구역 · 청암구역, 신의주시, 나선시 등이다. 그다음으로 발달한 곳들은 평성시, 함흥시, 재령군, 고원군, 순천시, 문덕군 청남구, 회령시, 혜산시, 남포시, 강서군 등이다. 시장이 미발달 곳은 대홍단군, 강령군, 린산군, 부전군, 갑산군, 김화군 등이다.[12]

이와 같이 시장이 발전하고 지역의 차별화가 발생하는 현실을 북한주민 개인의 삶의 차원에서 보면, 새로운 사회 흐름으로 진입하는 '경쟁'과 기존 사회주의의 삶의 가치관에 변화를 주는 '사적 욕망'[13]이 확대됨을 의미한다. 사회변화에 개인이 어떤 모습으로 뛰어들고 있을까, 또는 개인의 삶에 어떤 변화가 일어나고 있을까? 한 개인이 사업가의 꿈을 안고 시장에 진입하는 다음의 사례에서 북한주민의 생활 변화를 살펴보자.

1) 시장과 경쟁: 돈이 살길이다

1977년 대성은행이 창설되고 외화벌이가 시작되면서, 일본에서 배가 직접 들어오는 원산, 함흥, 청진을 비롯해 평양 특권층에서는 일본제('본산제'라고 함) 등 외제 물건의 유통과 소비가 암암리에 행해졌다. 2000년 이후에는 실리주의 풍조와 함께 시장이 확대되고, '돈주'라는 소자본가가 형성되었다. 장사는 곧 돈을 의미하기 때문에 사회 전반적으로 장사를 선호하고 부(富)를 부러워하는 분위기가 생겨났다. 기름튀기든 뭐든 장사라면 무조건 부러워하던 것도 요즘은 옷에 기름 냄새가 배는 장사는 조금 창피해한다. 아이들 사이에도 빈부차별, 귀천(貴賤)이 생겨나 의류를 취급하는 공업품 장사나 천 장사를 하는 집안은 돈을 많이 벌기 때문에 더 큰 부러움의 대상이 되고 있다. 외국어 학원처럼 수준이 높은 집단에서는 어머니가 장사를 하지 않는 것을 부러워한다. "가만

---

12) ≪임진강≫, 제9호(2010) 참조.
13) 노귀남 · 최완규, 「북한주민의 사적 욕망」 참조.

제2장 l 시장이 움직인 북한여성의 길: 시장, 경쟁과 욕망, 북한여성 **319**

앉아 있어도 돈이 가득한데 왜 장사를 하겠는가"[14]라는 것이다.

이런 마당에 소비의 차별화를 경험한 자에게 어떤 동요가 일어나지 않겠는가. 먹는 문제를 풀기 위한 생계형의 시장사람만이 아니라, 그와 같은 차별과 경쟁이 사람들을 시장으로 끌어냈다. 다음 사례는 뒤늦게 당구장 사업에 뛰어든 김영숙(가명)[15])에 대한 이야기이다.

50대 후반의 가정주부 영숙은 고지식해서 일찍 사업 대열에 끼지 못했다. 시장이 한창 확산되어가던 1990년대 후반부터 2000년대 초반의 7년을 놓치고, 2004~2005년 무렵 뒤늦게 시장에 뛰어들었는데, 그 동기는 이웃의 돈주 때문이었다. 일본에서 온 '째포'[16]) 남자와 함께 사는 40대 여자가 영숙과 같은 아파트에 살았다. 영숙은 그녀를 보면서 '남들은 10만 달러를 쌓아놓고 사는 현실'과 비교되는 자신을 돌아보았던 것이다. 시내에는 예전에 없던 당구장이 한두 곳 생겼다. 돈 가진 사람들의 유흥거리가 새로 생긴 것이 예사롭게 보이지 않았다. 기지장을 하는 남편이 당구장을 다닌다는 이야기도 들은 터였다.

남편은 돈을 쥐고 영숙을 보모 취급했다. 찾아오는 동무들과는 차와 빵을 놓고 먹는데, 영숙은 커피는 꼭 본산제 커피를 내고는 했다. 간부 아내로서 동무에게 자랑할 수 있는 생활이었다. 그렇지만 '속 빈 강정' 같은 자신과 돈 버는 동무들과 차별되는 속내는 감추고, 이야기를 하면서 장사하는 정보를 슬금슬금 캐면서 자신의 변신을 계산해보았다. 영숙은 평양 동생의 권력을 이용하면 무슨 '감

---

14) ≪임진강≫, 제12호(2011) 참조.
15) 노귀남, 「북한 여성의 의식 변화와 평화소통의 길」(2010.8.12.)의 내용을 각색하여 인용했다. 이 사례의 주인공인 김영숙(가명)은 시장이 발달한 도시에 사는 대졸 가정주부이다. 현모양처를 자처했지만 정작 기지장을 한 남편은 바람을 피웠다. 경제권을 쥐게 된 친구들을 보면서 자신도 경제적 자립의 길을 갈망하고 있었다.
16) 재일교포 출신으로 북송된 사람을 지칭하는 은어이다. 나중에 신세가 어려워진 이들을 '고포'라고 불렀다.

투'라도 쓸 수 있고,[17] 당구장을 하면 돈을 벌 수 있겠다는 판단을 했다.

건물을 타는 것은 '하늘의 별 따기'였다. 누가 국가 건물을 가지는가, 그것이 관건이었다. 영숙은 권력을 끼고 한 식당의 창고를 몽땅 털어내고 새로 건설을 했다. 집안을 꾸리던 솜씨로 바닥은 레자를 깔아서 당구장 실내에서 실내화를 신게 하여 먼지가 안 나게 하고, 당구대는 항상 깨끗하게 했다. 일공은 세 명을 썼는데, 한 사람은 청소만 전담하여 청결을 한결같이 유지했다. 영숙은 마침내 시내에서 세 번째로 당구장을 열었던 것이다.

당구장을 찾는 손님은 깨어 있는 세대였다. 젊은 남자들은 다 당구를 좋아했고 간부들도 당구장을 찾았다. 몽땅 남자들이었고, 천태만상으로 들어왔다. '당구는 예술에 속하는 것'이라 보이지 않는 예술로 안받침해서, 로맨스랄까, 그 무엇으로 손님들을 손아귀에 쥐고 있어야 했다. 신사라고 하는 젊은 사람 중에 20% 정도는 영숙이 주는 커피 맛을 알아봐주었다. 일찍이 혼자서도 집에서 커피를 즐겼던 영숙의 실력이 발휘된 것이다. 커피 맛도 각양각색인데, 그 취향에 맞춰서 커피를 제공할 수 있어야 한다. 본산(일본산) 커피는 유(柔)하고, 소련제는 세다. 동남아 것은 연하다. 당구장에서는 본산제 봉지커피를 썼다. 설탕은 각설탕을 저마다 즐기도록 마음껏 넣어 먹을 수 있도록 하고 커피 값으로 500원, 1,000원을 받았다.

당구 값은 한 시간에 1,000원을 받는데 그것은 아무것도 아니었고, 커피, 맥주, 라면을 팔아서 이윤을 크게 보았다. 커피에서 세 배 이윤이 나왔다. 당구비가 만 원이 나왔다면, 커피 등 먹는 것으로 2만 원어치를 팔았다. 그 놀이가 신선놀음이라 맨입에는 못 놀고, 주류를 까서 먹으면서 논다. 저녁에 내기를 하고 판이

---

17) 개인 기업은 관련 제도가 없는 상황에서 합법화를 가장한 형태로 나와야 하기 때문에 기관, 단체의 이름으로 개업하는데, 이를 두고 '감투를 쓴다'고 말한다. 개인 기업의 경영방식은 투자, 생산, 분배에 이르기까지 선행 집단소유제도에서는 존재하지 않던 방식이 도입된다. 특히 국가계획이나 국가노력관리와는 전혀 무관한 방식으로 운영된다.

끝나지 않으면 식사를 준비해야 한다. 주인인 영숙이 라면을 끓였다. 라면, 주류, 커피에 붙이는 돈은 '서풀리 돈'[18]이라 술술 들어오는 것이었다.

당구장이 전국적으로 많아지고, 시내에만도 열 개가 넘는 당구장이 있었다. 오던 간부가 안 오기 시작했고, 그들 내부에 자체적으로 당구대를 두고 즐기기도 했다. 다음 해 여름에는 야외에 당구대를 두고 아이들까지 칠 수 있는 대중 당구대가 나왔다. 영숙이네보다 더 잘 버는 당구장도 나왔다.

이즈음 새로운 법이 생겨났다. 당구장이 도박장이 되면서 야간 영업을 금지한 것이다. 저녁 8시가 넘으면 문을 닫아야 했다. 영숙은 이래서는 안 되겠다고 판단했다. 손님이 분산되고, 사람들은 판이 좋은 곳으로 몰렸다. 영업일보를 쭉 놓고 보니, 100만 원, 60만 원, 50만 원……. 영업이익은 점점 줄어들었다. 최고 오를 때는 하루 3만 6,000원 수입도 올렸었는데 말이다.

영숙은 '이것이 아니다'는 생각을 하고 철수를 결심한 지 3일 만에 당구장을 넘겼다. 영숙이가 그 일을 그만두고 넉 달 후, 2005년 무렵 당구장 금지령이 내렸다. 인수한 사람은 크게 손해를 봤다. 그것은 누가 알려준 것이 아니라, 영숙이 절로 알게 된 것이었다.

쏠쏠하게 버는 것을 그만두기까지 영숙은 혼자만 아는 장부와 국가검열 장부로 나눠서 이중으로 수입을 관리했다. 카운터 일을 시키는 아이들에게 전체 수입을 알 수 없도록 24시간 중 절반만 일을 시켰고, 일하는 시간을 돌려가며 카운터를 보게 했다. 하루에 3만 6,000원 수입이 나던 것이 달수가 지나면서 조금씩 줄어들고, 주변에 당구장이 늘면서 '이건 뭔가 아니다'라는 생각을 했던 것이다. 하지만 영숙은 이미 건설비를 다 뽑은 상황이었고, 당구장을 넘기면서 당구대 본전도 찾았다. 그 외에 투자 대비 60% 이득을 봤다. 영숙은 파는 일조차 그 판을 멋지게 팔아먹었다.

---

18) '섣불리, 섣부르게'의 뜻이 담겨 있는 말로, 별로 큰 공을 들이지 않고 번 돈을 말하는 개인적 표현이다.

영숙은 8개월 정도 당구장을 운영하는 동안 '외교'를 잘했다. 검열을 나오지 못하도록 한 달에 20만 원씩 간부들에게 고이면, 그들은 아예 사업장 앞에 얼씬도 하지 않았다. 그만둘 때도 말도 안 하고, 인수할 사람과 비밀 공작을 벌여 하룻밤 만에 철수했다. 영업을 시작하면서 당구대 두 대를 120만 원에 샀는데, 팔 때 그 값을 그대로 받았다. 다른 사람은 한 대에 40만 원에 넘기거나 아예 팔지 못하고 창고에 넣어둔 사람도 있었다. 영숙이 본전을 받은 것은 당구대를 관리하는 사람에게 철저히 청소를 시켜 판에 티 하나 있지 않은 때문이기도 했다. 불의의 순간에 열대(열쇠)를 넘기면서, "내가 아프니까, 평양 동생이 본전도 안 나오는 일에 고생하지 말고 팔아치워라 해서 정리하고 평양에 치료하러 간다"라고 말했다.

당구장은 여가산업 업종이다. 이는 북한사회에 부유층이 형성되었다는 것인데, 사회주의경제와는 다른 '시장의 구조화'가 일어나고 있다는 뜻이다. 부의 축적에 따른 신분적 변동과 경제적 계층화가 일어나고 아울러 시장도 차별화가 이뤄지는 과정에서 개인의 성공과 실패는 무수하게 교차할 것이다. 하나의 성공사례로서 위의 사례를 들여다보면, 사업주는 이중으로 기록한 영업일보를 보고 사업의 철수시점을 예측할 수 있었다. 시장경쟁이라는 경험적 감각을 체득한 것이다. '보이지 않는 예술'인 서비스의 묘미, 손님의 입맛과 취향에 맞춰서 제공한 커피, 검열 관리, 종업원 관리, 손익 계산 등의 감각이 여기에 속한다. 반면 당구장 인수자는 눈에 보이는 사업 성공자를 뒤따라 하기에 급급해 실패의 쓴맛을 보았다.

위의 사례를 미루어볼 때, 북한시장에서 이윤경쟁력은 일반 시장경제와는 다른 구조에서 나온다. 공식사회와 비공식사회의 긴장이 장사의 기본 여건이며, 그 틈을 이용해 경쟁력을 형성할 수 있다. 권력을 끼지 않는 장사는 없다시피 한 지하경제 형태로 기업이 움직이는 것이다. 한편, 시장에는 먹을거리 해결, 생필품 공급을 위주로 하되 여유생활을 즐기는 유흥·오락업과 서비스업까지 등장했다. 시장이 분화, 발전하는 과정에서 성공 욕구가 발동하고 경쟁이 심화된다. 시장경제 제도화가 미비한 상태에서 개인이 자원을 동원하는 능력, 이윤을 창출하는 기술과 경험이 경쟁력이 된다. 영숙은 권력의 감투를 쓰고 당구장 사업을 위한 정보들을 모아 영업을 개시했지만 그것만으로 성공한 것이 아니다. 서비스 차별화와 영업이익을 내기 위한 관리 능력이 그만의 경쟁력이었다. 영숙은 회계 관리나 시장 예측과 같은 초보적인 사업 경험을 축적함으로써 '자생적 개인 기업가'가 된 것이다.

> 영숙: 나는 한다면 하는 사람이네. 그러나 성공은 성공했을 때 말할 수 있어. 아직 공론에 불과해. 아직 여기(중국) 온 지 보름도 안 되었어. 내 나이는 황혼기에 들었고, 해야 할 사업이 있는데 …… 돈이란 참 이상한 물건이라 돈이 떨어지면 목숨도 끝이야. 돈을 만드는 게 간단치 않아.[19]

영숙의 의식 속에는 성공에 대한 갈망과 불안이 고스란히 담겨 있다. 관건은 돈이다. 사회에서 돈은 하나의 사회적 제도인데, 자본주의경제로 정착되지 않은 상황에서 돈은 '이상한 생명력'을 가진 물건이고, 거기에 갈망과 불안이 뒤엉킨다. 사람들은 저마다 그것을 좇으며 어떻게 안착할지 모를, 요동치며 흘러가는 북한사회 속에서 자력갱생하려고 애쓴다.

또 다른 삶의 모습을 보자. 부부가 소토지에서 강냉이 1톤 정도를 생산하여 이를 식량으로 소비하는 것이 아니라 부가가치를 만드는 노동력을 재투입하여 이익을 낸 사례이다.

> 생산한 강냉이로 아내는 집에서 밀주를 빚는다. 밀주 부산물로는 돼지를 먹이

---

19) 노귀남, 「북한 여성의 의식 변화와 평화소통의 길」, 2010 만해축전 학술심포지엄 발표 논문 (2010.8.12).

는데, 술기운에 잠을 많이 자기 때문에 쌀겨보다 살이 더 잘 오른단다. 퇴근길에 뜯어오는 풀, 농장에서 사온 쌀겨를 보태서 먹인 돼지로 2~3만 원을 번다. 술을 만든 원료 강냉이는 1키로(kg)는 쌀 1키로 값이 된다. 이 쌀을 다시 시장에 내다 팔아 기름을 산다. 이 기름은 협동농장에 재투자된다. 농촌에 기름이 부족하므로 잘 아는 협동농장위원장에게 모내기철에 주어서 10월 말에 현물로 받아낸다. 봄에 10만 원이 가을이면 20만 원이 된다. 이렇게 힘껏 굴려서 2004년 봄에 식량 1년분을 여유로 가지고 나머지가 40만 원 정도 된다. '돼지털오리 세서 만든 돈'인 것이다.[20]

이 사례에서는 농사와 돼지치기 생업을 종합산업처럼 업종을 늘려가는 모습을 볼 수 있다. 시장의 경험들을 발 빠르게 끌어들여 머리를 쓰는 것이다. 그런가 하면 업종 분화가 심화되는 모습도 볼 수 있다. 예를 들어, 돼지 먹이기가 일반화하여 그것이 시장경쟁으로 발전하는 현상을 보자. 과거에는 새끼치기를 위해 안면이 있는 관계를 이용했지만, 이제 종돈(種豚) 수돼지는 '걸어 다니는 돼지'라는 별명이 붙어 그 주인은 교배해주는 일을 직업으로 삼게 된다.

'노임 돼지', '파는 돼지'도 등장했는데, 돼지 주인이 도살꾼들에게 맞돈으로만 거래하던 것이 분화한 것이다. 노임 돼지는 주인이 아닌 시장 판매 능력이 있는 사람이 판매를 대리하는 돼지를 말한다. 돼지가 판매되면 이윤을 절반씩 나누어 갖는 후불 결산방법이다. 이 방식은 후불 도매가로 청산하지만, 돼지 주인에게는 '생대(살아 있는 돼지)'로 넘기던 때보다 이윤이 더 차례진다. '파는 돼지'는 그 자리에서 저울로 생대를 뜨고[21] 값이 매겨지면 현금과 현물이 맞교환되는 돼지를 말한다. 이때는 서로 이윤을 챙기기 위해 도살꾼은 먹이 시

---

20) 노귀남, 「사슴도 사는 길」, ≪통일문화비평≫(2006.5.30). http://blog.daum.net/knownam/.
21) '생대'는 살아 있는 돼지이다. '생대를 뜨다'는 표현은 살아 있는 돼지를 저울에 올려 무게를 잰다는 뜻이다.

간이 퍽 지난 다음에 사려고 하고, 돼지 주인은 사탕가루 물을 풀어 돼지에게 먹여 무게를 늘이는 상업경쟁의 긴장이 생긴다. '저울 꺾기'를 하는 도살꾼들의 속임수가 있어 돼지를 뜰 때에는 제3자의 정미소나 수매소를 통한다. 한 번 돼지를 뜨는 계량 값으로 100원이 나간다.

시장 거래와 유통 경험들의 틈새를 비집고 곳곳에서 부가가치가 창출되고 있다. 이와 같은 시장 경험의 축적으로 기존의 사회주의 체제에서와는 다른 생활력이 생겨난다. 북한의 정치체제가 바뀌지 않았지만, 배급제의 사회생활 체제가 흔들려 기존과 다른 생존방식과 가치관 변화가 일어난다는 것은 기존 체제의 지속을 보장할 수 없음을 의미한다. 정치적 강압에 의한 체제는 유지되고 있지만, 개인의 사적 욕망과 사회제도적 불안정성 사이의 긴장 속에서 불거지는 어떤 저항은 체제를 변형시키는 물리력으로 작동될 수밖에 없다.

한편, 소토지 농사, 축산 등의 1차 생산노동에 전력을 다한 여성과 시장경쟁의 경험을 가진 여성을 비교하면, 시장을 통한 여성의 의식 변화를 분명하게 감지할 수 있다. 영숙의 사례에서 볼 수 있듯, 내조자 아내의 생활 반경은 가정의 울타리를 크게 벗어날 수 없고, 따라서 기존 가부장적 의식세계를 벗어날 새로운 정보도 없다. 반면 시장에 뛰어들어 돈을 벌어야 하는 여성은 새로운 시장을 일궈내는 의식의 차원에서 진보성이 발현된다.

40대 도시 여성: 온도계, 습도계만 있으면 계란을 수정시켜서 병아리가 나오게 한다. 이런 일도 무슨 경험이 있어서 하는 것이 아니다. 시장성이 있다고 보면 용기 있는 사람이 먼저 뛰어든다. 초상화를 세 번씩 닦던 사람이 죽다니, 너네 불찰이다. 현실을 봐야지, 나는 무정부주의자다. 이렇게 된 시장이 우리를 살리고 발전시켰다. 그러니 우리(김정일) 정부한테 감사를 드린다. 정부도 실질적으로 쓰는 사람은 우리 같은 사람, 실력본위주의 사람을 쓴다. 충성자는 간판으로 쓰고, 내용적으로는 정부도 자본주의를 원한다. 가두(街頭), 인민반, 여맹에서 다 죄지만(조이지만), 돈 있으면 살길이 있다. 좋은 세상을 알려줬다.[22]

여성이 돈을 잡으면서 인민반, 여맹 등 행정조직과 정치조직이 여성의 삶을 규정하는 기존 틀에 대응하는 '다른 살길'이 나오고 있다. '이상한 생명력'을 가진 돈의 힘에 의해 기존체제에 일종의 변형이 일어나고, 그와 함께 여성은 '무정부주의'를 자처하는 등 도전의식을 보이고 있다. 사회의 겉과 속이 다름을 간파하고, 가부장적인 기득권과 체제의 권위를 '무정부주의'라는 한마디로 해체하는 의식의 '당돌함'은 어디에서 나오는가? 그것은 분명 기존 사회주의 사회에서는 없던 '돈의 가치'를 맛본 말이다.

그 진짜 맛은 어떨까? 2009년 11월 화폐개혁으로 개인이 소유한 화폐의 가치가 일시에 사라졌던 것처럼, 현재 북한사회의 화폐가치는 불안하고 불완전한 것이다.[23] 북한 돈은 개인 소유는 가능하되 가치를 사회적으로 보증할 수 있는 제도 개혁이 없는 상태의 것이다.[24] 이처럼 명목 가치와 실질 가치의 간극이 큰 문제를 지나쳐버린 채, 여성 개인의 당돌함이 사회적 반향으로 진전되기까지는 참으로 거리가 멀다.

시장사람이 된 여성은 '이상한 생명력'을 가진 돈의 매력을 좇아 앞으로 뛰어가고 있다. 이것은 자기 욕망과 사회적 배경 사이에 놓여 있는 돈의 생명력

---

22) 노귀남, 「경제는 경계가 없다」, ≪월간 경실련≫, 2010년 3 · 4월 호, 52쪽.

23) 그 이후 시장에서 달러나 중국 위안화(元)를 의미하는 '현화'로 거래하여 화폐가치를 보전하려는 경향이 발생했다. 달래를 캐서 파는 할머니도 '현화'가 무엇인지 알게 되었다는 우스갯소리에서도 민초들의 놀라운 생명력을 알 수 있다.

24) 북한의 사회주의경제하에서 화폐는 매우 다양하고 복잡한 형태로 분류된다. 자본주의 시장경제는 화폐형태가 상대적으로 단순해지는 방향으로 발전했으나 북한에서는 거꾸로 복잡해졌다. ① 개인이 소유할 수 있는 보통의 원화(지폐와 경화)가 있는데, 이 용도는 전체 유통에서 극히 부분적이고 한정적이다. ② 모든 생산재나 중간재는 '행표'라는 화폐형태에 의해서만 거래 가능하다. 행표는 개인이 소유할 수 없다. ③ 갖가지 '배급/배정표'들이 있다. 식량배급표, 부식물배정카드, 영양제식권, 무임승차권 등 무수한 한도성 분배 증표(證票)들에는 국가가 관리 · 배분한 화폐기능이 부여되어 있다. 이와 같은 수많은 화폐형태는 계획경제가 실상은 계급적이었음을 말해준다. 따라서 장마당에서 '내화'라고 하여 유통되는 북한 돈은 온전한 시장경제하의 화폐가치와 다른, 과도기적인 가치를 갖는 것이다(≪임진강≫, 제8호(2010) 참조].

이 특별한 의미의 이상(異常)함이 아닌 수상쩍고 이상(異狀) 상태의 것을 정확히 인식하지 못한 채 가고 있는 불안한 진보이다. 바꿔 말하면 시장에 뛰어들어 물적 토대를 확보한 여성 개개인과 그들의 사적 욕망은 상승했지만, 진보성을 공유할 여성 집단 또는 사회의식은 결핍되어 있다. 그럼에도 "나는 무정부주의자다"라고 말할 수 있는 일차적 형태의 각성은 여성이 스스로 자기 세계를 인식해 들어가는, 여성 의식의 실마리를 잡은 것과 같다.

2) 시장과 욕망의 상승: 젊은 여성이 진보한다

여성 개인이 무역에 뛰어든 혜산시의 박정순의 사례를 보자.[25]

무역이 새로운 장사 형태로 되는 1998년, 박정순은 중국에 사사 여행자로 다녀왔다. 여기서 박정순은 유통 마진만이 아니라, 부가가치를 창출하는 노동력의 투입으로 이윤이 더 많이 남는 이치를 터득했다. 소다[26]를 봉지 포장 상품으로 수입하던 때에 마대로 수입해서, 값싼 북한 노동력으로 작은 봉지에 나눠 포장하여 내다 파는, 소위 '소분업(小分業)'을 한 것이다. 수입 봉지소다가 개당 15원일 때 북한포장 소다는 10원에 팔 수 있었다. 하루벌이 노동자를 투입함으로써 새로운 경쟁력을 만들었다. 봉지소다의 원가에 들어가는 포장 인건비가 중국과 북한이 차이가 나고, 그 규모가 어느 정도에서 흑자 이윤이 나오는지 타산할 수 있는 당대 '굴지의 기업가'가 등장한 것이다. 박정순은 한 번에 2~3톤을 수입하여 개별 포장 판매와 도매를 병행함으로써, 당시 무역상인의 밑천이 5~6만 달러이던 때

---

25) 이 사례는 림근오, ≪임진강≫, 21~26쪽을 요약 인용한 것이다.

26) 고난의 행군 시기 전후로 전염병이 전국을 휩쓸고, 식중독이 사회적 문제로 대두되었다. 소독제, 연료 부족으로 대체요법인 소다를 이용하여 소화제 대용 또는 위생 안전용으로 썼다. 소다는 당시 혜산지구에서만 연간 60톤, 함흥에서는 연간 420톤이 요구되었고, 전국적으로 수천 톤이 요구되는 품목이었다(같은 글, 25쪽).

에 10원짜리 부스럭 돈으로 10만 원(약 500달러) 자본을 만들었다. [27]

　선망의 대상이 된 박정순은 길이 있어서 간 것이 아니라, 경험 없이 뛰어들 었지만 점차 경험이 쌓여 스스로 길을 만들었던 것이다. 비사검열[28]에 걸린 박정순은 처형되었지만, 이후 "야, 박정순이 정말 머리가 텄댔다. 우리 모르던 것을 박정순이는 그때 벌써 실천했구나. 우리는 이제야 하는데"[29]라고 말하 는 사람들처럼, 살아남은 자들은 머리를 써 장사하는 법을 따라 배웠다. 이렇 게 시장 경험은 확대 재생산되어갔다.

　시장경쟁에 성공한 여성들의 생활 단면을 들여다보자.

　동무의 생일에 초대되였다. 초대 측이 자체탄광 기지장을 하는 녀성인지라 초 대된 손님들 역시 부로 인한 위풍을 풍기는, 하나같이 제노라 하는 녀성들이였다.
　그들은 이미 구면이였지만 이날은 녀성들만 초청된 탓에 모두 녀자들의 왕국 에 온 듯한 기분이 들어 했다. 슬쩍 보기에는 티가 나지 않아도 입고 있는 은은한 색깔의 옷들은 모두 값비싼 류행복으로서 무게가 있어 보였고 실털이 부르르한 앙골라 세타의 빛나는 털실은 몸을 약간씩 움직여도 빛의 형체가 반사되여 귀부 인의 자태를 한껏 돋구어 주었다. 가꾸어진 꽃밭처럼 자연미는 없었지만 모두의 얼굴 미용은 별로 미인은 아니더라도 하얀 얼굴들을 한층 더 보기 좋게 만들어 보는 이의 눈맛을 한결 더 좋게끔 해주었다.
　어쨌든 지금 같은 세월 하루하루 무거운 배낭을 힘들게 지고 다니며 해빛에 까맣게 얼굴이 타버리거나 옷에 오르는 때를 가리우기 위해 군복색이나 검은색

---

27)　박정순은 비사(비사회주의)검열에 걸려서 '안기부 지원'을 받았다고 하여 처형 대상이 되었다. 이는 '2000년 혜산사건'에 포함된 건이다.
28)　비사회주의 현상과의 투쟁을 위해 검열그루빠(검열조직)가 나와서 조사하는 것으로, 주민 통 제 수단으로 쓴다.
29)　림근오, 「선군의 통치방식을 짚어보다: 2000년 혜산 비사검열과 그 잘못」, 46쪽.

의 작업복을 입고 다니는 녀인들에 비하면 손색없는 귀부인들이다. 하기는 그들이 입고 있는 세타를 하나 사자 해도 최소한 5만 원은 주어야 하니 오히려 그 값을 모르는 녀인들이 우리나라엔 더 많을 것이다.

　생일의 주인공인 나의 동무가 어회로 차린 생일상 앞에 마주 앉아 기지장답게 모두를 둘러보더니 술잔을 높이 들며 서두를 뗐다.[30]

북한사회 혼란의 틈을 비집고 개인 기업이 성장함으로써, 성공한 여성들의 생활이 달라지고 의식의 변화가 일어났다. 위의 사례에서는 여성 탄광기지장의 생일에 초대된 여성들의 의식주 수준이 일반 여성과는 크게 차이가 나는 상황을 엿볼 수 있다. 유행 감각과 생활수준의 차이를 은근히 드러내는 모습은 중국을 경험하는 등 넓어진 활동 반경과 자립적 활동 능력이 여성의 의식 변화에 적지 않게 영향을 미치고 있음을 짐작하게 한다.

　"지금은 돈이자 인격이고 인격이자 세상이기 때문에 돈을 많이 벌기를 바란다"[31]는 이들의 욕망은 물질생활의 차별을 인격을 증명하는 수단으로 삼을 만큼 '귀부인'이 되는 강한 신분상승의 욕망을 표출한다.

　시장이 먹고사는 문제를 넘어서는 욕망으로 확대될 때, 기존 세계관과 가치관에 변화가 일어날 수밖에 없다. 그 문제로 이혼까지 간 사례를 보자. 한 여성이 1990년대 초 사적지 견학차 혜산을 다녀오면서 그곳 시장에서 북한 제품과 질적으로 대조되는 중국 수입상품을 접한 후, 여성 주문 옷 판매업에 뛰어들었다. 두 지역의 수요-공급 차이를 이용해 수입을 올리는 장사를 하면서, 편리한 기동력을 발휘하는 교통수단인 자전거가 이윤을 만들어내는 것을 알아차리고, 남들보다 먼저 자전거를 이용했다. 그렇지만 '여자가 자전거를 타면 아이를 낳을 수 없다'는 낙후된 봉건적 문화와 세대 간 가치관의 차이로 갈등

---

30)　손혜민, 「"스칼렛 오하라"와 조선녀성!」, ≪임진강≫, 제7호(2010), 113쪽.
31)　같은 글.

을 겪어야 했다.

　자전거를 발단으로 번진 격동은 그 녀성을 낡은 질서로 되돌아갈 수 없도록 단호히 리탈시켰다. 아니, 오히려 그 녀성으로 하여금 자기를 찾아 새로운 길로 나서도록 떠미는 추동력이 되었다. 단순한 부부나 가정 내의 불화로 인한 대결이 아니라 신구 세대 가치관 사이의 비타협적인 상황, 즉 "누가 누구를?" 하는 사태로 번지었다. 1년 후, 마침내 리혼을 하고 …… 그녀의 뒤를 이어 거리에는 이미 녀성 자전거 행렬이 흘러넘치면서 그 녀성은 새 세대 선구자로서 …… 10년쯤 지나서는 복장업의 중심에 선 기업인으로까지 되었다.[32)]

'자전거 이혼' 사태로 번진 것과 같은, 여성들의 공간경험은 새로운 문화를 만들어내는 변화의 다양성으로 나타나는 듯하다. 여성들이 개척한 경험세계에서 남편보다 높은 수준에 놓이는 '자전거'가 상징하는 바는 남성권위주의에 금이 가고 있는 현실에 대한 인정이다. '장군님 선물 녹음기'를 팔아 자전거를 샀다는 여배우 일화[33)]가 회자하고, 여성들의 자전거 금지령을 김정일 방침[34)]으로 내려보낸 것에서 짐작할 수 있듯이, 여성의 자전거 이용은 젊은 여성들의 돈주 스타일, 세 세대 유행의 문화상징이었다. 자전거 이용 자체가 문제가 아니라 관습적으로 '여자가 자전거를 타면 아이를 낳을 수 없다'고 여기는 남성중심 세계관에 대한 도전이 문제가 된 것이다. 이동과 운반 수요를 창출한 공간경험이 자전거를 교통수단으로 끌어낸 실리에서 더 나아가, 여성의 물적

---

32)　채순, 「개인소유의 수위는 어디까지 올라왔나?: 대중화된 자전거 이동수단」, ≪임진강≫, 제9호(2010), 89~90쪽.

33)　같은 글, 90쪽.

34)　이 방침은 2000년에 내려져서 여성의 교통권이 단속 대상이 되었지만, '자전거 전쟁'에 저항하는 여성들에 밀려 2010년 1월 방침에 여성에 대한 자전거와 치마 단속을 없애게 되었다[같은 글, 97~101쪽].

토대가 구축된 만큼 가부장체제에 틈을 만드는 새로운 의식과 문화 욕망이 표출된 것이다.

대체적으로 북한여성의 삶을 이해할 때, 남녀평등권, 여성의 사회 참여, 가정에서 여성의 지위, 구타와 성폭력, 여성건강권 등에 대한 여성의식이 남존여비의 가부장적 억압에서 벗어나지 못하고 있다고 본다.[35] 실제로 북한사회에 만연한 남존여비의 성차별 아래, 여성은 정치체제와 가정에 이중적으로 억압되고 예속된 삶을 살아가고 있다. 이 문제는 남성중심의 가부장적 정치체제에서 파생되는 구조적 모순이기에 여성의식을 일깨울 변변한 주체도 나오기 어려운 것 또한 현실이다. 하지만 북한주민의 경제생활이 국가체제에 이반하여 계획경제사회가 아니라 시장과 자본의 사회로 넘어가고 있기 때문에, 미시적 일상생활 속에서는 기존의 세계관에 균열이 생겨나고, 그 틈새에서 여성의 의식 또한 도전적·진보적인 성향이 나타나고 있다.

"야, 박정순인 정말 머리가 텄댔다"라는 자각은 실전에서 경쟁과 시행착오를 겪으며 시장의 이치를 학습한 효과가 반영된 것이다. 경제적 성공이 물질생활의 변화를 가져오고, 동시에 여성의식의 심층에 꿈틀거림이 일어나게 했다. "남들이 쉽게 이루지 못하는 경제적 토대를 성숙해진 마음으로 바라보는 으쓱함도 있지만, 여성으로서의 가슴은 텅 빈 것 같아. 현모양처의 윤리도덕이 과연 여자의 행복의 표준인가"와 같은 문제를 제기하고, "나를 얽어매려고 하는 봉건적 관계에 다시는 희생되지 않으리라"고 외치는 여성이 나온다.[36] 그 배경에는 중국 사사여행 등의 경험을 하며 정보가 쌓이고, 여성이 시장에서 경제적 성공을 이루는 체험이 자리하고 있다.

이제는 여성의 변화가 북한사회 변화에 어떤 동인이 되고 있는지, 새롭게 형성되는 계층의 변화상을 기존 세계관과 변별하여 살펴볼 필요가 있다.

---

35) 북한인권연구센터 엮음, 『북한인권백서 2009』(서울: 통일연구원, 2009), 260~275쪽 참조.
36) 손혜민, 「자신을 사랑하라」, ≪임진강≫, 제6호(2009), 77~88쪽.

1989년 제13차 세계청년학생축전을 전후하여 시장을 매개로 개인의 개성적 욕망이 유행으로 표출되기 시작했다. 당시 간부학교를 졸업하고 직장 초년생이었던 옥미화(가명)의 말을 들어보자.

> 남조선은 계속 시위한다고, 병도 던지고 막 그러잖아요. 최루탄도 막. 그런 걸 테레비에 내보내거든요. 썩어빠진 자본주의사회는 이런 거 한다고. 시위투쟁 한다고 나오잖아요. 근데 그 전에는 몰랐는데 대학생들 옷 엄청 잘 입었더라고요. 그때 느꼈어요. 와, 저 남조선 맨 거지만 있고 집도 판자집밖에 없는데 옷을 어떻게 잘 입었나. 그런 생각을 했는데 임수경이 왔어요. 임수경이 왔을 때 옷 입은 걸 제가 많이 봤거든요. 그리고 임수경 와서 입은 옷 스타일이 그다음에 유행이 되었어요. 북한은 티 같은 거 입고 밖에 못 나갔어요. 그걸 속옷이라고 생각하고. 그걸 입고 나가면 단속하거든요. 안전원들이. 이런 정장 같은 거 갖춰 입어야 돼요. 잠바 같은 거 입어도 티도 못 입었어요. 그런데 임수경이 오면서 유행이 되었어요. 그 티가, 평양에서부터 유행이 돼가지고 티가 엄청 잘 팔렸어요. 그리고 임수경 바지 있잖아요. 색깔까지 유행이 돼가지고.[37]

유행이란 자본주의 시장의 소비를 늘리기 위한 욕망 충동이 관건이 되는 현상으로, 여기에는 개인의 욕망이자 집단화한 가치관이 내재되어 있다. 1990년대 고난의 행군이라 불렸던 생존 위기에 몰리면서 장마당이 번창하고, 2000년대를 지나면서 이것이 폭발적으로 성장함으로써, 오늘날 북한주민 일상생활의 가치관은 시장화와 무관할 수 없게 되었다. 그런 변화 중에 '임수경 스타일'이 젊은 층을 매료시키며 유행이 된 의미에 특히 주목할 필요가 있다.

젊은이들은 처음부터 "썩어빠진 자본주의사회"라는 선전방송보다 "대학생

---

37) 노귀남, 「여성의 공간경험 확장과 의식변화」, 조정아 외, 『북한주민의 의식과 정체성』(서울: 통일연구원, 2010), 286쪽.

들 옷 엄청 잘 입었던" 사실을 더 인상 깊게 기억했고, '임수경 식'은 유행과 시장을 결합시킨 매개자가 되어 문화를 변형하는 기폭제로 작용한 것이다. 말하자면 북한 젊은이들에게 유행의 원형은 '남조선(남한)', '자본주의', '여성'이 시장의 주요 코드를 이루는 것으로 기억되었다.

국가경제 파탄과 배급제 붕괴 이후, 북한사회에서 물질생활을 영위하는 데 시장은 없어서는 안 되는 일상공간이 되고, 기존의 계획경제 때의 생활문화와는 다른 양상들을 발생시켰다. 한국의 위성방송 드라마가 방송 하루 만에 북중접경지역에서 DVD로 만들어져 북한에 팔리고 있듯이,[38] 생활의 수요가 있는 곳은 어디라도 상품을 공급하는 시장의 손이 작동하고 있다.

시장이 활발할수록 남한, 자본주의, 여성을 하나의 코드로 하는 자본주의적 가치관은 북한의 가정생활에 어떤 변화를 일으킬까? 그리고 시장화에 따른 여성들의 새로운 의식과 가치관은 사회변동에 어떤 영향을 끼칠까?

자본주의적 가치관은 기존의 사회주의식 평등이 아니라 시장과 경쟁을 본질로 한다. 북한에서 자본주의적 가치관을 촉발했던 '임수경 코드'가 시장경쟁의 원천으로 흐르고 있음은 북한정권의 딜레마로 작동할 수밖에 없다. 시장경제 또는 개방의 필요성이 높아지고 있는데, 이 문제가 시장을 통해 눈을 뜨게 된 북한여성의 진보성과 맞물린다면 정치적으로 복잡해질 것이다.

왜냐면 젊은 여성들이 남한 상품에 쏠리는 것은 단지 상품 자체에 국한되지 않기 때문이다. "이게 아랫마을 거요(물건이 한국제라는 뜻). 높이도 말 안 한단 말입니다. 젊은 여자들은 한국 중고라면 (묻지 않고 삽니다)."[39] 이처럼 가만히 말하는 한마디에 움직인다는 것은 '임수경 코드'로 발동된 자본주의 가치관이 통하는 여성세대는 분명히 기성세대와는 다르다는 뜻이다.

시장경험을 통해 자본주의 머리가 트였다는 말은, 기성세대와 비교할 때 젊

---

38) "남한 드라마, 하루면 북한에 간다", ≪연합뉴스≫, 2010년 10월 20일 자.
39) 노귀남, 「여성의 공간경험 확장과 의식변화」, 281쪽.

은 여성들이 시장 없이는 살아갈 수 없게 된 가정생활을 꾸려가야 하는 새로운 현실에 빨리 적응하고, 사고방식을 바꾸어 자본주의 의식을 쉽게 따라간다는 면에서 진보적인 성향을 보인다는 것을 말한다.

이 지점에서 젊은 여성의 변화의 의의를 묻는 가설을 세워보자. 임수경 식을 통해 자본주의 맛을 처음으로 경험했던 집단의 무의식이 작용하여, '북한의 시장 성격은 여성주체에 의해 남한문화를 선망하는 자본주의를 지향하는 쪽으로 변형된다'는 것이다. 이 가설을 통해 젊은 세대의 여성을 끊임없이 시장에서 축출하려 했던 시장규제정책의 의도를 파헤쳐보자.

2009년 화폐개혁에 뒤이어 단행한 시장규제 조치는 주민의 뜻을 거스른 것으로, 시장에 의존해 살아가는 주민의 일상생활을 뒤흔들었다. 규제의 핵심은 두 가지였다. 첫째, 시장의 상점화이다. 시장을 철수시켜 개인이 중국 상품(공업품)을 일절 팔지 못하도록 통제했다. 대신 시장을 국가에서 운영하는 '상점'으로 대체하려고 했다. 둘째, 새롭게 형성된 시장을 기존의 농민시장으로 복귀시키려 했다. 그것은 시장 규모를 축소시키고 50대 이상의 인민에게만 시장활동을 허용해 농산물만 거래하도록 하고, 젊은 여성들은 직장에 복귀시키려는 조치였다.

시장은 장마당에서 성장한, 주로 여성들이 참여하여 발달시켜 놓은 '주민의' 시장을 뜻한다. 즉, 활동주체가 관이 아닌 주민이다. 반면 상점은 운영주체가 '국가'이고, 국가 주도로 시장이 만들어진다. 따라서 북한 당국의 조치는 시장을 없애는 것이 아니라 그 성격을 바꾸려는 것이다. 북한은 왜 이러한 조치를 단행했을까? 시장에서 50대 미만의 '시장 신세대 여성'을 몰아내기 위해서였다. 북한 당국이 1990년대 시장 폭발기를 경험한 젊은 여성들의 진보성을 문제로 인식했기 때문이다. 권력과 결탁한 큰손인 돈주의 문제는 논외로 하더라도, 시장이 발달하면서 신세대 여성이 주요 세력으로 약진했고, 시장화 과정에서 발생한 극심한 빈부격차가 일상생활 속으로 들어와 가시화되었다. 적어도 북한정권의 화폐교환 조치 이면에는 시장경험을 통해 여성들의 진보의식이 커져가는 문제를 제도적으로 막으려는 의도가 있었다. 북한 당국이 이러한 의도를 은폐하고, 주민들에게는 화폐교환을 '화폐개혁'이라고 주장한 사실에 주목해야 하는 이유이다.

북한정권은 극심한 빈부차를 '평균화'하는 일시적 효과를 거둠으로써 화폐교환을 정당화했다. 하지만 후속 시장규제 조치는 젊은 여성의 진보의식의 원천인 시장활동을 막으려 한 본심을 호도한 것이다. 그것은 젊은 여성이 주도하는 시장은 남한-자본주의-여성이 하나의 코드로 묶여 작동한다는 사실과 신세대 여성의 의식 변화의 의의를 역설적으로 재확인해주는 것이나 다름없다. 이로써 '북한의 시장 성격은 여성주체에 의해 남한문화를 선망하는 자본주의를 지향하는 쪽으로 변형된다'는 가설이 실제로 북한정권에게 주요한 현안임을 보여주었다. 결론적으로 시장을 매개한 여성의 개성적 욕망은 북한체제와 상충하는 위험요인으로 인식된다는 뜻이다.

한편, 위장결혼을 한 뒤 도시로 진출해 큰 시장의 장사꾼이 된 젊은 여성의 사례에서는, 시장을 매개한 여성의 개성적 욕망이 이미 정치적 규제를 무의미하게 만들고 있음을 보여준다. 농촌출신 30대의 김미경(가명)은 고난의 행군 시기부터 어린 나이에 장사를 시작했다. 젊으니까 장마당에 앉지는 못하고 하루 100리(약 40km) 길을 걸어 다니면서 장사를 했다.

내 또래 장사하는 사람 없었어요. 항상 원망스러운 거예요. 내 꿈도 못 펼치지. 그런데도 내가 장사를 하는데도 내가 속옷 하나 사 입을 정도가 안 되는 거예요. 좋은 날이 오겠지.

나는 빚을 안 지고 살았어요. 신망이 신용이 좋다나니까 사람들 도움을 받게 되는 거예요. 돈도 잘 빌려주는 거예요. 나한테는. 좀 나아진 게 탄(炭) 장사라고 차로 탄을 팔구. 그랬다가 도시의 큰 역에 나갔다가 여기서, 도시로 가서 장사해야 되겠다 생각한 거예요. 범위가 넓은 데서. 장사를 하다보니까 거기까지 가게 된 건데. 버섯장사가 좀 돈이 되거든요. 돈을 떼인 거예요. 농촌에 있을 때. 모아

둔 돈이 홀랑 날아가 버린 거예요. 빈털터리 된 거야. 답답하잖아요. 고향에서 장사하면 돈 벌기가 쉽지 않거든요. 요만큼 가지구 해봐야겠다.

큰 도시로 들어가서 살아야겠다고 결심했는데, 나와서 처음 시작한 게 국수장사를 시작한 거예요.

결혼해서 가는 것처럼 해서 (농촌에서 큰 도시로 이사를 했는데) …… 약속을 해갖고…… 내가 돈을 준거야……. 거주를 했으니까 이혼해야 하는데…….

2002년도. 국수장사를 몇 개월 했어요. 국수를 판 거예요. 국수장사를 하면서 좀 더 나아진 생각이 고기장사. 식당을 해봐야 되겠다. 그러면서 생각이. 고기장사 해서 식당하면서 돈이 돈을 낳는다는 걸 느꼈어요. 내가 시골 다니며 장사하는 거 하고. 국수 장사할 때 하고 시야가 틀리고. 또 앉아서. 손님이 올라가니까. 수준이 올라가니까 내 수준보다 높은 사람들하고 대화도 하고 상대하다보니까 올라가는 거죠.

사람들이 그전에는 굶어서 많이 죽었잖아요. 그런데 이 시기가 지나가고 나니까 장사를 해야 먹고 산다. 돈에 대한 인식이 있단 말이에요. 전국에 사람이 다 모이는 거지. 평성에요. 그걸 보면서 자본주의가 돼가고 있다는 걸 느꼈어요, 나는. 피가 터지는 거예요. 전국 도매시장이야. 남포하고 평성이. 더구나 평성이 그렇고. 남포는 브랜드를 날조하는 데가 남포가 유명해요. 중국 상품이 인기 있다 그러면 똑같이 만들어내요. 신발도 브랜드 있잖아요. 브랜드 모방하고 똑같이 만드는 게 남포고. 평성시장은 도매시장이고. 그걸 보면서 자본주의화되고 있고 사람들 생각도 수령주의 이거 없어져가고 있다는 거. 얘기하는 데서. …… 근데 그건 밖에서는 아니고, 식당하면서. 아이고, 나라가 망해가고 있네. 물론 김정일을 욕하는 말은 잘 안하죠. 그러나 의견이 있는 것처럼 얘기하는 사람 있고. 한국에 환상을 많이 가지고 있는 사람들 있어요. 한국 비디오를 많이 봐요.…… 우리는 연애하는 것도 사상투쟁하고 그러잖아요. 그게 많이 지금 개방돼 있는데 자유라는 데서 꿈을 갖고 있는 사람이 있더라고요. 나도 그래서 거기서 한국이 잘산다는 건 안 거예요.

자본주의 시장. 자기 돈을 버니까. 자기 개발을 끊임없이 하는 거예요. 머리 계속 쓰니까. …… 장사는 머리가 중요하거든요. 나는 큰 장사를 안 해봐 가지고. 큰 장사 하는 사람 얘길 들어볼 때. …… 옷을 만든다 하면 개인이 만들잖아요. 디자인이 그런 게 나올까요. 신발도 예쁜 신발 만든단 말이에요. 개인들이. 옷도 똑같아요. 유행에 따라서 옷을 만들어 낸단 말이에요.

(면접자: 통제사회다 이런 생각 느낀 적 있어요?) 그런 생각 안 했어요. 내 맘 대로 하니까. …… 통행증 있는데 그것도 돈 주고 다 사요. …… 아무래도 가만있 는 똑똑이보다 돌아다니는 바보가 낫다는 말이 있거든. 아무래도 돌아다니면 서 보고 느끼는 게 많으니까 아무래도 생각이 자꾸 자꾸 바뀌고. 돌아다니고 그 랬으니까 중국 갈 생각까지 했겠죠. 트니까. 그리고 돌아다니다 보면 장사를 어 떻게 할까 생기잖아요. 정치에는 많이 관심 없었어요. 북한 살 때도.[40)]

북한에는 원칙적으로 개인의 거주이전의 자유가 없지만, 김경미는 위장결혼 이라는 방법을 찾아내 도시로 들어갔다. 거기서도 또 새로운 모색을 계속한다. 걸어 다니는 장사에서 차를 이용한 탄 장사, 서민을 대상으로 하는 국수장사에 서 생활수준이 높은 사람을 대하는 고깃집으로 발전하는 가운데, 시야가 달라 지고 새로운 세상을 향한 이상 추구의 욕구가 높아지는 것이다. "가만있는 똑 똑이보다 돌아다니는 바보가 낫다"고, 견문이 넓어지면서 각 지역과 삶을 비교, 비판, 판단하는 눈이 저절로 열린 것이다. 눈이 '트니까' 바깥세계에 대한 꿈을 꾸게 된다. 북한여성들이 경계를 넘는 새로운 세계로 도전해가는 것이다.

---

40)   같은 글. 258~260쪽.

3. 북중접경지역, 욕망의 재생산

북중접경지역은 북한의 대외 교류가 음으로 양으로 이뤄지고 있기 때문에 자본시장과 외국문화의 주요 통로가 된다. 북한주민으로서 중국을 경험하는 경우는 비자를 받아서 친척 방문을 하는 경우가 가장 공식적인 통로이다. 이 경우는 1960년대 일본의 북송과 같이 중국동포가 귀향의 목적으로, 또는 이주와 같은 상황으로 교육이나 직업을 얻기 위해 북한으로 들어갔던 장본인이거나 그 친척들이 기본 인원이 된다.[41] 또는 이런 비슷한 상황을 빌미로 하여 친인척관계를 꾸며서 방문자 신분으로 중국을 방문한다. 이처럼 중국 연고자로서 중국을 방문한 북한사람을 '사사여행자'라고 통칭한다. 사사여행자 외에 비법월경자인 탈북자로, 결혼 등으로 정착하거나 떠돌이 생활을 하면서 중국을 직접 경험하는 경우도 있다.

중국경험을 하면서 일어나는 주민 의식의 변화와 사회적 영향은 방문 횟수나 접촉 체험의 강도에 따라 다양한 방식으로 나타난다. 처음 중국을 방문하는 경우, 대개 외부와의 접촉을 매우 두려워한다. 3대 세습이 북한정치의 관건이 되고 있는 최근 몇 년 사이에는 '중국에 안기부와 특무가 가득하다'는 유언비어가 나돌았고, 실제 여부를 판단할 수 없는 주민들은 두려움에 떨기도 했다. 방문자 대부분은 중국에서 한국방송을 접하게 되는데, 위성방송을 시청하는 중국 조선족 가정에서 머무는 경우가 많기 때문이다.

그러나 인식이 없는 문화접촉은 그저 보는 것일 뿐 문제의식으로 발전하지는 못한다. 문화의 차이를 받아들일 수 있는 '학습효과'를 만들어내기 전에, 개방된 사회를 일방적으로 우위에 놓고 문화차별성을 강조 받게 되면 열등감이 뒤섞이는 의식의 모순에 빠지는 경우가 많다.

---

41) 리규이, 「바둑치: 한 중국 귀국자의 이야기」, ≪임진강≫, 제6호(2009), 45~61쪽 참조.

한 사례를 살펴보자. 형제들의 도움을 받기 위해 중국 사사여행을 해오던 어머니가 사망하자 그 딸이 어머니를 대신해 이모를 방문하기 위해 중국을 찾았다. 2010년 8월, 딸은 자녀들의 결혼자금과 생계비를 보조받기 위해 처음 중국을 방문했다. 그동안 어머니가 받아온 중국 친척들의 도움이 생계에 보탬이 되었는데, 친척들은 후대까지 돌봐줄 마음이 약해져 있었다. 그는 도움을 주지 않는 친척들을 원망할 뿐, 처음 보는 바깥세상인 중국사회가 궁금하여 돌아보거나 생활의 변화를 만들어낼 수 있는 기회를 잡을 줄 몰랐다.[42]

이런 경우, 경제적 지원을 받는 목적 이외의 일을 할 수 있는 어떤 매개수단이 있어야 한다. 외국이라는 공간은 여비와 안내자 없이는 여러 가지 미지의 두려움을 안겨주기 마련이다. 게다가 북한정권은 '안기부와 특무'가 활동한다는 뜬소문을 만들고 그것을 사실처럼 주입시켰다. 외국에서 자본주의 사상에 물들고, 반체제적 싹이 트는 것을 막기 위한 수단으로 이용하는 '안기부 간첩잡이'를 북한주민들은 실제로 두려워했다.[43] 하지만 바깥세계에서도 문화접촉을 차단시키려는 북한정권의 고립정책에도 불구하고, 국경을 넘어 개방된 사회를 여행함으로써 새로운 정보와 지식이 축적되어 인식이 변화하는 이차적 의미의 공간경험은 자연스럽게 형성된다.

북한사회에서 중국 사사여행자들은 부러움의 대상이다. 역사적으로는 북중협약으로 1980년 중반부터 여행통로가 열렸는데, 그 혜택을 받은 사람들은 상대적으로 잘살았기 때문이다. 사사여행은 닫혀 있는 사회에서 외국을 경험했다는 점과 '국가로임(월급)'으로는 얻을 수 없는 부를 가져주기 때문에 선망

---

42) 연변인 강 씨 전언(2010.9). 강 씨는 이 방문자에게 적극적인 조언자 역할을 하고 있다고 했다.

43) 안기부를 들먹여 안보위기를 부추겨서 실제로 간첩잡이를 하므로 공포가 된다. 이를테면 자본주의 바람, 즉 '비사회주의 현상'을 검열하여 공개재판을 한 2000년 혜산사건에서 한 여성 기업인 박정순을 처형한 죄목은 '안기부의 돈을 먹고 리용당함'이었다. 이런 일은 반체제 저항을 사전에 제압하는 한 수단이 된다[림근오, 「〈선군의 통치방식을 짚어보다〉 2000년 혜산 비사검열과 그 잘못」, 《임진강》, 제7호(2010), 17쪽 참조].

되었다. 1990년대 말까지 사사여행자들은 정해진 기일 안에 친척들이 주는 재정이나 물건을 가지고 오는 것이 관례였다.

대혼란기를 넘어 시장경제로 변한 현실은 사람들에게 자립적인 자본만이 살 길이며 자본을 마련하는 데 필요한 제도적 장치를 서서히 깨닫게 되었다. 이러한 의식이 발현된 2000년대 이후 사사여행자들은 기존의 틀을 벗어나 자본을 만들기 위해 노동력을 팔기 시작했다. 처음에는 중국의 식당, 가정집에서 보모로 일하면서 귀국 기일을 연장하여 1년 정도 돈을 번 후에 북한으로 돌아가 상부에 사업비를 주면서 음성적인 지지를 얻어내는 형태가 나타났다. 이것이 서서히 의례적 관계로 구조화되면서, 시간을 얻어[44] 무역 파트너를 뜻하는 '대방'을 잡아서 외국과 거래하는 기업으로까지 끌고 가려는 의식 변화가 2000년대 중순부터는 공식화되었다.

"화폐교환이 지난 올해부터는 기일 연장이 아닌 외국에서의 노동력으로 장기간 돈을 벌어 집안의 무너진 재정을 일떠세우려는 것이 전반적인 분위기가 되었다."[45] 이러한 전언은 재정적 지원을 목적으로 했던 사사여행이 중국을 통해 자본주의적 문화를 접촉함으로써 의식과 가치관의 변화가 나타나 '노동현상'으로 이행하는 현실을 확인시켜준다. 확장된 공간경험이 새로운 문화수용의 통로가 되고 있는 현실은 북한사회의 변화를 읽는 중요한 단면이다.

중국 귀국자인 고숙자(60대, 가명)와 개인 기업을 하다가 사사여행자로 중국을 방문했던 도정순(40대, 가명)의 경우를 비교하자. 먼저, 고숙자의 중국방문 경험을 차례로 따라가 보자.

1984년, 처음 엄마 보러 왔다. 중국 친척들 도움으로 아들, 딸 결혼을 시켰다.

---

44) 직장에 적을 올려놓고 돈을 내면 출근하지 않고 개인 벌이를 위한 시간을 낼 수 있다. 흔히 이런 경우를 '8·3'이라 한다.
45) 연변인 채 씨 전언(2010.9).

1988년, 두 번쨀 장사머리가 텄다. 명태 값이 배(倍)가 되고, 낙지가 얼마가 남는다는, 시장 가격의 차이를 이용하면 되는 것을 알았다. 1992년, 털게를 했다. 라진시장에서 무역하는 털게를 냉동해서 지함에 포장하여 중국으로 왔다. 도문에서 조선 게를 찾고, 그때 조선 돈이 눅었기 때문에 남긴 돈으로 조선에 없는 옷가지, 신발들을 사서 귀향했다. 세상에 가져가니까, 문 쪽에 불이 났다. 연유도 꿀도 가져와서 신발 사가겠다고 했다. 1996년, 약재, 산수유를 가져왔다. 약재하는 사람에게 10키로(kg) 받았는데 대신 녹음기를 사달라고 했다. 산수유를 손봐서 6키로 되게 가져갔다. 그 이후 산수유, 털게, 짝태(북어)도 외화벌이 품목이 되었다. 개인이 가만히 가져가는 것은 반동이라고 막았다. 2000년, 금을 가져왔다. 조선 금이 좋다. 아들 옷을 다 사고, 햇대보 같은 생활용품을 한 자동차 사 가져갔다. 아버지가 여기서(중국) 장사를 했기 때문에 나도 그 머리를 닮았던 것 같다. 해삼도 가져오고 했는데, 지금은 마약과 얼음이 유행이다. 2005년, 명란을 했다. 바닷가에서 일을 하는 아들이 해서, 조선에서 1근에 24원, 23원인데 배가 되는 장사였다. 명란 40키로, 낙지 10키로, 참미역과 함께 일본 세이코시계 두 개를 빚을 지고 가져왔다. 시계는 (중국 사촌)동생하고 동생 각시 주었다. 1,000원 받았다. 일본동포가 가져온 것 돈을 꾼 것을 갚자니까, 엔 세 장이라 장사 아니하니까 빚이 되었다. 2005년에는 조선 단가가 높아지고 장사가 안 맞아졌다. 돈이 나올 구멍이 없었다. 결국 빚 때문에 떨어져 중국에서 보모질을 하고 생계가 바빴다.

고숙자는 1960대에 중국에서 북한으로 들어갔던 사람이다. 북중 합의로 친척 방문이 가능해진 초기부터 사사여행자 대열에 끼어, 여섯 차례에 걸쳐 중국사회를 경험할 수 있었다. 그는 국가 간 시장가격 차이를 발견하는 장사 머리로 생활에 여유를 만들었다. 그는 사사여행 때마다 품목을 바꾸어가면서 국경 간 가격 차이에서 이윤을 낸 보따리상으로 끝이 났다. 그는 왜 무역상이나 개인 기업가로 발전하지 못했을까?

그가 찾아낸 돈이 되는 물건은, 권력기관에서 하는 외화벌이 품목으로 통제 대상이 되었기 때문에 지속적인 거래가 불가능했다. 북한의 시장화는 제도적 개방에 의한 것이 아니고, 외화벌이가 출현하는 초기부터 '국가권력의 탈을 쓰고 불공정한 특권을 행사'하는 것이었다.[46] 이런 까닭에 개인이 국가통제를 이겨내기 위해서는 권력 구조에 진입하는 국내 경험이 있어야 한다. 즉, 그의 장사머리는 국내 시장 공간경험에서 경쟁으로 올라선 것이 아니기에, 그 경쟁 속으로 뛰어들지 못하고 일종의 낙오자가 되어 중국에서 급급하게 살아가는 장기체류자로 남았다. 이 경우 공간경험은 자본주의 사회를 받아들이는 의식 에서 진보적일 수 있지만, 결과적으로 북한주민사회에서 배제되는, 타의에 의 한 국외자가 되게 했다. 그렇지만 그의 삶은 탈북자도 아니면서 장기간 외국 체류자로서 북한과 지속적으로 연계되어 있음으로써 간접적이고 잠재적인 사 회 변화의 동인이 된다. 이 지점은 북한사회 변동에 작용하는 의식변화상의 다양한 층위를 시사한다.

한편으로 고숙자의 '실패'는 세대문화의 차이로도 이해되는데, 그와 비교되는 도정순의 경우는 경쟁력을 만들어내는 공간경험의 의미가 다르게 나타난다.

도정순의 경우는 30대에 가내수공 제약업으로 경제적 토대를 마련했던 경 험을 가진 개인 사업가의 모습을 보여준다. 그는 북한경제 기반의 붕괴로 제 약공장이 가동을 멈추자 가내수공업으로 링거, 항생제 등을 만들어 팔았다고 한다. 그러면서 '법놀음', 즉 권력기관을 끼고 법망을 이용한 장사의 방법을 터 득하게 되었다. 나중에는 비록 뇌물을 쓰느라 재정이 바닥났지만, 보위부 검 열에 걸렸을 때 해결하는 방법도 알고 있었다. 시장에서 성공과 실패를 겪는 과정에서 그는 "처음에는 내가 재정이 없구나. 이런 교훈을 얻었다면 두 번째 는 권력이 없구나"라는 것을 깨달았으며, 그의 말대로 첫째는 돈, 둘째는 권력

---

46) 안종수, 「북한 시장화와 주민생활에서의 변화」, 『북한주민의 생활변화와 남북소통의 길』, 2010 만해축전 학술심포지엄 자료집(2010.8.12), 91쪽.

이 사회 권력의 핵심이었다. 그것을 잡기 위해서는 북한의 '음성적 시장화'[47] 의 단면을 지칭하는 특권적 '법놀음'이 가능한 '군중지반'이 있어야 한다. 즉, '전화 한 통이면 해결되는 인맥관계'를 통해 시장에 진입할 수 있어야 한다는 뜻이다.

이는 시장화 과정에서 북한사회가 특권적 기득권층을 형성하는 현상이 나타나고 있음을 의미한다. '관료적 권한과 시장적 이익 간의 결탁·공모현상이 구조화'[48]한 가운데, 이와 같은 인맥의 지반이 없는 것을 만회하여 그 상층으로 진입하기 위해 도정순은 중국을 기회로 잡으려고 한다. '시간의 공백'과 '권력의 빈 공간'을 메우기 위해 선택한 '외국'은 그에게 확실하지는 않지만 자신이 바라는 것을 채워줄 수 있는 막연한 선망의 대상이었다. 도정순은 30대에 시장공간을 경험했던 신세대로, 과감하게 위조 문건을 만들어서라도 목표 지점에 진입하는 다른 젊은 여성들처럼 대담하다. 도정순도 시장을 경험하기 전에는 "조선에서 살 바에는 장군님이 내 이름을 기억할 수 있는 이런 사람이 내가 되자, 이게 내 목표"였던 사람이다. 그랬던 그가 사상과 무관하게 오직 실리를 추구하고 주관을 관철하기 위해 도전한 것은 돈을 먼저 벌기 시작한 친구의 옷차림새가 돋보이는 것을 보고, 경제적 부가 당적·정치적 신임을 압도하는 현실을 느꼈기 때문이다.

도정순: …… 재판을 통한 교양사업, 이런 걸 보고 군중재판이라고 합니다. 그런데 …… 누구 하나 쭉 나와서 재판을 받아서 한 명은 총살 먹구, 한 명은 교화 몇 년을, 약장사를 했습니다. 약 제조, 항생제 제조, 지금 같으면 얼마나 대중적 시장입니까? 그게, 그런데 그 실행자들이 첫 선구자가, 그때 누가 생각도 못한 항

---

47) 같은 글, 96쪽.
48) 김종욱, 「북한관료들의 일상생활세계: 회색의 아우라」, 박순성, 홍민 엮음, 『외침과 속삭임: 북한의 일상생활세계』(서울: 도서출판 한울, 2010), 298쪽.

생제를 집에서 제조하구 이 일을 이렇게 해서 한 명은 총살하고 몽땅 교화에 쓸어 넣었단 말입니다. 그런데 난 이상하게 거기서 뭔가 발견하게 된 거는 '아, 저거구나, 저게 시장의 싹이로구나, 나두 저거 해야 되겠다'. 내가 처음 하게 된 동기입니다.

위에서 보는 바와 같이 도정순은 공개재판이라는 정치적 사건을 통해서 거꾸로 시장에 도전하는 사람을 접하고 성공 모델로 삼았다. 도정자는 고숙자가 시장에 적응하는 것과 다르게 능력을 발휘하는데, 이는 '자본주의적' 사고방식으로 판단하는 일종의 가치관의 변화를 엿보게 한다. 자본시장에 대한 감각적 이해가 있었기에, 그는 콜레라가 유행할 때 약을 만들어 시장에 진입할 수 있었다. 이와 같은 시장경험이 축적됨으로써 위조 문건을 만들어서라도 중국행을 선택한 것이다.

그렇지만 중국은 북한과는 문화적으로 큰 차이가 있는 나라였고, 도정순 역시 이를 체감했다.

도정순: 외국은 모든 게 다 번쩍번쩍 하니까 돈도 나무에서 뚝뚝 딸 것이다. 아주 환상적인 데 가서 돈을 한 배낭 메고 와서 두 달 만에 와서 내가 기업을 차린다. 이런 시장은 눈에 다 트인 상태니까. 이렇게 나와서 제가 첫 심리적 타격 받아 안은 거지. 약소민족의 슬픔, 야, 이게 아니로구나, 내가 잘못 생각했구나, 외국이라고 돈이 저절로 떨어지는 게 아니구, 이런 자본의 국가일수록 돈에 대한 이런, 이게 얼마나 피땀으로 이뤄지구 시장경제 모든 것이 …… 이건 뭐라고 말해야 되는가? 여기서 내가 뭘 깨달았다고 말해야 될까? 뭔가 인식이 확 바뀌었단 말입니다.

중국을 방문한 이후 북한과 중국을 비교하게 되면서 도정순은 시장경제에 대해 잘못 생각했던 환상이 깨어지고 인식이 확 바뀌었다. 이미 시장에 눈을 떴기 때문에 큰돈을 벌 것이라는 자신이 있었지만, 쉽게 진입할 수 없는 벽이 있음을 안 것이다. 북한과는 다른 시장과 사회문화를 인식하기 시작한 것이다. 첫째, 그는 북한에서처럼 자본이 없이 '영(0)'에서도 시작할 수 있다고 판단하고 그것을 메우기 위해서 중국행을 선택했지만, 외국에서 발견한 자신의 모습은 약소국의 소수민으로 전락해 있었다. 인맥관계, '군중지반'을 만들면 돈이 없이도 장사를 할 수 있는 곳이 북한인데, 북한식의 신용이 중국에서는 통할 수가 없고, 아무것도 없는 자기 자신을 발견하며 높은 장벽을 느낀 것이다. 이 열등감으로 또 다른 도전과제에 직면함과 동시에 중국과 비교해서 시장의 성격을 다르게 파악하게 되면서 발전의 가능성이 열린다. 여기서 파생되는 문제의식이 북한 내부로 향할 때, 시장을 새롭게 배워야 하는 과제가 북한 사회에 던져진다. 도정순은 돈이 저절로 떨어지는 것이 아니라는 냉혹함을 보았기 때문이다. 또한 자신을 되짚어보고, 북한에서의 실질적 문제를 풀어가는 기준으로써 외부세계의 비교 대상을 발견할 수 있었다. 따라서 중국경험은 개인을 변화시킬 수 있는 하나의 전환점으로 작용했다.

농촌 출신의 중국 방문자 한명순(59세, 가명)의 사례에서는 또 다른 모습의 중국경험이 발견된다. 그는 "중국이 자유세상의 경제가 발전해 인민생활에 걱정이 없고 과학기술이 발전되어 인민들이 쉽게 일할 수 있어서 좋고, 교육문화가 발전해 인민들이 선진국에 유학해 문화수준 과학기술의 시대가 되어 좋고, 보건 부문이 발전되어 병이 나도 약이 많아 좋고, 인권존중, 사람중심의 나라"이다. 반대로 "(북한은) 세상을 너무도 몰라 경제가 발전하지 못해 의식주문제가 곤란하다. 틀에 박혀 기술 능력을 발휘하지 못하고 있고 생계유지를 위해 과학기사가 시장에서 장사하여야 하는 현실이다. 자기 권리를 향수하지 못하고 있으니 주민들은 중국을 잡자면 30년이 걸린다"라고 말한다.[49]

중국에 대해 한명순은 '좋다, 못하다'는 피상적인 인식에 머물러 있고, 눈에

---

49) 연변인 강 씨 전언(2010.7).

보이는 물질적인 생활수준의 차이를 크게 느끼고 있다. 반면에 젊은 세대인 도정순은 문제의 방향을 자기 능력으로 돌려, 중국사회에 진입할 수 없는 한계와 열등감, 문화 장벽을 느꼈다. 문제해결 주체로서의 인식 여부가 세대 간 차이를 보인 것이다. 이처럼 중국은 사사여행자에게 다양한 수준의 경험공간을 만들고 있다. 다음의 사례는 또 다른 의미의 공간경험을 보여준다.

민경옥: 밑천을 해서, 제가 다니는 장사에서 조금 이윤이 있다고 생각했기 때문에 많은 돈이 있으면 그런 장사를 할 수 있겠다, 업종적으로 이런 생각해서. 1년만 중국 와서 고생하게 되면 밑천을 쥘 수 있겠다 이런 생각을 한 거예요. 그런데 오니까 가고 싶지 않더라고요.

민경옥(30대, 가명)은 안내자를 따라 2008년에 두만강을 건너 중국 친척의 식당에서 복무원을 했던 사람인데, 국내 장사 밑천을 마련하기 위해 도강(渡江)을 선택했다. '살아봤으면 좋겠다는 환상을 가지는' 경우는 대개 외국에 대한 이야기를 간접적으로 접하기 때문이다. 환상과 피상성은 '살아봤으면 좋겠다'는 막연한 기대를 낳지만, 직접 체험함으로써 얻는 판단은 선명한 경계를 긋는다. 민경옥은 "불 하나에 매혹되었다", "오니까 가고 싶지 않더라"고 이야기했다. 개인의 욕망은 더 높아지는 것이다.

국경 인접 거주자들은 강을 사이에 두고 야간 조명만 봐도 북한과 다른 세상을 짐작할 수 있다. 전기밥솥으로 손쉽게 밥을 지을 수 있는 편의성을 직접 경험하면 '강 건너 불구경'과는 다른 의미를 깨닫는다. 문화 충격의 강도가 이렇게 달라짐으로써 중국보다 한국이 잘산다는 의미가 다르게 다가간다. 이러한 경험은 젊은 여성들이 고향으로 돌아가지 않는 길을 선택하게 했다.[50]

---

50) 북한 내부를 보고 이해하는 데에도, 단순히 '강 너머 바라보기'가 아니라, '건너서 뒤집어보기'를 하여 체험 강도를 높임으로써 실상에 다가갈 수 있음을 말한다.

4. 북한여성, 어디로 가고 있는가?

이 글은 시장경험의 과정에서 변화하는 북한여성의 삶을 살펴보았다. 여성의 절대다수는 장사를 해도 먹고사는 문제를 해결할 수 없는 형편이다. 또한 북한사회에 만연한 남존여비의 성차별 구조 아래에서 여성은 정치체제와 가정에 이중적으로 억압되고 예속된 삶을 살아가고 있다. 이 글에서는 북한여성의 현실을 양적으로 고찰할 수 없는 상황에서, 접경지역을 통해 여성의 의식변화에 초점을 맞춰서 질적으로 접근함으로써 의식의 진보성과 저항적 의미를 찾아보려고 했다.

물론 북한의 남성중심의 가부장적 정치체제에서 파생되는 구조적 모순 속에서 여성의식을 일깨울 변변한 주체도 나오기 어려운 것이 현실이다. 하지만 북한주민의 경제생활이 국가체제와는 이반하여 계획경제에서 시장과 자본의 사회로 넘어가고 있기에, 미시적 일상생활에서는 기존의 세계관에 균열이 생겨나고, 그 가운데 여성의 의식 또한 도전적 · 진보적 성향이 나타나고 있다.

북한여성들이 생존을 위해 거래가 이뤄지는 장소를 찾아 나섬으로써 삶의 반경을 확장해가는 공간경험에 주목하면, 북한-중국-한국으로까지 연장되는 인문지리적 이해와 함께 북한여성들이 경험하는 삶 속의 문화충격과 변화를 포착할 수 있다. 농촌-도시-중국과 자본주의 문화를 만나는 여성들의 공간경험의 확장은 기본적으로 먹고사는 문제를 해결하는 다양한 수단을 찾아가는 과정이었다. 그 과정에서 '자본주의 머리가 트였다'라고 할 때, 필요한 지식과 정보는 거의 장바닥에서 직간접으로 이뤄진 생(生)체험이었다.

시장의 공간경험은 체험하는 주체의 시야와 대상 수준을 확장시켰다. 장사를 하면서 의미 있는 공간경험으로 체화하는 지식과 정보들을 총체적으로 인식하는 개인 능력의 차이, 활동 범위와 규모의 차이, 나아가 중국경험의 유무에 따라 여성의 진보성향이 다르게 나타나는데, 그것은 사회문화적 배경이 되는 조직생활의 경험차로 나타나는 세대 차이로 이해할 수 있다.

북한사회는 '사회정치적 생명'을 중시하는 매우 정치적인 사회인데, 신세대는 '정치'보다 돈을 따라 흐르다보니 대담하게 나갈 수 있었다. 생각과 가치관이 트인 진보성은 정치적인 조직생활을 무시한 자유로운 신세대적 가치에서 나왔다. 그것이 중국과 같은 외부세계 경험과 결합되면서 진보 성향은 더 뚜렷해질 수 있었다.

시장화 과정에서 변화하게 된 여성의 의식세계는 여러 겹으로 중첩되고 모순된 이중성을 띠었다. 첫째, 임수경 스타일이 시사했던 것과 같이, 북한 젊은 이들에게 충격이 된 유행의 원형은 '남한', '자본주의', '여성'을 시장의 주요 코드로 인식하는 데서 출발했다. 시장에서 배우는 새로운 가치관의 흐름이 '자본주의 남한'을 전제로 하고 있었기에, 이후 시장의 주체가 된 여성들의 의식이 기존 사회의 가치관과 대립하고 진보적 성향으로 나아가는 동력이 되었다. 둘째, 여성이 시장으로 나가면서 깨어나는 진보적 의식은 가족 내 혹은 집단의 가부장성과의 갈등을 의미한다. 성공을 위해 기존 권력과 결탁해야 하는 현실은 사회를 변화시키는 작용과 반작용의 이중성을 말해준다.

시장에서 여성이 성공하려면 항상 검열을 염두에 두고 사업을 해야 하며, 인맥이나 군중지반의 배경이 없으면 성공할 수 없다. 이런 사회문화는 가정경제를 유지하고 성장시키기 위해 여자는 생계비를 벌어오는 것으로, 남자는 직위를 유지하는 것으로 가족 내 성역할 분리를 구조화시켰다. 북한사회는 남자가 출근을 하지 않으면 정치적으로 처벌이 있기 때문에, 오히려 이를 이용해서 적극적으로 남자를 출세시켜 지위를 높임으로써 활동공간을 더 자유롭게 이용할 수 있도록 남녀 성역할을 재조정하게 한다. 이 구조화는 기존체제와 동일한 구조로 분담한 것이다. 그만큼 '북한사회의 기성 틀'에서 벗어나지 않도록 정치적으로 관리하는 조직생활문화를 재생산하는 고리를 끊기 어렵기 때문에, 여성이 경제권력에서 진보적 위상을 확보해도 그 힘이 실질적인 사회변동으로 이어지지 못하고 있다.

그런데 2009년 11월 화폐개혁으로 벌어진 시장변동과정은 새로운 시장세력으로 부상한 여성의 힘이 어떤 의미인지 역설적으로 보여주었다. 1990년대 시장 폭발기를 경험한 신세대 여성의 진보성은 새롭게 발달해가는 시장의 성격을 '남한문화를 선망하는 자본주의를 지향하는 쪽'으로 키워갔다. 화폐개혁 이후 시장을 원래 농민시장으로 돌려놓고 국가가 운영하는 상점 중심으로 시장 기능을 바꾸려 했던 점, 50대 미만의 여성들을 직장으로 돌려보내려고 했던 후속 조치에는 시장경험을 통해 여성의 진보의식이 성장하는 문제를 제도적으로 통제하려는 의도가 있었다고 볼 수 있다.

그리고 여성이 시장에서 세력이 확산되는 경향, 즉 부상하는 여성의 힘을 평가할 때 변화하는 여성의 의식은 여러 층위로 중첩되는 성격을 띠고 있었다. 이 문제에서 핵심은 공간경험 주체의 세대차에서 발견되었다. 그것은 사회정치체제의 가부장성에 직결된 정치의식을 어떻게 변화시키느냐는 문제로 발전할 수 있다. 즉, 정치보다 경제를 중시하는 자본문화를 어떻게 체감하느냐가 관건이 되고, 그것은 현재의 북한체제에서 시장의 성격을 어떻게 정립해 나가느냐의 문제가 된다. 이와 같은 변화는 경제적 · 문화적 차원에서 장차 북한여성이 사회 변화의 주도 세력으로 어떤 역할을 하게 될지 주목하게 한다.

〈참고문헌〉

김석향. 2011. 「고난의 행군기 전후 북한주민의 권리 의식과 통일의 길」. 『북한주민생활의 이해와 실천적 평화통일의 길』. 2011 만해축전 학술심포지엄(2011.8.11).

김종욱. 2010. 「북한관료들의 일상생활세계: 회색의 아우라」. 『외침과 속삭임: 북한의 일상생활세계』. 박순성, 홍민 엮음. 서울: 도서출판 한울.

노귀남. 2006. 「사슴도 사는 길」. ≪통일문화비평≫, 2006.5.30. http://blog.daum. net/knownam/

_____. 2010. 「여성의 공간경험 확장과 의식 변화」. 조정아 외. 『북한주민의 의식과 정체성』. 서울: 통일연구원.

_____. 2010. 「북한여성의 의식 변화와 평화소통의 길」. 2010 만해축전 학술심포지엄 발표 논문(2010.8.12).

_____. 2010. 「북중접경지역의 이해와 '변경문화담론'을 위한 시론」. 『한반도의 장벽을 넘어: DMZ와 북중접경지대』. 2010 통일학연구원 봄 학술회의 자료집(2010.6.9).

_____. 2010. 「경제는 경계가 없다」. ≪월간 경실련≫, 3·4월호.

_____. 2011. 「사회적 협력과 통일담론의 형성」. 『북한주민생활의 이해와 실천적 평화통일의 길』. 2011 만해축전 학술심포지엄 발표 논문(2011.8.11).

리규이. 2009. 「바둑치: 한 중국 귀국자의 이야기」. ≪임진강≫, 제6호.

림근오. 2010. 「선군의 통치방식을 짚어보다: 2000년 혜산 비사검열과 그 잘못」. ≪임진강≫, 제7호.

북한인권연구센터. 2009. 『북한인권백서 2009』. 서울: 통일연구원.

손혜민. 2009. 「자신을 사랑하라」. ≪임진강≫, 제6호.

_____. 2010. 「"스칼렛 오하라"와 조선녀성!」. ≪임진강≫, 제7호.

안종수. 2010. 「북한 시장화와 주민생활에서의 변화」. 『북한주민의 생활변화와 남북소통의 길』. 2010 만해축전 학술심포지엄 자료집(2010.8.12).

채순. 2010. 「개인소유의 수위는 어디까지 올라왔나?: 대중화된 자전거 이동수단」. ≪임진강≫, 제9호.

최완규·노귀남. 2008. 「북한주민의 사적 욕망」. ≪현대북한연구≫, 제11권, 제2호.

플린트, 콜린(Colin Flint). 2007. 『지정학이란 무엇인가』. 한국지정학연구회 옮김. 서울: 도서출판 길.

"남한 드라마, 하루면 북한에 간다", ≪연합뉴스≫, 2010년 10월 20일 자.

≪임진강≫. 2010. 제8호.

≪임진강≫. 2010. 제9호.

≪임진강≫. 2011. 제12호.

제3장

일상의 사회통제체제와 권태로운 인민: 생활총화[1]를 중심으로[*]

한재헌
동국대학교 북한학과 박사과정 수료

1. 왜 감정인가?

신자유주의로 표상되는 삶의 방식이 한국사회에 전면화된 이후 불쑥 나타나 이제는 일상의 언어가 되어버린 단어가 하나 있는데, 그것은 바로 '비정규직'이다. 이 개념에는 '정규직'이 '아님'이라는 건조한 형식적 언술체계만이 드러난다. 물론 몸으로 체득된 그 '아님'의 의미가 너무도 현실감 있으나, 그 '아님'이 내포한 '공포', '불안'은 그 자체로는 표현되지 않는다. 우리는 '비-정규직'이라는 학문적·법적·형태적 개념 혹은 표현만으로 현 한국사회를 지배한 노동사회의 단면을 온전히 읽어낼 수 있을까? 그래서 필자는 '비정규직'보다는 '불안정노동'이라는 말을 더 선호한다. '불안정노동'은 일종의 개념을 통한 실천이다. '불안'이라는 키워드로 보면 단지 고용관계나 형태에서만이 아닌 삶과 일상을 관통하는 차원으로 노동의 문제를 좀 더 폭넓게 포착할 수 있기 때

---
[*] 이 글은 한재헌, 「북한 생활총화의 도덕담론 연구」(동국대학교 석사학위논문, 2008)를 '권태'라는 감정적 개념을 통해 전면적으로 재구성한 것이다.
[1] 북한의 모든 사회조직에서 정기적으로 실시하는 자기비판·상호비판 모임을 일컫는다.

문이다. 정수남이 지적했듯이, 최근의 한국사회를 이해할 때 이 '불안'과 '공포'라는 감정 상태는 한국사회의 일상과 사회현상들, 사회 구성원의 관계 양태와 행위들을 이해하는 데 주요한 거시-미시의 연결고리를 드러낸다.[2]

이러한 관점을 북한에도 적용해본다면 최근 북한사회를 지배하고 있는 감정적 기후(climate)는 무엇일까? 이 글의 목적은 생활총화라는 조직생활의 시공간을 둘러싸고 조성되는 북한주민들의 감정[3]을 매개로 하여 북한주민의 일상을 포착하는 것이다. 북한사회를, 특히나 주민의 일상을 둘러싼 풍경을 이해해보기 위한 필자의 소박한 개념적 실천이 바로 '권태'라는 키워드를 통한 접근인 것이다. 더 이상 그들에게 아무것도 해줄 수 없는 국가가 매일매일을 반성하며 살라고 하는 사회에 놓인 북한주민들이 공유하고 있는 감정은 무엇일까? 조직생활의 참여 빈도, 반복의 주기, 완벽에 가까운 그물망적 통제체계로 표현되는 형식상·제도상의 그 촘촘함의 차원으로는 파악되지 않는 그 공간의 분위기는 무엇인가? 이들 감성은 북한주민의 관계와 실천에 어떤 영향을 미치고 있으며, 그것이 북한사회에 주는 함의가 무엇인지를 해명하는 작업이 필요하다고 본다. 필자는 북한의 국가와 인민이 주기적으로 대면하는 생활총화 공간을 소재로 북한주민의 공유된 감정을 살펴봄으로써 북한사회 일상성

---

2) 정수남, 「공포, 개인화 그리고 축소된 주체: 2000년대 이후 한국사회의 일상성」, ≪정신문화연구≫, 제33권, 제4호(2010), 330~332쪽의 설명 참조. 다음의 언급은 이와 관련해 감정이 던지는 함의를 단적으로 예시한다. "실업은 단지 고용의 상실만이 아니라 일련의 친밀한 관계와 능력 – 이 중 일부는 표면상으로는 고용과 관련이 없어 보인다 – 의 상실을 의미한다. 실제로 카를 만하임은 실업이 어떻게 한 개인의 '인생 계획'을 파괴하고 그 과정에서 어째서 '그 희생자들의 마음속에 반란이 그려지기보다는 무관심'이 생겨날 가능성이 훨씬 더 커지는지를 묘사한다"[잭 바바렛, 『감정과 사회학』, 박형신 옮김(서울: 이학사, 2009), 15쪽].

3) 감정은 주체가 마주친 상황의 **문제를 드러내고** 그것을 **즉각적으로** 평가하며 일련의 **가능한 행위의 범위**를 설정해내는 직접적 마주침이다. 바로 이러한 방식으로 감정은 구조와 관계를 맺는다. 그리고 여기서 사용되는 감정은 개인적 차원이 아닌 집단적 차원, 즉 동일하지는 않지만 상호 간의 관계 속에 서로 형성하고 있는 느낌으로서, **감정적 분위기**를 의미한다(같은 책, 7~16쪽, 강조는 필자).

의 한 특징과 문제를 드러내보려는 것이다.

생활총화는 북한주민 각자의 생활과 내면을 관리, 검열하고 지도하는 "인간 개조"의 통치기술이다.[4] 이러한 통치의 최고 기능은 삶에 철두철미하게 스며 드는 것이며, 이러한 권력의 일차적인 과제는 삶을 관리하는 것이다. 이 같은 '생활개조 · 인간개조 운동'은 국가규율이 모든 생활공간에 침투하도록 노골화 된 도덕규범의 표현이었다.[5] 북한에서 이 통치의 기술은 주로 수령의 언술로 대표되는 참조의 기준과 주위 동료의 모습과 시선에 자신을 비추어 반성하라 는 형태로 전개되었다.

보안의 내면화를 꾀하는 북한은 적어도 공식적인 차원에서는 정치적 · 신 체적 일체감을 형성하기 위해 '나쁜 요소'의 제거와 물리적 강제 및 처벌뿐만 아니라 '사상통일'이라고 하는 포지티브한 방식 또한 적극적으로 활용했다.[6] 여기서 분명히 드러나듯이 통치(government)는 금지/억압의 사법적 차원을 넘 어서는 것으로서 근대에 들어와 개인의 구체적인 삶을 파악하고 계산하고, 품 행을 상황에 맞게 인도해주는 일련의 기술로서 나타난다.[7] 이처럼 가능한 행 위들의 장에 영향을 미치는 것을 목적으로 하는 권력은 주체와 주체의 행위를 조건으로 하는 권력이었기에[8] 내면과 마음의 규율을 필요로 했고, 북한에서

---

4) 즉, 필자가 활용하는 '통치기술'이란 개념은 인간행동이 합리적으로 조절되고, 통제되고, 주조 될 수 있다는 믿음 아래 인간의 품행을 계획하고 지도하는 일련의 시도와 관련이 있다. 즉, 이 는 "평가(측정)"와 "규범", 즉 "윤리"가 "정치"와 맺는 관계에 관한 문제이기도 하다[M. Dean, *Governmentality: Power and Rule in Modern Society*(London: SAGE Publication, 1999), pp.10~13].

5) 단적인 예로, '건국사상총동원운동' 당시 "북한여성에게 요구되었던 생활개혁의 내용은 첫째, 생산과 학습을 동시에 할 것, 둘째, 미신 타파, 셋째, 사치와 한담 시간을 없앨 것, 넷째, 생활 의 계획성, 다섯째, 낡은 습관과 풍속 개량, 여섯째, 생산활 동에 맞도록 의복 개량, 일곱째, 효 율적 주택구조, 여덟째, 위생관념 형성 등이다"[주정순, 「여성의 생활개혁」, ≪조선녀성≫ (1947.4), 53~56쪽 참조].

6) 찰스 암스트롱, 『북조선 탄생』, 김연철 · 이정우 옮김(파주: 서해문집, 2006), 331~336쪽.

7) 콜린 고든, 『권력과 지식: 미셸 푸코와의 대담』, 홍성민 옮김(서울: 나남, 1991), 141~167쪽.

8) 잭 바바렛, 『감정과 사회학』, 311~313쪽.

이는 자아비판이라는 대중적 공개의식의 형태로 나타났다. 자아비판은 주변 동료들의 모습에 비추어 자신을 돌아보는 행위로 일종의 '죄의식'의 감정적 상태를 조성함으로써 자발성을 동원하는 권력의 기술이라고 볼 수 있는데, 이러한 비판의식이 1970년대를 거치면서 김정일에 의해 제기되어 제도화된 것이 현재의 '생활총화'이다.

한편 이는 기존에 존재했던 '총화'와 별개로 개인일상에 대한 자기반성이 전면에 등장한 것으로 볼 수 있으며, 실제로 '생활총화' 공간에서 벌어지는 담화의 전체 프로그램을 보면 그 반성이 전적으로 개인의 '일상적 삶'에 대한 '자백'과 '상호비판'이 중심이 되어 진행된다. 이는 '실무적' 평가와는 질적으로 상이한 것이다. 그리고 '사업'총화, '학습'총화, 총화'보고' 등이 주로 드러난 사업상의 오류에 대한 평가이며 그 범위가 상대적으로 분명한 데 비해, '생활'총화는 총화의 범위가 대단히 포괄적이면서 동시에 매우 구체적이고 심지어 사소하기까지 하다. 모든 일상이 '당 생활'인 관계로 반성의 대상으로서의 '당 생활'은 사실 주민의 모든 일상과 관계된다. 실제 사업상 드러나는 결과물뿐만 아니라, 정신의 "오염"과 "변질"을 막기 위해서, 인민들은 당 과업을 "성실히" 수행하겠다는 "각오"와 "사상 상태"를 수시로 표명할 것을 요구받게 된 것이다.

게다가 그러한 일상의 광경, 예를 들어, 지각한다거나 해야 할 일을 잊어버린다거나, 머리스타일과 복장 등이 '불량'하다거나 하는 문제들이 수령의 '교시에 비추어' 반성된다. 주민의 일상적 상황이 수령의 교시와 직접 연결된다는 것은 그 자체로 일반적인 반성과는 매우 낯선 어떤 것일 수밖에 없다. 자신의 내면과 사소한 일상을, 그것도 공개적으로 드러내 서로 비판하는 일상의 장치는 북한인민에게도 곤혹스러운 것이었는데, 이를 위해 권력은 다양한 감정적 코드를 활용한다.

2. 지배담론 속 감정코드들

1) 이분법: '생각을 멈추고 행동하라!'

파시즘[9]은 대중의 코드, 그 중에서도 특정한 감성적 기제들에 다가감으로써 대중을 설득, 동원하는 체제였다. 즉, 파시즘은 논리의 체계가 아니라 정념의 응축물(덩어리)에 더 가깝다.[10] 파시즘의 정치공학이 시도하는 주요한 특징 중 하나가 바로 정념에 사로잡힌 채 '생각을 멈추게 하는' 것이다. 이러한 기술의 전제는 대중의 원한과 복수의 감정이 향해야 할 대상, 곧 적(敵)을 생산하고 가공하는 것이다.[11] 이러한 정신활동 중지 후에 필요한 것은 '헌신'과 '충성', '열정'뿐이며, 이때 감정적 언술들은 '비사회주의적 현상'에 대한 비판의 도구로 바뀌게 된다.

> ······ 창작가들 속에서 나타나고 있는 본질적인 결함은 둘째로, 창작가들이 위
> 대한 수령님께서 돌려주시는 크나큰 정치적 신임과 배려에 높은 정치적 자각과
> 기술로써 충성으로 보답하려는 열정이 부족한 것입니다. ······ 그러다보니 창작
> 가들이 창작활동에서 **사회주의 현실을 열렬히 긍정하지도 못하고 낡고 부패한**
> **것을 증오하지도 못하였습니다.**[12](강조는 필자)

---

9) 필자는 사회주의 북한체제를 이해하는 데 파시즘의 개념을 활용한다. 북한사회를 모두 파시즘으로 설명할 수는 물론 없다. 다만 적의 구성을 통한 이분법과 그에 바탕 한 극단적 동일성의 추구, 이를 실현시키기 위한 비합리적 감정의 적극적 동원이라는 파시즘의 특성이 북한사회의 주요한 측면과 매우 닮아 있기 때문이다.

10) 정명중, 「파시즘과 감성동원: 일제하 '국민문학(國民文學)'에 대한 고찰」, ≪호남문화연구≫, 제45집(2009), 342~343쪽.

11) 같은 글, 343쪽.

12) 김정일, 「문학예술작품창작에서 혁명적인 전환을 일으킬 데 대하여: 조선문학예술총동맹산하 창작가들의 사상투쟁회의에서 한 결론(1972.9.6)」, 『김정일선집 제2권』(평양: 조선로동당출

..... 당의 유일사상과 어긋나는 자본주의사상, 봉건유교사상, 사대주의, 수정주의, 종파주의, 지방주의, 가족주의 등 일체 낡고 반동적인 사상들은 사람들의 혁명의식을 마비시키고 혁명의 본질을 저해하며 자본주의를 부식시키는 위험한 온상이다.[13]

도덕에 대해서도 마찬가지다.[14]

모든 사회에는 그 사회에 맞는 도덕이 있으며 그것은 **언제나** 계급적 성격을 띤다. 그러므로 계급적 처지와 사상이 서로 다른 사람들은 서로 다른 행동규범을 가지게 되며 사람들의 행동에 대한 서로 다른 도덕적 평가를 내리게 된다.[15](강조는 필자)

심지어 옷차림에서도 그러하다.

옷차림은 사회제도와 나라의 생산력 발전 수준, 사람들의 문명 정도와 생활 기풍을 **직접적**으로 반영하는 중요한 문제의 하나이다.[16](강조는 필자)

판사, 1992), 420쪽.

13) 김정일, 「문학예술작품창작에서 혁명적인 전환을 일으킬 데 대하여: 조선문학예술총동맹산하 창작가들의 사상투쟁회의에서 한 결론(1972.9.6)」, 420쪽.

14) 가라타니 고진(柄谷行人)은 '도덕'과 '윤리'를 구분하는데[가라타니 고진, 『윤리21』, 송태욱 옮김(서울: 사회평론, 2001)] 북한은 이 둘을 섞어버리는 것이다. 북한에서 윤리는 "인간이 어떻게 살며 행동해야 하는가"의 원리이며, 도덕은 "사회 공동생활에서 지켜야 할 행동규범과 생활준칙"이다. 북한에서 주장하는 공산주의 생활윤리는 "집단주의, 사회주의, 애국주의, 가정생활의 혁명화" 등을 구성 내용으로 한다[김경숙, 『공산주의생활륜리』(평양: 사회과학출판사, 1990), 6~17쪽].

15) 김정일, 「문학예술작품창작에서 혁명적인 전환을 일으킬 데 대하여: 조선문학예술총동맹산하 창작가들의 사상투쟁회의에서 한 결론(1972.9.6)」, 420쪽.

16) 「사회주의적 문화생활양식에 맞는 옷차림」, ≪청년생활≫, 제6호(루계 제349호), 58쪽.

세상에 존재하는 것은 온통 이분법의 파생물들인바, 이분법하에서는 이것과 저것 중 한 편에 가담하여 타자를 증오하고 자신을 긍정하기만 하면 되는 것이다. 더 이상 '생각할 게' 무엇이 있겠는가.[17]

북한에서 '소극주의'나 '보수주의'는 "소부르주아적 사상 잔재"라 하여 강하게 비판한다. 여기엔 혁명과 건설의 투쟁에 대한 당의 정책을 받아들이고 있다면 '적극적'일 수밖에 없다는 모종의 인식이 깔려 있는 것이다. '소극성'은 그 자체로 혁명과 건설에 대한 반동인 것이며, 급기야 "혁명을 좀먹고 혁명을 좌초시키는" 것으로 규정된다. 이분법의 구조 속에서 혁명의 '진리' 앞에 주저하는 '소극성'은 '진리'에 대한 미심쩍은(생각하는) 태도인 것이다. 필자가 예전에 조선노동당의 이론지인 ≪근로자≫를 살펴보던 중에 "우울분자"라는 말을 본 적이 있는데, 그곳에서 "우울분자"는 당에서 척결되어야 할 다양한 "분자"들 중 하나로 꼽히고 있었다. 아마도 "토성적 인간(우울자)의 주된 실천양식은 **행동이 아닌** 관조, 즉 성찰과 관찰과 해부와 인식"(강조는 필자)[18]이기 때문일 것이다. 행동의 '주저함'에 대한 지배담론의 비판적 언설을 보면 다음과 같다.

혁명의 길에서 한 걸음 물러서면 그 종착점은 변절이다. 혁명가가 갈 길은 죽으나 사나 혁명의 한 길밖에 없으며 이 길을 떠나면 반동이 되고 배신자가 되고 인간추물이 된다.[19]

---

17) 일제시기 '국민문학'을 분석한 다음의 분석을 보면 북한의 그것과 전개방식이 너무도 흡사하다. "(이) 모럴들은 일종의 전칭명제('무엇에나' 혹은 '무슨 일에나')와도 같은 것"이며 "어떤 것에 대한 혹은 어떤 조건에서의 그것들인지, 하는 식의 맥락적 물음을 도무지 끼워 넣을 수 없는 절대적 정언명령이다. …… 이 결벽증 …… 은 질서와 규칙에 근거한 단순함 혹은 일사불란함에 대한 선망으로 귀착된다. …… 단순성에 대한 그와 같은 이상적인 긍정은 …… 일체의 '정신적 활동'에 대한 거부 또는 혐오로 이어지는 길 외에는 없다"(정명중, 「파시즘과 감성동원: 일제하 '국민문학(國民文學)'에 대한 고찰」, 371~372쪽).

18) 김홍중, 「멜랑콜리와 모더니티」, 『마음의 사회학』(서울: 문학동네, 2009), 226쪽.

19) 김완선, 『공산주의 도덕 6』(평양: 교육도서출판사, 2002), 7쪽.

북한의 공식담론에서 수도 없이 나타나는 이러한 '이분법'은 담론의 전 영역에 다양한 방식으로 침투한다. 생활총화를 하는 것도 "낡은 사상 잔재가 남아 있는" '불완전한 자'에서 "수령의 사상을 온몸으로 체화한" '완전한 자'로 이행하는 이분법·단선적 인간관에 기인하는 것이다. 물론 그 이행은 영원히 끝나지 않는 것이지만.

2) '감화'와 눈물: 감상성의 동원

북한의 문학, 영화 등 다양한 공식 선전물들을 보면 '신파적' 형식을 띤 경우가 많다. 〈꽃 파는 처녀〉와 〈피바다〉가 대표적인 경우로[20] 이들 재현물들은 민족 전체의 고통을 가족의 고통과 연결시키고 해방을 가져다준 수령을 형상화하는 가부장적 가족국가론과 연결되고 있다.

신파성을 통해서 구축되는 이데올로기는 일차적으로는 세계의 본질을 고통으로 설정하는 특유의 세계관을 통해서 지배체제가 수반하는 고통을 정당화하는, 그럼으로써 이에 순응하게 하는 방식으로 작동한다. 그러나 이는 또한 단순한 순응을 넘어서는 적극적인 동의와 참여를 이끌어내는 방식으로 작동하는 것이기도 하다.[21] 신파의 핵심이 '고통'인바 고통 극복을 위한 실천을 함의하게 되는데, 이는 본능적이고 비합리적이므로 더욱 강력한 것이 된다.[22] 북한의 문학, 연극, 영화, 1980년대 남한의 좌파 문화에서도 신파적인 것은 종종 중요한 재현의 특질로 기능했다. 사회주의적 재현에서 신파적인 것은 여전히 주요한 역할을 수행해왔다.[23] 그리고 이 신파적 재현은 가부장적 가족주

---

20) 이들 작품의 신파적 내러티브 양상에 관한 보다 전문적인 분석은, 서정남, 「북한 예술영화의 미학적 특징으로서의 신파성과 내러티브 체계에 관한 연구」, ≪영상문화≫, 제2권(2000), 89~93쪽 참조.

21) 이호걸, 「신파성이란 무엇인가?」, ≪영상예술연구≫, 제9호(2006), 195쪽.

22) 이호걸, 「사회주의와 눈물: 프로문예의 서사와 신파성」, ≪대동문화연구≫제64집(2008), 146쪽.

의 담론과 결합한다.

> …… 사회주의사회에서 모든 근로자들은 사회경제적 처지, 목적과 리해관계의 공통성으로 하여 동지적으로 결합되어 있으며 서로 긴밀히 협조하면서 당의 령도 밑에 다 같이 공산주의위업의 승리를 위하여 투쟁한다. 근로자들의 의식 속에 남아 있는 낡은 사상 잔재를 반대하는 투쟁은 어디까지나 공동의 목적과 리상을 실현하기 위하여 손잡고 나가는 근로자들 내부의 문제이며 그것은 모든 근로자들을 교양개조하여 공산주의사회까지 이끌고 나아가기 위하여 제기되는 과업이다.[24]

신파성의 영역이 보여주는 가족주의적 내러티브는 사회주의에서 개인과 집단, 국가, 정치와 사회 등등의 경계를 허물고, 결국은 정치를 무력화하는 결과를 낳는다.[25] 북한은 당과 수령을 사회주의 '대가정'을 외부로부터 방어해주는 존재로, 결국은 그 모든 짐을 홀로 짊어지는 가장으로 재현한다. 북한의 공식문헌과 각종의 문학작품을 살펴보면 인물의 내면과 성격이 급격하고도 전면적으로 변화되는 것을 쉽게 찾아볼 수 있는데, 이러한 서사 방식에 필수적으로 등장하는 것이 바로 '긍정인물'과의 갈등과 대화를 통한 '감화', 그 후 자기 자신과의 대면, 연이은 깨우침의 형태를 띠고 종종 '눈물'을 흘리는 모습을 형상한다. 눈물이 정치담론과 접속하는 것은 그것이 담고 있는 가족적 감상성에 공동체적 감상성을 덧씌우는 것인데, 이는 세계를 무한경쟁과 생존 투쟁의 장으로 보는 진화론적 세계관과 연결된다. 생존 투쟁의 공간에서 가족으로 은유된 공동체는 원초적인 의지와 힘에 매혹되는 경향을 보인다.[26] 북한

---

23) 이호걸, 「사회주의와 눈물: 프로문예의 서사와 신파성」, 144쪽.
24) "비판의 방법으로 사상투쟁을 벌리며 사상투쟁을 통하여 교양개조하는 것은 사람들을 혁명화하는 데서 우리 당이 견지하고 있는 일관한 방침", ≪로동신문≫, 1973년 1월 26일자.
25) 이호걸, 「사회주의와 눈물: 프로문예의 서사와 신파성」, 145~146쪽.
26) 이호걸, 「파시즘과 눈물: 1960~70년대 한국영화에서의 신파적 눈물과 정치」, ≪영화연구≫,

의 지배담론에 나타나는 이 요란스러운 수사법은 신파의 주요한 특징이 눈물로 상징되는 '과잉'이기 때문이다.27)

3) 절대적 순수성의 욕망: '무구성'의 활용

순수성의 열망은 "보수주의의 낡은 잔재"로 때가 묻은 관료 혹은 각종의 '분자'들에 대비된 '젊은' 3대혁명소조원들, "수령을 옹위"하며 목숨을 바친 "순결한" '어린' 유격대와 인민군들로 재현물 곳곳에 나타난다. 순수한 어린이의 무구성을 이용하는 방법은 그것과는 정반대에 놓여 있는 국가의 지배 이데올로기를 미화하고 극적인 것으로 만드는 데 효과적이다. 어린이의 무구성과 비슷하게 '청년'과 '열정'을 연결시키는 것도 비슷한 맥락이다.28) 북한주민에게 요청되는 "순박성, 정직성, 겸손성"과 같은 "때 묻지 않은" 성품과 이를 표현하는 생활총화는 이러한 어린이의 성품으로 돌아감을 의미한다.

생활총화는 북한에서 '사상단련의 용광로'라 불린다. 왜냐하면 불순물 투성이의 철광석이 용광로의 불길 속에서 **순수한** 쇳물만 뽑혀 나오듯이 사람도 생활총화의 화끈한 비판을 통해 수령님에 대한 충성심이 가득한 **새사람**으로 변화된다고 믿는다.29)(강조는 필자)

······ 항일유격대원들은 언제나 자기비판을 **진심으로** 했으며 그 진심을 실천

제45호(2010), 353~355쪽.

27) 이호걸, 「신파성이란 무엇인가?」, 191~192쪽.

28) 이경재, 「6·25 전쟁의 기억과 사회주의적 개발의 서사: 한설야의 《성장》論」, 《현대소설연구》, 제41호(2009)

29) 김현식, 『나는 21세기 이념의 유목민(예일대학교에서 보내온 평양 교수의 편지)』(서울: 김영사, 2007), 112쪽.

활동을 통하여 자신이 검열하고 또 대중들로부터 검열 받았다.[30](강조는 필자)

> 도덕이라고 하면…… 사람들이 집단과 사회, 다른 사람에 대하여 자기 **량심에 비추어** 어떻게 행동하는 것이 옳고 어떻게 행동하는 것은 옳지 않은 것인가 하는 것을 가늠하는 행동규범이다. …… 도덕은 사상과 밀접히 련관되어 있다. …… 이와 함께 겸손하고 소탈하며 **검박**한 품성을 소유하는 것, …… 생활을 문화적으로 **알뜰**하게 꾸려나가는 것, **례절** 바르게 행동하며 **몸차림을 단정히** 하고 …… 모든 사람들이 건전한 생활기풍과 **고상한** 품성을 지니고 **생기발랄**하고 혁명적으로 일하고 생활하도록 …….[31](강조는 필자)

"분노", "진심", "혁명적 낭만"과 "양심" 등 셀 수도 없이 창궐하는 지배담론의 "고매"하고, "순수"하며 "열정"적인 수사는 권력의 허약함과 비루함을 감추려는 욕망에 비례해 그 끝을 알 수 없이 확대 재생산된다.

3. 인민의 표정: 반복, 의미 없음 그리고 권태

이제 이처럼 요란하기 그지없는 세계와 마주친 주민들의 모습을 볼 차례다.

정치와 삶의 전 영역에서 '주체'를 확립하고, 경제와 국방을 동시에 발전시킨다는 '불가능한' 목표가 수립된 1960년대를 거치면서 북한의 주민들은 좀처럼 끝날 것 같지 않는 동원과 내핍의 삶에 점차 피로를 누적해가기 시작했다. 게다가 극심한 식량난과 경제 전반의 작동 불능 상태는 국가에 의해 가공되고 주입된 '미 제국주의'라는 적의 감정적 투사를 무력하게 만들었다. '생존 투쟁'

---

30) "항일유격대내에서의 비판과 자기비판(하)", ≪로동신문≫, 1968년 6월 11일 자.

31) 조함숙, 「공산주의 도덕이란」, ≪청년생활≫, 제3호(루계348호), 53쪽.

의 전장이 지배담론이 구성한 전장을 압도해간다. 당장의 '삶의 전장'은 너무
도 현실감 있는 반면, 내외부의 적의 존재라는 동원된 정치적 감각은 그동안
너무도 오래, 별 갱신 없이 사용되어 건조해져갔다.

> 이데올로기적 스펙터클의 단조로움은 이제 삶의 수동성을, 생존을 지칭한다.
> …… 환상의 사라진 매력은 매일 환상을 더욱 가증스러운 것으로 만든다.[32]

곳곳에서 개인적 긴장관계나 노동자집단 간의 지위와 알력 다툼이 아주 일
상적으로 존재했다. 이는 일종의 불안과 무력감에서 비롯되었다. 공장 내에서
개별화된 경쟁과 사회관계를 유도하는 여러 가지 교묘한 감시 장치와 성과급
과 같은 인센티브 제도, 그리고 당적 평가와 같은 일상적인 정치적 압박 등은
새로운 희망이기보다는 불안과 무력감을 의미했다.[33] 일상화된 삶의 불안은
무력감과 공존한다.[34]
　　이러한 단조로움에 대해 김정일은 곳곳에서 생활총화를 '높은 정치적 수준'
에서 진행할 것을 강조하는 것으로 응답했다. 연극의 세계가 견고한 진짜 세
계와 정말로 연결되어 있다면, 성실성을 강조할 필요가 없는 것이다. 견고한
세계와 연결되어 있지 않기 때문에, 공연에 성실하게 몰두하지 않을 경우 그
공연은 곧 와해되어 버리므로 공연의 성실성을 그토록 강요하고 있는 것이
다.[35] "진지"하고, "성실"하게, "솔직히" 자신의 생활상의 '과오'를 "고백"하고

---

32) 라울 바네겜, 『일상생활의 혁명』, 주형일 옮김(서울: 시울, 2006), 28쪽.

33) 홍민, 「북한의 사회주의 도덕경제와 마을체제」(동국대학교 박사학위논문, 2006), 178~179쪽.

34) 한편 불안과 무력감이라는 감정적 분위기는 북한사회의 변화가능성에 대한 논의에서도 중요
　　한 함의를 갖는다. 폭력과 불안, 무력감이 '행위(성)'에 대립하여 갖는 의미에 대해서는, 볼프
　　강 조프스키, 『폭력사회: 폭력은 인간과 사회를 어떻게 움직이는가?』, 이한우 옮김(파주: 푸른
　　숲, 2010), 99~116쪽 참조.

35) 김광기, 「고프만, 가핑켈, 그리고 근대성: 그들의 1950년대 초기 저작에 나타난 근대성을 중심
　　으로」, ≪한국사회학≫, 제34집(2000), 119~120쪽.

비판해야 할 생활총화 공간에서 실제 어떤 이야기들이 오갔는지 몇 개의 사례를 살펴보자.

나는 어제 선서시간에 지각을 했습니다. 출근하려는 데 자물쇠를 찾지 못해 늦었습니다. 앞으로는 이런 일이 없도록 일정한 장소에 잘 비치하겠습니다.[36]

또 다른 탈북자는 다음과 같이 말한다.

지속되는 자기비판과 상호비판은 지도부의 의도와 무관하게 형해화되었다. 일종의 통과의례, 땜빵하는 시간으로 전락하게 된 것이다. 비판하는 내용 중에는 별 내용이 다 있다. …… '아무개 동무는 아파서 진단서를 떼어서 공장에 못나갔는데도 집에서 돼지에게 물을 주었다는데' 하는 비판도 있고, '아무개 동무는 아프다면서 어디 가서 무슨 일 했다'는 비판도 있다.[37]

결함이 없는 사람이란 없지만 매일 똑같은 결함을 얘기한다. 1년에 1번도 아니고 주마다 1번이니까, 어제 한 것 같은데 또 생활총화가 돌아오는 것 같았다. 할 말도 없으니까 우리끼리 '또 거짓말이나 하자'고 말한다.[38]

교수 출신의 탈북자가 자서전에 남긴 술회를 보자.

나는 매주 벌어지는 생활총화 회의가 큰 곤혹이었다. **도대체 매주 무얼 갖고** 자기를 비판하라는 건가. 나는 호상비판에도 적극적으로 참여하지 않아 '무풍지

---

36) 성혜랑, 『등나무집』(서울: 지식나라, 2000), 340쪽.
37) 좋은벗들, 『북한사람이 말하는 북한이야기』(서울: 정토출판, 2000), 314쪽.
38) 좋은벗들, 『북한사람이 말하는 북한이야기』, 297쪽.

대를 만드는 무맥(無脈)한[39] 당원'이니 '호인적 당원'이니 하는 비판을 받고 있어
더욱 걱정이 많았다. …… **한나절을 고민한 끝에** 나는 '당증을 잊고 가져오지 않
은 잘못'을 자기비판하고 '점심시간이 지나도록 낮잠을 자는 교수'를 호상비판하
기로 정하고 당 생활수첩에 그 내용을 적었다. 크게 문제 될 게 없는 것을 잘 고
른 거 같아 마음이 놓였다. 나는 생활총화 회의가 시작되기 전에 당 세포비서한
테 가서 총화내용을 검열 받았다. 그리고 〈당의 유일사상체계 확립의 10대 원
칙〉에 맞춰 비판할 때 인용할 김정일의 교시도 뽑아 놓았다.[40] (강조는 필자)

'자아비판'의 어디에서도 김정일이 요구하는 "높은 정치사상적 수준"의 그
것을 발견할 수 없다. '엄숙한' 분위기 속에서 '누구나 저지를 수 있는', 그저
'시간 때우기 식'의 '적당한' 비판거리를 채택해 — 교시와 당성이라는 공동의 표
상을 중심으로 — '엄숙하게' 진술할 뿐이다.
　매우 포괄적이고 모호한 수령의 교시를 인용한 후 정작 반성하는 내용은 매
우 일상적이고 사소하여 굳이 수령의 교시를 인용할 필요가 없는 비판의 내용
이 총화공간을 지배해갔다.

　위대한 지도자 김정일 동지께서는 혁명과업수행에 투신하고 로동에 성실히
참가하며 혁명적 실천과정을 통하여 혁명화를 다그쳐야 한다고 말씀하셨습니다.
이번 저의 가장 본질적인 결함은 노동에 성실히 참가하지 못한 것입니다. 표현으
로는 남들이 다 일할 때 화장실에 가서 30분씩 있다가 온 것입니다. 조금 힘들다
고 보이지 않는 곳에서 쉬다가 왔습니다.[41]

---

39)　'줏대가 없고 나약하다'는 뜻의 북한말이다.
40)　김현식, 『나는 21세기 이념의 유목민』, 112쪽.
41)　황규진, 「북한의 생활총화 연구」(북한대학원대학교 석사학위논문, 2007), 40쪽.

'자아'가 실존(existence)하는 존재자로서의 '자기'에 매여 도망칠 수 없을 때, 도저히 벗어날 수 없는 그 짐과도 같은 상태에 놓여 있을 때 무력한 반발로서 무기력과 피로, 권태가 드러난다.[42] 잭 바바렛(Jack Barbalet)에 따르면 지루함(boredom)이란 의미 없음(meaninglessness)에 대한 감정적 방어이자 안전장치이다.[43] 생활총화는 그런 무력한 반발이 반복되는 연극적인 공간이었다. 자신이 사회주의 형의 도덕적 인간임을, 혹은 그렇게 되기 위해 '투쟁'하고 있음을 보여주기 위해 주민들은 자신의 일상적 삶 중에서 '적당한' 것을 끄집어내어 그에 걸맞은 수령의 교시를 '인용'한다. 구체적인 자신의 일상을 반성함에 있어 그들은 수령의 품안으로 숨는다.[44] 비판을 "높은 정치적 수준"에서 진행하고 있다는 평가를 받기 위해 주민들은 '적당한' 교시의 문장을 찾는 데 더 골몰한다. '자아'비판이라고 하지만, 사실 '자아'비판이라는 연극을 하면 할수록 주민들은 '자아'에서 끊임없이 현실의 실존하는 '자기'를 마주한다. 연극을 할 때마다 마주하는 '자기'는 연극적 방식으로 도덕담론을 소비했다.

오늘은 참 잘하셨습니다. 다음에도 자기비판할 게 없으면 일부러 지각이라도 해서 비판거리를 만드십시오. 그리고 호상비판은 남들이 자기비판한 것을 기억해 두었다가 써먹으십시오.[45]

---

42) 김태순, 「레비나스의 윤리사상 연구: 자리 없는(ou-topos) 주체를 중심으로」(이화여자대학교 석사학위논문, 2003), 35~39쪽.

43) J. M. Barbalet, "Boredom and social meaning", *The British Journal of Sociology*, Vol.50, Issue.4 (1999), p.633.

44) 개인적 특성이나 자질의 발휘는 획일적 평등주의에 위배되는 것이기 때문에 평범한 집단구성원들은 자신들의 개인적 선망을 위대한 지도자에게 투사하고 그로부터 돌아오는 메시지에 순응함으로써 자신들의 의존성과 나르시시즘을 유지한다[이병욱, 「해석과 자아비판」, ≪정신분석≫,제14권, 제2호(2003), 170쪽].

45) 김현식, 『나는 21세기 이념의 유목민』, 112쪽.

주민은 물론 총화 주관자마저도 그 공연의 무대에 올라온 배우와 같다. 그들은 각자의 역할에 맞는 행위만을 하면 된다. 반성이 '실제로' 수행되고 있는지 않은지는 별로 중요하지 않다. 비판을 받은 이가 실제로 그러한 잘못을 했는지, 자아비판을 하는 자가 '진심으로' 비판을 하고 있는지, 이러한 것들은 중요하지 않다. 역할만이 중요하며, 그 '역할대로' 행위하기만 하면 되는 것이다. 주관자는 그러한 역할대로 수행되기만 했다면 이를 정리해 상부에 보고한다. 그도 그러한 역할만을 수행하는 것이다.

4. 맺음말: 그들의 곤혹스러움에 다가가기

필자는 북한의 생활총화를 보면서 10대 학창시절의 아침조회 시간이 떠올랐다. 지루하기 짝이 없는 교장선생님의 '훈시'를 들으며 아무 의미 없이 그저 서 있었던 그 시간들. 훈육, 권력의 테크닉 이전에 그 참을 수 없는 지루함이 먼저 생각났고 북한의 생활총화 또한 그렇게 다가왔다. '권태'라는 감정 개념을 통해서 북한주민일상의 한 꼭지를 설명한 이유는 북한이라는 타자를 이해함에 있어 우선 공감의 영역을 넓혀가고픈 이런 개인적 감정의 발로였다.

북한의 공식 선전매체와 구호에서 들려오는 요란스럽고 과장된 수식어와 그들을 겨냥한 저널리즘의 시선은 북한이라는 사회를 핵무기, 미사일, 군대의 퍼레이드, 김일성 동상, 앵무새 같은 말투들, 열 지어 행진하는 아이들, 꽃제비 등등으로 표현되는 몇 개의 상징적 키워드를 통해 인식하도록 유도한다. 한 사회를 몇 가지의 이미지로 박제화해 인식하도록 하는 것은 그 자체로 정치적이며 폭력적인 이해 — 이것을 이해라 할 수 있다면 — 방식이다.

이처럼 낯선 어떤 세상에 대해 우리가 안다고 하는 방식은 대부분 이미지적인 방식이다. 북한에 대해 인식할 때만 이런 것은 아니다. 특히 아프리카나 동남아시아 등의 지역에 대해 우리가 알아가는 방식은 보통 기아, 종족 갈등, 분쟁, 자연재해, 가난, 혹은 종교적 이미지 등을 매개로 한다. 수전 손태그(Susan Sontag)는 『타인의 고통』[46]이라는 저서를 통해 그간 세계사에 등장했던 전쟁의 참화를 담아낸 '충격적인' 사진들을 언급하며, 이들 충격적인 사진(분쟁의 이미지)을 멀리 떨어져 편안히 관찰하는 것으로 타인의 고통을 이해하는 방식이 과연 어떤 의미인가를 비판적으로 고찰했다. 전쟁의 참화를 담아내는 '충격적' 사진들을 보며 저자는 우리가 "충격을 통해 전쟁을 이해한다"고 꼬집었다. 그리고 '충격적 이미지'와 '판에 박힌 이미지'는 동일한 대상의 양면이라는 통찰을 보여주었는데, 이는 우리가 북한이라는 타자를 이해하는 방식이 전쟁을 이해하는 이들 방식과 본질적으로 같다는 점을 폭로한다. 뭔가 특이하고 '센' 이미지들은 곧이어 북한의 본질을 담고 있는 '실체'로 전화된다.

이러한 방식이 문제가 되는 것은 또한 그 익명성에 있다. 북한에 사는 사람이면 으레 이런 이미지, 그곳에서 무엇을 했건, 하루하루 어떻게 살아왔건, 그들은 저토록 특이하고 센 이미지들로 덧씌워져 우리에게 '소비'된다. 북한 하면 먼저 생각나는 이들 '이미지', 그 너머에 존재하는 사람들의 하루하루를 조금만 세심히 들여다보면 판에 박힌 채 전체화된 이미지 너머의 균열과 차이, 숨결을 느낄 수 있다. 먹고살기 위해 시장에서 흥정하고 계산기를 두드리는 그들, 담배와 소주를 쥐어주며 잘 봐달라는 그들, 과외라도 시켜서 출세시키고 싶은 학부모들의 교육열, 이 모습들은 예전, 아니 아직도 주변에 흔한 우리의 모습과 별다를 것이 없다. 황석영 말마따나 그곳에도 사람이 살고 있었다. 이미지의 과잉 속에, 저널리즘이 쏟아내는 그 선택적 겨냥에 홀려 우리는 이 사실을 잊고 산다. 북한을 '일상'의 관점에서 들여다보는 것의 미덕은 바로 그 이미지를 폭력적으로 '소비'하는 것이 아닌, 그들의 숨결을, 감성을, 곤혹스러움을 느껴보고 '이해'하게 하는 점일 것이다. 그것이 이해의 시작이 아닐까?

---

46) 수전 손태그, 『타인의 고통』, 이재원 옮김(서울: 이매진, 2004).

〈참고문헌〉

가라타니 고진(柄谷行人). 2001. 『윤리21』, 송태욱 옮김. 서울: 사회평론.

김경숙. 1990. 『공산주의생활륜리』. 평양: 사회과학출판사.

김광기. 2000. 「고프만, 가핑켈, 그리고 근대성: 그들의 1950년대 초기 저작에 나타난 근대성을 중심으로」. ≪한국사회학≫, 제34집.

김완선. 2002. 『공산주의 도덕 6』. 평양: 교육도서출판사.

김태순. 2003. 「레비나스의 윤리사상 연구: 자리 없는(ou-topos) 주체를 중심으로」. 이화여자대학교 석사학위논문.

김현식. 2007. 『나는 21세기 이념의 유목민: 예일대학교에서 보내온 평양 교수의 편지』. 서울: 김영사.

김홍중. 2009. 「멜랑콜리와 모더니티」. 『마음의 사회학』. 서울: 문학동네.

바네겜, 라울(R. Vaneigem). 2006. 『일상생활의 혁명』. 주형일 옮김. 서울: 시울.

바바렛, 잭(Jack Barbalet). 『감정과 사회학』. 박형신 옮김. 서울: 이학사.

서정남. 2000. 「북한 예술영화의 미학적 특징으로서의 신파성과 내러티브 체계에 관한 연구」. ≪영상문화≫, 제2권.

손태그, 수전[손택, 수전(Susan Sontag)]. 『타인의 고통』. 이재원 옮김. 서울: 이매진.

암스트롱, 찰스(Armstrong. C. K.). 2006. 『북조선 탄생』. 김연철·이정우 옮김. 파주: 서해문집.

이경재. 2009. 「6·25 전쟁의 기억과 사회주의적 개발의 서사: 한설야의 〈성장〉論」. ≪현대소설연구≫, 제41권.

이병욱. 2003. 「해석과 자아비판」. ≪정신분석≫, 제14권, 제2호.

이영남. 2007. 「푸코에게 역사의 문법을 배우다」. 서울: 푸른역사.

이우영·황규진. 2008. 「북한의 생활총화 형성과정 연구」. ≪북한연구학회보≫, 제12권, 제1호.

이호걸. 2006. 「신파성이란 무엇인가?」. ≪영상예술연구≫, 제9호.

_____. 2008. 「사회주의와 눈물: 프로문예의 서사와 신파성」. ≪대동문화연구≫, 제64집.

_____. 2010. 「파시즘과 눈물: 1960~70년대 한국영화에서의 신파적 눈물과 정치」. ≪영화연구≫, 제45호.

정명중. 2009. 「파시즘과 감성동원: 일제하 '국민문학(國民文學)'에 대한 고찰」. ≪호남문화연구≫, 제45집.

조정아 외. 2010. 『북한주민의 의식과 정체성: 자아의 독립, 국가의 그늘, 욕망의 부상』. 서울: 통일연구원.

조프스키, 볼프강(Wolfgang Sofsky). 2010. 『폭력사회: 폭력은 인간과 사회를 어떻게 움직이는가?』. 파주: 푸른숲.

조함숙. 「공산주의 도덕이란」. ≪청년생활≫, 제3호(루계348호).

좋은벗들. 2000. 『북한사람이 말하는 북한이야기』. 서울: 정토출판.

주정순. 1947. 「녀성의 생활개혁」. ≪조선녀성≫, 1947년 4월호.

홍민. 2006. 「북한의 사회주의 도덕경제와 마을체제」. 동국대학교 박사학위논문.

황규진. 2007. 「북한의 생활총화 연구」. 북한대학원대학교 석사학위논문.

「사회주의적 문화생활양식에 맞는 옷차림」. ≪청년생활≫, 제6호(루계349호).

Barbalet. J. M. 1999. "Boredom and social meaning." *The British Journal of Sociology*. Vol. 50, Issue. 4.

Dean, M. 1999. *Governmentality: Power and Rule in Modern Society*. London: SAGE Publication.

일상생활을 통해 본 북한사회:
경험과 실제

일상생활을 통해 본 북한사회: 경험과 실제

□ 좌담 일시: 2011년 6월 22일 오후 2시

□ 좌담 장소: 동국대학교 충무로영상센터 회의실

□ 사회: 홍민

□ 참석자: 박순성, 박영자, 전영선, 정영철

□ 녹취 정리: 홍민, 한재헌

홍민: 참석해주셔서 감사합니다. 우선 좌담회의 취지를 말씀드리겠습니다. 저희 연구 팀은 북한 일상연구를 시작하면서 개별 연구 결과물을 단순 취합하기보다는 우선 일상과 관련하여 이론적 모색이 필요하다고 보았습니다. 그래서 연구 초기에 일상생활에 관한 인식론적·방법론적 고민을 많이 했습니다. 당시 북한연구자들 중에는 일상생활에 관심을 기울이는 분이 많지 않아서 다른 전공 분야에서 일상연구를 해오신 연구자들을 모셨습니다. 2007년 9월부터 동국대학교에서 처음으로 북한 일상생활 연구를 시작하여 2년간은 역사학, 사회학, 정치학, 교육학 분야의 다양한 분들을 모셔서 일상연구에 대한 경험을 많이 듣고 소화하는 과정이었다고 할 수 있습니다. 이번에는 기존 북한연구에서 사회문화 또는 일상생활 부문에 관심이 많고 연구 결과를 내신 분들을 모셔서 듣자는 취지입니다.

　오늘 좌담은 그간 연구하셨던 내용들에 대해서 자유롭게 이야기를 나누는

374

자리였으면 합니다. 특히 일상생활연구에 여러 가지 '애증'이 있으실 것 같습니다. 애정을 가지면서 또 한편으로 연구과정에서 어려움과 한계를 많이 느끼셨을 텐데, 그런 부분들까지 허심탄회하게 이야기했으면 합니다. 우선 일상생활 또는 일상사적인 접근에 입각해서 연구를 하셨던 경험들을 듣고 싶고, 또 지금 그런 관심의 연속선상에서 계획 또는 연구 중인 것이 있으면 말씀해주십시오.

박영자: 제가 박사학위 논문을 「북한의 근대화과정과 여성의 역할」이라는 제목으로 썼는데요, 주로 사람의 문제를 다루는 거잖아요? 당시 젠더라는 층위로 북한사람들의 삶이 어떠했는지 그림을 그려보고 싶다는 생각을 했습니다. 그래서 방법론의 한 축으로 양성을 동시에 바라보면서 일상에 대한 접근을 시도했습니다. 당시에 전면적으로 일상연구에 들어갔던 것은 아니고, 한 축에서 권력과 인간주체가 어떻게 상호작용을 하는가, 상호작용이 이루어지는 공간이 어디인가라는 질문을 했습니다. 그 주요한 공간으로서 공장과 가정을 봤었기 때문에, 두 공간에서 벌어지는 일정한 패턴들을 무엇이라고 정의할 것인가, 그래서 이 주기적인 것과 이 주기성이 개개인의 의식이나 행위나 관계의 태도를 결정하는 측면에서 중요하게 봐야 할 게 무엇인가라는 질문을 던졌죠. 일상이란 개념을 그때 사용했습니다.

　본격적으로 일상을 주제로 한 연구는, 통일연구원에서 2008년에 노동계층을 중심으로 탈북자 43명에 대한 면접조사와 설문조사, 계층별 및 직업별 조사를 했던 거였어요. 그 성과물을 『북한주민의 일상생활』이란 책으로 출간했고요. 그 당시 시장에 대한 연구가 많았는데, 시장이 아닌 직업의 개념을 봤을 때 이들이 과연 일상적으로 어떻게 살아가고 있는지 보고자 했습니다. 가장 주목했던 게 노동일상이 무너진 것이었고, 일상적인 직업세계가 무너지고 나서 비공식적인 행위로 생존하고 있는 사람들의 양태, 그리고 이 비공식적인 것이 비법과 불법을 넘나드는 양태, 이런 것들이 어떠한 패턴으로 나타나는지를 범주화하고 싶었습니다.

　이론적 역사로 보면, 사회학에서 이야기하는 현상학과 구조학이 맞물리는 게, 일상사 연구에서 1980년대부터 전개된 이론적 패러다임이더라고요. 이 이론적 패러다임을 쭉 정리해봤습니다. 이론적 패러다임과 북한의 상황을 어떻게 연결시킬 것인지 고민하고 구조화해봤죠. 그것이 2009년도 ≪한국정치학회보≫ 실린 「2003년 종합시장제 이후 북한의 주변노동과 노동시장」입니다. 직업과 노동시장에 초점을 맞춰서 서술한 것인데요. 그 연구가 제 나름대로 분석적으로 일상에 접근해본 경험이라고 생각해요. 그 이후부터 사람과 사람을 연계하는 구조-행위자의 상호작용이나 관계 등에 관심을 두고 연구를 해왔습니다. 제 원래 관심은 구조나 시스템에 있었는데 학위논문이 사람의 문제를 다루다보니까, 이후에 논문 주제와 연관된 요청이나 사업, 예컨대 탈북자나 의식세계 등의 주제로 연구를 진행하게 되는 경향이 생기더라고요. 제 생각에는 의도하건 의도하지 않건 후학들에게 얘기하고 싶은 것은 학위논문과 이후 연구와의 의도된 상관성들도 있지만 의도하지 않은, 밀려가는 상관성도 있다는 말을 해주고 싶습니다. 저의 의도와 비의도를 넘어서서, 저에게 요청되는 연구 주제 등이 북한주민의 삶이나 탈북자들의 삶의 양태, 의식의 양태 등을 다루다보니까 일상이 중요한 키워드가 되었던 것 같습니다. 요즘에는 통일연구원에서 북한주민의 삶의 질이라는 주제로 생활 실태, 특히 화폐개혁 이후 생활실태의 변화와 북한주민의 의식의 변화로 그 층위를 나눠서 살펴보고 있습니다.

정영철: 저는 일상생활이나 일상사에 대한 연구자는 아닙니다. 저의 관심사는 주로 정치구조, 경제구조와 같은 거시적인 부분입니다. 제 전공이 사회학인데요, 사회학에서 구조와 행위, 거시와 미시의 관계 문제를 중요하게 여깁니다. 인간의 행위를 설명하는 데 이 양자를 어떻게 설명할 것인가가 가장 큰 문제이죠. 어차피 인간은 태어날 때 구조 속에 던져진 존재이면서 동시에 그 구조에

종속되지만은 않은 존재이기 때문에 행위자의 자율성이라는 측면이 있습니다. 일상생활에 대한 관심도 여기에서 비롯된 것이고요. 일상생활연구라는 것이 행위자의 자율성에 대한 연구라는 것과 연관을 맺고 있으니까요. 이 때문에 일상생활에 대한 관심이나 재미가 생겨나고, 일상연구가 저에게 흥미를 던져주는 것은 사실인 것 같습니다.

반면에 일상생활이라는 단어가 내포한 어휘적 의미와 실제 일상연구에서 제출된 결과물이나 이론을 보면, '일상'이라는 것의 일반적이고 상식적인 의미와는 상당한 괴리가 있는 것 같습니다. 일상연구 자체가 굉장히 이론화된 개념들로 서술되고 있기 때문에 사실 접근하기가 쉽지는 않다고 봅니다. 르페브르라든지 여러 이론가의 연구 결과를 접해보면, 우리 사회에서 쉽게 이해되지 않는 개념이나 상황 설정이 많습니다. 물론 서유럽 사회의 특수성이 반영된 것이겠지만요. 이런 연구의 이론적 추상화 수준은 높은 데 비해 우리가 생각하는 '일상연구'라는 것은 굉장히 세속적인 삶에 관한 연구로 생각한다는 것이죠. 이런 측면에서 일상연구의 이론과 현실의 간격을 메워가거나 좀 더 대중적인, 요즘 사회학에서 'Public Sociology'라고 해서 대중과 함께하는 사회학(대중을 위한 사회학)이라고 하는 것이 중요한 테마인데, 일상연구가 좀 더 활성화되고 확산되기 위해서는 우리에게 맞는 ― 북한 일상이라고 한다면 그에 맞는 ― 개념들을 개발해야 할 필요가 있다고 생각합니다.

경험을 더듬어보면, 북한연구를 할 때 일상이냐 아니냐 하는 것보다는 북한에 대한 입체적 이해를 어떻게 할 것인가가 중요하다고 생각합니다. 그러기 위해서는 북한사람들이 살아가는 모습을 계속 관찰하는 것이 매우 중요합니다. 어차피 북한에서 함께 생활하지는 못하기 때문에 이는 북한연구자들에게는 계속 고민으로 남는 것 같습니다. 단순히 많은 문헌을 읽는다고 해서 되는 것도 아니고요. 그래서 개인적으로 가급적 북한에 관한 소설이나 영화를 많이 보려고 합니다. 그것이 지금처럼 탈북자 인터뷰가 활성화되기 전에는 거의 유일한 방법이었어요. 북한의 공식문헌에서는 아주 추상적으로 표현되는 것이 소설이나 평론, 교양잡지 등에서는 풀어서 이야기되고 있다는 것을 조금이나마 알게 되었습니다. 저는 이런 방식으로 북한의 일상생활 모습을 어느 정도 입체적으로 이해할 수 있는 경험을 쌓았다고 생각합니다. 제가 굳이 일상연구를 하지 않더라도 북한사회를 연구하는 데 큰 도움이 되었고요.

현재의 관심은 한 사회를 이해하는 데 정치와 경제가 중요하지만, 또 한편으로는 장기 지속적인 성격의 문화, 즉 사람들의 정신세계에 관한 것입니다. 연장선상에서 북한문화연구를 시작해보려고 합니다. 또 하나는 최근에 '정의는 무엇인가, 도덕은 무엇인가'라는 질문이 유행인 것 같은데요, 북한의 윤리나 도덕에 대한 문헌을 읽으면서 연구를 준비하고 있습니다. 특히 2000년대 이후 북한이 도덕이나 윤리를 상대적으로 많이 강조하고 있는데, 현재 북한주민이 처한 현실과의 관계에서 북한 당국이 고민하는 것, 북한사람들의 일상과 생활에서 그러한 것들이 어떻게 스며들고 흡수되며, 때론 저항하는지 등을 살펴보려고 합니다.

전영선: 저는 인문학을 전공했기 때문에 인간에 대한 관심은 늘 학문적 화두였죠. 인문학은 인간문제에 주목하지만 사회학이나 정치학과 같은 사회과학과는 차이가 있어요. 대체로 인문학이 주목하는 것은 구조화된 인간보다는 구조를 깨뜨리고 저항하고 발버둥치는 인간들이죠. 사회과학이 보통 인간사회를 살아가는 70~80% 사람이 동의하는 구조를 탐색한다면, 인문학은 그런 구조화된 사회체제에서 벗어나 새로운 변화를 추구하는 사람들에 주목합니다. 사회과학에서는 사회가 작동되는 법칙, 보이지 않지만 사회의 이면에 작동하는 구조에 관심을 둔다면, 인문학은 그런 구조에 대한 저항과 변화의 동력인 갈등과 욕망에 주목합니다. 갈등과 욕망은 인간문제를 풀어가는 중요한 축입니다. 어떤 문제로 고민하고 충돌하는지, 욕망을 어떻게 표현하는지 등이 중요합니다. 인문학은 갈등과 욕망에 대한 문제를 화두로 삼았다고 해도 지나친 말이 아닙니다.

북한은 개인적 욕망을 사회적 발전으로 환원시키기 위해 끊임없이 교양시키려고 해요. 하지만 그런 틈바구니 속에서도 개인의 욕망이 뚫고 나오는 것을 포착할 수 있어요. 대체로 보면 이런 욕망은 국가가 기획하고 국가가 이끌어나가는 국가주의에 포착되지 않는 부분들입니다. 그러한 욕망을 어떻게 잡아내고 의미를 부여할 것인가가 주요 연구 주제이죠. 이런 맥락에서 최근에 주목하는 것은 국가주의 기획에 포착되지 않는 개인 일상의 모습들, 그 영역이 어떻게 형성되는지, 개인적인 욕망이 표출될 수 있는 범위는 어느 정도인지에 대해 탐색하고 있어요. 또한 탈북자문제를 고민하면서 '탈북 트라우마'라는 말을 계속 가슴에 담고 있는데, 논리화시키지는 못했어요. 기존의 트라우마라는 용어를 사회적으로 많이 쓰고 있는데, 예컨대 '전쟁 트라우마' 같은 용어는 학술적으로 자리매김했지요. 최근에는 '분단 트라우마'라는 용어가 등장했어요. 분단 트라우마는 분단이라는 구조 자체가 트라우마가 된다는 것이죠. 국가 폭력이나 타자에 대한 시선, 폭력에 대한 무기력한 저항 등의 트라우마를 일상적으로 정당성을 부여하는 원인적 트라우마라는 의미로 사용하고 있어요. 저는 이런 분단 트라우마의 하위 유형으로 탈북 트라우마라는 용어를 고민하고 있어요. 북한이탈주민들이 고향을 떠나 한국사회에 정착해서 살아가기까지 너무나 많은 상처를 안고 있다는 것이죠. 북한에서 어떻게 살았든 자기가 살던 곳에서 떠나야 한다는 심리적 불안, 국경을 넘어 공안에게 쫓기면서 생긴 공포, 남한으로 갈 수 있을까에 대한 불안, 남한에 와서는 북쪽에 남겨진 가족이 피해를 입지 않을까 하는 걱정, 정착과정에서 받은 상처와 성공에 대한 초조감 등의 상처를 안고 있어요. 북한이탈주민 정책에서는 치유가 선행되어야 한다고 봅니다. 더불어 적응이라는 상호작용이 있어야 하는데, 현재 한국은 탈북자들의 일방적인 적응만 문제 삼고 있어요. 이제는 문화적 다양성과 특수성이 공존하는 사회적 해결, 탈북 트라우마의 해소라는 차원에 초점을 맞추어야 한다고 생각해요. 트라우마 중에서 가장 심각한 것은 들어주지 않는 것이에요. 한쪽은 절실하게 이야기하려고 하는데, 아무도 들어주지 않으면 좌절하고 말죠.

2011년에 나온 탈북자 관련 이야기들은 한국사회에 대한 북한이탈주민에 대한 관심을 환기하는 것들입니다. 〈겨울나비〉나 〈무산일기〉, 〈두만강〉, 〈굿바이 평양〉과 영화들은 한결같이 이야기를 들어달라는 호소이죠. 그들의 불안과 상처를 어떻게 치유할 것인가를 고민할 때라고 봅니다.

영화 이야기가 나왔으니 말씀드리는데, 제가 관심을 두고 있는 부분 중 하나가 북한영화를 통해 북한사회를 재구성하는 것이에요. 예를 들어 거실 풍경만을 모아서 비교해본다고 상상해보세요. 장신구가 어떻게 달라졌고, 소파가 어떻게 달라졌고, 액자가 어떻게 달라졌는지 등을 확인할 수 있을 거에요. 그 작업을 꼭 해보고 싶은데 비용이 많이 들어서 못하고 있어요. 또 북한영화를 소개하는 작업을 해보고 싶어요. 일종의 가이드북을 만드는 거죠. 일반인들이 쉽게 읽을 수 있게 '영화 속의 여성', '영화 속의 직업', '영화 속의 경제' 등으로 기획해 친근하게 다가가려고 해요. 대표작들을 뽑아놓고 준비하고 있어요.

요즘에 영화나 문학을 연구 주제로 삼으려 하는 분들이 늘어나면서 문의가 많아졌어요. 북한영화를 통해서 북한의 보건의료 인식을 보거나 변화를 보려고 하는데, 어떤 작품이 좋은지, 어떻게 하면 되는지 물어옵니다. 대부분은 하지 말라고 합니다. 영화나 문학은 예술이죠. 예술은 현실을 바로 반영하는 것이 아니라 거울처럼 상을 왜곡해요. 거울을 보면 오른손이 왼손으로 보이는 것처럼요. 특히 북한은 관제예술체제예요. 현실의 경향을 파악할 수는 있지만 연구 소재로 활용하기에 최적의 방법이 아니라고 봅니다. 문학 작품이나 영화는 그 자체에 대한 분석이 아니라면 사회를 재구성하는 보완적인 정도로 활용되어야 해요. 현장 조사가 불가능하다고 해서 그 자체를 텍스트로 활용하는 것은 옳지 않다고 봅니다. 심지어 북한영화를 분석하면서 영화를 보지도 않고 관련 보도 자료를 정리해서 연구하기도 하는데, 역시 바람직한 방법이 아니라고 봅니다. 그것이야말로 또 다른 구조화된, 정형화된 틀을 만드는 것이죠.

홍민: 다양한 관심 분야를 말씀해주셨는데요. 이야기하는 과정에서 정영철교수님이 아주 중요한, 뒤에 핵심적으로 논의해보고 싶었던 이야기를 하셨습니다. 일상이라는 연구들이 이론적인 부분에서는 추상성이 아주 높은데 실제 연구 현실은 세속적인 내용을 필요로 하고, 실제 연구 결과는 또 많은 차이점이 있다는 점, 그 괴리에 대해서 말씀하신 것 같습니다. 세 분이 공통적으로 사회과학적인 화두에 해당하는 이분법을 어떻게 완화시키고 극복할 수 있겠느냐는 맥락의 말씀을 하셨는데, 일상연구가 그러한 질문과 굉장히 밀접히 관계되어 있는 것 같습니다. 그럼에도 말씀하시던 내용 속에는 아직도 이분법을 전제하는 시각이 많이 있는 것 같습니다.

현재 연구결과물로 나온 것 중에 일상이라는 주제, 또는 일상과 관련되어서 나온 연구들이 어떤 의미가 있다고 생각하시는지 간략하게 이야기 나누었으면 합니다.

정영철 : 일상연구의 성과물이 많지는 않죠. 최근에 들어서야 일상연구에 대한 관심이 높아지고 있고요. 아마 동국대학교 북한일상생활연구센터가 큰 기여를 한 것 같습니다. 그러면서 북한의 연구 분야 중에서 일상생활연구가 하나의 분야로 정착되어가는 시점이 아닌가 하는 생각이 듭니다. 저는 기존의 연구 성과들을 보면서 약간의 불만이 있었습니다.

첫째는, 일상생활연구의 시기입니다. 거의 대부분의 연구가 1980년대, 1990년대 이후를 대상으로 하고 있습니다. 이것은 탈북자 증언을 들을 수 있게 되면서 나타난 현상인 것 같은데요. 그러다보니 '일상생활'에 대한 역사 이야기는 빠져 있다는 생각이 듭니다. 노동을 예를 들면, 지금 어떤 노동의 형태가 나타나고 있는지에 대한 사실들을 발굴할 수는 있겠지만 그것들이 역사적으로 어떻게 이어져 왔는지를 탐구한 성과는 많지 않다고 생각합니다. 자료의 한계도 있겠지만, 현재의 우리의 관심이 '지금' 북한의 상황이 무엇인지에 지나치게 경도되어 있기 때문이라고 생각합니다. 둘째는, 한 사회를 분석하면서 그 사회의 문제점을 드러내는 것은 사회과학이나 인문과학이 비판적 역할을 수행하는 측면에서는 아주 건강한 요구사항입니다. 하지만 어떤 사회든지 빛과 그림자가 있기 마련인데, 일상생활연구가 북한사회의 어두운 면을 지나치게 부각시키는 면이 있다고 생각합니다. 물론 어두운 면을 부각시켜야죠. 그리고 왜 그런 현상이 나타나는가를 분석해야 하는 것은 맞습니다. 그러나 어두운 면 그 자체만을 다루고 있는 것은 아닌지 생각하게 됩니다. 이런 연구들을 보고 나면 이런 곳에서 어떻게 일상이 유지될까 하는 생각이 들기도 합니다. 북한의 공식문헌은 말해주지 않는 북한사회의 일면을 끄집어내고 분석한 것의 당연한 결과이겠지만, 그것이 자칫 북한을 이해하는 데 또 하나의 편향을 만들어낼 가능성도 있다고 봅니다. 그렇다고 북한의 좋은 점만을 이야기할 필요는 전혀 없겠죠.

전영선: 사회과학은 늘 고민하는 것이 목적성에 대한 부분이라고 생각해요. 목적이 무엇이고, 목적에 맞게 문제를 풀었는지를 확인하죠. 일상에 대한 연구는 결국 사람이 살고 있는 생활 속으로 들어와야 하죠. 현실의 정책이나 정치가 실제로 작동되는 구역이 있고, 보이지 않는 의식으로 내면화된 채 드러나지 않는 구역이 있어요. 평소에 '민주주의가 정말 좋다'고 느끼며 살지는 않잖아요. 그보다는 오히려 먹고사는 문제, 아이들 키우는 문제, 직장문제 등을 고민하죠. 그래서 일상연구는 정책이나 정치와는 어느 정도 거리를 두어야 하는데, 글을 쓰고 마무리하면서 출구를 찾다보면 꼭 정책적인 문제와 연관을 시키려고 해요. 그래야만 가치 있는 글이 되지 않을까 하는 불안감이 있죠. 그러다보니 결론에 이르면 일상연구가 아닌 정책연구가 되는 것 같아요. 일상연구는 시각을 좀 더 열어두고, 정책이 작동되는 내용은 좀 줄이고, 무게를 덜어내서 들여다보는 방향으로 가야 한다고 생각합니다.

박영자: 지난 북한연구학회 심포지엄에서 북한연구방법론에 관해서 다양한

학자들이 발표하는 것을 들으며 느낀 것이 있어요. 과연 북한학, 한국학과 같이 국가 단위 또는 어떤 공동체를 단위로 하는 학문이 앞으로도 지속될 수 있을까 하는 것이었습니다. 예를 들면, 정치학에서는 한국정치 분야의 교수를 더 이상 충원하지 않는 경향이 있어요. 비교정치나 국제정치라는 보편화된 틀로 정치를 보고 있죠.

이처럼 어떤 국가적인 특수성을 연구하는 분야가 점차 없어지는 경향도 우려가 되지만, 무엇보다 북한을 연구하는 사람으로서는 논쟁을 할 수 없는 학문적인 분위기, 풍토가 고민이죠. 논점이 생기면 오히려 누군가 나서서 논점을 흐려줘야만 연구자들 사이에 갈등 없이 북한학이 유지될 것 같다는 암묵적인 분위기가 오래되었다고 생각합니다. 물론 그러한 구조를 깨려는 개개인적인 노력은 있었다는 생각은 해요. 그런데 서로가 온정적이고 암묵적으로 유지되어온 그 풍토를 유지하려는 흐름이 강하다보니, 그 안에서 새로운 이야기를 하는 사람, 연구자는 공허해지죠. 그러다보면 수많은 이론이 수입되는 속도감 때문에 계속 새로운 연구를 해야 할 것만 같고, 현실에 쫓겨서 순간순간 드는 문제의식이 멈추기도 합니다.

주체에 대한 고민을 예로 들면, 주체를 개별적 인간이 아니라 개인이 구조화되는 측면을 보려는 것은, 주체가 미시와 거시를 연결시키는 무엇으로서 공간과 주체 또는 구조와 행위를 연계하려는 키워드인 것이고, 이러한 맥락에서 '일상'이 중요한 부분이라고 생각해왔거든요. 그런데 이런 고민이 모이지 않고 해체되는 이유는, 북한학 학계나 북한연구에 대해 서로 견제할 수 있는 비판적인 풍토가 약해져서라고 봅니다. 2세대 북한연구자라 할 수 있는 이종석 박사나 박형중 박사가 내재적-외재적 방법론을 논쟁한 이후, 3세대 연구자들은 그런 논쟁의 감각이 흐려진 것 같아요. 그 영향을 직간접적으로 받은 4세대 연구자들은 게토화된 듯합니다. 문제의식이 있어도 논의하지 않고, 뭔지도 모르고 침묵해야 하는 것이 미덕이 되어버리는 거죠. 침묵이 미덕이 되다보니까 오히려 어떤 문제제기를 하는 연구자는 '이상한 사람'으로 취급받고요.

학자들 사이에서도요. 개별 학자가 자신의 고유한 목소리를 내지 못하게 되고, 목소리를 내는 것이 이상하게 여겨지는 문제가 저의 가장 큰 고민이었습니다.

일상연구는 특정 주체에만 초점을 맞추는 것도 아니고, 구조만 분석하는 것도 아닙니다. 틀을 풀어놓고 다시 한 번 연구자 나름의 방식으로 다양하게 보는 데에 연구 의의가 있다고 생각합니다. 사실 일상연구자들은 개별적으로 자신의 이론적·방법론적 자산에 기초해서 현상학, 구조학, 제도학 등 다양한 방향으로 연구를 하더라고요. 그래서 관련된 이론도 상당히 많고요. 각 분야에서 다 치고 들어올 수 있으니까요. 일상연구라는 영역이 특정 사회의 행위를 보는 미시적인 노력 정도로 이야기가 되는 것도 학문적으로 논점 자체가 만들어지지 않는 북한연구 학계의 분위기와 연결되어 있다는 생각도 듭니다. 사실 한국 학계 전반에 만연한 것이기도 하고요.

홍민: 이왕 이야기가 나왔으니까 예의와 격식을 차리기보다는 현실적인 이야기를 했으면 합니다. 자연스럽게 준비했던 질문으로 넘어가는 것 같은데요. 북한 일상연구의 의미를 찾는 과정에서 우리가 성찰해야 될 부분을 함께 이야기 나누면 좋겠습니다.

앞서 정영철 교수님이 일상연구가 북한의 '어두운 면'만 비춘다는 오해를 받을 수 있고, 북한의 현실에 대한 편견을 조장할 수도 있다는 지적을 하셨습니다. 일상연구가 주의하고 경계해야 하는 문제, 그것을 어떻게 극복하느냐 하는 문제인 것 같습니다. 일상의 관점으로 연구를 한다는 것은 소재적인 접근, 또 공장이나 가정처럼 공간 차원의 분석을 포함하고, 인식론적이고 방법론적인 고민도 들어 있거든요. 이런 부분이 어느 정도 준비한 상태에서 일상연구를 시작하는 것이 필요하다고 봅니다. 그런 이해를 바탕으로 한다면 북한 일상연구가 북한의 어두운 면만을 드러낸다는 오해는 불식될 수 있다고 생각합니다. '어두운 면'이라는 단어가 주는 강력함이 있는데, 북한연구 안팎에 존재하는 이데올로기적인 프레임이 작동하기 때문인 것 같습니다. 그러니까 정영철 교수님조차도 어떻게 보면 일상연구를 이데올로기라는 틀에서 보는 부분이 없지 않아 있다고 봅니다.

북한학계에 비판적 풍토가 사라진 부분은 저도 많이 느끼고 있습니다. 어느 자리의 에피소드를 하나 이야기하면, 북한학계의 원로연구자 분들과 1980년대 학번 분들, 그리고 제가 있었던 자리였습니다. '일상연구'라는 말이 나오자마자 원로급 되시는 분이 "정치가 얼마나 중요한지, 구조도 모르면서 어떻게 일상에 대해서 이야기하느냐. 자잘한 거 이야기해서 무엇 하느냐"라는 식으로 몇 마디를 던지니까 일순간 모든 대화가 정리되었습니다. 일상연구는 '그 정도의 위상이 있을 뿐'이라는 분위기를 느꼈어요. 그래서 박영자 박사님이 지적한 것처럼, 어떤 연구자가 소재를 발굴하거나 인식론을 통해 과감한 자기주장을 끄집어냈을 때, 그것을 논쟁적이고 비판적으로 서로 검토하면서 이야기를 나눌 수 있는 공감대가 형성되지 못하고 있는 것이 사실입니다. 과연 북한학계가 이런 상황을 수용하거나 수용할 수 있는 분위기를 만드는 역할을 하고 있는지에 대해서 저도 강한 문제의식을 갖고 있습니다.

저는 일상연구가 매우 성찰적인 측면이 있다고 봅니다. 연구과정, 인식론, 방법론 자체가 그렇습니다. 일상을 본다는 것은 아주 성찰적이며, 근본적인 것에 대한 새로운 문제제기를 하는 것이라고 생각합니다. 기존에는 매우 익숙하게 바라봤던 현상에 재성찰을 요구하는 것이지요. 이런 차원에서 현재 북한연구에서 일상생활연구가 지닌 위상이 있다고 봅니다. 어떻게 보면 다른 연구들과 변별될 수 있는 부분이고요.

앞서 박영자 박사님이 북한연구자 3세대, 4세대의 역할이 제대로 정립되지 못한 문제를 제기하셨는데, 저는 1990년대 중후반에 정치경제학적인 패러다임에 입각한 접근이 북한연구에서 훌륭한 연구 성과를 냈다고 봅니다. 김연철 박사님이나 이정철 박사님을 필두로 해서, 기존의 전통적인 이데올로기나 당 정치 중심적인 접근에서 정치경제학적인 패러다임으로 연구를 심화시키고 확장하는 성과를 냈다고 봅니다. 그런데 이후 정치경제학적 패러다임이 정체상태에 있는 건 아닌지 묻고 싶습니다. 현재의 북한연구에서 일상연구가 어떤 기여를 할 수 있을지, 다른 기존의 전통적인 연구 패턴과의 차별점이 무엇이라고 생각하시는지 연구 경험 차원에서 이야기해주셨으면 합니다.

전영선: 저는 북한연구의 폭이 넓어졌다고 봅니다. 최근 몇 년 동안 북한 관련 학술지에서 문화 분야 논문이 많아졌어요. 한국연구재단의 지원을 받는 연구가 문화 분야에서도 시작되면서 관련 분야의 연구가 늘어났고요. 사실은 워낙 전공자가 적었던 분야로 몇 명만 늘어나도 굉장히 많아진 것 같은 착시현상이 생기죠. 처음부터 북한을 전공한 분들은 아니라 전공 영역을 북한까지 확대한 분들이죠. 이 분들이 북한 관련 학술지에 연구 논문을 게재하는 겁니다. 예를 들어 북한연극에 관한 글을 쓰면, 연극 관련 학술지가 아닌 북한 관련 학술지에 글을 싣는 것이죠. 많은 논문을 게재하지 않는 북한 관련 학술지의 경우에는 북한문화 관련 논문이 학술지의 절반 이상을 차지했던 때도 있었어요. 예전에 없던 일이죠. 그런데 논문을 심사할 심사위원을 구하는 것이 너무 힘들었다는 이야기를 들었어요. 전문가 인력풀이 제한되어 있다는 반증이죠. 예를 들어, 북한미술 전문가라면 손에 꼽을 정도인데, 그중에 한 분이 기고를 하면 심사위원을 구하기가 어려워지는 상황인 것이죠. 저는 이런 현상이 일회적이라고 보지 않습니다. 오히려 북한연구가 문화연구로 옮겨갈 것이라고 생각해요.

지금은 남북문제나 통일문제에 대한 정치 과잉상태라고 생각해요. 정치가 중요하지만 지나치게 비대해졌어요. 통일이나 남북문제는 결국 인간과 삶의 문제로 귀결이 될 것이라고 봐요. 학계는 이와 관련한 주제들을 본격적으로 고민하기 시작했죠. 최근 남북관계 경색 국면에서 한국사회가 새롭게 고민하는 부분은 '과연 우리에게 통일이란 무엇인가?'라는 주제라고 봅니다. '통일은 민족의 과제'라고 생각했고, 통일을 향해 달려가야 한다고 생각했지만, 남북관계의 온도차가 삶에 미치는 영향은 크지 않다는 것을 알게 된 것이죠. 그럼 우리가 무엇 때문에 통일이나 남북문제에 매달려야 하는지 의문이 생긴 것입니다. 자연스러운 현상이죠. 이러한 고민은 결국 인간문제로 돌아갑니다.

얼마 전 통일교육원에서 주최한 통일교육포럼에서 발표한 적이 있었어요. '통일교육과 인문학의 만남'이라는 주제였는데, 발표하고 나서 많이 혼났습니다. 통일교육에서 인문학이 얼마나 중요한데, "여태 인문학은 뭐했느냐"는 것이었어요. 혼나기는 했어도, 사람들이 인문학적 성찰이 중요하다는 것을 이야기해서 기분이 무척 좋았어요. '왜 갑자기 사람들이 인문학에 관심을 갖는 것이야?' 하고는 어리둥절했어요. 저는 인문학자들이 통일이나 북한문제에 접근하는 시각은 두 가지였다고 생각합니다. 하나는 고유한 프레임으로 통일문제를 바라보는 방법론을 제시하는 것이었고, 다른 하나는 실천적 측면에서 통일과 남북문제에 대해서 적극적으로 참여하는 것입니다. 인문학이 아직은 본격적으로 참여하고 있지는 않지만 통일에 대한 인문학적 지평을 넓히고 있다고 봅니다. 문화를 전공한 분들이 정치학이나 사회학, 특히 현실문제를 다루는 북한의 영역을 다루는 데는 상당한 부담이 있어요. 하지만 상호접근 가능한 범위 안에서 서로 길을 내고, 호흡을 맞춰간다면 시너지 효과는 클 것이라고 봅니다.

박영자: 그런데 연구자와 연구대상이 동화되는 성격이 있잖아요? 저는 그것이 중요한 역할을 했었다고 봐요. 북한 권력이나 위계적인 시스템의 문화들이 북한연구자들에게 동화된 것이 영향을 많이 끼쳤다고 봅니다. 개인을 이야기하거나 사람을 논하는 것이 사소한 문제가 되어버린 데에는 북한적인 연구대상과 연구자가 동화된 영향도 있는 것 같습니다.

정영철: 저는 정치경제학 패러다임 중심이 별로 문제가 아니라고 봅니다. 그동안 1990년대까지 정치경제적 패러다임이 중심일 수밖에 없는 상황이 있었던 것이고요. 북한문제가 한가하게 학문적 논의나 할 수 없었던 상황이었죠.

정치적인 목적이 있었고, 현실적인 대치가 있었어요. 이런 조건에서 긴장감이 팽배했던 학문이기 때문에 정치경제적인 문제가 중심일 수밖에 없었죠. 1990년대가 지나면서 문제의식이 문화, 여성, 가족 등으로 다양하게 확산되었고요. 그래서 한편으로는 북한학이라는 학문이 발전하는 과정에 겪어야 할 진통이었다고 생각합니다. 또 한편으로는 다른 분야를 공부했던 분들이 북한연구에 들어오니까 위기의식도 있고요. 쉽게 말하면 정치학 전공자가 북한연구에 들어올 수는 있지만 북한학 전공자가 정치사상 분야에 개입하는 것은 힘들거든요. 북한학은 이런 문제에 대해서도 과제를 안고 있습니다. 타 학문의 발전과 성과를 얼마나 잘 받아들일 수 있는가의 문제인 것이죠.

일상연구가 제기된 것도 발전의 측면이라고 봐야 하겠죠. 과거에는 주로 북한의 거시적인 문제, '북한의 정치는 어떻게 움직일까, 북한의 엘리트가 어떻게 움직일까, 북한의 경제는 어떤 상황일까'와 같은 질문을 제기했다면, 이제는 '도대체 북한사람들은 어떻게 살아갈까'로 넘어온 것이죠. 그리고 북한사람들이 어떻게 사는지를 보기 위해서 여러 가지 방법론과 인식론이 만들어지고, 다양한 이론을 대입해보고 있고요.

북한 일상연구가 등장한 배경으로 북한을 이해할 수 있는 폭이 굉장히 넓어졌다는 것을 들 수 있습니다. 그런 측면에서 일상연구는 북한연구에서 정치경제나 구조에 집중되어 있던 경향을 해체시키고, 북한을 입체적으로 이해할 수 있는 수준으로 발전시키는 중요한 기여를 할 가능성이 높다고 생각합니다. 그럼에도 아직까지 '북한학이 과학적인 학문인가'라는 논쟁이 있죠. 그런 측면에서 북한학은 어느 정도 이데올로기적인 영향을 받을 수밖에 없고, 시기별로 그 영향력이 커졌다 작아졌다 하는 것 같습니다. 그러니까 지금과 같은 경우는 사실 학문적인 부분에서는 일관되게 가야 되는데 북한문제가 사회적인 이슈나 의제가 되면서 끊임없이 이데올로기적인 영향과 침습에서 자유로울 수가 없는 것이고요. 이러한 측면에서 보면, 일상연구도 일정 수준의 이데올로기적인 공격이나 해석에서 완전히 자유로울 수는 없다고 봅니다. 일상연구라는 것 자체가 인식론, 방법론, 학문적인 객관성을 유지하면서 갈 수 있느냐는 중요한 문제인데, 결국 좋은 성과를 내는 것이 이러한 의심을 불식시킬 수 있겠죠. 이데올로기적인 해석에 일정 부분은 계속 영향을 받을 것이라고 생각합니다. 저도 그렇고요. 북한연구를 할 때는 아무리 객관적인 입장에 서고자 하더라도 이데올로기적인 생각을 안 할 수가 없는 것이죠.

북한학이라는 학문을 하면서 겪는 어려움들에 대한 질문도 많이 받습니다. 도대체 어떻게 연구를 하느냐는 질문부터 시작해서 말이죠. 표현은 안 하지만 북한연구를 하는 사람은 끊임없이 그런 영향을 받으면서 연구를 할 수밖에 없겠죠. 현재 우리 상황이 부여하는 한계 혹은 제약이라고 보고 앞으로 극복해나가야 할 문제고요. 그런 측면에서 일상연구뿐만 아니라 현재 북한학이라는 것 자체가 일정하게 이데올로기와 과학 사이에서 계속 긴장을 할 수밖에 없는 위치에 있다고 생각합니다.

전영선: 정체성에 대한 고민은 제가 가장 클 것 같습니다. 외부에서 어떻게 보는지 늘 관심을 두고 있어요. 제 전공을 정치학이나 사회학으로 오해하시는 분도 꽤 있어요. 돌아보면 참 다양한 강의를 했어요. 국문학과에서 북한문학론 강의했고, 북한학과에서 북한문화나 북한문학예술 관련 강의를 했죠. 정치외교학과에서는 '북한사회의 이해'와 같은 교양 강의를 했고, 사회학과, 문화인류학과, 문예창작과, 교육대학원, 사회교육원에서도 강의를 했어요. 여러 곳에서 강의했지만 북한 관련 강의를 할 때 요구하는 것은 비슷해요. "좀 재밌게, 어렵지 않게, 관심을 끌어줬으면 좋겠다"는 것이 공통적입니다. 정치 관련 사안은 딱딱하고, 학생들의 관심도 높지 않다는 것이죠. 학생들에게 북한에 대한 관심을 환기해주고 시청각 자료를 활용해서 재밌게 해달라는 것이죠.

북한은 우리가 떼어낼 수 없는 대상임이 분명하지만, 접근하기 부담스러운 것도 사실이죠. 이런 무게를 덜어버리고 가볍게 접근하고 싶은 것이겠죠. 어쩌면 그런 측면에서 일상사연구에 대한 관심도 높아지는 것이 아닌가 싶어요.

사실 '일상'이란 것은 정치적 권력이 미시적으로 작동하는 영역인데, 마치 정치적인 영향력이 작동하지 않는 것처럼 생각하는 경향이 있는 것은 아닌가 싶기도 하고요. 일상을 바라본다는 것은 일상을 가볍게 보는 것과는 다른 문제인데, 가볍게 보려는 경향이 대세인 것 같아요.

홍민: 1990년대 북한연구에 나타난 정치경제학 패러다임을 말한 이유는 그것이 북한연구에 기여한 공이 크다는 것이죠. 일상생활연구를 기존의 연구와 변별해서 차이만 두려 하지 말고, 전통적인 접근이나 정치경제학 패러다임의 성과를 일상연구라는 차원에서 재점검해볼 수 있다는 것이죠. 가령 과거에 시스템이나 구조로 분석되었던 '수령제'를 새로운 시각에서, '과연 일상이라는 관점에서 봤을 때 권력의 의미는 무엇일까, 지배시스템은 어떻게 작동되는 것일까' 하는 질문을 던질 수 있다는 것입니다.

　이런 발상은 일상연구가 정치구조나 시스템을 아예 배제하는 것 또는 하찮은 소재만 다루거나 정치나 경제가 아닌 이야기를 하는 것이 아니라는 점을 말합니다. 다만 동일한 주제와 대상을 일상이라는 차원에서 새롭게 조명하고 해석할 수 있다는 것이죠. 탈북자 인터뷰나 미시적인 이야기를 통해서 우리가 위로부터 보아왔고 시스템이나 구조 중심으로 봤던 현상을 다른 방식으로 본다는 의미에서 '일상'을 너무 협소하게 정의할 필요가 없다고 생각해요.

　개인적으로 박영자 박사님이 4세대 북한연구자의 게토화와 침묵이 미덕인 북한학계의 풍토에 대해 말씀해주셨던 부분에 대해 더 이야기하고 싶습니다. 이에 공감하시거나 더 하실 말씀이 있으면 이야기해주세요. 후속 연구자들이 연구의 연속성을 확보해내고 비판적인 연구의 장을 형성해야 한다는 점에서 이런 논의는 필요하다고 봅니다. 북한연구에서 논쟁과 담론의 장을 만들어내는 것과 관련해 의견을 나누면 좋겠습니다. 굳이 일상연구와 관련을 짓지 않더라도 새로운 연구 분야를 만든다는 측면에서 말씀해주셨으면 합니다.

전영선: 진보나 보수 여부를 떠나서 북한전문가들이 모여서 토론하는 자리가 있다면 생산적인 토론이 이루어질 수 있을 것이라고 봅니다. 북한연구학회와 민주평화통일자문회의가 주최했던 '남북관계전문가 대토론회'는 문제의식을 던진 것 같아요. '북한의 변화를 어떻게 볼 것이냐'는 주제로 열렸는데, '북한의 민주화 혹은 북한에서 재스민 혁명이 가능할 것인가' 하는 점이 쟁점이었어요. 주최 측은 이런 질문을 통해서 보수와 진보의 논쟁을 이끌어내려 한 의도가 있었다고 봅니다. 그런데 막상 논의가 시작되자 참석자 대부분은 의견의 차이보다는 공감을 더 많이 표했어요. '현실적으로 북한에서 민주화 혁명은 어렵다'라는 점에 대체로 공감했지요. 이런 사실이 무엇을 의미할까요. 저는 학문적으로 북한을 바라보는 시각들에 큰 차이가 없다는 것이라고 봅니다. 여러 목소리, 좌우의 폭넓은 스펙트럼에도 현재의 상황에 대한 판단 자체는 큰 차이가 없다는 것이죠. 정책을 어떻게 만들 것인가에 대해서는 이견이 있었지만, 커다란 공감대를 형성할 수밖에 없는 현실적 상황이 치열한 논쟁을 사라지게 하는 요인이 되었다고 생각합니다. 판단의 근거가 되는 정보와 접근 가능한 상황이 비슷하다면 판단의 결과도 유사하겠지요. 이런 조건에서 쟁점은 주로 방향이나 정책에 대한 문제로 제한되었고, 이러한 제약이 학문의 장에서 치열한 논쟁을 일으키지 못한 요인이라고 봅니다.

그럼에도 학문이 세분화되면서 작은 전투는 끊임없이 일어나고 있다고 생각합니다. '대북지원을 해야 하느냐 마느냐'의 논쟁이 아니라 '당중앙군사위원회의 위상이나 역할이 어떻게 될 것인가'에 대한 논쟁은 치열하게 벌어지고 있다는 것이죠. 그런데 이 분야의 전공자가 많지 않다보니 개별적인 논쟁 차원에서 그치고 확대되지 않는 것이죠. 학문적인 발전이 분명 있지만, 그것들을 공유하기 쉽지 않아요. 북한문학을 연구하는 분들도 연구회를 만들어 책을 출간하는가 하면, 내부적으로는 치열한 논쟁을 벌이는데 북한연구 전체로 확산이 되지는 않습니다. 지역학 연구의 본질적인 문제도 있지 않나 싶고요. 그러니까 북한연구는 다양한 영역으로 확산되면서, 각 분야에서 조금씩이지만 논쟁을 벌이면서 발전하고 있는 단계가 아닐까 생각합니다.

정영철: 작은 전투가 벌어지고 있나요? (웃음)

전영선: 당중앙군사위원회가 실질적인 역할을 하고 있는지, 국방위원회가 더 실질적인 기구인지 아닌지를 두고서 열심히 논쟁하고 있잖아요. 국방위원회가 실질적인 집행기구냐, 심의기구냐, 의결기구냐에 대해서 계속 논쟁이 오가는 것을 보면 전투는 벌어지고 있는 것 같아요.

정영철: 제가 봤을 때 그것은 사실관계를 둘러싼 해석의 문제인 것 같습니다. 박영자 박사님이 제기한 문제는 다른 차원인 것 같은데요. 예를 들면, 북한의 특정 현상을 두고 어떤 사람은 정치학의 인식론이나 방법론으로 해석할 수도 있고, 어떤 사람은 문화의 관점으로 해석할 수도 있죠. 그것이 때로는 충돌할 수도 합치할 수도 있고요. 그러니까 일종의 학파 비슷한 것이 형성되어서 치열하게 논쟁을 하는 것이죠. 북한학은 그것이 형성되지 않은 것이죠. 그냥 정책을 두고 '쌀을 줄 것이냐, 보리를 줄 것이냐'를 논해요. 이건 정책적 논쟁이지 학문적 논쟁이라고 볼 수가 없는 거죠. 학문적인 논쟁이라고 할 때는 어떤 대상을 두고 방법론, 인식론, 그리고 어느 자리에서 출발할 것이냐에 대한 문제죠. 그런데 북한학은 방법론 논쟁도 흐지부지 정리되었고, 여전히 빈곤한 상황에 놓여 있는 것이 현실이죠. 그래서 저는 학파를 의도적으로라도 형성할 필요가 있을 것 같아요. 일본의 경우, 도쿄대학교의 와다 하루키(和田春樹)와 그 제자들처럼 역사적으로 무장해서 북한을 분석해 들어가는 흐름이 하나가 있다면, 게이오대학교의 오코노기 마사오(小此木 政夫) 같은 경우는 확실히 좀 더 이론적인 측면에서 출발하는 흐름이고, 이 둘은 치열하게 논쟁을 하죠. 논쟁이 너무 심해서 서로가 상대방을 절대 인용하지 않는다는 이야기도 있습니다만. 우리도 그러한 흐름이 형성되어야겠죠. 지금 북한학계에는 북한연구학

회가 거의 유일무이하게 존재하고 있습니다. 이처럼 통일된 공간으로 형성되는 것도 좋지만, 다양한 학회가 경쟁하면서 공존하는 것도 필요하다고 봅니다. 또한 학교 차원에서도 그 학교의 학문적 풍토가 나름대로 특색 있게 형성되는 것도 필요하다고 생각됩니다. 하나의 학교가 있다면 그 학교의 풍토가 나름대로 만들어지는 것이 중요하다고 봅니다. 이런 것이 만들어져서 북한연구의 방법론들이 서로 부딪혀야죠. 그리고 사실관계를 두고도 부딪칠 수 있겠죠. 그런데 지금 북한학계를 보면 '그 나물에 그 밥'이어서 서로 뭔가를 하기가 어려워요. 서로 다 아는 사람이고, 시장도 굉장히 좁고요. 이런 조건에서 하나의 중심을 따라 일관되게 연구를 해서 제자를 길러내고 학파를 만드는 것은 어려운 일이죠. 이런 것이 아마 박영자 박사님이 말한 온정주의적인 풍토에 큰 영향을 미친 것이 아닌가 싶습니다.

박영자: 온정주의를 넘어서 학술적 연구를 어렵게 하는 분위기가 있어요. 더욱이 정책적으로 너무 긴밀하게 연결되어 있고, 거기에 비해서 일자리는 상당히 한정되어 있잖아요. 안정적으로 공부할 만한 공간이 너무 좁은 거예요. 그러다보니 연구 성과에 쫓기기도 하고, 정책과 인간관계가 긴밀하니까 누구와 함께 있느냐에 의해서 연구 내용과 공간이 좌우되기도 하고요. 그런 것이 중요한 영향을 미치는 것 같아요.

정영철: 생존을 위해서.

박영자: 생존이 커다란 역할을 하죠. 문제는 그러면서 스스로, 어느 순간 자기 연구의 성찰을 멈추는 거예요. 한편으로는 '어쩔 수 없다'고 체념하고, 또 한편으로는 침묵하면서. 북한학을 하는 대학원생들도 두 부류로 구분되는 듯해요. 진지한 연구와 공부를 하고 싶어 하고, '앎에 대한 의지'가 있는 학생과 정책적 베이스나 학위가 필요한 학생으로요. 그런데 북한과 통일, 한반도 등에 대한

'앎의 의지'가 있는 학생들이 '독창적인 자기주장'을 펼치거나 훈련하기 어려운 교육환경이 안타까운 점이죠.

전영선: 문학예술 쪽은 그런 점이 덜한 것 같아요. 끊임없이 논쟁하는 것은 '좋은 작품이 무엇인가'에 대한 것이죠. 가령 '2000년대 북한의 대표적인 작품은 무엇일까'에 대한 질문을 던지면, 북한체제가 공식적으로 인정하는 작품, 북한체제가 지향하고 있는 목적성에 가장 부합하면서 체제가 인정하는 작품이 대표적인 작품이라는 의견이 나와요. 반면에 개인적인 창의성과 같은 문학적 정신의 단초라도 보이는 작품이어야 한다고 하는 입장이 있죠. 작가를 평가할 때도 비슷해요. 변창률의 작품이 좋다고 하면, 어떤 작품이 왜 좋은지를 두고 논쟁합니다.

정영철: 그런데 이런 문제는 다른 분야에도 다 있는 것 같아요. 한국적 문화, 한국적 학문 풍토라는 것이 일정하게 형성되어 있죠. 특히 원로에 대한 예우 같은 문화는 아주 강하게 작동을 하고요. 그래서 본인의 의견이나 기본적인 시각과 다른 시각을 이야기하더라도 침묵하게 되고, 면전에서는 인정을 해야 되는 분위기는 비슷한 것 같습니다. 물론 그렇지 않은 측면도 있습니다. 과거 경제학 같은 경우에는 학파가 형성되어 논쟁을 벌이기도 했는데, 지금은 사라진 것 같아요. 다른 학문 분야에서도 최근 들어 좀 뭉개지는 경향이 나타나는 것 같습니다. 전체적인 문제가 아닌가 싶습니다.

전영선: 북한문화에 대한 관심이 북한학에서는 높아지고 있지만 국문학 분야에서는 점차 줄어들고 있어요. 예전엔 국문학과에서도 북한문학론이 있었는데, 지금은 없어요. 실용적인 글쓰기가 강조되면서 자기소개서를 쓰는 강의는 늘었는데 말이죠. 교양과목으로 '북한의 이해' 같은 과목도 많이 폐강되었어요. 북한문학을 한 사람 중에서 교양 과목을 강의하는 분들이 계신데, 이분들

은 연구 성과를 따로 정리한다고 해요. 이력서를 쓸 때도 북한문학 관련 업적을 쓰면 불리할까봐 누락시키기도 해요. 북한문학 연구 성과를 쓰면, 다른 분야의 연구가 훌륭해도 북한문학 연구자로 고정시켜버리는 거죠. 한국연구재단에서는 북한문학을 '기타 어문학'으로 분류합니다. 연구 과제를 신청할 때 학문 분야를 분류하게 되는데, 기타 어문학에 포함되어 있어요. 기타 어문학은 국문학, 영문학, 불문학, 중문학, 일문학을 비롯해서 주요 국가의 언어를 제외하고 주류에 속하지 않은 것들을 모아놓았어요. 북한문학이 국문학 범주에서 제외되어 있는 상황이죠. 그러다보니 학문의 대중적인 생산, 후학과의 연계가 점점 어려워지고 있는 상황입니다.

홍민: 정영철 교수님과 박영자 박사님이 지적하신 부분이 아프지만 현실인 것 같습니다. 학파 형성의 필요성이라는 중요한 문제제기도 해주셨습니다. 거기에 덧붙여서, 북한학계뿐만 아니라 다른 연구 분야에서도 실명 비판이 활성화되지 못했다는 점을 말씀드리고 싶어요. 누군가의 연구에 대해서 어떤 형태의 방식이건 간에 문제제기를 하고, 그것을 통해서 촉발된 논쟁이 온정주의나 인맥관계와 결부되어 회피되는 측면이 있다고 봅니다. 그래서 굉장히 기이한 현상이 나타나는데요. 예컨대 여러 필자의 글을 모아서 한 권의 단행본으로 엮을 때 필자들 사이에 연결성이 전혀 없는 경우죠. 논의의 맥락이나 연결성이 없고, 서로 간의 공감대도 별로 없고요. 주제의식도 명확하지 않은데, 일단 이름을 올려서 책을 내요. 학술적으로 실명을 거론하며 비판이 제기되고, 서로 의견이 교환되면서 각자의 입장이 자연스럽게 만들어져서 하나의 책으로 묶이는 방식이 아닌 것이죠. 온정주의와 인맥으로 묶여 있으니까 서로 실명 비판을 회피하고, 그래서 학술적으로 만들어진 성과가 논쟁적이지 못한 내용으로 반복되고 재생산되는 경향이 있습니다.

이런 상황을 인정하면서, 북한연구에서 일상연구의 관점이 담고 있는 의미에 대해 구체적으로 이야기했으면 합니다. 실제 연구를 하면서 부딪쳤던 문제들을 이야기하면 좋겠습니다. 우선 자료의 문제가 있습니다. 물론 어떤 접근 방법을 사용하더라도 자료의 문제는 중요한데, 특히 일상연구의 경우에 어떤 자료를 선택할 것인지 자료의 구체적인 대상이 중요하며, 자료를 어떤 방식으로 해석할 것인가 역시 중요합니다.

일상연구를 하면서 자료 활용의 측면에서 어떤 어려움이 있는지, 어떤 방식으로 극복해왔는지 경험담을 들려주셨으면 합니다. 예를 들어, 연구 텍스트와 연구자의 관계에 대한 문제가 있을 것 같습니다. 텍스트와 연구자 자신이 분리될 수 없다는 것이죠. 하나의 구성된 과정이고, 연구자가 놓여 있는 사회적 장에서의 위치, 이런 것이 자료 발굴과 자료 생성, 텍스트 해석에 복합적으로 작용하는 것 같습니다. 따라서 연구과정에서 자료란 어떤 의미인지, 활용의 경험에서 어떤 어려움이 있었는지 말씀해주셨으면 합니다.

박영자: 저는 비교정치를 주로 공부했기 때문에 저 나름대로 성실하게 하는 방식은 북한 공간문헌을 살펴보는 겁니다. 1960년대 공장에 관심이 있다고 하면 그와 관련된 ≪근로자≫나 ≪로동신문≫과 같은 공간문헌을 정리하는 파일을 하나 만듭니다. 그다음에 그 시대의 삶의 양태나 의식구조를 볼 수 있는, 공간문헌이긴 하지만 약간 수위가 다른 ≪조선녀성≫ 등을 살펴봅니다. ≪근로자≫나 『김일성저작집』, ≪조선녀성≫과 ≪천리마≫는 다루는 범주와 접근방식이 다르거든요. 그래서 이들을 따로 분리합니다. 탈북자들의 녹취록을 재해석하거나 재구성한 자료를 하나의 카테고리로 묶고, 이에 대한 2차 문헌들을 수집해 따로 정리합니다. 수많은 카테고리의 자료가 만들어지면 나중에는 자료에 치이게 되죠. 이 자료들을 어떻게 묶어야 되는지 고민을 가장 많이 했었죠. 이것도 일종의 훈련인 거 같아요. 학문도 숙련도라는 것이 있기 때문에 끊임없이 훈련하다보면 일종의 카드체계처럼, 모든 자료를 파일화하고 파일들을 연계하는 키워드를 만들어내는 연구가 숙성될 거라고 생각을 하고 이런 작업들이 중요하다고 생각을 합니다.

홍민: 북한연구자나 기관, 학교에 상당량의 북한 문헌과 인터뷰 자료가 축적되어 있는데요. 자료 공유나 협조의 체계가 부족한 것 같습니다. 이와 관련해서 통일연구원에서 북한정보체계를 어떻게 구축할 것인가에 대한 연구를 하는 것 같은데요. 자료를 만들어내는 과정에서 이런 체계에 대한 고민이 필요한 것 같습니다. 그래서 논문을 구상하고 탈고하는 과정까지 어떤 과정을 통해서 연구를 하시는지, 특히 일상연구를 중심으로 연구하실 때 논문 준비, 파일 구축, 자료 생성과 수집, 분석의 과정이 어떻게 진행되는지 말씀해주셨으면 합니다.

전영선: 저는 자료 수집에 많은 비중을 둡니다. 2000년부터 한반도평화지수를 담당하면서 북한과 관련한 기본 데이터를 축적하기 시작했어요. 한반도평화지수는 매일매일 남북관계에서 일어나는 사건을 모아서 유형을 분류하고 사건의 정도를 측정하는 작업이었는데, 인문학을 전공한 저로서는 매우 낯선 작업이었지요. 덕분에 북한에 대한 기본적인 공부를 충실히 할 수 있었지요. '북핵문제'나 '6자회담' 같은 사건이 터지면 수십 개의 관련 기사가 뜹니다. 이 가운데 사건이 되는 기사를 선별하고, 유형을 나누고 비중에 따라 분류하는 작업을 2007년 8월까지 했어요. 처음 몇 년 동안은 정치학 전공자를 중심으로 6인 체제로 운영되었기 때문에 사회과학적 분석과 시각을 많이 배울 수 있었어요. 한 2년 정도 하고 나니까 어지간한 작업은 혼자 할 수 있었죠. 그렇게 해서 매일의 기사를 쭉 모았고, 모은 기사를 분야별로 정리한 것을 『북한의 사회와 문화』로 출판했어요. 6년 동안 자료를 수집하니 각 분야의 정보가 꽤 많이 모아지더라고요. 북한을 공부하는 사람에게는 반드시 이 방법을 권해요. 북한 만화영화를 공부하고 싶어 하는 친구가 찾아왔을 때, 무조건 다 보라고 했어요. 다는 너무 많다고 해서, 10년 치를 보라고 했지요. 10년 동안 북한에서 나온 만화가 한 300편 된다고 하더라고요. 만화영화 한 편이 보통 7~8분, 길어야 15분 정도니까 하루에 열 편, 평균 100분을 투여하면 한 달이면 다 볼

수 있으니 한 달 동안 다 보라고 했어요.

현장을 접근하는 것이 최고의 방법이라고 봅니다. 일상연구에서의 자료 수집도 비슷해요. 영화나 작품을 계속 보는 것이죠. 개인적으로는 일상연구에 북한이탈주민의 수기를 분석하는 방법을 적용해보고 싶어요. 수기라고는 하지만 감추어진 것도 많고, 구조화된 답변으로 작성된 것이 많아요. 그래도 수기를 보면 진정성이 드러나죠. 수기나 자서전 같은 텍스트를 분석 텍스트로 삼아서 이면을 분석해보고 싶어요.

정영철: 북한연구만큼 자료에 대한 의구심이 제기되는 분야도 없는 것 같아요. 그런데 조금만 생각해보면 다른 분야도 비슷할 것 같아요. 북한 쪽이 조금 더 어려울 뿐이죠. 방금 홍민 박사님이 말씀하신 부분은 북한연구에서 일종의 퇴보일 수도 있는 것 같습니다. 제가 대학원에서 공부하던 시절에는 누가 무슨 자료를 가지고 있다고 하면 전혀 모르는 사람인데도 전화를 해서 부탁했고, 그것을 받을 수 있었습니다. 그런 방식으로 서로 알게 되기도 했는데, 요즘은 자료가 너무 많아서인지도 모르겠지만 그런 학문 풍토는 후퇴한 것이 아닌가 싶습니다. 그런 측면에서 북한자료센터를 만들어야 된다는 이야기가 여기저기서 많이 나왔는데 진척은 없고 결실을 맺지 못하고 있습니다.

저는 연구를 할 때 닥치는 대로 보는 편입니다. 박영자 박사님이 말씀하신 것처럼 카드를 만들듯이 정리를 따로 하고 그것을 다시 공부하죠. 만약에 제가 '도덕'을 공부한다면, 먼저 북한에서 말하는 도덕에 관련된 자료를 정리합니다. 정리된 것으로 공부를 하면서 도덕에 대한 서구에서 나온 이론들도 함께 공부하죠. 그걸 통해서 도덕에 대해서 내가 어떻게 생각을 해야 하는지 다시 한 번 생각하는 과정을 거치고 글을 씁니다. 자료를 찾는 과정에서 여러 사람에게 도움을 청해야 할 때가 있어요. 서지사항이 확인되지 않을 때 문의를 해야 하기도 하고요. 이런 연계가 잘 이루어지는 것이 자료의 구축뿐만 아니라 자료와 해석의 신뢰도를 높이는 데 중요한 요소라고 생각합니다. 따라서 상호교류가 강화될 필요가 있는 것 같습니다. 저는 학생들과 연구자들에게 북한문제의 절반은 발로 하는 것이라고 강조하는데요, 그 과정 자체가 공부라고 말합니다. 자료의 부족이나 접근성을 이유로 연구가 소홀할 수밖에 없다는 것은 자기변명이라고 봅니다. 자료가 문제인 만큼 자기 노력이 필요하다고 생각합니다.

전영선: 문화 분야에서는 자료에 대한 고민이 크지 않아요. ≪조선문학≫이나 ≪조선예술≫만 보더라도 논의할 것들이 계속 나와요. 미처 보지 못하는 게 아쉽죠. 어떤 면에선 감당을 못한다는 말이 맞아요. 연구 주제가 넘치죠. 제가 볼 때 정치학은 고민스러울 것 같아요. 북핵문제, 후계문제, 남북문제 등을 빼고 나면 어떤 주제로 연구를 진행할까 궁금해요. 문화 분야에서는 생활문화, 대중문화, 순수예술, 전통문화, 예술 각 장르별로 분야가 넓어요. 자료를 접할 때 딱 맞는 자료를 구하기는 쉽지 않아서 직접 자료집을 만들어가야 하는 번거로움은 있지만 모아진 자료를 다양하게 해석할 수 있어요.

박영자: 저는 자료의 문제가 오히려 북한연구의 기회일 수도 있다고 생각해요. 상상력을 발휘할 수도 있고요. 한국정치 관련 문헌과 사료는 너무 가까이 있기 때문에, 오히려 그 분야 연구자들이 공식 간행문헌이나 텍스트 및 구술에 천착하지 못하게 하는 요인이 될 수도 있고요. 북한연구는 '자료가 귀하다는 일종의 강박' 때문에 자료에 천착하고 더 열심히 보는 경향이 있어요. 수많은 자료를 어떻게 '자기 것-화' 하는가, 이것이 더 문제이지요. 북한연구 분야를 전반적으로 보면 또 하나 생각해야 할 부분이 정보의 소스(출처)문제입니다. 북한체제 행위자 중에 권력행위자의 행태와 관계에 대한 변수가 크기 때문에, 핵심 정보통(通)을 누구로 잡느냐에 따라서 주로 권력엘리트연구나 정책연구에서 정보가 곧 자기의 생명인 것처럼 인식되는 측면도 있는 것 같습니다. 그런데 이런 연구는 전체 연구 풍토에서 정책베이스 풍토에 더 가깝다고 보고요. 학술 연구

풍토에서는 그 정도로 중요하게 느끼진 못했던 것 같습니다.

전영선: 자료와 관련해서 하나만 더 말씀드리면, 그럼에도 공공성을 띤 자료 제공이 더 필요하다고 봅니다. 예를 들어 1998년도에 문화관광부에서 「김정일문예관」이라는 보고서와 「북한문화예술 행정제도 연구」라는 보고서가 나왔어요. 보고서와 함께 '자료편'이 출판되었는데, 북한 문화 관련 문건이 자료편으로 정리가 되어서 학자들에게 큰 도움이 되었던 적이 있었어요. 그리고 영화진흥위원회에서 '북한영화 기본자료 조사사업'을 통해 1995년 이후 북한 영화와 드라마에 대한 조사 작업을 끝냈어요. 이런 기초적인 자료는 공공사업으로 지속할 필요가 있어요. 최소한 북한에서 만들어진 문학이나 예술작품에 대한 기본 정보는 공공 차원에서 제공할 필요가 있지 않나 싶습니다. 북한문화 관련 자료는 '사료(史料)'라는 측면에서 접근해야 한다고 봅니다. 결국 통일이 된 이후에 우리 문화를 고찰할 때 역사적인 사료로 대할 필요가 있어요. 여러 차례 주장했지만 통일문화사료관이 있어야 한다고 생각합니다.

홍민: 최소한 개인이나 민간 학교, 기관에서 소장하고 있는 자료에 대한 목록이라도 공유할 수 있는 방안이 마련된다면 상당 부분 도움이 될 것 같습니다.

이번에는 독해의 문제로 넘어갔으면 합니다. '생성된 혹은 수집된 자료에 대한 독해를 일상연구란 차원에서 어떻게 접근할 수 있을까'의 문제입니다. 『김일성저작집』만 하더라도 내용 중에 일상 곳곳에 대한 언급을 많이 하고 있고 일상적인 소재와 상황들이 다수 나옵니다. 『김일성저작집』조차도 일상의 관점에서 보면 발굴할 내용이 많은 텍스트라는 것이죠. 예를 들어, 김일성이 이야기하는 소재들 중에서는 '정상성'이라는 단어의 해석과 관련한 문제가 있을 것 같습니다. 북한에서 아주 일반화된 부분인지, 예외적인 이야기를 하는 것인지에 대한 것도 텍스트에서 읽어낼 부분이고요. 텍스트를 어떻게 일상의 차원에서 독해할 수 있을까에 대해서 체득했던 비결이 있으시면 말씀해주시죠.

정영철: 저는 학생들에게 많이 읽고, 다시 생각해보라고 합니다. 과거 우리 선비들이 논어나 맹자 1,000번 씩 읽었던 것처럼 하다보면 어느 순간 못 느꼈던 부분을 알 수도 있고요. 꼭 그렇게 할 수 없더라도 북한문헌 해석에 특별한 방법이 있는 것은 아니라고 보기 때문에 북한문헌에 익숙해져서 많이 읽는 것이 중요하다고 생각합니다. 두 번째는 독해 중에 항상 메모를 하라고 합니다. 자신의 어떤 관심사에 입각해 자료를 보는가에 따라 보이는 내용이 다르기 때문입니다. 세 번째는 『김일성저작집』이 일상연구뿐만 아니라 정치경제연구에서도 가장 중요한 자료라고 보는데요, 『김일성저작집』을 읽었으면 김일성이 말한 해당 시기의 소설이나 영화들을 구해서 보라고 합니다. 그것들을 통해서 김일성의 발언에 대한 시대적 배경을 훨씬 입체적으로 이해하고, 김일성이 왜 그런 발언을 했는지 더 가깝게 알 수 있기 때문이죠. 제 경험을 돌아보면 특별한 기술은 없었던 것 같고 많이 읽고, 많이 토론하고, 그 과정에서 독해 능력도 키워졌던 것 같습니다.

전영선: 일단은 원전을 충분히 읽어야 감각도 생기고 분석력도 생겨요. 저는 1998년에 문화관광부 프로젝트에 연구보조원으로 참여하면서 본격적으로 문헌을 읽기 시작했어요. 당시 과제가 원고료를 받는 것이어서 문화 관련 자료를 되도록 많이 찾아야 했는데, 관련 자료를 거의 빼놓지 않고 읽었고, 읽은 자료를 개조 식으로 정리하고 줄글로 풀어서 정리했어요. 한 해 동안 네 건의 프로젝트를 수행하면서 주요 문건을 섭렵했고, 잡지를 통으로 읽었어요. 처음에는 도저히 정리가 안 되었어요. 일주일 정도 지나면서 문맥이 잡히기 시작했지요. 한반도평화지수 작업은 사회과학적인 시각을 갖는 데 큰 도움이 되었어요. 하루도 빠짐없이 2000년부터 2007년 8월까지의 기사를 분석해야 했죠. 처음에는 분석력이 없어서 정치학을 전공한 친구들의 도움을 많이 받았죠. 좋은 훈련이었어요. 열 명이 각자 읽은 책을 이야기하는 것보다 한 권의 책을 열 명이 읽고 이야기하는 것이 더 많은 것을 깨닫게 한다는 이야기가 있어요.

동일한 텍스트를 놓고 여럿이 분석하는 스터디나 공동 작업이 중요하다고 봅니다.

박영자: 저도 교차분석이 아주 중요하다고 생각해요. 문헌과 자료는 다르잖아요. 요즘에는 문헌보다 자료들이 산개해서 널려 있고, 증언의 수위도 상당히 달라요. 이런 것들을 교차해서 걸러내는 작업이 후학들에게 중요하다고 생각해요. 최근 학위논문들은 선행연구 정리가 약한데요, 학생들에게 선행연구부터 분석을 하다보면 많은 것의 시작을 알게 된다고 강조를 하고는 해요. 온정주의적인 문화가 일정 정도 작용하다보니 선행연구를 일일이 논평하지 않고 건너뛰는 측면이 있는 듯합니다. 제 생각에, 선행연구를 잘 정리하는 노력이 특히 박사학위논문에선 중요하다고 봐요. 석사학위논문의 경우에는 꼼꼼한 해석이 중요하죠. 즉, 자신과 자료 사이의 의사소통 없이 그냥 문헌과 자료, 증언을 섞어 정리하는 수준의 논문이 많죠. 선행연구가 없어서 정리하지 못하는 게 아니라 있는데도 분석을 하지 않는 경우가 있어요. 후학들의 학문 경향에서 이런 부분은 고민해야 하는 문제라고 봅니다.

홍민: 제 개인적인 경험담을 하나 이야기하면, 1960년대와 1970년대 북한일상을 알고 싶어서 온성군 출신 분들만 인터뷰를 했던 적이 있었어요. 그때 그분들이 공통적으로 말하는 게 1970년대가 너무 추웠다는 거였어요. 저는 특정한 개인의 체험이나 느낌인 줄 알았는데, 다른 분도 그때가 굉장히 추웠다고 이야기를 해요. 그래서 특별히 어느 해가 추웠는지 물으니까, 1970년대 전반이 날씨가 굉장히 추웠다는 거예요. 면접자들이 공통적으로 이야기를 하니까 이상하다고 생각했죠. 그래서 『김일성저작집』을 뒤져봤어요. 김일성이 1970년대 중반부터 1980년까지 한랭전선 이야기를 많이 해요. 살펴보니 1976년부터 1980년 정도까지 매해 한랭전선의 영향으로 나타났던 좋지 않은 사건들을 『김일성저작집』에서 많이 언급을 했더라고요. 해당 시기의 기상청 자료를 찾아보

니까 1970년대 중후반부터 기후변화로 북한의 작황이 굉장히 나빴다는 기록이 있었어요. 북한식량연구 같은 경우에는, 작황이 나빴다는 사실을 내부 경제의 구조적인 모순 측면에서 많이 이야기하잖아요. 그런데 일상연구를 하다보면 주민들의 기분상태, '날씨가 추웠다'라는 것에서 힌트를 얻고 자료를 확대해가면서 찾으니까, 그 당시에 기후학적으로 힘든 점이 있었다는 것을 발견하게 됩니다. 이것이 당시의 정치적·사회적인 변화들과 어떤 연관이 있을지, 변화의 배경으로 작용했을지 등에 대해서 상상할 여지를 남기더라고요. 그래서 아까 정 교수님이 말씀하셨던 것처럼 자료라는 것을 심화해서 확대해가는 방법이 중요하다는 생각을 해봅니다.

다음으로 탈북자 인터뷰와 구술의 문제에 관해 이야기 나누었으면 합니다. 일상연구에서 구술자료가 중요하다는 것은 이제 주지의 사실인 듯합니다. 기존 북한연구에서는 탈북자 인터뷰가 사실관계를 확인하는 수준처럼 제한적으로 일정한 패턴으로만 활용되었던 한계가 있었는데요. 그래서 탈북자 인터뷰의 활용을 통해서 일상연구를 좀 더 심화시킬 가능성을 더 모색해야 된다는 생각을 합니다.

앞서 좌담 초입에 정 교수님께서 말씀하셨던 것처럼, 추상적으로 이론은 화려한데 실질적으로 세속적인 일상에 대한 연구 성과가 그리 많이 나오지 않는 문제도 있을 것 같습니다. 연구 자체에 구상과 실행이 분리되어 있는 것으로도 볼 수 있을 것 같습니다. 연구 구상은 아주 추상적이고 고차원적인데, 실질적으로 그 내용을 담는 자료의 활용이나 해석, 그를 통한 연구 성과가 상호 분리되어 있는 측면이 강하다고 생각합니다. 그러한 간격을 좁히는 데 중요한 역할을 할 수 있는 것이 구술자료의 생성과 해석의 문제라고 봅니다. 각자 탈북자 인터뷰를 상당히 수행하셨고 경험이 많으신 것으로 알고 있습니다. 경험하시면서 겪었던 시행착오나 구술자료 활용의 지혜를 말씀해주셨으면 합니다.

전영선: 많은 경험을 축적하는 방법밖에 없다고 생각합니다. 제가 있는 통일

인문학연구단에서 구술조사를 할 때 구술방법론 때문에 처음부터 치열하게 계속 논쟁이 붙었는데 결론이 나지 않았어요. 지금 저희가 하고 있는 구술 작업은 생애담에 기초한 구술이에요. 구술한 내용을 다 받아들여요. 구술자가 말할 수 있는 최대한을 뽑아내서 그것의 사실 여부를 떠나 '왜 이 사람이 이 이야기를 하는지'에 초점을 맞추어요. 구술방법론을 두고 사회학이나 역사학의 방법과 차이가 있어서 토론도 해보았는데, 의견 차이가 좁혀지지 않았어요.

구술은 대상이 정말 중요해요. 저는 주로 문화예술과 관련한 조사를 하는데, 최근 당혹스러웠던 경험이 있었어요. 2010년 9월에 탈북해서 10월에 넘어온 분이었는데, 한류에 대해서 물어보았더니 "하나도 안 보았다"고 대답하는 거예요. 질문하다가 제가 깜짝 놀랐죠. 처음 듣는 대답이었어요. "아니 어떻게 안 볼 수가 있었죠?"라고 물었더니, "세대주가 엄한 분이셔서 못 보게 했다"는 대답을 들었어요. "북한사람들이 한국 드라마를 보고 한국 노래를 부르는 것은 타이에서 알았다"고 말하더라고요. 북한에서의 한류는 '일반적인 현상'으로 생각하고 있었는데, 좀 더 조사가 필요하다는 생각을 했어요. 인터뷰를 하면서도 '이분이 1년 후에 어떤 대답을 할까'도 지켜봐야 할 지점이란 생각이 들었어요. 탈북자의 증언을 학문적 논거로 삼을 때는 면접하는 사람이 '사실'에 대한 정보를 근거로 검증할 수 있어야 합니다. 그렇지 않으면 구술자의 진술에 의존하게 되죠. 조심스럽게 접근해야 해요.

정영철: 현실에서 보면 탈북자 구술이 일상연구에서 가장 중요하고 풍부한 자료죠. 얼마나 풍부한 증언을 끌어낼 수 있느냐가 관건인데요. 인터뷰를 진행하는 분들의 훈련 정도가 가장 중요하다고 생각합니다. 저희만 하더라도 구술을 어떻게 하는지 훈련도 제대로 못 받고 시작하거든요. 그러다 경험이 쌓이면서 어느 정도 익숙하게 진행하게 되고요. 제가 프로젝트에서 채록된 구술들을 들어보면, 똑같이 네 시간 동안 인터뷰를 진행하는데 어떤 분들은 거기서 굉장히 많은 내용을 담아오고 어떤 분들은 한 시간 정도면 될 내용을 담아와

요. 그래서 인터뷰 과정 그 자체를 봐야 할 필요성을 느끼게 됩니다. 구술의 내용도 중요하지만, 구술의 과정이 중요하다고 생각됩니다. 그 구술과정을 쭉 모아보면 또 다른 의미의 자료가 나왔을 거라고 생각합니다. 구술에 대한 방법과 접근도 다양해져야 합니다. 딱딱하게 앉아서 하는 방법도 있겠지만, 점심시간에 공원을 걸으면서 듣는 방법도 있겠고요. 지금의 방법은 대체로 경직된 분위기에서 진행되고 있다고 생각해요.

홍민: 연구자들이 탈북자 인터뷰를 많이 하는 만큼 학회세미나에 세션 하나를 기획해서 탈북자 면접 기법에 대한 경험들을 교환하는 자리가 있었으면 합니다. 특정한 인터뷰 모델을 만드는 게 아니라 여러 경험들을 나누는 자리를 마련해보는 것도 좋겠다는 생각을 합니다.

전영선: 통일인문학연구단에서 하고 있는 작업은 치유에 목적이 있어요. 상황 파악이나 현장 분석보다도 탈북자가 받은 상처를 어떻게 치유할 것인가를 고민합니다. 우선적으로 마음속에 있는 모든 것을 끄집어내는 데에 초점을 맞춥니다. 아무래도 사회과학 분야와는 차이가 있죠. 북한문화예술 현황조사 같은 경우에는 연구보조원과 제가 함께 나가서 인터뷰를 진행하는데, 각자 기록을 남기고 메모를 한 다음 크로스체크를 해가며 내용을 확인합니다.

홍민: 인터뷰하는 사람의 출신이 당 간부인지 노동자인지 등에 따라서 세계관이 다르게 말씀을 하시잖아요. 면접대상자의 태도의 문제, 그리고 면접자를 대하는 방식 등도 하나의 텍스트로 읽어낼 필요가 있다고 봅니다. 그리고 문헌이 국가의 기대와 의도를 반영한 산물이라면, 인터뷰는 한 개인을 통해서 국가사를 다시 볼 수 있다는 것이 가장 큰 장점이지요. 특정 시기를 어떻게 경험했는지 듣고, 국가의 공식 기술과는 다른 역사를 마주하게 되는 것이죠. 예를 들면, 온성군이란 지역에서 갑산파 사건이나 종파주의 사건 등이 어떻게

전개되었는지, 이후에 미친 영향은 무엇인지 등에 관한 이야기를 들어보면 굉장히 흥미진진해요. 중앙 차원에서 이루어지는 권력의 역동성에 버금가게 지방 차원에서도 상당한 역동성을 발견할 수 있다는 거죠. 인터뷰는 개인의 입을 통해서 국가사를 재점검하는 기회라고 생각합니다. 그래서 탈북자 구술 텍스트를 활용하는 방법이 아주 중요하고요. 한편으로는 일상연구의 인터뷰 자체를 생애사 연구로 한정해서 보는 경우가 있는데요, 생애사 면접은 여러 인터뷰 기법 중의 하나죠. 아주 다양한 주제형 질문을 만들 수 있기 때문에 다각적으로 탈북자 인터뷰 기법을 고민할 수 있다는 생각이 들어요.

박영자: 조사방법론 수업을 할 때 탈북자의 계층별, 성별, 지역별 특징에 대해서 강의해요. 기법과 관련해서는 구술자가 말하는 것을 쭉 듣는 것을 강조하고요. 그게 쉬운 일이 아니잖아요. 어떤 시점에, 어떻게 화제를 전환해야 구술자들의 기분을 상하지 않게 하고 이야기의 라포르(rapport)를 유지하게 할 것인가가 인터뷰과정에서 중요하죠.

　　남성 간부층을 대상으로 인터뷰할 때는 구술자에게 면접자가 북한에 대해 많이 알고 있다는 것을 전제로 깔고 시작해야 할 필요가 있어요. 구술자들이 일종의 담합을 하고 오기도 하고요. 이전부터 자기검열의 세계에서 살았고, 한국에 와서도 몇 개월씩 자기검열을 하고 나오신 분들이잖아요. 그래서 검열을 거쳐서 이야기하는 데 익숙해져 있고, 자신도 모르게 연구자와 자신 간의 권력관계를 본능적으로 느끼시는 것 같더라고요. 평범한 할머니를 인터뷰하는 것과 최소한 중간 간부 이상의 당 간부와 이야기하는 것은 자세가 달라지죠. 이러한 구체적인 부분도 구술기법의 하나가 되겠죠.

홍민: 국사편찬위원회의 구술자료 수집 프로젝트를 할 당시, 탈북자 면접을 할 때는 반드시 동영상 촬영을 동시에 하라고 하더라고요. 예전에는 녹음기만 켜놓고 진행했으니까 이야기가 자연스럽게 흘러갔는데, 아무래도 캠코더로

촬영을 하면 완전히 말이 달라져요. 말투도 달라지고요. 인터뷰 환경 등 많은 변수가 인터뷰 분위기를 좌우하더라고요. 구술텍스트를 생산해내는 과정에서는 사소한 것처럼 보이는 것들이 굉장히 중요한 변수라는 생각이 듭니다.

전영선: 생애담 구술에서 다른 점은 면접자가 고수(鼓手) 역할을 해요. 구술하는 사람이 자기 이야기를 신나게 이야기할 수 있도록 북돋워주는 기술이 필요해요. 흥을 맞춰서 이야기를 계속하게 하는 거죠. 구술자가 신나서 얘기하다 보면 숨겨진 이야기도 나오거든요. 고수 역할을 잘하느냐에 따라서 인터뷰를 잘한단 소리를 듣지요.

정영철: 제가 수행했던 '북한 정보를 수집하기 위한 탈북자 구술 프로젝트'를 준비하다가 나온 이야기인데요. 남성 탈북자들이 권위적이잖아요. 그래서 인터뷰를 앞둔 대학원 여학생이 "남성 탈북자와 인터뷰할 때, 사전에 기선을 제압해야 하나요?"라고 묻더라고요. 구술을 끄집어낼 때 아주 중요한 문제인데, "제압할 수 있으면 제압해라. 단, 어설프게 하지 마라. 그 과정이 또 학습의 과정이다"라고 조언했죠. 또 화제를 어떻게 전환할 것인지, 처음에 탈북자를 만났을 때 '연기'를 어떻게 할 것인지에 대한 문제도 제기되었죠. 처음 만났을 때 신뢰관계가 중요한데 딱딱하게 다가가는 것보다는 악수를 하다가 볼펜을 하나 떨어뜨린다거나, 만약 떨어진 볼펜을 구술자가 주워준다면 그 과정에서 인간적으로 가까워진 느낌으로 구술을 시작할 수 있다든지 하는 이야기를 했어요. 때로는 그런 연기도 필요하지요. 저도 당시 탈북자 면접에 대한 강의를 들으면서 배우고 생각했던 내용입니다.

전영선: 북한노래 가사나 북한영화의 대사를 인용해서 이야기를 꺼내는 방법을 활용하는 교수님이 계신데, 그게 아주 유용해요. 2005년에 평양에 갔을 때, 가이드로 나온 여자 분과 북한영화나 소설 이야기로 백두산에서 오는 내내 이

야기를 한 적이 있어요. 먼저 옆자리에 앉았던 분들은 5분을 넘기지 못하더라고요. 공통된 화제를 찾기 어려웠죠. 탈북자 면접을 할 때는 "드라마 뭐 보세요?", "백살구가 그렇게 맛있어요?"라는 질문으로 시작해서 말문을 먼저 열도록 하는 게 좋습니다.

홍민: 정 교수님이 말씀하신 내용은 필수적인 기법이라고 생각해요. 인터뷰를 시작하는데 그들이 사용하는 일상적인 용어를 면접자가 이해하지 못하거나 지명을 모르는 것을 탈북자가 눈치 채면 인터뷰의 질이 상당히 떨어질 거라고 봅니다. 인터뷰 초기의 경험이 그래서 중요하죠.

지금까지 많은 말씀을 해주셨는데요. 향후 일상연구가 나아갔으면 하는 방향과 북한일상연구의 과제에 대해 말씀해주셨으면 합니다. 그 외에 하고 싶으신 말씀을 마무리 발언 겸 해주시죠.

정영철: 지금까지 나온 일상연구 성과들은 일상에 대한 연구인데 주제나 소재는 너무 딱딱한 것 같아요. 노동이나 엘리트 같은 소재에 집중되어 있는데요, 이런 주제도 물론 중요하지만 말 그대로 일상의 소재를 발굴하는 것이 중요하단 생각이 듭니다. 특히 일상연구가 출발하는 시점에 있기 때문에 사람들에게 다양하게 다가가야 할 필요성이 있다는 것에 동의한다면, '북한주민들의 옷차림'이라는 소재와 같이 흥미를 불러일으키면서도 그들의 일상을 드러낼 수 있는 것을 찾아야 한다고 생각해요. 머리 모양 같은 경우는 대표적인 영화를 시대별로 본다면 어떻게 변화되는지 알 수 있을 테고요. 소재의 다양화를 꾀하는 것이 중요할 것 같습니다.

저도 북한연구를 할 때 반성하면서 하는 이야기인데, 좀 쉽게 썼으면 좋겠습니다. 추상화 수준도 중요하지만 쉽게 쓰고, 사람들이 쉽게 이해하도록 해서 북한의 일상에 편안하게 접근할 수 있는 길을 열어주는 방식으로 글이 쓰였으면 합니다.

전영선: 저는 중간 자료가 중요하다고 봅니다. 중간 자료라는 것은 원전 텍스트를 잘 정리해서 필요한 부분부터 들어갈 수 있는 자료지요. 예컨대 영화진흥위원회에서 했던 작업인데, 자료집을 보면 영화 스태프, 출연자, 주제, 줄거리 정보가 다 들어가 있어요. 영화와 관련된 언론기사에 대한 정보도요. 그래서 어떤 주제의 영화를 검색하고 싶다면, 바로 찾을 수 있어요. 이런 작업은 학계에서도 공동으로 해나가야 할 과제라고 생각해요. 제가 쓴 책 중에 『북한 영화 속의 삶의 이야기』가 있는데 삶과 관련된 영화 25편을 개요와 줄거리 등을 평이하게 영화 가이드처럼 정리한 것이에요. 사람들이 그게 있으니까 영화 참 재밌게 보았다고 이야기를 합니다. 이런 형태의 중간 자료가 필요해요. 예를 들면, '춘향전'같은 경우에 수십, 수백 편의 영화, 연극, 소설이 만들어졌는데, 모든 작품이 원전을 직접 보고 만들어지지는 않았어요. 시대별로 원전을 잘 해석한 텍스트들이 있어요. 원전을 시대에 맞게 해석한 텍스트가 그 시대의 원전이 되는 것이죠. 나관중의 『삼국지』가 있지만, 『삼국지』를 읽을 때 '이문열의 『삼국지』'를 읽는 것과 같아요. 공공재 형태로 작업이 진행되면 일상 연구에 훨씬 가깝게 접근할 수 있을 겁니다.

박영자: 저는 연구자로서 학자다운 논쟁이나 치열함이 어떤 것일까를 고민하고 있는데요. '상대를 공격하기 위한 것이 아니기에, 그 진정성이 공유되는 학술적 소통의 방식은 어떤 걸까?' '내가 권력을 가지고 있지 않더라도 내 목소리를 부담스럽지 않게 표현할 수 있는 방식은 뭘까?'라는 고민을 합니다. 거기에는 '학술 장(場)에서의 여러 제약과 불필요한 갈등을 빗겨 나가면서, 내가 자유롭게 공부하며 살 수 있는 방식이 없을까?'라는 생각도 있는 것 같습니다. 한편, 일상이라는 키워드를 들고 연구를 하면서 그 작업을 할 수 있을까 라는 점에서는 아직 자신이 없어요. 이미 기존 연구의 장에 들어가 있는 '일상'이라는 키워드에 다수의 선입견이 깔려 있잖아요. 이런 것들과 직접적으로 부딪칠 수 있는 소통의 장이 없어요. 그래서 저는 최근에 니클라스 루만(Niklas Luhman)의 연구방법

이나 그의 시스템 연구를 다시 정리하고 있습니다. 왜냐하면 일상 이야기를 하더라도 체계나 구조를 함께 다뤘을 때 소통성이 크다는 생각 때문입니다.

전영선: 일상연구는 공허함이 있어요. 연구자들이 부담해야 할 몫이죠. 일상을 들여다본 연구가 있다면, "어, 그런 것도 있었네? 재밌네. 그래서?"라는 질문에 답하기가 쉽지 않아요. 무게가 없는 것처럼 보이기 쉽죠. 그런 공허함을 메우려고 의식적으로 이론이나 정책적인 부분을 자꾸 도입하는 경향이 생기죠. 그런 부담을 좀 덜어버리고 정말 편안히 일상을 한번 제시해봤으면 좋겠어요. 저는 북한연구를 화소문제로 봅니다. 화질이 30만 화소 정도였을 때가 있고, 좀 더 많은 연구를 통해 100만 화소 정도로 좋아지는 것이죠. 그렇게 화소를 더 높이는 과정으로서 일상연구를 하다보면 주변에 다른 것들도 정밀하게 보이지 않을까 싶어요.

홍민: 굉장히 작은 주제이고 무관심하게 지나칠 만한 것을 소재로 삼아 일상사적 방법으로 쓴 외국의 사회과학, 인문학적인 책들을 보면 고전이 될 만한 유명한 작품들이 많습니다. 대가들의 연구, 아니, 작품이죠. 지금도 스테디셀러로 읽히고 회자되는 일상연구 관련 책들이 많은데, 그런 책들을 보면 허무함이 느껴지지 않아요. 왜냐하면 작은 것에서 시작하고 작은 것으로 끝남에도 그 일상을 통해 거시와 구조를 다 담아냈으니까요. 우리가 일상연구에서 느끼는 허전함이란, 공간적 집중력, 소재적인 집중력을 적극적으로 발휘해서 굉장한 노력을 통해 뭔가를 만들어낼 시간적 여력이 허용되지 않는 환경 또한 영향을 준다고 봐요. 굉장히 긴 호흡을 가지고 밀도 있게 글을 구상할 여건이 안되어 있다는 것이죠. 따라서 일상연구 자체가 허무한 것이 아니라 우리가 이런 성과물에 만들어내는 데 필요한 환경들이 잘 조성되어 있지 않은 측면도 지적해야 할 것 같아요. 그리고 정 교수님이 말씀하신 추상화 문제도 공감합니다. 그동안 너무 거대한 주제만 연구해왔다는 거죠. 좀 더 소재적인 집중력,

공간적인 집중력을 발휘해서 아주 작은 것에서 정말 밀도 있는 이야기를 꺼냈을 때, 그것이 갖는 힘도 충분히 크다고 봅니다.

정영철: 단기적 연구를 해야 하는 현실에 대한 문제제기에 아주 공감합니다.

홍민: 긴 시간 허심탄회하게 말씀해주셔서 정말 감사드립니다. 이것으로 좌담을 마치겠습니다.

찾아보기

기타

인명

| 엮은이 |

홍민 | 동국대학교 북한학연구소 연구교수

「북한의 사회주의 도덕경제와 마을체제」라는 논문으로 동국대학교 북한학과에서 박사학위를 받았고, 동국대 북한일상생활연구센터 연구교수로 있다가 현재 동국대 SSK 분단/탈분단 연구팀 연구교수, 동국대학교 북한학연구소 연구교수로 있다. 경제사회학적 이해와 일상생활 연구를 통해 북한의 정치경제와 역사를 이해하는 데 관심을 가져왔다. 최근에는 행위자-네트워크 이론(ANT)을 통한 분단과 탈분단 사회동학에 대한 연구로 '수행적 (탈)분단'의 이론화에 주력하고 있으며, ANT를 활용한 북한 경제에 대한 경제사회학적 분석, 북한 및 사회주의 도시사 연구, 북한의 인구 및 식량 등을 연구하고 있다. 저서로는『북한의 일상생활세계: 외침과 속삭임』(도서출판 한울, 2010),『북한주민의 의식과 정체성』(통일연구원, 2010),『북한부패와 인권의 상관성』(통일연구원, 2012),『사회주의 도시와 북한: 북한도시사연구방법』(도서출판 한울, 2013) 등이 있다. 최근 논문으로는 「분단의 사회: 기술적 네트워크와 수행적 분단」, 「행위자-네트워크 이론과 북한연구: 방법론적 성찰과 가능성」, 「북한의 국가와 시장 관계: 위상학적 이해의 가능성」 등이 있다.

박순성 | 동국대학교 북한학과 교수

통일연구원 부연구위원을 거쳐, 현재는 동국대학교 북한학과에 재직 중이다. 북한 경제에 대한 연구를 시작으로 남북관계 변화, 남북한 통일정책 등에 대한 연구를 계속하고 있다. 한반도문제에 대한 연구는 자연스럽게 평화와 인권에 대한 관심으로 연결되었으며, 근래 몇 년간은 뜻하지 않게 북한의 일상생활세계, 분단의 행위자-네트워크 등으로 연구 분야를 넓히고 있다. 저서로는『북한경제와 한반도 통일』(풀빛, 2003),『북한의 일상생활세계: 외침과 속삭임』(도서출판 한울, 2010),『공진을 위한 남북경협전략』(동아시아연구원, 2010) 등이 있으며, 최근 논문으로는 「한반도 분단현실에 대한 두 개의 접근: 분단체제론과 분단/탈분단의 행위자-네트워크이론」, 「천안함 사건의 행위자-네트워크와 분단체제의 불안정성」 등이 있다.

| 지은이(수록순) |

고유환 | 동국대학교 북한학과 교수

「발전과 저발전론에 관한 방법론적 고찰」로 동국대학교 정치외교학과 박사학위를 받았다. 1994년부터 동국대 북한학과 교수로 재직 중이며, 현재 동국대학교 북한학연구소 소장을 맡고 있다. 노무현 정부 시절 대통령자문정책기획위원회 위원, 민주평화통일자문회의 상임위원·운영위원 등으로 활동했다. 1998년부터 2013년 현재까지 통일부 정책자문위원으로 대북정책에 관한 자문을 하고 있다. 현재 한국정치학회 이사, 한국국제정치학회 이사로 활동 중이며, 2012년 북한연구학회 회장을 역임한 바 있다. 주요 저서로는 『한반도 평화체제의 모색』(경남대학교 극동문제연구소, 1997), 『김정일 연구』(통일부, 1999), 『북한정치의 이해』(을유문화사, 2001), 『북한학 입문』(들녘, 2001), 『북한 핵문제의 해법과 한반도 평화체제 구축』(국회정보위원회, 2003), 『로동신문을 통해 본 북한 변화』(선인, 2006), 『북한 언론 현황과 기능에 관한 연구』(한국언론진흥재단, 2012) 등이 있다.

정영철 | 서강대학교 공공정책대학원 조교수

「김정일 체제 형성의 사회정치적 기원: 1967~1982」로 서울대학교 사회학과 박사학위를 받았다. 서울대학교 국제대학원, 이화여자대학교 통일학연구원에서 연구원으로 있다가 현재는 서강대학교 공공정책대학원 조교수로 재직 중이다. 북한의 정치경제적 구조와 변화에 대한 관심을 지속적으로 갖고 있으며, 최근에는 우리 사회에서 '북한 담론'의 형성에 대한 정치 사회적 조건과 특성에 관심을 갖고 접근하고 있다. 저서로는 『김정일리더십연구』(선인, 2005), 『북한의 개혁·개방』(선인, 2004), 『우리는 한배를 타고 있다』(이매진, 2012) 등이 있으며, 최근 논문으로는 「김정일 시대의 대남인식과 대남정책」, 「김정은체제의 출범과 과제」 등이 있다.

조정아 | 통일연구원 연구위원

「산업화시기 북한의 노동교육」으로 서울대학교 교육학과 박사학위를 받았다. 현재 통일연구원 연구위원으로 재직 중이다. 북한주민들의 일상생활과 정체성에 대해 지속적인 관심을 갖고 있으며, 최근에는 북한에서 태어나 남한을 비롯한 세계 각지로 이주해 살고 있는 청소년들에 대해 관심을 가지고 연구하고 있다. 저서로는 『북한주민의 의식과 정체성: 자아의 독립, 국가의 그늘, 욕망의 부상』(통일연구원, 2010), 『북한주민의 일상생활』(통일연구원, 2008) 등이 있으며, 최근 논문으로는 「북한주민의 '일상의 저항': 저항 유형과 체제와의 상호작용」, 「탈북이주민의 학습경험과 정체성 재구성」 등이 있다.

김지형 | 듀크대학교 아시아중동학과 연구교수

북한의 일상과 노동에 대한 논문으로 미국 컬럼비아대학교(Columbia University)에서 철학 박사학위를 받았다. 한양대학교 비교역사문화연구소에서 연구교수로 있다가 현재 미국 듀크대학교(Duke University) 아시아중동학과 연구교수로 재직 중이다. 국가와 산업주의의 요구 속에서 노동자들은 어떻게 살았는가라는 문제를 중심으로 한국전쟁 이후 북한을 살펴보는 것이 현재의 연구주제이다. 특히 이데올로기, 거주, 노동과정, 그리고 일상의 실천을 중요한 연구 쟁점으로 삼고 있다. 최근 논문으로는 "Total, Thus Broken: Chuch'e Sasang and the Terrain of Subjectivity in North Korea", "North Korea's Vinalon City: Industrialism as Socialist Everyday Life" 등이 있다.

박영자 ㅣ 이화여자대학교 통일학연구원 연구교수

「북한의 근대화 과정과 여성의 역할(1945~1980)」로 성균관대학교 정치외교학과 박사학위를 받았다. 성균관대학교 동아시아학술원, 숙명여자대학교 아시아여성연구소 학술연구교수로 있다가, 현재 이화여자대학교 통일학연구원 연구교수로 재직 중이다. 북한의 권력구조와 행위자 변화 연구를 다양한 수위에서 진행하였으며, 최근에는 '탈사회주의'와 '통합'을 키워드로 정치 · 경제 · 사회의 시스템 연구를 하고 있다. 저서로는 『유신과 반유신』(민주화운동기념사업회, 2005), 『북한의 당 · 국가기구 · 군대』(세종연구소 북한연구센터, 2007), 『북한주민의 일상생활』(통일연구원, 2008), 『북한체제의 행위자와 상호작용』(통일연구원, 2009), 『북한 시장 진화에 관한 복잡계 시뮬레이션』(통일연구원, 2010), 『북한주민의 삶의 질』(통일연구원, 2011), 『북한 부패 실태와 반부패 전략』(통일연구원, 2012) 등이 있으며, 최근 논문으로는 「체제변동기 북한의 계층 · 세대 · 지역 균열」, 「독재정치 이론으로 본 김정은체제의 권력구조」, 「김정은체제의 통치행위와 지배연합」 등이 있다.

전영선 ㅣ 건국대학교 통일인문학연구단 HK연구교수

우리 민족을 대표하는 고전소설 춘향전을 중심으로 역사적 전승과정과 남북한의 현대적 변용에 대한 연구로 한양대학교에서 박사학위를 받았다. 한양대학교 아태지역연구센터 연구교수, 이화여자대학교 통일학연구원 연구위원, 단국대학교 한국문화기술연구소 연구교수를 거쳐 현대 건국대학교 통일인문학연구단 HK연구교수로 재직 중이다. 북한의 문화정책과 현장, 북한주민의 심상지형, 한민족의 문화적 NDA, 문화를 통한 갈등해소에 대한 연구를 진행하고 있다. 저서로는 『북한의 언어: 소통과 불통 사이』(에스에이치미디어, 2013), 『코리언의 민족정체성』(선인, 2012), 『코리언의 생활문화』(선인, 2012), 『북한 문학예술의 장르론적 이해』(경진, 2010), 『인문학자의 통일사유』(선인, 2010), 『문화로 읽는 북한: 전영선의 북한문화 강의노트』(문예원, 2009), 『북한의 대중문화: 이

해와 만남, 소통을 위한 모색』(글누림, 2007),『북한 영화 속의 삶이야기』(글누림, 2006),『북한 민족문화정책의 이론과 현장』(역락, 2005) 등이 있다. 최근 논문으로는「집단적 치유와 제의로서 북한영화 읽기」,「해방 이후 1950년대 북한 문화협정 연구」,「북한의 예술교육체계와 예술교육기관」,「북한가요 속의 여성상」등이 있다.

김종욱 | 동국대학교 정치외교학과 객원교수

「북한의 관료체제와 지배구조 변동에 관한 연구」로 동국대학교 정치외교학과에서 박사학위를 받았다. 국가안전보장회의 사무처 행정관, 통일부장관 정책보좌관, 동국대학교 북한학연구소 연구교수로 있다가 현재는 동국대학교 정치외교학과 객원교수로 활동하고 있다. 북한의 관료체제에 대한 연구를 중심으로 하면서, 최근에는 동아시아공동체와 ANT에 대해 연구하고 있다. 저서로는『북한의 일상생활세계: 외침과 속삭임』(도서출판 한울, 2010),『박근혜현상: 진보논객, 대중 속의 박근혜를 해명하다』(위즈덤하우스, 2010) 등이 있으며,『경제와 사회민주주의』(도서출판 한울, 2012)를 번역한 바 있다. 논문으로는「북한관료의 일상과 체제변화」,「한반도 평화공영체제 구상과 동아시아공동체 건설」등이 있다.

노귀남 | 동북아미시사회연구소 연구위원

「韓龍雲 詩의 '相' 硏究」로 경희대학교 국어국문학과 박사학위를 받았고, 북한대학원대학교에서 석사과정을 수료했다. 경희대학교 강사 및 세종연구소, 북한대학원대학교에서 객원연구위원과 연구교수로 있다가 현재는 중국 접경지역을 통해서 고찰하는 '변경문화'에 대해 관심이 많아 현장 연구를 하고 있다. 북한의 여성, 일상생활의 변화에 대해 관심을 지속적으로 갖고 있으며, 특히 북중 접경지역이 북한주민사회에 끼치는 영향에 대해 조사 연구 중이다. 공저로는『북한주민의 의식과 정체성: 자아의 독립, 국가의 그늘, 욕망의 부상』(통일연구원, 2010), 『북한도시주민의 사적영역 연구』(도서출판 한울, 2008), 『북한문학의 지형』(이화여자대학교 출판부, 2008) 등이 있고, 최근 논문으로는 「새터민의 이방성 이해: 소통을 위한 문화담론을 찾아서」가 있다.

한재헌 Ⅰ 동국대학교 북한학과 박사과정 수료

「북한 생활총화의 도덕담론 연구」로 동국대학교 북한학과 석사학위를 받았다. 동국대학교 대학원 북한학과 박사과정을 수료했고 현재 '시장화' 이후 북한주민의 구체적인 삶의 변화를 국가의 통치양식과의 관련 속에서 해명하는 박사논문을 준비하고 있다.

한울아카데미 1595

북한의 권력과 일상생활
지배와 저항 사이에서

홍민, 박순성 ⓒ 2013

엮은이 | 홍민, 박순성
지은이 | 고유환, 정영철, 조정아, 김지형, 홍민, 박영자, 전영선, 김종욱, 노귀남, 한재헌
펴낸이 | 김종수
펴낸곳 | 도서출판 한울
편집책임 | 이교혜
편집 | 서성진

초판 1쇄 인쇄 | 2013년 8월 23일
초판 1쇄 발행 | 2013년 9월 6일

주소 | 413-756 경기도 파주시 파주출판도시 광인사길 153(문발동 507-14) 한울시소빌딩 3층
전화 | 031-955-0655
팩스 | 031-955-0656
홈페이지 | www.hanulbooks.co.kr
등록번호 | 제406-2003-000051호

Printed in Korea
ISBN 978-89-460-5595-7 93340(양장)
     978-89-460-4757-0 93340(학생판)

* 책값은 겉표지에 표시되어 있습니다.
* 이 도서는 강의를 위한 학생판 교재를 따로 준비했습니다.
  강의 교재로 사용하실 때에는 본사로 연락해주십시오.